一流本科专业一流本科课程建设系列教材

财务管理学

主　编　李　君　苏　浩

副主编　王　翊

参　编　高　洁　曾维君　王　嘉　曲佳莉　牟绍波

机 械 工 业 出 版 社

本书基于商业社会和社会主义市场经济认知能力和水平，遵循公司价值最大化的财务逻辑，从财务管理概念、财务管理目标、财务管理价值观念、财务估值原理等基础内容入门，重点阐述了公司资金活动及价值创造过程中涉及的重大财务决策与评价问题，即投资、筹资、股利分配、营运资金管理等核心议题，并对商业活动中的财务战略与预算、财务报表解读、并购与重组等内容进行分析，最后对基于大数据与区块链的财务创新进行了延展分析与论述。

　　本书是西华大学"财务管理"校级混合式一流课程建设配套教材，也是会计学、工商管理国家级一流本科专业核心课程建设配套教材，可满足高等院校财务管理、会计学、审计学、金融学、工商管理、市场营销、资产评估等经济、管理类专业教学的需要，还可作为企业管理人员的工作参考书。

图书在版编目（CIP）数据

财务管理学/李君，苏浩主编 . —北京：机械工业出版社，2023.6
一流本科专业一流本科课程建设系列教材
ISBN 978-7-111-73205-1

Ⅰ. ①财⋯　Ⅱ. ①李⋯ ②苏⋯　Ⅲ. ①财务管理–高等学校–教材
Ⅳ. ①F275

中国国家版本馆 CIP 数据核字（2023）第 090103 号

机械工业出版社（北京市百万庄大街 22 号　邮政编码 100037）
策划编辑：常爱艳　　　　　　　责任编辑：常爱艳　韩效杰
责任校对：梁　园　陈　越　　　封面设计：鞠　杨
责任印制：李　昂
河北鹏盛贤印刷有限公司印刷
2023 年 9 月第 1 版第 1 次印刷
184mm×260mm · 23 印张 · 555 千字
标准书号：ISBN 978-7-111-73205-1
定价：69. 80 元

电话服务　　　　　　　网络服务
客服电话：010-88361066　机　工　官　网：www.cmpbook.com
　　　　　010-88379833　机　工　官　博：weibo.com/cmp1952
　　　　　010-68326294　金　书　网：www.golden-book.com
封底无防伪标均为盗版　机工教育服务网：www.cmpedu.com

党的二十大报告提出，教育、科技、人才是全面建设社会主义现代化国家的基础性、战略性支撑。教育是国之大计、党之大计；要落实立德树人根本任务，培养德智体美劳全面发展的社会主义建设者和接班人。报告明确提出要加强教材建设和管理，教材建设首次出现在党代会的报告之中。

一本好的本土教材，既要保持学科原理的中外共性，也要反映中国鲜活可触的应用实践，还应基于中国的社会背景、应用场景、技术进步等实际情况，在一定程度上体现其独特性。

本书在编写过程中结合了作者多年的教材写作经验和一线教学实践，具有以下特点：

（1）逻辑清晰，既能合理梳理所在学科的基础理论框架，又能明确学科内核。

（2）知识全面，在学科逻辑基础上，全面展示了教学应涉及的最基础、最核心的学理知识体系。

（3）方便教学，既有利于教师课堂"教"，也方便学生课后"学"，激发教与学的热情。

（4）与时俱进，案例内容在学理基础上贴近现实经济、贴近社会，以带入感和亲近感实现了常用常新，同时又使内容体现了前沿理论研究成果和技术创新的融合。

本书以"课程思政"为引领，编写体例上充分考虑本科生对商业社会和社会主义市场经济的认知能力和水平。

一方面，在逻辑起点与内容安排上，本书遵循了公司价值最大化的财务逻辑，在介绍财务管理概念、财务管理目标、财务管理价值观念、财务估值原理等入门基础知识的前提下，重点阐述了公司资金活动及价值创造过程中涉及的重大财务决策与评价问题，即投资、融资、股利分配、营运资金管理等议题，以此形成财务管理的核心内容体系，并对商业活动中的财务战略与预算、财务报表解读、并购与重组等内容进行了分析，最后对基于大数据与区块链的财务创新进行了延展分析与论述。

另一方面，财务管理是一门存在诸多原理和方法并隐含各种假设的学科，同时在现代商业环境中，财务管理又是一种在不确定性条件下对商业行为进行财务评价、择优及决策的管理活动。因此，为帮助初学者感悟这种不确定性下的合理决策，本书在写作风格和案例设计上进行了以下安排：①案例铺陈，即在每章开篇设有"导入案例"，每章之中插入与所述知识点有关的例题，每章之后设有"课后阅读"；②相关资料阅读，即在各章正文之外适度增加了与财务管理实践、相关法律法规等紧密联系的"资料阅读"，既增强了教材的可读性，又便于拓宽学生的知识视野、思维空间，这些基于理论前沿，在新时代背景中挖掘的当今中国鲜活的公司财务管理实践案例，让教师、学生在教与学的过程中真正感受到财务管理无处不在，激发教师与学生的教学互动、教学相长，提高教学效果。

本书由西华大学管理学院李君副教授、苏浩讲师担任主编，由王翊讲师担任副主编。全书的总撰工作由李君负责，由李君、苏浩负责总审。西华大学在读研究生邱心茹、蒋露、陈文龙、张茜、朱俊丰对全书进行了校对。全书共分为十二章，编写情况如下：第一、二章由李君编写；第三、四章由苏浩编写；第五、六章由王翊编写；第七章由李君、牟绍波编写；第八、十一章由高洁编写；第九章由曾维君编写；第十章由王嘉编写；第十二章由曲佳莉编写。

在本书的编写过程中，我们参阅了国内外会计学科的相关论著、资料及案例，也得到了西华大学会计与财务系、工商管理系全体教师的大力支持，在此，一并表示最诚挚的谢意！

由于作者水平有限，书中疏漏及不足之处在所难免，恳请老师、同学及其他相关使用者提出批评意见和改进建议。

编　者
2023 年 3 月于成都

目 录

第一章

财务管理导论

【学习目标】

1. 理解企业财务活动与企业财务关系
2. 掌握财务管理内容
3. 掌握财务管理目标理论
4. 熟悉财务管理环节
5. 理解财务管理环境

【课程思政】

在本章学习中培养学生的整体利益协调观，充分理解社会主义企业不只关心股东利益，企业员工的利益、国家的利益等都是企业财务管理的重要目标。通过学习财务管理的发展史和环境变迁的影响，学生可以明白我国的财务管理活动必须体现社会主义核心价值观，社会责任必须内涵在企业财务管理目标中。

【导入案例】

作为以营利为目的的商业机构，华为无疑算得上一家成功的企业，商业成功为其带来了耀眼的光环，同时它又是一家非常低调而神秘的企业，并不像这个年代的大多数企业那样喜欢站在聚光灯下享受明星般的待遇，这种不对称一定程度上造成了外界对华为的诸多想象乃至曲解。

华为追求什么？现在社会上企业流行的是追求利润最大化，而华为却不需要利润最大化，只是将利润率保持在一个较合理的尺度。这一点在《华为基本法》对利润目标的表述中可以得到验证："我们将按照我们的事业可持续成长的要求，设立每个时期的合理利润率和利润目标，而不是单纯追求利润的最大化。"华为不追求利润最大化，只要保持合理利润率即可，多出来的资金一部分用于研发，另一部分则用于市场造势。

为了更有效地帮助客户创造更大的价值，华为的创始人兼总裁任正非又提出了"深淘滩，低作堰"的全业务运营理念。他在一次内部讲话中提出："深淘滩，低作堰"是李冰父子两千多年前留给我们的深刻管理理念，这句治堰准则是都江堰长盛不衰的主要诀窍，而其中蕴含的智慧和道理却远远超出了治水本身。华为公司若想长存，也应符合这些准则："'深淘滩'，就是不断地挖掘内部潜力，降低运作成本，为客户提供更有价值的服务。客户绝不肯为你的光鲜以及高额的福利多付出一分钱。我们的任何渴望，除了用努力工作获得外，别指望'天上掉馅儿饼'。公司短期的不理智的福利政策就是饮鸩止渴。'低作堰'，就是节制自己的贪欲，自己留存的利润少一些，多一些让利给客户，以及善待上游供应商。将来的竞争就是一条产业链与一条产业链的竞争。从上游到下游的产业链的整体强健，就是华为的生存之本。物竞天择，适者生存。"

利润是每个企业都不能忽视的目标，但企业不能一味强调利润，领导者管理企业应当平衡各种需要和目标，利润只是其中一个比较重要的目标，企业为了战略需要、长远发展，都不会把利润作为唯一目标。华为一直执行的是成长第一策略，而非利润最大化策略。为了尽可能抓住机会，华为宁可在一定时期内放弃眼前的利润，尽管这导致他们损失了一些可以看得见的利润收入，却因此获得了发展的良机，并迅速发展起来了。

（资料来源：知乎，华为从来不追求利润最大化，https://zhuanlan.zhihu.com/p/374779187，有改动。）

第一节　财务管理概念

"财务"一词从字面上理解，可以看成是理财事务的简称。要懂得什么是财务管理，首先要明白什么是财务，财务是财务活动和财务关系的统一。概括地讲，企业财务是指企业在生产经营过程中客观存在的资金运动（财务活动）及其所体现的经济利益关系（财务关系）。

一、企业财务活动

在市场经济条件下，一切物资都具有一定的价值，体现了物资生产过程中耗费的社会必要劳动量。社会再生产过程中物资价值的货币表现就是资金。企业生产经营的必要条件是拥有一定量的资金，企业生产经营活动的不断进行就表现为资金不断的收支运动。财务活动就是企业再生产过程中的资金运动，是指资金的筹集、投放、收回及分配等一系列行为，主要包括以下四方面的具体内容，这四方面内容是相互联系、相互依存的有机整体。

（一）企业筹资引起的财务活动

筹资是指企业为了满足投资和用资的需要，筹措和集中所需资金的过程，是资金运动的起点。在筹资过程中，企业应预测筹资的总规模，以保证所需资金；同时，通过筹资渠道和筹资方式的选择，合理确定筹资结构，以降低筹资成本和风险。

企业的资金来源主要有两大类：一是权益资金，是企业通过发行股票、吸收直接投资、内部留存收益等方式筹集的资金；二是负债资金，是企业通过向银行借款、发行债券等方式筹集的资金。企业通过发行股票、发行债券、吸收直接投资等方式筹集的资金，表现为企业资金的收入；企业偿还借款、支付利息、支付股利及各种筹资费用等，表现为企业资金的支出。这种因为资金筹集而产生的资金收支，便是由企业筹资而引起的财务活动。

（二）企业投资引起的财务活动

企业筹集资金的目的是把资金用于生产经营活动以获取利润。企业把筹集到的资金投向企业内部，用于购置固定资产、无形资产等，形成企业的对内投资；把筹集到的资金用于购买其他企业的股票、债券或与其他企业联营进行投资，形成企业的对外投资。无论是对内投资还是对外投资，都需要支出资金。而当企业变卖其对内投资的各项资产或收回其对外投资时，则会产生资金的收入。这种因企业投资而产生的资金收支，便是由企业投资而引起的财务活动。

（三）企业经营引起的财务活动

企业在日常的经营过程中，会发生一系列的资金收支。首先，企业要采购材料或商品，从事生产和销售活动，同时，还要支付工资和其他营业费用；其次，当企业把产品或商品售出后，可取得收入，收回资金；最后，如果企业现有资金不能满足企业经营的需要，还要通过短期借款等方式来筹集所需资金。这种经营过程中产生的企业资金收支，便属于企业经营引起的财务活动。

（四）企业分配引起的财务活动

企业分配是指企业对所获利润的分配。企业在经营过程中会产生利润，对外投资也会分得利润。企业的利润要按规定的程序进行分配：首先，要依法纳税；其次，要用来弥补亏损，提取公积金；最后，要向投资者分配利润。这种因利润分配而产生的资金收支，便属于利润分配引起的财务活动。

▶▶ 二、企业财务关系

企业财务关系是指企业在资金运动（财务活动）过程中与各有关方面发生的经济利益关系。这些关系主要表现在以下几个方面。

（一）企业与投资者、被投资者（受资者）之间的财务关系

企业与投资者、被投资者之间的财务关系体现在参与分配、实行控制和承担责任的关系之中。企业吸收投资者投入的资金进行生产经营活动，并将所实现的利润按出资比例向投资者分配，同时，按有关章程或约定相互实行控制和承担责任。同样，企业还可将资本投入到其他企业，按其在被投资企业中所占的出资比例分得收益，并实行控制和承担责任。企业与投资者、被投资者之间的关系在性质上属于所有权关系，它是各种财务关系中最基本的一种。处理这种财务关系必须明确划分产权关系，维护企业、投资者和被投资者各方的合法权益。

（二）企业与债权人、债务人之间的财务关系

企业在生产经营过程中，发生资金不足时，以借款或发行债券等方式向债权人筹集资金，并按借款合同的规定按期支付利息和归还本金；而当资金闲置或出于其他原因，企业会以购买债券、提供借款或商业信用等形式将资金出借给其他单位，并要求其债务人按约定的条件支付利息和归还本金。企业与债权人、债务人之间的财务关系在性质上属于债权债务关系。处理这种财务关系，要求讲究商业信用，遵守结算纪律，按合同或协议的要求按期还款、收款、支付（或收取）利息，以免相互占用资本。

（三）企业内部各单位之间的财务关系

企业内部各单位在生产经营各环节中相互提供产品或劳务时计价核算，既能调动内部各单位的积极性，又能保证企业整体经营目标的实现。这种在企业内部形成的资金结算关

系，反映了生产经营中分工与协作的权责关系，体现了企业内部各单位之间的利益关系。处理这种财务关系，要严格分清有关各方面的经济责任，制定合理的内部核算制度和奖惩制度。

（四）企业与职工之间的财务关系

企业要根据职工的工作业绩、劳动表现向其支付工资、津贴和奖金。这种企业与职工之间的货币结算关系体现了企业与职工之间在劳动成果上的分配关系。处理这种财务关系，要制定严格的岗位责任制和合理的工资、奖金分配制度，维护职工的合法权益，充分调动职工的积极性。

（五）企业与税务机关之间的财务关系

企业应按税法规定向国家缴纳各项税款。税收是国家财政收入的主要来源，是国家为了满足公共需要，以社会管理者的身份参与企业收益分配的一种形式。企业纳税是其应尽的义务，因此，企业与税务机关的关系反映为依法纳税和依法征税的权利义务关系。处理这种财务关系，要求企业按税法规定的税种、税率，及时、足额缴纳税款。

财务关系广泛存在于企业财务活动中，认识财务关系，便于企业有效地处理与各方面的经济利益关系，维护不同利益主体的合法权益，促进企业财务活动的顺利开展，以保证企业的健康发展。

三、企业财务管理的特点

财务管理是企业管理的重要组成部分，是基于企业再生产过程中客观存在的财务活动和财务关系而产生的。财务管理具有以下特点。

（一）综合性

财务管理具有综合性的特点是由于企业在进行财务管理时所借助的资金的货币价值形态本身具有综合性的特点。企业财务活动作为生产经营活动的价值体现，能综合反映企业生产经营活动的使用价值，即实物方面的状况、变化和发展；同时，企业的"人财物""产供销"等存量、变量和流向情况，也可以在企业财务管理中借助于资金的货币价值形式得到综合的反映。财务管理活动通过价值形式把企业的一切物质条件、经营过程和经营结果都合理地加以规划与控制，达到企业效益不断提高、财富不断增加的目的。

（二）广泛性

在企业中，一切涉及资金的收支活动，都与财务管理有关，财务管理的触角常常伸向企业经营的各个角落。每个部门都会通过资金的使用与财务部门发生联系，都要在管理使用资金、节约控制支出等方面接受财务部门的指导，受到财务制度的约束，以确保企业经济效益的不断提高。

（三）预见性

财务管理的预见性与综合性、广泛性有着内在联系，由于财务管理对生产经营活动有全面、广泛的综合反映，它既是生产经营活动的前提，又能够反映企业全部生产经营活动的成果。例如，如果企业生产的产品适销对路、产销两旺，则资金周转加快、盈利能力增强，这一切都可以通过各种财务指标迅速反映出来，财务部门可以通过自己的工作，把有关财务指标的变化情况及时反馈到决策层，各部门可以根据这些反馈迅速调整自己的工作，从而实现企业目标。所以，客观上表明，财务管理对企业生产经营活动具有预见性，通过财务管理，企业可以科学地预测生产经营活动的发展趋势。

综上所述，财务管理是企业管理的一个组成部分，是企业组织财务活动、处理财务关系的一项经济管理工作。

第二节 企业组织形式与财务管理内容

▶▶ 一、企业组织形式

企业的组织形式是多种多样的，其中最主要的三种类型分别为个人独资企业、合伙企业和公司制企业。

（一）个人独资企业

个人独资企业是指由一个自然人投资，财产为投资人个人所有，投资人以其个人财产对企业债务承担无限责任的经营实体。

个人独资企业一般规模较小，组织结构十分简单。其财务优势是：①设立企业的条件不高，创立便捷；②投资人直接拥有、控制和经营企业，经营方式比较灵活，同时可以避免公司制企业中由于所有权与经营权的分离而发生的监督与激励费用，经营较少受到政府的管制；③个人独资企业不作为企业所得税的纳税主体，其收益按照个人所得税计算缴纳；④没有信息披露的限制，企业的技术和财务信息容易保密。

个人独资企业的财务劣势是：①投资人负有无限偿债责任，承担的风险较大；②个人独资企业规模较小，个人信用能力的有限性决定其难以大量筹措资金；③个人独资企业的寿命周期有限，受制于投资人的寿命；④企业所有权不易转让。

（二）合伙企业

我国的合伙企业是指自然人、法人和其他组织依法在中国境内设立的普通合伙企业和有限合伙企业。普通合伙企业由普通合伙人组成，合伙人对合伙企业债务承担无限连带责任。有限合伙企业由普通合伙人和有限合伙人组成，普通合伙人对合伙企业债务承担无限连带责任，有限合伙人以其认缴的出资额为限对合伙企业债务承担责任；有限合伙企业要求至少有一人是普通合伙人，而且有限合伙人不直接参与企业经营管理活动。

与个人独资企业相比，合伙企业的财务优势在于：①有两个以上合伙人，可以发挥每个合伙人的专长，提高合伙企业的决策水平和管理水平；②由合伙人共同筹措资金，有利于提高筹资能力，扩大企业规模；③由合伙人共同负责偿还债务，提高了合伙企业的信誉。但是，合伙企业仍然存在一定的财务劣势：①财务不稳定性较大；②投资风险较大；③权力不易集中；④有时决策过程过于冗长等。

（三）公司制企业

公司是指依照公司法登记设立，以其全部法人财产依法自主经营、自负盈亏的企业法人。《中华人民共和国公司法》（简称《公司法》）所称公司是指依照《公司法》在中国境内设立的有限责任公司和股份有限公司。

1. 有限责任公司

有限责任公司是指由五十个以下股东共同出资，每个股东以其认缴的出资额为限对公司承担有限责任，公司以其全部财产对公司的债务承担责任的企业法人。其特点是：①公司的资本不分为等额的股份；②公司向股东签发出资证明书，不发股票；③股东符合法定人数；④股东以其出资比例享受权利、承担义务；⑤股东以其出资额为限对公司承担有限责任；⑥公司股份的转让有较严格的限制。

2. 股份有限公司

股份有限公司是指其全部资本分为等额股份，股东以其认购的股份为限对公司承担责任，公司以其全部财产对公司的债务承担责任的企业法人。其特点是：①公司的资本划分为股份具每一股的金额相等；②公司的股份采取股票的形式，股票是公司签发的证明股东所持股份的凭证；③同种类的每一股份应当具有同等权利；④股东持有的股份可以依法转让；⑤股东以其所持股份为限对公司债务承担有限责任。

与个人独资企业和合伙企业相比，公司制企业有较多优势：①有限责任，股东对公司的债务承担有限责任，倘若公司破产，股东的损失以其对公司投入的份额为限；②具有无限存续期，公司的法人地位不受某些股东死亡或转让股份的影响，其生产经营的寿命有更好的法律保障；③可转让性，一般而言公司的股份转让比个人独资企业和合伙企业的权益转让更为容易；④易于筹集资本，因为公司的永久性，股东个人承担的有限责任实现了财产损失风险的有限性，以及较大的权益资本规模增强了举债能力，公司更容易积聚资本。

公司是现代企业组织的典型形式，现代财务管理主要以公司这种组织形式为基本对象。本书所讲的财务管理也主要是指公司的财务管理。

▶▶ 二、财务管理内容

财务管理的内容是财务活动的具体反映，公司的基本财务活动可以分为投资、筹资、运营和分配四个方面。从财务管理的角度，投资可以分为长期投资和短期投资，筹资也可以分为长期筹资和短期筹资，由于短期投资与短期筹资与营业现金流管理有着密切关系，通常合并在一起讨论，统称为营运资金管理。因此，财务管理的主要内容包括长期投资管理、长期筹资管理、营运资金管理和利润分配管理。

（一）长期投资管理

企业筹集资金是为了把资金投放于生产经营中去以便取得盈利。很多时候我们把企业投资分为对内投资和对外投资：企业筹集的资金用于购买固定资产和无形资产等就形成了对内投资；企业筹集的资金用于购买其他企业的股票、债券或与其他企业合资、联营等就形成了对外投资。无论是对内投资还是对外投资，其基本内容都是进行投资决策。尽管两类投资的方法和程序不尽相同，但在做出投资决策时都需要考虑投资时机、投资报酬和投资风险，力求风险和收益的匹配。

投资管理的基本内容是投资决策分析，但就其完整意义而言，投资管理的首要任务是进行投资方面的选择，如选择多元化投资、专业化投资等。在具体的投资决策分析中，要谨慎地估算现金流量和投资风险。在投资项目形成后还应加强跟踪管理，以确保投资项目实施过程取得预期效果。

（二）长期筹资管理

企业要根据其生产经营、发展战略、投资和资本结构等需要，通过筹资渠道和资本市场，运用筹资方式，依法、经济有效地筹集企业所需资金。无论是新建企业还是已经在经营中的企业，都可能需要筹集资金。例如，企业发行股票、取得长期借款、发行债券等都属于筹集资金的方式。

企业筹资管理的核心是筹资决策。筹资决策要解决的是筹资渠道、筹资方式、筹资风险、筹资成本等问题，要力求确定最佳的资本结构、选择最佳的筹资方式并在风险和成本之间进行权衡。

（三）营运资金管理

营运资金管理有时也称日常资金管理，包括流动资产和流动负债的管理。营运资金在企业资金中占的比重很大，其特点是周转快、容易变现，因此营运资金管理的基本目标是通过进行有效的资金日常调度和调剂，合理地配置资金，提高资金的使用效率，增强短期资金的流动性。

营运资金管理内容主要涉及三个方面：一是合理安排流动资产和流动负债的比例，实现流动性和偿债能力的平衡；二是提高流动资产的周转率；三是优化流动资产和流动负债的内部结构。

（四）利润分配管理

利润分配管理是对企业盈余的分配管理。根据投资者的意愿和企业生产经营的需要，企业实现的净利润可以作为投资收益分配给投资者，也可以暂时留存企业形成未分配利润，或者作为投资者的追加投资。企业的财务人员要合理确定分配的规模和结构，确保企业取得最大的长期利益。以股份制企业为例，利润分配就是确定企业的盈余有多少用于发放股利，有多少留在企业形成留存收益。如果股利发放过低，股东的近期利益得不到满足，可能导致股东的不满，引起股票价格的波动；如果股利发放过高，企业留存收益就少，企业对外筹集资金的需求增大，不利于企业长远发展，从而影响股东的未来利益，也可能引起股票价格的波动。从另一个角度说，股利分配政策也是留存收益政策的体现。

第三节　财务管理目标

财务管理目标是企业财务活动希望实现的结果，是评价企业财务活动是否合理的基本标准。在现代财务管理的理论体系及财务实践活动中，财务管理目标是一个逻辑起点，是为实现企业创造财富或价值这一目标服务。财务管理目标决定着财务管理各种决策的选择，是企业各种财务决策的标准。明确的财务管理目标，是搞好财务工作的前提。但是，不同国家的企业面临的财务管理环境不同，同一国家的企业，公司治理结构不同，发展战略不同，因此财务管理目标在体现根本目标的同时又有不同的表现形式。

一、财务管理目标理论

（一）利润最大化

利润最大化是西方微观经济学的理论基础，是指企业财务管理以实现利润最大为目标。利润是企业在一定期间内全部收入和全部费用的差额，是按照收入与费用配比原则计算的，在一定程度上体现了经济效益的高低。利润代表了企业新创造的财富，是投资者获得红利的来源，也是企业补充资本、扩大经营规模的源泉。因此，以利润最大化作为财务管理目标有其合理性。企业追求利润最大化，就必须严格经济核算，加强经营管理，改进生产技术，提高劳动生产率，降低产品成本。这些措施都有利于资源的合理配置，有利于提高经济效益。

但是，由于利润指标自身的局限性，以利润最大化作为财务管理目标存在以下缺点：

1）没有反映利润与投入资本之间的关系，不利于不同资本规模的企业或同一企业不同期间之间的比较。例如，同样获利 400 万元，一家企业投入资本为 900 万元，而另一家企业投入了 1 000 万元，从财务管理的角度对二者的评价就存在明显的不同。

2）没有考虑利润取得的时间，忽视了资金的时间价值。例如，今年获利 200 万元和明年获利 200 万元对企业的影响是不同的，更不同于后年获利 200 万元所产生的影响。

3）没有考虑获取利润所承担风险的大小。例如，同样投入 800 万元、本年获利 200 万元的两家企业，其中一家获利已全部转化为现金，另一家获利则全部是应收账款，并可能发生坏账损失。若不考虑风险大小，很难判断哪种情况更符合企业财务管理的目标。一般而言，收益越高，风险越大。较高的利润额与较低的利润额之间有时并不具备可比性，因为过高的风险会抵消利润额的绝对值优势。而以利润最大化为财务管理目标，可能会使财务人员不顾风险的大小去追求最多的利润。

4）往往会使企业财务决策带有短期行为的倾向，即只顾实现目前的最大利润，而不顾企业的长远发展，如忽视产品开发、人才开发、生产安全、技术装备水平、社会责任履行等。

如果投入资本相同、利润取得的时间相同、相关风险也相同，那么追求利润最大化是一个可以接受的观念；但是将利润最大化作为企业财务管理的目标，只是对经济效益浅层次的认识，存在一定的片面性。所以，现代财务管理理论认为，利润最大化并不是财务管理的最优目标。事实上，许多企业都把提高利润作为企业的短期目标。

（二）股东财富最大化

股东财富最大化是指企业财务管理以实现股东财富最大为目标。股东创办企业的目的是增加财富，股东是企业的法定所有者。股票的市场价格代表了股东的财富，企业财务决策的优劣均会反映在股票的市场价格上。因此，在股份公司中，股东财富由其所拥有的股票数量和股票市场价格两方面来决定。在股票数量一定的情况下，股票价格最高时，股东财富也最大。

与利润最大化目标相比，股东财富最大化目标有其积极的方面，主要表现在：

1）考虑了风险因素，因为风险的高低会对股票价格产生重要影响。

2）在一定程度上能够克服企业在追求利润上的短期行为，因为不仅当前的利润会影响股票价格，预期未来的利润对企业股票价格也会产生重要影响。

3）对上市公司而言比较容易量化，便于考核和奖惩。

同时，股东财富最大化也存在一些缺点：

1）只适合上市公司，对非上市公司很难适用。

2）只强调股东的利益，对企业其他关系人的利益重视不足。企业实质上是在各方利益均衡的状况下运营的，如果不能实现各方利益的均衡，就不能充分发挥各方参与企业生产经营的积极性，无法建立充满活力的生产经营机制。例如，不按期偿还借款，伤害了债权人的利益，债权人就会拒绝合作，当企业财务状况不佳时，甚至会强制企业破产清算；忽视了职工的利益，就会导致企业生产经营目标难以完成等。

3）股票价格受多种因素影响，如行业竞争、法律约束等，这些因素并非都是公司所能控制的。因此，把不可控的因素引入财务管理目标是不合理的。

（三）企业价值最大化

企业价值最大化是指企业财务管理以实现企业的价值最大为目标。企业价值可以理解为企业所有者权益和债权人权益的市场价值，或者是企业所能创造的预计未来现金流量的现值。未来现金流量这个概念包含了货币时间价值和风险价值两个方面的因素。企业价值最大化要求企业通过财务上的合理经营，采用最优的财务政策，充分考虑资金的时间价值和风险与报酬的关系，在保证企业长期稳定发展的基础上使企业总价值达到最大。

以企业价值最大化作为财务管理目标，具有以下优点：

1）考虑了取得报酬的时间，并用时间价值的原理进行了计量。

2）科学地考虑了风险与报酬的联系。

3）能克服企业在追求利润上的短期行为，因为不仅当前的利润会影响企业的价值，预期未来的利润对企业价值的影响更大。

4）用企业价值代替股票价格，可以避免过多外界市场因素的干扰，有效地规避了企业的短期行为。

企业价值最大化这一目标，最大的问题可能是其计量行为不易操作。从实践上看，可以通过资产评估来确定企业价值的大小。然而，由于受到评估标准和评估方式的影响，企业资产评估很难做到客观和准确。

实际上，上述各种财务管理目标，都以股东财富最大化为基础。因为企业是市场经济的主要参与者，企业的创立和发展都必须以股东的投入为基础，离开股东的投入，企业就不复存在；并且，在企业的日常经营过程中，作为所有者的股东在企业中承担着最大的义务和风险，相应也需要享有最高的报酬，即股东财富最大化，否则就难以为市场经济持续发展提供动力。

当然，以股东财富最大化为核心和基础，还应该考虑利益相关者的利益。现代企业是多边契约关系的总和，股东当然要承担风险，但债权人、企业经营者、职工、客户、供应商和政府也为企业承担着风险。可见财务管理目标应与企业多个利益集团有关，是这些利益集团共同作用和相互妥协的结果，因此，在确定企业财务管理目标时，不能忽视这些相关利益群体的利益。

各国公司法都规定，股东权益是剩余权益，只有满足了其他方面的利益之后才有股东的利益。企业必须给顾客提供他们满意的产品和服务，给职工发工资，履行纳税义务，然后才能获得税后收益。可见，其他利益相关者的要求先于股东被满足，因此这种满足必须是有限度的，如果对其他利益相关者的要求不加限制，股东就不会有"剩余"。没有股东财富最大化的目标，利润最大化、企业价值最大化以及相关者利益最大化的目标也就无法实现。因此，在强调企业须承担应尽的社会责任的前提下，应当允许企业以股东财富最大化为目标。

▶▶ 二、不同利益相关者财务管理目标的利益冲突与协调

不同财务管理目标之间的分歧之一是如何看待利益相关者的要求。协调利益相关者的利益冲突，要把握的原则是：尽可能使企业利益相关者的利益分配在数量和时间上达到动态的协调平衡。

（一）所有者与经营者的利益冲突与协调

1. 所有者与经营者利益冲突的表现

现代企业所有权和经营权分离，企业价值最大化直接反映的是企业所有者的利益，与企业经营者没有直接关系。经营者所得的利益实际上是所有者放弃的利益。在财务管理上，把这种放弃利益称为经营者的享受成本，主要包括：①增加经营者报酬，物质和非物质的报酬，如工资、奖金、荣誉和社会地位等；②增加经营者闲暇时间，包括较少的工作时间、工作时间里较多的空闲和有效工作时间中较小的劳动强度等；③避免经营者风险，经营者努力工作可能得不到应有的报酬，他们的行为和结果之间有不确定性，经营者总是力图避免这种风险，希望付出一份劳动便得到一份报酬。

经营者和所有者的主要利益冲突就是经营者希望在提高企业价值的同时，能更多地增加享受成本；而所有者则希望以较少的享受成本更多地提高企业的价值。

2. 所有者与经营者利益冲突的协调

解决所有者与经营者之间利益冲突的关键不在于经营者享受成本的多少，而是在于经营者增加享受成本的同时，是否更多地提高了企业价值。在财务管理上，协调所有者与经营者的利益冲突主要是让经营者的报酬与绩效相联系，实践中可采取解聘、干预、激励等措施。

（1）解聘。这是一种通过所有者约束经营者的办法。所有者对经营者予以监督，如果经营者未能达到所有者预期的企业价值增加目标，则解聘经营者，经营者因怕被解聘而被迫实现财务管理目标。

（2）干预。现代资本市场上，企业的股票主要由机构投资者持有，机构投资者成为分散股东的代言人。他们对大多数企业的经营产生了相当大的影响，能够与管理层进行协商，对企业的经营提出建议。这对于中小股东权益的保护是有利的，尤其是《中华人民共和国公司法》（2018年第四次修正）也逐渐加入了保护中小股东直接干预企业决策的条例。

（3）激励。激励是把经营者的报酬同其绩效挂钩，以使经营者自觉采取能满足企业价值最大化的措施。激励一般有"股票选择权"和"绩效股"两种方式。

1）"股票选择权"方式是允许经营者以固定的价格购买一定数量的企业股票，当股票的价格高于固定价格时，经营者所得的报酬就增多。经营者为了获取更大的股票涨价收益，就必然主动采取能够提高股价的行动。

2）"绩效股"方式是企业运用每股利润、资产报酬率等指标来评价经营者的业绩，视其业绩大小给予经营者数量不等的股票作为报酬。如果企业的经营业绩未能达到规定目

标，经营者也将丧失部分原先持有的"绩效股"。这种方式使经营者为了多得"绩效股"而不断采取措施以提高企业的经营业绩，使企业的价值得到提升。

【资料阅读】

《中华人民共和国公司法》（2018年第四次修正）规定：单独或合计持有公司3%以上股份的股东，可以在股东大会召开10日前提出临时提案并书面提交董事会；董事会应当在收到提案后的二日内通知其他股东，并将该临时提案提交股东大会审议。

（点评：从规定上可以看出，对于股东的临时提案，董事会只有及时通知和提前审议的义务，无权对提案进行实质性审查并裁量是否提交股东大会。这样的规定大大强化了对中小股东权益的保护，这也是一种协调所有者和经营者利益冲突的干预手段。）

（二）所有者与债权人的利益冲突与协调

1. 所有者与债权人利益冲突的表现

企业借款的目的是扩大经营，将借得的资金投入生产经营项目；债权人将资金借给企业，目的是到期收回本金，并获得约定的利息收入。两者的目的并不一致。借款合同一旦成为事实，资金划入企业，债权人就失去了资金的控制权，所有者可以通过经营者为了自身利益而伤害债权人的利益，其常用方式有以下两种。

1）所有者或股东可能未经债权人同意，要求经营者投资于比债权人预估风险更高的项目，这会增加偿债的风险。若高风险项目一旦成功，企业获得的额外利润就会被所有者独享；但若不幸失败，企业无力偿债，债权人却要与所有者共同负担由此而造成的损失。尽管《中华人民共和国企业破产法》规定，债权人先于所有者分配破产财产，但多数情况下，破产财产不足以偿债。所以，对债权人来说风险与收益是不对称的。

2）所有者或股东未征得现有债权人同意，要求经营者发行新债券或举借新债，致使原有债权人风险增大。这是因为发新债后企业负债比率加大，公司破产的可能性增加，如果企业破产，旧债权人和新债权人要共同分配破产后的财产，使旧债的风险增加、价值下降。尤其当债券或其他借款不能转让时，债权人没有出售债权来摆脱困境的出路，处境更加不利。

2. 所有者与债权人利益冲突的协调

债权人为了防止其利益被侵害，除了寻求立法保护，如破产时优先接管、优先于所有者分配剩余财产外，一般采取以下措施。

（1）限制性借款。即通过对借款设定用途限制、担保条款、信用条件等，防止所有者利用上述两种方法增大债权人的风险；

（2）收回借款或不再借款。即当债权人发现企业有侵蚀其债权价值的意图时，收回借款或不予企业重新放款，从而保护自身的权益。

（三）其他利益相关者的利益冲突与协调

广义的利益相关者包括一切与公司决策有利益关系的人，包括资本市场利益相关者

（股东和债权人）、产品市场利益相关者（客户、供应商、所在社区和工会组织）和公司内部利益相关者（经营者和公司员工）。除资本市场利益相关者外公司的利益相关者可以分为两类，一类是合同利益相关者，包括客户、供应商和公司员工，他们和企业之间存在法律关系，受合同的约束；另一类是非合同利益相关者，包括所在社区和工会组织以及其他与公司有间接利益关系的群体。

股东和合同利益相关者之间既有共同利益，也有利益冲突。股东可能损害合同利益相关者利益，合同利益相关者也可能损害股东利益。因此要通过立法调节他们之间的关系，保障双方的合法权益。一般来说，公司只要遵守合同就可以基本满足合同利益相关者的要求，在此基础上股东追求自身利益最大化也会有利于合同利益相关者。当然，仅有法律是不够的，还需要道德规范的约束，以缓和双方的利益冲突。企业要为员工提供合理的薪金和安全的工作环境，否则员工就没有工作积极性，影响企业的盈利，最终将损害股东的利益；企业要为顾客提供合格的产品和优质的服务，否则就会面临失去顾客和遭遇诉讼的风险，最终也将损害股东的利益；企业在满足自身利益的同时，也要维护供应商的利益，否则供应商将提高供货价格，或者取消对企业的赊销等，最终损坏的还是股东利益。

对非合同利益相关者，法律关注较少。非合同利益相关者享受的法律保护低于合同利益相关者。公司的社会责任政策，对非合同利益相关者影响很大。然而，承担社会责任需要花费一定的成本，企业似乎不愿意自觉承担社会责任。那么，这是否意味着股东财富最大化与承担社会责任之间的矛盾是无法协调的呢？

答案是否定的，因为实际上，实现股东财富最大化与其承担的社会责任是息息相关的。良好的社会形象有利于企业的长远发展，消费者也更愿意向对社会负责任的企业购买产品。在要求企业自觉承担大部分社会责任的同时，也要通过法律等强制命令规范企业的社会责任，并让所有企业均衡地分担社会责任的成本，以维护那些自觉承担社会责任的企业的利益。强制命令包括劳动合同、产品安全、消费者权益保护、污染防治等方面的法规，另外，道德评判也可以促使企业承担社会责任。

第四节　财务管理环节

财务管理的内容告诉我们应该管什么，而财务管理环节就是企业财务管理的具体工作步骤。随着社会经济关系的日益复杂，企业的财务活动也变得庞杂，财务管理环节因此更趋于专业化，主要有计划与预算、决策与控制和分析与考核三个环节。

▶▶ 一、计划与预算

（一）财务预测

财务预测是根据财务活动的历史资料，发现财务活动的客观规律，考虑现实的要求和条件，并据此推断财务活动的未来状况和发展趋势。财务活动是企业各项具体活动的综合反映，财务预测是一项综合性的预测工作，涉及面较广，它既不能脱离企业的各项业务预测，又不是各项业务预测结果的简单相加。财务预测要根据业务活动对资金活动的作用和反作用，将业务预测的结果进行合乎逻辑的整合。

财务预测的主要任务在于：

1）测算各项生产经营方案的经济效益，为决策提供可靠的依据。

2）预计财务收支的发展变化情况，以确定经营目标。

3）测定各项消耗的定额和标准，为编制计划、分解计划指标服务。

财务预测的主要方法有定性预测法和定量预测法两类。

1）定性预测法，主要是利用直观材料，依靠个人的主观判断和综合分析能力，对事物未来的状况和趋势做出预测的一种方法。

2）定量预测法，主要是根据变量之间存在的数量关系建立数学模型来进行预测的方法。

（二）财务计划

财务计划是根据企业整体战略目标和规划，结合财务预测的结果，对财务活动进行规划，并以指标形式落实到每一计划期间的过程。财务计划主要通过指标和表格，以货币形式反映在一定的计划期内，企业生产经营活动所需要的资金及其来源、财务收入和支出、财务成果及其分配的情况。

编制财务计划，首先必须依据国家宏观发展计划的要求；其次必须注意财务计划指标和各项生产技术指标之间的协调一致；最后要以先进合理的定额为依据。确定财务计划指标的方法一般有平衡法、因素法、比例法和定额法等。

（三）财务预算

财务预算是根据财务战略、财务计划和各种预测信息，确定预算期内各种预算指标的过程。它是财务战略的具体化，是财务计划的分解和落实。

财务预算的编制方法通常包括固定预算与弹性预算、增量预算与零基预算、定期预算与滚动预算等。

二、决策与控制

（一）财务决策

财务决策是根据财务战略目标的总体要求，在一定决策方法的指导下，从若干备选方案中选择一个最优的财务活动方案。在市场经济条件下，财务管理的核心是财务决策，财务预测是为财务决策服务的，决策成功与否直接关系到企业的兴衰成败。

财务决策除了有赖于财务预测外，在决策过程中还应该妥善处理以下问题。

（1）财务决策的组织问题。现代企业财务决策往往涉及多个方面，且具有较大的不确定性，所以财务决策除了根据各种可以确切掌握的客观资料做出客观判断外，还需要决策者做出主观判断。由于主观判断受决策者个人的价值取向及知识、经验等个人素质差异的影响，因此只有较低层次的财务决策问题可以由个人决策，而较高层次的财务决策问题应尽可能由决策层集体决策。

（2）财务决策的程序问题。财务决策具有很强的综合性，所以不能仅仅由专职的财务管理人员一次完成，而应更多地深入基层，了解企业生产经营的各种具体情况，并尽可能吸收业务部门的有关人员参与财务决策。

（3）财务决策方法。财务决策不是简单的定性或定量的权衡分析，财务决策具体方法的选择应以财务决策内容为前提，还要考虑掌握的企业内外部信息等具体情况。

财务决策方法主要有经验判断法和定量分析法两类。

1）经验判断法，是根据决策者的经验来判断选择，常用的方法有淘汰法、排队法、归类法等。

2）定量分析法，常用的方法有优选法、对比法、数学微分法、线性规划法、概率决策法等。

（二）财务控制

在财务计划组织实施的过程中，由于主客观两方面的原因，财务活动的实际进展与计划要求可能出现差异。对这种差异如果不加以控制，财务计划的最终完成就不能保证。财务控制是指利用有关信息和特定手段，对企业的财务活动施加影响和调节，以便实现计划所规定的财务目标的过程。

财务控制的方法通常有前馈控制法、过程控制法、反馈控制法几种。财务控制措施一般包括预算控制、运营分析控制和绩效考评控制等。

三、分析与考核

（一）财务分析

财务分析是根据企业财务报表等信息资料，采用专门的方法，系统地分析和评价企业的财务状况、经营成果以及未来趋势的过程。

财务分析的基本手段有比较分析法、比率分析法和因素分析法等。

（二）财务考核

财务考核是指将报告期内实际完成数与规定的考核指标进行对比，确定有关责任单位和个人完成任务情况的过程。财务考核与奖惩密切联系，是贯彻责任制原则的要求，也是构建激励与约束机制的关键环节。

财务考核的形式多种多样，可以用绝对指标、相对指标、完成百分比考核，也可采用多种财务指标进行综合评价考核。

第五节　财务管理环境

任何事物总是与一定的环境相联系而产生、存在和发展的，财务管理也不例外。财务管理环境是对企业财务管理产生影响的企业内外部各种条件或因素的统称。企业的财务管理环境是财务管理系统得以正常运行的基本条件，善于分析和研究环境，是做好财务管理工作的前提和基础。

按构成企业财务管理环境的各要素是否存在于企业中，财务管理环境分为企业财务管理内部环境和企业财务管理外部环境。企业财务管理内部环境是存在于各个财务管理个体内部并对企业财务管理产生影响的条件和因素的统称，如企业的类型和组织形式、企业的各项规章制度、生产情况、技术情况、经营规模等，多为微观环境；企业财务管理外部环境是处于企业外部的，直接或者间接影响企业并对企业财务行为产生导向作用的条件和因素的统称，主要包括经济环境、法律环境、金融市场环境等，多为宏观环境。

一般来说，财务管理的内部环境是企业比较容易把握的，是带有个体特性的，是可控的；而企业面对的外部环境通常是企业自身不可控的，是所有企业都面对的共性的环境，企业只能去适应它的变化。财务管理的外部环境决定了内部环境，财务管理的内部环境始终应和外部环境相适应。因此，对于财务管理环境的研究重点往往放在企业外部财务管理环境的内容上，本书也从这个角度来理解财务管理环境。

一、经济环境

经济环境是指企业进行财务活动的宏观经济状况。

（一）经济周期

市场经济条件下，经济发展与运行带有一定的波动性。大体上经历复苏、繁荣、衰退和萧条几个阶段的循环，这种循环叫作经济周期。

在经济周期的不同阶段，企业应采取不同的财务管理战略。西方财务学者探讨了经济周期中不同阶段的财务管理战略，归纳见表1-1。

表1-1 经济周期中不同阶段的财务管理战略

复苏期	繁荣期	衰退期	萧条期
①增加厂房设备	①扩充厂房设备	①停止扩张	①建立投资标准
②实行长期租赁	②继续增加存货	②出售多余设备	②保持市场份额
③增加存货	③提高价格	③停产不利产品	③削减管理费用
④引入新产品	④开展营销规划	④停止长期采购	④放弃次要部门
⑤增加劳动力	⑤增加劳动力	⑤削减存货	⑤削减存货
		⑥停止扩招雇员	⑥裁减雇员

（二）经济发展水平

财务管理水平和经济发展水平是密切相关的。财务管理水平的提高，将推动企业降低成本、改进效率和提高效益，从而促进经济发展水平的提高；而经济发展水平的提高，将改变企业的财务战略、财务理念、财务管理模式和财务管理的手段，从而促进企业财务管理水平的提高。财务管理应当以经济发展水平为基础，以宏观经济发展目标为导向，从业务工作角度保证企业经营目标和经营战略的实现。

（三）通货膨胀水平

持续的通货膨胀会给企业理财带来很大困难。通货膨胀对企业财务活动的影响主要表现在以下几个方面：

1）引起资金占用量的大量增加，从而增加企业的资金需求。
2）引起企业利润虚增，造成企业资金由于利润分配而损失。
3）引起利率上升，加大企业筹资成本。
4）引起有价证券价格下降，增加企业筹资难度。
5）引起资金供应紧张，增加企业筹资困难。

企业对通货膨胀本身无能为力，只有政府才能控制。企业为了实现期望的报酬率，必须调整收入和成本。同时，使用套期保值等办法减少损失，如提前购买设备和存货、买进现货卖出期货，或者卖出现货买入期货等。

（四）经济政策

一个国家的经济政策，如国民经济的发展规划、国家的产业政策、经济体制改革的措施、政府的行政法规等，对企业的财务活动都有重大影响。

国家对某些地区、某些行业、某些经济行为的优惠、鼓励和倾斜构成了政府政策的主要内容。但同时政府政策也是对另外一些地区、行业和经济行为的限制。企业在财务决策时，要认真研究政府政策，按照政策导向行事，才能趋利除弊。当政府经济政策随着经济状况的变化做出调整时，企业财务决策要为这种变化留有余地，甚至预见其变化的趋势。

▶▶ 二、金融市场环境

金融市场是资金供应者和资金需求者双方通过金融工具进行交易的场所，简单来说就是资金融通的场所。从企业财务管理的角度看，金融市场是诸多环境因素中最为直接和最为特殊的一个方面。

（一）金融市场对财务管理的影响

1. 提供企业投资和筹资的场所

筹资和投资是现代财务管理的核心内容，而它们都离不开金融市场。一方面金融市场能够为资本所有者提供多种投资渠道，为他们带来额外的收益；另一方面金融市场可以为资本需求者提供多种可选择的筹资方式，以吸收不同期限的资本。

2. 促进企业资本的灵活转化

企业在需要的时候可以通过金融市场将股票、债券等长期资产灵活地转化为短期资金，增强资金的流动性；也可以将短期资金用于购买股票、债券等长期资产，以增加收益性。

3. 为企业财务管理提供有用的信息

金融市场上资金供应者和资金需求者的相互作用决定了交易资产的价格，或者说确定了金融资产要求的收益率。可以说这也是金融市场提供给财务管理者最重要的信息。金融市场的定价功能引导着资本流动的方向，提高了资本利用效率。而且在金融市场交易中形成的各种信息，如市场利率、证券价格、汇率等都是企业进行财务管理决策的前提和基础。

（二）金融市场的构成

金融市场由主体、客体和参加人组成：主体是指银行类和非银行类金融机构，它们是连接投资人和筹资人的桥梁；客体是指金融市场上的交易对象，如股票、债券、商业票据等；参加人是指客体的供应者和需求者，如企业、政府部门和个人等。

金融机构主要包括商业银行、投资银行、证券公司、保险公司和各类基金管理公司。

商业银行的主要作用是资金的存贷，它们从广大居民手中吸收存款，再以借款的形式将这些资金提供给企业等资金需求者。

投资银行在现代公司筹资活动中处于非常重要的地位，任何公司发行债券或股票，都要借助投资银行。目前在我国，投资银行的业务主要由各类证券公司来承担。

保险公司和各类基金管理公司是金融市场上主要的机构投资者，它们从广大投保人和基金投资者手中聚集了大量资金，同时，又投资于证券市场，成为公司资金的一项重要来源。

（三）金融工具

财务管理人员必须熟悉各种金融工具。金融工具按发行和流通的场所可以分为货币市场证券和资本市场证券。

1. 货币市场证券

货币市场证券属于短期金融工具，到期期限通常为一年或更短的时间，主要是政府、银行及工商业企业发行的短期信用工具，具有期限短、流动性强和风险小的特点。货币市场证券包括商业本票、银行承兑汇票、国库券、银行同业拆借、短期债券等。

2. 资本市场证券

资本市场证券是公司或政府发行的长期证券。其到期期限超过一年，实质上是一年期以上的中长期资本市场证券。资本市场证券包括普通股、优先股、长期公司债券、国债、衍生金融工具等。

（四）利率及其测算

1. 基准利率及特征

利率又称利息率，是衡量资金增值量的基本单位，也就是利息占本金的百分比指标。从资金的借贷关系看，利率是一定时期资金资源的交易价格。资金作为一种特殊商品，在资金市场上的买卖是以利率为价格标准的，资金的融通实质上是资源通过利率实行的再分配。因此，利率在资金分配及企业财务决策中起着重要作用。

基准利率是金融市场具有普遍参照作用的利率，其他利率水平或金融价格均可根据基准利率的水平来确定。基准利率是利率市场化的重要前提之一，在利率市场化条件下，融资者衡量融资成本，投资者计算投资收益，客观上都要求有一个普遍公认的利率水平作为参考。所以，基准利率是利率市场化机制形成的核心。我国以中国人民银行（央行）对国家专业银行和其他金融机构规定的定额存贷款利率为基准利率。

基准利率具备下列基本特征。

（1）市场化。基准利率必须是由市场供求关系决定的，而且不仅要反映实际市场供求状况，还要反映市场对未来供求状况的预期。

（2）基础性。基准利率在利率体系、金融产品价格体系中处于基础性地位，它与其他金融市场的利率或金融资产的价格具有较强的关联性。

（3）传递性。基准利率所反映的市场信号，或者中央银行通过基准利率所发出的调控信号，能有效地传递到其他金融市场和金融产品价格上。

2. 利率的影响因素

究竟应该怎样测算特定条件下未来的利率水平呢？利率主要由资金的供给与需求来决定，但除此之外，经济周期、通货膨胀、国家货币政策和财政政策、国际经济政治关系、国家利率管制程度等，对利率的变动均有不同程度的影响。利率的一般计算公式可表示如下：

$$K = K_0 + IP + DP + LP + MP \tag{1-1}$$

式中　K——利率（名义利率）；

　　K_0——纯利率；

　　IP——通货膨胀补偿；

　　DP——违约风险报酬；

　　LP——流动性风险报酬；

　　MP——期限风险报酬。

纯利率（K_0），是指没有风险和没有通货膨胀情况下的均衡点利率。例如，在没有通货膨胀时，国库券的利率可以视为纯利率。纯利率的高低受平均利润率、资金供求关系和国家调节的影响。

通货膨胀补偿（IP），是指持续的通货膨胀会不断降低货币的实际购买力，为补偿其购买力损失而要求提高的利率。因此，每次发行国库券的利息率随预期的通货膨胀率变化，它近似等于纯利率加上预期通货膨胀补偿。

违约风险报酬（DP），是指借款人无法按时支付利息或偿还本金而给投资人带来的风险。为了弥补违约风险带来的损失，投资人要求提高贷款利率。违约风险的大小与借款人信用等级的高低成反比：借款人的信用等级越高，违约风险越小，投资人要求的风险报酬越小；反之亦然。

流动性风险报酬（LP），是指某项资产迅速转化为现金的可能性。其判断的基础是资产在价格没有明显损失的条件下短期内大量出售的能力。金融资产的流动性越低，为吸引投资者所需要的风险报酬就越高。一般而言，在其他因素相同的条件下，流动性风险小和流动性风险大的证券利率差距介于1%~2%之间。

期限风险报酬（MP），是指为弥补债权人承担的由于负债到期期限较长造成的不确定风险而增加的利率水平。例如，同时发行的国库券，五年期的利率就比三年期的利率高，银行存贷款利率也一样。当然，在利率剧烈波动的情况下，也会出现短期利率高于长期利率的情况，但这种情况并不影响上述结论。

▶▶ 三、法律环境

法律环境是指企业组织财务活动、处理财务关系时所应遵守的各种法律、法规和规章。社会和经济发展的现代化是以法制化为特征的，在市场经济条件下，国家管理经济活动和经济关系的行政手段在逐步减少，而经济手段和法律手段，特别是法律手段日益增多，越来越多经济关系和经济活动的准则用法律的形式固定下来。各种法律、法规和规章为企业从事各项经营活动提供了规范和前提，也为企业守法从事各项经营管理活动提供了保障。影响财务管理的法律环境因素主要包括以下几个方面。

1. 企业组织法律规范

为维持良好的经济和市场秩序，保护债权人权益，调节各利益相关者之间的经济关系，企业的创立、合并、清算、破产等都必须依据一定的法律程序，企业的行为受相应的法律约束和规范。企业的组织形式不同，其各自的权利、责任和义务也不同，为了建立良好的经济秩序，实现市场经济条件下的公平交易，需要以不同的法律分别加以制约，包括

《中华人民共和国公司法》（以下简称《公司法》）、《中华人民共和国个人独资企业法》《中华人民共和国合伙企业法》《中华人民共和国外商投资法》等，这些法律规范既是企业的组织法，又是企业的行为法。

例如，《公司法》对公司的设立条件、设立程序、组织机构、组织变更及终止的条件和程序等都做了规定，包括股东人数、法定资本的最低限额、资本的筹集方式等。只有按其规定的条件和程序设立的企业，才能称为"公司"。《公司法》还对公司生产经营的主要方面做了规定，包括股票的发行和交易、债券的发行和转让、利润的分配等。一旦公司成立，其主要的活动，包括财务管理活动，都要按照《公司法》的规定来进行。因此，《公司法》是公司财务管理最重要的强制性规范，公司的财务管理活动不能违反该部法律，公司的自主权不能超出该部法律的限制。

从财务管理角度来看，非公司制企业与公司制企业有很大不同。非公司制企业的所有者（包括个人独资企业的投资人和合伙企业的合伙人）要承担无限责任，他们占有企业的盈利或承担亏损，一旦经营失败必须抵押其个人财产，以满足债权人的要求。而公司制企业的股东承担有限责任，经营失败时其经济责任以出资额为限，无论股份有限公司还是有限责任公司都是如此。

2. 税收法律规范

税收法律规范是国家制定的用以调整国家和纳税人之间在征纳税方面权利和义务关系的法律规范的总称。任何企业都有法定的纳税义务。税法按征税对象不同分为：对流转额的课税、对所得额的课税、对自然资源的课税、对财产以及行为的课税等。

税收法律规范对财务管理中的财务计划和财务决策环节有重要的制约作用。在企业的财务决策中，税负是一个需要重点考虑的因素，因为企业无不希望在不违反税收法律规范的前提下，尽可能减少税收的负担，从而减少企业的支出和费用。任何企业都必须清楚地了解税收法律规范并随时注意其变化，以免做出错误的决策；同时，企业又可以充分地利用税收法律规范中的优惠条款，精心安排和筹划投资、筹资和股利分配等财务活动，以减轻税负、改善企业的财务状况。因此精通税收法律规范对财务管理人员有着重要意义。

3. 财务会计法规

财务会计法规是直接针对企业财务管理活动进行规范的有关法规，主要包括《企业财务通则》《企业会计准则》《小企业会计准则》等。

《企业财务通则》是各类企业进行财务活动、实施财务管理的基本规范。2006年由财政部颁发的修订后的《企业财务通则》于2007年1月1日起实施。新的《企业财务通则》从企业财务管理体制、资金筹集、资产运营、成本控制、重组清算、财务信息管理和财务监督等方面对企业财务管理工作做出了相应规定。

《企业会计准则》是针对所有大中型企业制定的会计核算规则，分为基本准则和具体准则。为规范小企业会计行为，财政部颁布了《小企业会计准则》，自2013年1月1日起实施。近几年，财政部针对《企业会计准则》在执行中的重点、难点问题，陆续出台了多项修订及解释，如基本准则、职工薪酬、财务报表列报、收入、金融工具确认和计量等准则，不断补充和完善我国的会计准则体系。

除上述法规外，与企业财务管理有关的其他经济法规还有许多，包括各种证券法规、结算法规、合同法规等。

四、技术环境

财务管理的技术环境，是指财务管理得以实现的技术手段和技术条件，它决定着财务管理的效率和效果。目前，我国进行财务管理所依据的会计信息是通过会计系统所提供的，占企业经济信息总量的60%～70%。在企业内部，会计信息主要是提供给管理层决策使用，而在企业外部，会计信息主要是为企业投资者、债权人等提供服务。

目前，我国财务管理技术飞速发展，在"大智移云"技术的推动下，基本实现了大型企事业单位会计信息化与经营管理信息化的融合，进一步提升了企事业单位的管理水平和风险防范能力，做到数出一门、资源共享，便于不同使用者获取、分析和利用信息进行投资和相关决策；基本实现了大型会计师事务所采用信息化手段对客户的财务报告和内部控制进行审计，进一步提升了社会审计质量和效率；基本实现了政府会计管理和会计监督的信息化，实现了大数据与会计、财务管理的结合。企业财务管理的技术环境未来将进一步完善和优化。

【课后阅读】

连续员工期权激励让生活真的可以更"美的"

2015年，方洪波签署同意了《美的集团股份有限公司第二期股票期权激励计划》，标志着美的集团成为我国上市公司中连续实施期权激励的一员，也为后来美的成为连续期权激励的"弄潮儿"埋下伏笔；2016年，方洪波本着"泰山不让土壤，故能成其大。河海不择细流，故能成其深"的原则在美的实施第三期期权激励，美的"石破天惊"之举大有搅动国内上市公司期权激励这池清水的态势；2017年，风风火火的第四期期权激励也不负众望如约而至，连续四年四期期权激励更是奠定了美的集团连续实施期权激励的"当朝元老"身份；"立志用功如种树然，方其根芽，犹未有干；及其有干，尚未有枝；枝而后叶，叶而后花"，前有四期期权激励的摸索试探，美的有效激励模式自成体系，不说一枝独秀，也算后起之秀了，在此背景下，方洪波于2018年在董事会上通过了《美的集团股份有限公司第五期股票期权激励计划》，美的也迈入了快马加鞭的发展阶段；"有恒产者有恒心，无恒产者无恒心，苟无恒心，放辟邪侈，无不为已"，时间来到2019年，这是美的上市以来的第七个年头，毫无疑问第七期期权激励也在紧锣密鼓地推进着。在过去的七年中，市场见证了美的的发展，多期期权激励为美的赋能。

在近年来家电行业整体发展并不景气的情况下，美的集团依然保持业绩高增长；再追溯更前，家电行业的竞争一直是极为残酷的，在这三十来年的发展过程中，地处顺德小镇、从普通风扇产品起步的美的，能够发展成为行业老大，其出色的公司治理机制、大胆超前的激励起到了巨大的作用。而在美的整体上市后，更是大力推进了全方位的股权激励计划，在企业发展重点（整体上市、业务转型、业务扩张、新产业并购）进行股权激励，极大地推动了美的在1 000亿元的规模之上，继续保持着良好的收入增长、利润增长见表1-2。整体上市以来，美的净利润增速高于销售规模的增速，实现了高质量增长。

表 1-2　美的集团 2015—2019 年营业利润数据

年　份	2015 年	2016 年	2017 年	2018 年	2019 年
营业总收入（亿元）	1 394.14	1 590.44	2 407.12	2 618.2	2 209.18
增 长 率	-2.28%	14.88%	51.35%	8.23%	7.37%
归母净利润（亿元）	127.07	146.84	172.84	202.31	213.16
增 长 率	20.99%	15.56%	17.70%	17.05%	19.08%

　　美的集团在保持稳定增长的前提下，也完成了较高水平的盈利。通过超额收益率以及相对价值指标分析发现，员工期权激励会提高企业价值，连续员工期权激励几乎已覆盖美的集团核心部门以及核心工作人员，激发了员工的工作积极性，加大了员工离职成本，增强了企业黏性。在美的"百尺竿头，更进一步"的同时，实现了员工价值的提升，达到了个人与公司价值双赢的局面。

　　（资料来源：中国专业学位案例中心，连续员工激励让生活真的可以更"美的"，张志红、王昊、李春丽，山东财经大学，2020，有改动。）

【本章小结】

【课后习题】

一、思考题

1. 企业在财务活动中产生的财务关系主要有哪些方面？

2. 财务管理具有哪些特点？

3. 公司制企业与个人独资企业和合伙企业相比，有哪些优点？

4. 利润最大化作为财务管理的目标，在实践运用中反映出哪些缺点？

5. 利率的影响因素有哪些？

6. 通货膨胀对企业财务活动的影响主要表现在哪些方面？

二、练习题

（一）单项选择题

1. 企业向银行借入 6 个月期的短期借款用于购买原材料，属于（　　　）。

A. 企业筹资引起的财务活动　　　　　B. 企业投资引起的财务活动

C. 企业分配引起的财务活动　　　　　D. 企业经营引起的财务活动

2. 实现股东财富最大化目标的途径是（　　　）。

A. 增加利润　　　　　　　　　　　　B. 降低成本

C. 提高投资报酬率和减少风险　　　　D. 提高股票价格

3. 企业价值最大化目标强调的是企业的（　　　）。

A. 预计获利能力　　B. 现有生产能力　　C. 潜在销售能力　　D. 实际获利能力

4. 下面财务活动中属于筹资活动的有（　　　）。

A. 购买机器　　　　　　　　　　　　B. 取得销售收入

C. 分配利润　　　　　　　　　　　　D. 发行债券

5. 下列不属于繁荣期的财务管理战略的是（　　　）。

A. 扩充厂房设备　　B. 增加劳动力　　　C. 提高价格　　　　D. 保持市场份额

6. 下面反映流动性风险的是（　　　）。

A. 一项负债到期日越长，债权人承受的风险越大

B. 政府债券信用好，变现能力强

C. 借款人不能按时支付利息

D. 持续通胀降低了货币的实际购买力

（二）问答题

假如你是财务管理专业的毕业生，在面试时老板设计了以下关于公司财务管理的问题，希望能够得到你的回答。

1. 作为公司的财务人员，财务管理的目标是什么？在实施这一目标的过程中，可能遇到的问题有哪些？应如何解决？

2. 公司财务活动有哪些？财务人员在进行这些活动时需要注意的问题是什么？

3. 金融市场对财务管理的影响有哪些？金融机构包括哪些？

4. 企业利益相关者的利益和股东的利益是否存在矛盾？如何解决？

第二章

财务管理的价值观念

【学习目标】

1. 理解货币时间价值和风险价值的内涵
2. 掌握货币时间价值的相关计算
3. 掌握风险与报酬的衡量，理解风险与报酬的关系

【课程思政】

本章通过介绍货币时间价值和风险与报酬的关系内涵，培养学生正确的财富观、投资观，帮助学生理解任何财富的增长都需要足够的时间，并在风险和报酬的权衡中达到平衡，没有任何捷径可走。培养学生的底线思维和风险意识，使学生树立正确的人生价值观，理解人生的规划和发展也是如此，今天的学习就是在时间中积累足够的知识，去面对未来的挑战并获得人生的价值。

【导入案例】

成都车主陈某是一名建筑工程人员，工作多年攒了一些积蓄，想买一辆车代步。2019 年 5 月，他下载了某二手车 App，看中了一辆价格为 27.97 万元的雷克萨斯轿车。很快，陈先生与业务员陶某见面了。陶某推荐了该二手车公司推出的"一成购"的贷款方案，意思是车主只用首付一成，余款均可贷款，公司承诺车辆将在一年后过户到车主名下。陈先生觉得十分划算，爽快地签了字，并付了 40 495 元首付款。合同中显示，除去首付，陈先生每月应付余款 7 022 元，总共 48 期付清。也就是说，陈先生购入这辆二手车最终花费 32 万多元，比原先定价多出 5 万余元。这项交易是可取的吗？如果是你的话会采取这个方案吗？

（资料来源：吴雪，二手车陷阱一个套着一个，买车怎么就成租车了？新民周刊，2021（10）：56-59，有改动。）

财务管理有其自身的理论和规律性，财务主体必须建立一些基本的价值观念，并以此指导企业的财务活动。一般而言，财务管理应具备的价值观念有很多，如货币时间价值观念、风险价值观念、机会损益观念、边际观念、弹性观念等。本章重点阐述货币时间价值和风险价值的基本概念和基本知识，因为货币时间价值和风险价值是客观存在的经济范畴，贯穿于财务管理活动的始终，对于证券估价、筹资管理、营运管理等都具有重要影响。

第一节　货币时间价值

货币时间价值是客观存在的经济范畴，任何企业的财务活动，都是在特定的时空中进

行的。离开货币时间价值因素，就无法正确计算、比较、分析企业不同时期的财务支出，也无法正确评价企业盈亏。货币时间价值原理，正确地揭示了不同时点上的资金之间的关系，是财务决策的基本依据。

▶▶ 一、货币时间价值的概念

货币时间价值就是货币经过一定时间的投资和再投资所增加的价值，也称为资金时间价值。

在商品经济中，有这样一种现象：现在的 1 元钱和一年后的 1 元钱经济价值不相等。即使在没有风险和通货膨胀的情况下，现在的 1 元钱也比一年后的 1 元钱价值要大些。例如，将现在的 1 元钱存入银行，一年后可得到 1.05 元（假设银行存款利率为 5%），这 1 元经过一年时间的投资增加了 0.05 元，相当于现在的 1 元等于一年后的 1.05 元，这就是货币时间价值。

货币时间价值产生的前提是商品经济的高度发展和借贷关系的普遍存在。货币所有者同货币使用者分离，将资本分离为借贷资本和经营资本。这时，货币时间价值才以人们看得见的形式——利息，在经济生活中广泛地发生作用。资本所有者把货币的这种使用价值让渡给经营者用以进行生产经营活动而获得利润，经营者就需要从利润中分出一部分给资本所有者作为报酬。经营者借用资金的时间越长，付出的报酬就越多，这种报酬就是利息。一定时间内利息量同借贷资本量的比率，就是利息率。货币时间价值是货币资金在价值运动中形成的一种客观属性。由此可见，只要商品经济存在，只要有借贷关系存在，它必然要发生作用。

货币时间价值有两种表现形式：一是相对数，即时间价值率，是指扣除风险报酬和通货膨胀补偿后的平均资金利润率或平均报酬率；二是绝对数，即时间价值额，是一定数额的资金与时间价值率的乘积。

在现实生活中，银行存款利率、贷款利润率、各种债券利率和股票的股利率都可以看作投资报酬率，但它们与时间价值率都是有区别的。只有在没有通货膨胀和风险的情况下，时间价值率才与上述各报酬率相等。在市场经济条件下，利率不仅体现了货币时间价值，也包含了风险价值和通货膨胀的因素。只有在购买国库券等政府债券时可以认为几乎没有风险，因此在通货膨胀率很低的情况下，可以用政府债券利率来表现时间价值率。

▶▶ 二、复利终值和现值

利息有单利和复利两种计算方法。单利是指一定期间内只根据本金计算利息的方法，当期产生的利息在下一期不作为本金，不重复计算利息。而复利是指不仅本金要计算利息，当期产生的利息在下一期也要计算利息的方法，即通常说的"利滚利"。复利的概念充分体现了货币时间价值的含义，因为资金可以再投资，而且理性的投资者总是尽可能快地将资金投入合适的方向以赚取报酬。在讨论货币时间价值时，一般都按复利方法计算。

（一）复利终值

复利终值是指现在特定价值的资金按复利计算方法，折算到将来某一时点的价值。其计算公式为

$$F = P(1 + i)^n \tag{2-1}$$

式中　F——终值；

　　　P——现值（本金）；

　　　i——每一计息期的利率（一般是以年计算的）；

　　　n——计算利息的期数（一般是以年为单位的整数）；

$(1 + i)^n$——复利终值系数或1元的复利终值。

　　复利终值系数也可用符号 $(F/P, i, n)$ 表示。例如，$(F/P, 8\%, 5)$ 表示利率为8%、期数为5的复利终值系数。在实际工作中，为便于计算，复利终值系数可以查阅"复利终值系数表"（见附录A）直接获得。该表的第一列是利率 i，第一行是计算利息的期数 n，对应的复利终值系数 $(1 + i)^n$ 即在其纵横相交处。通过系数表可查出 $(F/P, 8\%, 5) = 1.469$（为便于后续计算，本章中通过附录中系数表查得的系数均保留小数点后3位）。上述复利终值的计算公式也可写为

$$F = P(F/P, i, n) \tag{2-2}$$

　　复利终值计算公式的推导过程如下：

第一期　　$F_1 = P(1 + i)$

第二期　　$F_2 = P(1 + i)(1 + i) = P(1 + i)^2$

第三期　　$F_3 = P(1 + i)^2(1 + i) = P(1 + i)^3$

……

第 n 期　　$F_n = P(1 + i)^n$

　　【例2-1】某人向银行贷款100万元，贷款年利率8%，按复利计算，该贷款4年后一次性还本付息。请计算某人4年后应偿还的本利和金额。

　　根据题意，$(1 + 8\%)^4$ 可用符号 $(F/P, 8\%, 4)$ 表示，通过"复利终值系数表"查出 $(F/P, 8\%, 4) = 1.360$。

$$
\begin{aligned}
F &= P(1 + i)^n \\
&= 100 \times (1 + 8\%)^4 \\
&= 100 \times (F/P, 8\%, 4) \\
&= 100 \times 1.360 \\
&= 136 \ （万元）
\end{aligned}
$$

（二）复利现值的计算

　　复利现值是复利终值的对应概念，是指未来某一时点特定价值的资金按复利计算方法，折算到现在的价值，也称贴现或者折现。或者说是为在未来某一时点取得一定的本利和，现在所需要的本金。复利现值的计算是复利终值的逆运算，其计算公式为

$$P = F \frac{1}{(1 + i)^n} \tag{2-3}$$

式中　F、P、i、n——释义同式（2-1）。

　　式（2-2）中，$\dfrac{1}{(1 + i)^n}$ 表示复利现值系数或1元的复利现值，记作 $(P/F, i, n)$，可通过查阅"复利现值系数表"（见附录B）获得。上述复利现值的计算公式也可写作

$$P = F(P/F, i, n) \tag{2-4}$$

【例2-2】某项目投资预计5年后可获利1 000万元，假设投资报酬率为8%，问现在应投入多少元？

$$
\begin{aligned}
P &= F \frac{1}{(1+i)^n} \\
&= 1\,000 \times \frac{1}{(1+8\%)^5} \\
&= 1\,000 \times (P/F, 8\%, 5) \\
&= 1\,000 \times 0.681 \\
&= 681 \ （万元）
\end{aligned}
$$

需要说明的是，在复利终值和现值的计算中，现值可以泛指资金在某个特定时间段的"前一时点"（而不一定真的是"现在"）的价值，终值可以泛指资金在该时间段的"后一时点"的价值；可以按照要求将该时间段划分为若干个计息期，使用相应的利息率和复利计息方法，将某个时点的资金计算得出该笔资金相当于其他时点的价值是多少。

三、年金终值和现值

年金是指间隔期相同、金额相等的系列收付款项，通常记作"A"。年金的形式多种多样，如保险费、养老金、直线法下计提的折旧、租金、等额分期收款、等额分期付款，以及零存整取或整存零取储蓄等，通常都表现为年金的形式。年金按其每次收付发生的时点不同和延续的时间长短，一般可分为普通年金、预付年金、递延年金和永续年金四种。

（一）普通年金的计算

普通年金是指每期期末有等额收付的系列款项，在现实生活中这种年金最为常见，所以称之为普通年金，又称后付年金。

1. 普通年金终值的计算

普通年金的终值指其最后一次收付时的本利和，即每次期末收付款项的复利终值之和。

设 A 为年金，i 为利率，n 为计息期数，F 为年金终值，则普通年金终值的计算可用图2-1来说明。

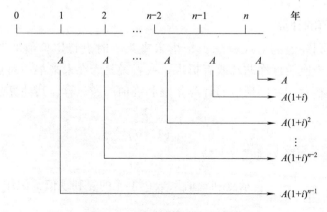

图2-1　普通年金终值的计算

由图 2-1 可知，普通年金终值的计算公式的推导过程如下：

$$F = A + A(1 + i) + A(1 + i)^2 + \cdots + A(1 + i)^{n-1}$$

等式两边同乘 $(1 + i)$ 可得

$$(1 + i)F = A(1 + i) + A(1 + i)^2 + \cdots + A(1 + i)^n$$

上述两式相减（后式减前式）可得

$$(1 + i)F - F = A(1 + i)^n - A$$

$$F = A\frac{(1 + i)^n - 1}{i} \tag{2-5}$$

式中　F——年金终值；

　　　A——年金；

　　　i——利率；

　　　n——计息期数。

式 (2-5) 中，$\dfrac{(1 + i)^n - 1}{i}$ 表示年金终值系数或 1 元普通年金的终值，记作 $(F/A, i, n)$。已据此编制"年金终值系数表"（见附录 C），以供查阅。上述普通年金终值的计算公式也可写为

$$F = A(F/A, i, n) \tag{2-6}$$

【例 2-3】假设某企业每年年末向银行借款 1 000 万元，借款年复利率为 8%，期限为 6 年，请问该企业 6 年后应付本息的总额是多少？

$$F = 1\ 000 \times \frac{(1 + 8\%)^6 - 1}{8\%}$$

$$= 1\ 000 \times (F/A, 8\%, 6)$$

$$= 1\ 000 \times 7.336$$

$$= 7\ 336\ (万元)$$

2. 偿债基金的计算

偿债基金是指为使年金终值达到既定金额，每期期末应收付的年金数额。偿债基金的计算实际上是年金终值的逆运算。其计算公式为

$$A = F\frac{i}{(1 + i)^n - 1} \tag{2-7}$$

式中　F、A、i、n——释义同式 (2-5)。

式 (2-7) 中，$\dfrac{i}{(1 + i)^n - 1}$ 表示偿债基金系数，记为 $(F/A, i, n)$。可通过年金终值系数的倒数推算出来。上述偿债基金的计算公式也可写作

$$A = F(A/F, i, n) = F[1/(F/A, i, n)] \tag{2-8}$$

【例 2-4】某企业拟在 5 年后偿还 1 000 万元的债务，从现在起每年年末等额存入银行一笔款项用作偿债资金积累，若银行存款年复利率为 8%，则每年年末需要存入多少万元？

$$A = 1\ 000 \times \frac{8\%}{(1 + 8\%)^5 - 1}$$

$$= 1\ 000 \times \frac{1}{(F/A, 8\%, 5)}$$

$$= 1\ 000 \times \frac{1}{5.867}$$

$$= 170.44\ (万元)$$

3. 普通年金现值的计算

普通年金现值是指为在每期期末收付相等金额的款项，在第一期期初需要一次性投入或收取的金额。普通年金现值的计算可用图 2-2 来说明。

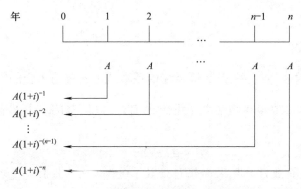

图 2-2　普通年金现值的计算

由图 2-2 可知，普通年金现值的计算公式的推导过程如下：

$$P = A(1 + i)^{-1} + A(1 + i)^{-2} + \cdots + A(1 + i)^{-(n-1)} + A(1 + i)^{-n}$$

等式两边同乘 $(1 + i)$ 可得

$$(1 + i)P = A + A(1 + i)^{-1} + A(1 + i)^{-2} + \cdots + A(1 + i)^{-n+1}$$

上述两式相减（后式减前式）可得

$$(1 + i)P - P = A - A(1 + i)^{-n}$$

经整理，最终

$$P = A\frac{1 - (1 + i)^{-n}}{i} \tag{2-9}$$

式中　P——年金现值；

　　　A——年金；

　　　i——利率；

　　　n——计息期数。

式 (2-9) 中，$\frac{1 - (1 + i)^{-n}}{i}$ 表示年金现值系数或 1 元普通年金的现值，记为 $(P/A, i, n)$，可通过直接查阅"年金现值系数表"（见附录 D）求得有关数值。上述普通年金现值的计算公式也可以写为

$$P = A(P/A, i, n) \tag{2-10}$$

【例2-5】某公司拟租赁一台设备，每年年末需付租金10 000元，需租赁5年，假设银行存款年利率为6%，则第1年年初应一次存入多少款项用以支付租金？

$$P = 10\ 000 \times \frac{1 - (1 + 6\%)^{-5}}{6\%}$$

$$= 10\ 000 \times (P/A, 6\%, 5)$$

$$= 10\ 000 \times 4.212$$

$$= 42\ 120\ （元）$$

4. 资本回收额的计算

资本回收额是指在给定的期限内等额回收初始投入资本或清偿初始所欠债务的价值指标。资本回收额的计算是年金现值的逆运算，其计算公式为

$$A = P \frac{i}{1 - (1 + i)^{-n}} \tag{2-11}$$

式中 P、A、i、n——释义同式（2-9）。

式（2-11）中，$\dfrac{i}{1 - (1 + i)^{-n}}$ 表示资本回收系数，记为 $(A/P, i, n)$，可利用年金现值系数的倒数求得。上述资本回收额的计算公式也可写作

$$A = P(A/P, i, n) = P[1/(P/A, i, n)] \tag{2-12}$$

【例2-6】某企业于第一年年初借款1 000万元，计划在5年内以年利率10%的水平等额偿还，则每年年末该企业应偿还的金额是多少？

$$A = 1\ 000 \times \frac{10\%}{1 - (1 + 10\%)^{-5}}$$

$$= 1\ 000 \times \frac{1}{(P/A, 10\%, 5)}$$

$$= 1\ 000 \times \frac{1}{3.791}$$

$$= 263.78\ （万元）$$

（二）预付年金的计算

预付年金是指在每期期初等额收付的年金，又称先付年金或即付年金。它与普通年金的区别仅在于收付款时间的不同。

1. 预付年金终值的计算

n 期预付年金终值和 n 期普通年金终值之间的关系，如图2-3所示。

从图2-3可以看出，n 期预付年金与 n 期普通年金的收付款次数相同，但由于收付款时间不同，n 期预付年金终值比 n 期普通年金终值多计算一期利息。因此，可以先求出 n 期普通年金终值，然后再乘 $1 + i$ 便可求出 n 期预付年金的终值。其计算公式为

$$F = A \frac{(1 + i)^n - 1}{i}(1 + i) = A\left[\frac{(1 + i)^{n+1} - 1}{i} - 1\right] \tag{2-13}$$

式中 F、A、i、n——释义同式（2-5）。

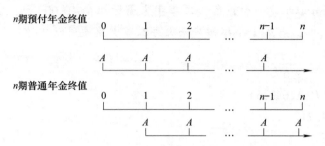

图 2-3　预付年金终值和普通年金终值关系

式 (2-13) 中，$\dfrac{(1+i)^{n+1}-1}{i}-1$ 表示预付年金终值系数，通常记为 $[(F/A,i,n+1)-1]$，它是在普通年金终值系数的基础上，期数加 1，系数值减 1 所得的结果。这样，通过查阅"年金终值系数表"得到 $n+1$ 期的系数值，然后减去 1，即可得到对应的预付年金终值系数的值。上述预付年金终值的计算公式也可写为

$$F = A[(F/A,i,n+1)-1] \tag{2-14}$$

【例 2-7】张某每年年初存入银行 10 000 元，银行存款年利率为 8%，则第 5 年末张某可得到的本利和是多少？

$$
\begin{aligned}
F &= A[(F/A,i,n+1)-1]\\
&= 10\,000 \times [(F/A,8\%,6)-1]\\
&= 10\,000 \times (7.336-1)\\
&= 63\,360 \ （元）
\end{aligned}
$$

2. 预付年金现值的计算

n 期预付年金现值与 n 期普通年金现值之间的关系，如图 2-4 所示。

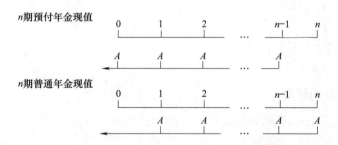

图 2-4　预付年金现值和普通年金现值关系

从图 2-4 中可以看出，n 期普通年金现值与 n 期预付年金现值的收付款次数相同，但收付款时间不同，n 期普通年金是期末收付款，而 n 期预付年金是期初收付款。在计算现值时，n 期普通年金现值比 n 期预付年金现值多折现一期。所以，可先求出 n 期普通年金现值，然后再乘 $1+i$，便可求出 n 期预付年金现值。其计算公式为

$$P = A\left[\frac{1-(1+i)^{-n}}{i}\right](1+i) = A\left[\frac{1-(1+i)^{-(n-1)}}{i}+1\right] \tag{2-15}$$

式中　P、A、i、n——释义同式 (2-9)。

式（2-15）中，$\dfrac{1-(1+i)^{-(n-1)}}{i}+1$ 表示预付年金现值系数，通常记为 $[(P/A,i,n-1)+1]$，它是在普通年金值系数的基础上，期数减 1，系数加 1 所得的结果。这样，通过查阅"普通年金现值系数表"得出 $n-1$ 期的系数值，然后加 1，便可得出对应的预付年金现值系数的值。上述预付年金现值的计算公式也可写为

$$P = A[(P/A,i,n-1)+1] \tag{2-16}$$

【例 2-8】赵先生计划用 5 年分期付款购车，每年年初付 10 000 元，年利率为 10%，则该项分期付款的总额相当于一次性支付多少现金？

$$
\begin{aligned}
P &= A[(P/A,i,n-1)+1] \\
&= 10\,000 \times [(P/A,10\%,4)+1] \\
&= 10\,000 \times (3.170+1) \\
&= 41\,700 \text{（元）}
\end{aligned}
$$

（三）递延年金的计算

递延年金又叫延期年金，是在最初若干期没有收付款项的情况下，后面若干期才开始发生的系列等额收付款项。它是普通年金的特殊形式，凡不是从第一期开始的年金都是递延年金。

1. 递延年金终值的计算

递延年金终值与递延期无关，设 s 为递延期，递延年金终值的计算方法和普通年金终值类似，如图 2-5 所示。

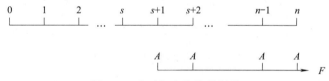

图 2-5　递延年金终值的计算

从图 2-5 中可看出，递延年金终值的计算公式为

$$F = A\frac{(1+i)^{n-s}-1}{i} = A(F/A,i,n-s) \tag{2-17}$$

式中　F——年金终值；

　　　A——年金；

　　　i——利率；

　　　n——计息期数；

　　　s——递延期。

【例 2-9】王先生准备从第 2 年开始，每年末存入 10 000 元，年利率为 5%，请计算王先生存入的这笔钱在第 8 年末的本利和为多少？

据题意已知，$A = 10\,000$ 元；年利率 $i = 5\%$；$n = 8$；$s = 2$；$n-s = 6$ 则

$$
\begin{aligned}
F &= 10\,000 \times (F/A,5\%,6) \\
&= 10\,000 \times 6.802 \\
&= 68\,020 \text{（元）}
\end{aligned}
$$

2. 递延年金现值的计算

递延年金现值的计算有两种方法：补充法和分段法。

（1）补充法。

先计算出 n 期的普通年金现值，然后减去没有发生年金的前 s 期普通年金现值，即得递延年金的现值，如图2-6所示。

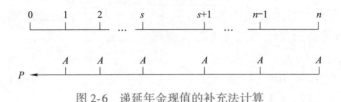

图2-6　递延年金现值的补充法计算

由图2-6可知，递延年金的现值可用以下公式计算：

$$P = A\left[\frac{1-(1+i)^{-n}}{i} - \frac{1-(1+i)^{-s}}{i}\right]$$
$$= A[(P/A,i,n) - (P/A,i,s)] \tag{2-18}$$

（2）分段法。

先将递延年金视为 $n-s$ 期普通年金，求出在第 s 期期末的普通年金现值，然后再折算为第0期的现值，即可求出递延年金的现值，如图2-7所示。

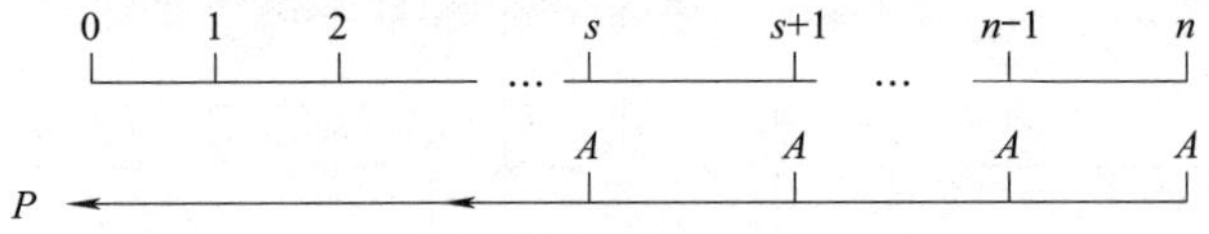

图2-7　递延年金现值的分段法计算

由图2-7可知，分段法下，递延年金的现值可用以下公式计算：

$$P = A\frac{1-(1+i)^{-(n-s)}}{i}(1+i)^{-s}$$
$$= A(P/A,i,n-s)(P/F,i,s) \tag{2-19}$$

【例2-10】刘先生计划于年初存入一笔款项，存满5年后，每年末取出2 000元，至第10年末取完，银行存款利率为5%，则年初应一次存入银行的金额是多少？

$P = A[(P/A,5\%,10) - (P/A,5\%,5)]$

　$= 2\,000 \times (7.722 - 4.329)$

　$= 6\,786$（元）

或　$P = A(P/A,5\%,5)(P/F,5\%,5)$

　　$= 2\,000 \times 4.329 \times 0.784$

　　$= 6\,787.87$（元）

（四）永续年金的计算

永续年金是指无限期等额收付的年金，可视为普通年金的特殊形式，即期限趋于无穷的普通年金。例如，现实生活中存本取息的利息、奖学金、优先股股利等。

由于永续年金的持续期无限，没有终止的时间，因此永续年金的终值是发散的，为无穷。

而永续年金的现值是收敛的，通过普通年金现值的计算，可推导出永续年金现值的计算公式。推导过程如下，由于

$$P = A \frac{1 - (1 + i)^{-n}}{i}$$

当 $n \to +\infty$ 时，$(1 + i)^{-n}$ 的极限为 0，故上式可写为

$$P = \frac{A}{i} \tag{2-20}$$

【例 2-11】某学校拟建立一项永久的奖学金，每年计划颁发 10 000 元奖金。若固定年利率为 8%，则现在应存入多少金额以满足永久奖学金的发放？

$$P = \frac{A}{i}$$

$$= \frac{10\ 000}{8\%}$$

$$= 125\ 000\ （元）$$

四、货币时间价值计算中的特殊问题

（一）折现率的计算

将若干年后的资金换算为现在的价值就是折现，或称贴现。折现时使用的利率即为折现率或贴现率。在前面计算现值和终值时，都假定折现率是已知的，但在财务管理中，经常会出现已知计息期数、终值和现值，求折现率的问题。这同样可以利用时间价值系数表来计算，共分为两步：第一步先求出换算系数，第二步根据换算系数和有关时间价值系数表查询对应的折现率。根据前述有关计算公式，复利终值、复利现值、年金终值、年金现值的换算系数分别用下列公式计算：

$$(F/P, i, n) = F/P$$
$$(P/F, i, n) = P/F$$
$$(F/A, i, n) = F/A$$
$$(P/A, i, n) = P/A$$

【例 2-12】现将 10 000 元存入银行，按复利计算，10 年后可获得本利和 17 910 元，问银行存款的利率为多少？

$$(F/P, i, 10) = F/P = 17\ 910/10\ 000 = 1.791$$

通过查阅"复利终值系数表"可以看到与 10 年计息期数相对应的系数中，当利率为 6% 时系数为 1.791，因此银行存款的利率为 6%。换算系数也可利用公式 $(P/F, i, n) = P/F$ 来计算。

【例 2-13】现在向银行存入 50 000 元，按复利计算，问当银行存款利率为多少时，才能保证今后 10 年内每年可以得到 7 000 元的收益？

$$(P/A, i, 10) = P/A = 50\ 000/7\ 000 = 7.143$$

通过查阅"年金现值系数表"可以看到与 10 年计息期数相对应的系数中，当利率为

6%时，系数为 7.360；当利率为 7%时，系数为 7.024。所以，题中的银行存款利率在 6%~7%之间。假设 $x\%$ 为所求利率与 6%的差，则利用插值法的计算过程如下：

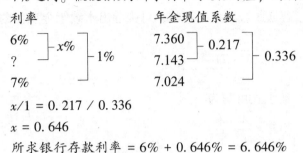

$x/1 = 0.217 / 0.336$

$x = 0.646$

所求银行存款利率 $= 6\% + 0.646\% = 6.646\%$

（二）计息期数的计算

在财务管理中，还经常出现已知终值、现值和折现率，求计息期数的问题，这同样可以利用时间价值系数表来计算。

【例 2-14】现有 1 000 元，拟投入投资报酬率为 10%的投资项目，问经过多少年后可以使投资额增加 1 倍？

$1\,000 \times (F/P, 10\%, n) = 2\,000$

即求当系数 $(F/P, 10\%, n) = 2$ 时，计息期数是多少，通过查阅"复利终值系数表"，在 $i = 10\%$ 时，值最接近 2 的系数为：$(F/P, 10\%, 7) = 1.949$ 和 $(F/P, 10\%, 8) = 2.144$。

设题目所求经过的年数为 n，利用插值法计算，则

$(n - 7)/(2 - 1.949) = (8 - 7)/(2.144 - 1.949)$

$n \approx 7.26$（年）

（三）不等额系列款项现值的计算

前面阐述的年金是每次收付相等金额的系列款项，但在经济管理中，经常发生的情况是每次收付不相等的系列款项，这就需要计算不等额系列款项的现值之和。不等额系列款项包括两种情况：全部不等额系列款项和部分不等额系列款项。

1. 全部不等额系列款项现值的计算

假设 A_1 为第 1 年年末的收付款；A_2 为第 2 年年末的收付款；A_n 为第 n 年年末的收付款。其现值计算过程如图 2-8 所示。

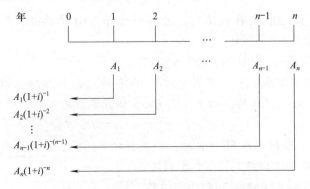

图 2-8　全部不等额系列款项现值的计算

由图 2-8 可得：

$$P = A_1(1+i)^{-1} + A_2(1+i)^{-2} + \cdots + A_{n-1}(1+i)^{-(n-1)} + A_n(1+i)^{-n}$$
$$= A_1(P/F,i,1) + A_2(P/F,i,2) + \cdots + A_{n-1}(P/F,i,n-1) + A_n(P/F,i,n)$$

【例 2-15】某企业连续 5 年每年末的现金流量见表 2-1。

表 2-1　某企业连续 5 年每年末的现金流量　　　　（单位：万元）

年　份	第 1 年	第 2 年	第 3 年	第 4 年	第 5 年
现金流量	10	25	20	35	30

若利率为 6%，问这笔不等额现金流量的现值为多少？

$$P = 10 \times (P/F,6\%,1) + 25 \times (P/F,6\%,2) + 20 \times (P/F,6\%,3) + 35 \times$$
$$\quad (P/F,6\%,4) + 30 \times (P/F,6\%,5)$$
$$= 10 \times 0.943 + 25 \times 0.890 + 20 \times 0.840 + 35 \times 0.792 + 30 \times 0.747$$
$$= 9.43 + 22.25 + 16.80 + 27.72 + 22.41$$
$$= 98.61（万元）$$

如果发生若干年间不连续的不等额系列款项，可分别计算各项现金流量的复利现值，然后再加总求出其现值之和。

【例 2-16】某企业第 2 年年末需用 20 000 元、第 4 年年末需用 30 000 元，第 6 年年末需用 40 000 元用于设备维修，银行利率为 5%，为保证按期从银行提出所需资金，该企业现在应向银行存款多少？

$$P = 20\,000(P/F,5\%,2) + 30\,000(P/F,5\%,4) + 40\,000(P/F,5\%,6)$$
$$= 20\,000 \times 0.907 + 30\,000 \times 0.823 + 40\,000 \times 0.746$$
$$= 18\,140 + 24\,690 + 29\,840$$
$$= 72\,670（元）$$

2. 部分不等额系列款项现值的计算

对于等额款项部分，用年金公式计算现值；对于不等额款项部分，利用复利公式计算现值，然后进行加总。

【例 2-17】某企业连续 8 年每年年末的现金流量见表 2-2。

表 2-2　某企业连续 8 年每年年末的现金流量　　　　（单位：万元）

年　份	第 1 年	第 2 年	第 3 年	第 4 年	第 5 年	第 6 年	第 7 年	第 8 年
现金流量	100	100	100	200	200	200	300	400

若利息率为 5%，请计算这笔不等额现金流量的现值。

在本例中，第 1~3 年的现金流量均为 100 万元，可以看作普通年金形式，求出 3 年期的普通年金现值；第 4~6 年的现金流量均为 200 万元，可以看作递延年金形式，求出 6 年期的递延年金现值；第 7 年和第 8 年的现金流量分别为 300 万元和 400 万元，按照复利计算方法求出现值，最后进行加总得到这笔不等额现金流量的现值。

$$P = 100 \times (P/A,5\%,3) + 200 \times (P/A,5\%,3)(P/F,5\%,3) + 300 \times (P/F,5\%,7) +$$
$$\quad 400 \times (P/F,5\%,8)$$

$$= 100 \times 2.723 + 200 \times 2.723 \times 0.864 + 300 \times 0.711 + 400 \times 0.677$$
$$= 272.30 + 470.53 + 213.30 + 270.80$$
$$= 1\,226.93 \text{（万元）}$$

（四）计息期短于一年的货币时间价值计算

前面讨论的货币时间价值计算均假定利率为年利率，每年进行一次复利计算。然而，在实际生活中，复利的计息期间不一定是一年，有可能是一季度、一个月或以天数为期间。例如，某些债券每半年计息一次；有的抵押贷款每月计息一次；银行之间拆借资金每天计息一次等。

当一年内要进行多次计息时，年利率通常表示的是名义利率，而每年只计息一次的利率则表示的是实际利率。

[例 2-18] 某企业于年初存入 10 000 元，年利率 8%，试计算：①若每年计息一次，到第 8 年末，该企业将得到多少本利和？②若每半年计息一次，到第 8 年末，该企业将得到多少本利和？

（1）若每年计息一次，则

$$F = 10\,000 \times (F/P, 8\%, 8) = 10\,000 \times 1.851 = 18\,510 \text{（元）}$$

（2）若每半年计息一次，则

每半年利率 $= 8\%/2 = 4\%$

复利次数 $= 8 \times 2 = 16$

$$F = 10\,000 \times (1 + 4\%)^{16} = 10\,000 \times (F/P, 4\%, 16)$$
$$= 10\,000 \times 1.873$$
$$= 18\,730 \text{（元）}$$

可见，当一年内计息多次时，企业实际得到的利息要比按名义利率计算的利息高。上例中，每半年计息一次产生的利息为 8 730 元，比每年计息一次产生的利息多 220（8 730 − 8 510）元。因此，可以认为每半年计息一次的实际利率高于 8% 的名义利率，实际利率的计算过程如下：

$$(F/P, i, 8) = 1.873$$

查阅"复利终值系数表"可得利率为 8% 和 9% 的系数分别为

$$(F/P, 8\%, 8) = 1.851$$
$$(F/P, 9\%, 8) = 1.992$$

用插值法求得实际年利率

$$\frac{1.992 - 1.851}{9\% - 8\%} = \frac{1.873 - 1.851}{i - 8\%}$$

$$i = 8.16\%$$

根据上例可知，实际利率和名义利率之间的关系是

$$i = \left(1 + \frac{r}{m}\right)^m - 1 \tag{2-21}$$

式中　r——名义利率；

　　　m——每年计息次数；

　　　i——实际利率。

因此，上例中每半年计息一次的情况下，第 8 年末的本利和也可采用该公式先计算出实际利率，然后按实际利率计算其本利和

$$i = \left(1 + \frac{r}{m}\right)^m - 1 = \left(1 + \frac{8\%}{2}\right)^2 - 1 = 1.081\ 6 - 1 = 8.16\%$$

$$F = 10\ 000 \times (1 + 8.16\%)^8$$
$$= 18\ 730\ （元）$$

第二节　风险与报酬

货币时间价值反映了没有考虑风险和通货膨胀下的投资收益率，而在企业的财务管理工作中，风险和不确定性是客观存在的。企业在进行财务管理时，必须研究风险、计量风险，并设法控制风险。风险报酬是投资者冒着风险进行投资所获得的，超过货币时间价值的额外收益，风险价值原理正确地揭示了风险与报酬之间的关系，是财务决策的基本依据。

一、风险概述

对大多数投资者而言，当前投入资金是因为期望在未来可以赚取更多的资金。报酬为投资者提供了一种能够恰当地描述投资项目财务绩效的方式。报酬的大小可以通过报酬率来衡量。假设某投资者购入 20 万元的短期国库券，利率为 10%，一年后获利 22 万元，那么这一年的投资报酬率为 10%，即

$$投资报酬率 = \frac{投资所得 - 初始投资}{初始投资} = \frac{22 - 20}{20} \times 100\% = 10\%$$

事实上，投资者获得的投资报酬率就是国库券的票面利率，我们一般认为该投资是无风险的。然而，如果将这 20 万元投资于某高科技公司，该投资的报酬率无法明确估计，则投资者将面临风险。

风险是指企业的投资活动在一定条件下和一定时期内，可能发生的各种结果的变动程度，亦称活动结果的不肯定度。风险是由于信息的缺乏和决策者不能控制未来事物的发展过程而引起的，公司的财务决策几乎都是在存在风险和不确定的情况下做出的。根据风险程度可把企业的财务决策分为三种类型。

（一）确定性决策

确定性决策是指决策者对未来的情况完全确定，从而做出的不会偏离预期的判断。例如，将 50 万元投资于利率为 5% 的国库券，由于国家实力雄厚，到期得到 5% 的报酬几乎是肯定的，我们一般认为这种投资是确定性投资。对这类经济活动，决策者可以很容易地根据投资结果的优劣和对企业价值的影响做出决策。

（二）风险性决策

风险性决策是指决策者对未来的情况不能完全确定，但它们出现的可能性（概率的具体分布）是已知的或可以估计的。例如，已知某公司股票在经济繁荣时能获得 20% 的报酬，在经济状况一般时能获得 10% 的报酬，在经济萧条时将亏损 5%；另根据有关资料分

析认为，近期经济繁荣、一般、萧条的概率分别为30%、50%、20%。决策者是否购买该公司股票的决策就属于风险性决策。

(三) 不确定性决策

不确定性决策是指决策者对未来的情况不仅不能完全确定，而且对其可能出现的概率也不清楚。例如，某银矿开采项目，若开采顺利可获得100%的收益率，但若找不到理想的银矿层则将发生亏损，至于能否找到理想的银矿层以及获利和亏损的可能性各有多少，事先无法知道，决策者是否投资该银矿开采项目的决策就属于不确定性决策。

从理论上讲，风险和不确定性是不同的。不确定性是指投资活动可能出现的结果是不确定的，无法计量。但在财务管理实务中，通常对不确定性决策先估计一个大致的概率，则与风险决策就没有多少差别了。因此，在企业财务管理中，对两者不做严格区分，讲到风险，可能是指一般意义上的风险，也可能是指不确定性问题。

既然风险广泛地存在于企业的投资活动中，为什么还有投资者要进行风险投资呢？这是因为风险不仅意味着危险，同时预示着机遇。投资者冒着风险投资，是为了获得更多的报酬，冒的风险越大，期望获得的报酬就越高。很明显，如果投资高科技公司的期望报酬率与短期国库券的利率一样，那么几乎没有投资者愿意投资。投资者冒着风险进行投资而获得的超过货币时间价值的那部分额外报酬，就是风险报酬，或称风险价值、风险收益。它的表现形式可以是风险报酬额或风险报酬率，在实务中一般以风险报酬率来表示。

▶▶ 二、单项资产的风险与报酬

风险的大小与未来各种可能出现的结果的变动程度大小有关，因此，对风险的衡量，需要使用概率和统计方法。

(一) 确定概率分布

在经济生活中，某一事件在相同条件下可能发生也可能不发生，这类事件称为随机事件。概率就是用来表示随机事件发生可能性大小的数值。通常把必然发生的事件的概率定为1，不可能发生的事件的概率定为0，把一般随机事件发生的概率定为0~1之间的某个数值，概率的数值越大，发生的可能性越大。

【例2-19】某企业投资某种新产品，假设未来的销售情况只有三种：旺盛、一般、低迷，相关概率分布和预期报酬率见表2-3。

表2-3 某企业新产品未来销售情况

销 售 情 况	概　　率	预期报酬率
旺盛	0.2	60%
一般	0.6	20%
低迷	0.2	−20%
合计	1	

概率分布必须满足以下两个要求：

1) 所有概率 (P_i) 都在0和1之间，即 $0 \leqslant P_i \leqslant 1$。

2）所有结果的概率之和等于1，即 $\sum_{i=1}^{n} P_i = 1$，n 为可能出现的结果的个数。

在这里概率表示每一种销售情况出现的可能性，同时也就有各种不同预期报酬率出现的可能性。例如，未来销售情况旺盛的可能性有20%，假如这种情况真的出现，则该产品预期可获得60%的报酬率。

本例中只假设存在旺盛、一般、低迷三种销售情况，因此每种情况下的预期报酬率出现的概率就属于离散型分布，如图2-9所示。

实践中，可能出现的销售情况远不止三种，如果对每一种可能出现的销售情况都赋予相应的概率（概率总和要等于1），并分别测定其报酬率，则可用连续型分布进行描述，如图2-10所示。

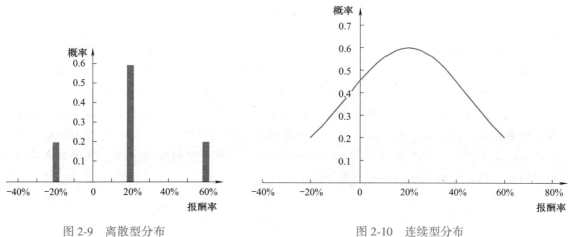

图2-9 离散型分布　　　　　　　　　　　图2-10 连续型分布

（二）计算期望报酬率

期望报酬率是各种可能结果的报酬率按其可能出现的概率进行加权平均后得到的报酬率，也称期望值，其计算公式为

$$\overline{K} = \sum_{i=1}^{n} K_i P_i \tag{2-22}$$

式中　$\overline{K}$——期望报酬率；

　　　K_i——第 i 种可能结果的报酬率；

　　　P_i——第 i 种可能结果的概率；

　　　n——可能结果的个数。

【例2-20】某企业某投资项目有甲、乙两个可供选择的方案，其在不同经济情况下的预期报酬率及发生的概率见表2-4，试分别计算两个投资方案的期望报酬率。

甲方案：

$$\overline{K}_{甲} = K_{甲1}P_1 + K_{甲2}P_2 + K_{甲3}P_3$$
$$= 50\% \times 0.3 + 20\% \times 0.5 + (-35\%) \times 0.2$$
$$= 18\%$$

表 2-4 投资方案的未来预期报酬率及其概率分布

经济情况	概　率	预期报酬率	
		甲　方　案	乙　方　案
繁荣	0.3	50%	30%
一般	0.5	20%	20%
衰退	0.2	−35%	−5%
合计	1		

乙方案：

$$\overline{K}_乙 = K_{乙1}P_1 + K_{乙2}P_2 + K_{乙3}P_3$$
$$= 30\% \times 0.3 + 20\% \times 0.5 + (-5\%) \times 0.2$$
$$= 18\%$$

期望报酬率反映了预期报酬率的平均水平，在各种不确定因素的影响下它代表着投资者的合理预期。在期望报酬率相同的情况下，投资的风险程度与报酬率的概率分布有着密切关系。概率分布越集中，实际可能的结果就越接近期望报酬率，投资的风险程度就越小；反之，概率分布越分散，投资的风险程度就越大。本例中，两个方案的期望报酬率相同，但甲方案的报酬率分布比较分散，变动范围在−35%~50%之间；而乙方案的报酬率分布则比较集中，变动范围在−5%~30%之间。显然，两个方案的风险不同，乙方案的风险相对较小，两方案报酬率的概率分布如图 2-11 所示。

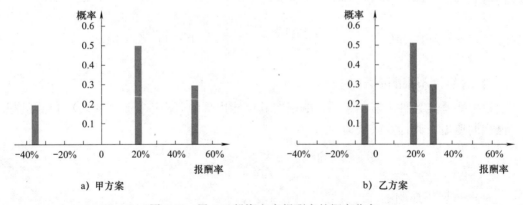

图 2-11 甲、乙投资方案报酬率的概率分布

因此，在评价一个期望报酬率的代表性强弱时，还要依据投资报酬率的具体数值对期望值可能发生的偏离程度来确定，这就是标准差。

(三) 计算标准差

标准差表示各种可能结果的报酬率偏离期望报酬率的综合差异，用来反映离散程度。其计算公式为

$$\sigma = \sqrt{\sum_{i=1}^{n} (\overline{K} - K_i)^2 P_i} \tag{2-23}$$

式中 σ ——期望报酬率的标准差;

    K_i ——第 i 种可能结果的报酬率;

    $\overline{K}$ ——期望报酬率;

    P_i ——第 i 种可能结果的概率;

    n ——可能结果的个数。

标准差以绝对数衡量决策方案的风险,在期望值相同的情况下,标准差越大,说明分散程度越大,风险越大;标准差越小,说明分散程度越小,风险越小。

【例2-21】以【例2-20】中的有关数据为依据计算甲、乙两个投资方案的标准差。

$$\sigma_{甲} = \sqrt{(18\% - 50\%)^2 \times 0.3 + (18\% - 20\%)^2 \times 0.5 + [18\% - (-35\%)]^2 \times 0.2}$$
$$= 29.51\%$$

$$\sigma_{乙} = \sqrt{(18\% - 30\%)^2 \times 0.3 + (18\% - 20\%)^2 \times 0.5 + [18\% - (-5\%)]^2 \times 0.2}$$
$$= 12.29\%$$

从计算结果可看出,甲方案的风险比乙方案的风险大。

(四) 计算离散系数

标准差衡量的是期望报酬率相同的方案的风险大小,对于期望报酬率不同的投资项目之间风险程度的比较,应该借助于标准差与期望报酬率的比值,即离散系数,也称变异系数。它的计算公式为

$$V = \frac{\sigma}{\overline{K}} \times 100\% \tag{2-24}$$

式中 V ——离散系数;

    σ ——标准差;

    $\overline{K}$ ——期望报酬率。

离散系数反映的是单位报酬的风险,为在期望报酬率不同的项目之间进行选择提供了更有意义的比较基础。在期望报酬率不同的情况下,离散系数越小,风险越小;离散系数越大,风险越大。

【例2-22】以【例2-21】中的有关数据为依据,计算甲、乙两投资方案的离散系数。

$$V_{甲} = \frac{\sigma_{甲}}{\overline{K}_{甲}} \times 100\% = \frac{29.51\%}{18\%} \times 100\% = 163.94\%$$

$$V_{乙} = \frac{\sigma_{乙}}{\overline{K}_{乙}} \times 100\% = \frac{12.29\%}{18\%} \times 100\% = 68.28\%$$

从计算结果可看出,甲方案的离散系数大于乙方案,所以甲方案的风险要比乙方案的风险大。当然,在本例中,两方案的期望报酬率相等,可直接根据标准差来比较风险程度,但如果期望报酬率不相等,则必须计算离散系数才能比较风险程度。

例如,假设上例甲、乙两投资方案的标准差仍为29.51%和12.29%,但甲方案的期望报酬率为45%,乙方案的期望报酬率为15%,那么究竟哪种方案的风险更大就不能用标准差作为判别标准,而要使用离散系数。

$$V_甲 = \frac{\sigma_甲}{\overline{K}_甲} \times 100\% = \frac{29.51\%}{45\%} \times 100\% = 65.58\%$$

$$V_乙 = \frac{\sigma_乙}{\overline{K}_乙} \times 100\% = \frac{12.29\%}{15\%} \times 100\% = 81.93\%$$

这种情况下，乙方案的离散系数大于甲方案，所以乙方案的风险要比甲方案的风险大。

三、证券组合的风险与报酬

两个或两个以上资产所构成的集合，称为资产组合。如果资产组合中的资产均为有价证券，则该资产组合也称为证券资产组合或证券组合。投资者一般并不会把所有资金都投资于一种证券，因为由多种证券构成的投资组合会减少投资风险，报酬率高的证券会抵消报酬率低的证券所带来的负面影响。这里的"证券"是"资产"的代名词，它可以是任何产生现金流的东西，例如，一项生产性实物资产，一条生产线或者是一个企业。证券组合的风险与报酬具有与单项资产的风险与报酬不同的特征。

（一）证券组合的期望报酬率

证券组合的期望报酬率是证券组合中单项资产期望报酬率的加权平均数，计算公式如下

$$\overline{K} = \sum_{a=1}^{n} X_a \overline{K}_a \tag{2-25}$$

式中　　$\overline{K}$——证券组合的期望报酬率；

　　　　X_a——第 a 项资产在证券组合总体中所占比重；

　　　　$\overline{K}_a$——第 a 项资产的期望报酬率；

　　　　n——证券组合中资产的项数。

（二）证券组合风险的衡量

1. 证券组合的风险分散功能

（1）标准差。证券组合的风险仍然用标准差来衡量，但是一个证券组合的标准差并不是像期望报酬率那样，根据两个单独标准差的简单加权平均计算出来，而是要考虑资产在证券组合中的相互反应。收益高低搭配的资产投资项目组成的证券组合才可能降低投资风险。

证券组合标准差的计算公式为

$$\sigma = \sqrt{\sum_{a=1}^{n} \sum_{b=1}^{n} X_a X_b \sigma_{ab}} \tag{2-26}$$

式中　　σ——证券组合的标准差；

　　　　σ_{ab}——资产 a 和 b 之间的协方差；

　　X_a、X_b——资产 a、b 在证券组合总体中所占比重；

　　　　n——证券组合中资产的项数。

（2）协方差与相关系数。证券组合的标准差不仅取决于单个证券的标准差，还取决于

证券之间的协方差。协方差是用来描述证券组合中两个资产之间相互关联程度的用 "σ_{ab}" 来表示。若 $\sigma_{ab} = 0$，则资产 a 和 b 不相关；若 $\sigma_{ab} > 0$，则资产 a 和 b 正相关；若 $\sigma_{ab} < 0$，则资产 a 和 b 负相关。其计算公式如下

$$\sigma_{ab} = \sum (\overline{K}_a - K_{ai})(\overline{K}_b - K_{bi})P_i \tag{2-27}$$

式中　σ_{ab} ——资产 a 和 b 之间的协方差；

　　$\overline{K}_a$、$\overline{K}_b$ ——资产 a 和 b 的期望报酬率；

　　K_{ai}、K_{bi} ——第 i 种可能结果中资产 a 和 b 的报酬率；

　　　P_i ——第 i 种可能结果的概率。

协方差给出的是两个变量相对运动的绝对值，有时投资者更需要了解这种相对运动的相对值。这个相对值用相关系数 ρ 来表示：

$$\rho_{ab} = \frac{\sigma_{ab}}{\sigma_a \sigma_b} \tag{2-28}$$

式中　ρ_{ab} ——相关系数；

　　σ_{ab} ——资产 a 和 b 之间的协方差；

　　σ_a、σ_b ——资产 a 和 b 的标准差。

相关系数永远满足 $-1 \leqslant \rho \leqslant 1$ 的条件，即所有变量的相关系数都在 -1 和 1 之间。若 $\rho_{ab} = 1$，表示两个变量完全正相关，资产 a 收益增长时，资产 b 以同样比例增加；若 $\rho_{ab} = -1$，表示两个变量完全负相关，资产 a 收益增长时，资产 b 以同样比例减少；若 $\rho_{ab} = 0$，表示两个变量之间没有关系。一般而言，多数证券的报酬率趋于同向变动，因此两种证券之间的相关系数多为小于 1 的正值。

（3）证券组合标准差。两种证券的证券组合标准差的公式由以上的投资组合的公式简化而来，即

$$\sigma = \sqrt{X_a^2 \sigma_a^2 + X_b^2 \sigma_b^2 + 2X_a X_b \rho_{ab} \sigma_a \sigma_b} \tag{2-29}$$

【例 2-23】某公司现在有两个投资项目可供选择，相关数据见表 2-5。

表 2-5　投资项目报酬的概率分布

经济情况	概　率	证券 a 预期报酬率	证券 b 预期报酬率
高涨	0.6	30%	−5%
正常	0.3	10%	10%
萧条	0.1	−10%	20%

证券 a 的期望报酬率和标准差：

$$\overline{K}_a = \sum_{i=1}^3 K_{ai}P_i = 30\% \times 0.6 + 10\% \times 0.3 + (-10\%) \times 0.1 = 20\%$$

$$\sigma_a^2 = \sum_{i=1}^3 (\overline{K}_a - K_{ai})^2 P_i$$

$$= (20\% - 30\%)^2 \times 0.6 + (20\% - 10\%)^2 \times 0.3 + (20\% + 10\%)^2 \times 0.1 = 1.8\%$$

$$\sigma_a = \sqrt{\sigma_a^2} = 13.42\%$$

证券 b 的期望报酬率和标准差（计算过程参考证券 a）：

$$K_b = \sum_{i=1}^{3} K_{bi} P_i = 2\%$$

$$\sigma_b^2 = \sum_{i=1}^{3} (\bar{K}_b - K_{bi})^2 P_i = 0.81\%$$

$$\sigma_b = \sqrt{\sigma_b^2} = 9\%$$

证券 a 和 b 之间的协方差

$$\sigma_{ab} = \sum (\bar{K}_a - K_{ai})(\bar{K}_b - K_{bi}) P_i$$

$$= (20\% - 30\%) \times [2\% - (-5\%)] \times 0.6 + (20\% - 10\%) \times (2\% - 10\%) \times$$

$$0.3 + [20\% - (-10\%)] \times (2\% - 20\%) \times 0.1$$

$$= -1.2\%$$

相关系数

$$\rho_{ab} = \frac{\sigma_{ab}}{\sigma_a \sigma_b} = \frac{-1.2\%}{13.42\% \times 9\%} = -0.9935$$

投资组合的期望报酬率（设证券 a 的比重为 50%），则

$$\bar{K} = X_a \bar{K}_a + X_b \bar{K}_b = 11\%$$

证券投资组合的方差和标准差

$$\sigma^2 = (X_a \sigma_a)^2 + 2 X_a X_b \sigma_{ab} + (X_b \sigma_b)^2$$

$$= (50\% \times 13.42\%)^2 + 2 \times 50\% \times 50\% \times (-1.2\%) + (50\% \times 9\%)^2 = 0.05274\%$$

$$\sigma = \sqrt{\sigma^2} = 2.297\%$$

从结果可以看出，$\sigma < \sigma_a$，且 $\sigma < \sigma_b$，可见证券投资组合的风险大大减少。

大多数情况下，证券组合能够分散风险，但不能完全消除风险。在证券组合中，能够随着资产种类的增加而降低直至消除的风险被称为非系统风险；不能随着资产种类的增加而降低的风险，被称为系统性风险。

2. 非系统风险

非系统风险通常由发生于个别公司的特有事件造成，例如，一家公司的工人罢工、新产品开发失败、取得一个重要合同等。这类事件是非预期的、随机发生的，它只会影响一家公司或少数公司，不会对整个市场产生太大影响。非系统风险可以通过配置资产组合的方式来分散，因为发生于一家公司的不利事件可以被其他公司的有利事件所抵消。由于非系统风险是个别公司或个别资产所特有的，因此也被称为特殊风险或特有风险。同时，由于非系统风险可以通过配置资产组合的方式分散掉，因此也被称作可分散风险。

值得注意的是，在配置资产组合进行风险分散的过程中，不应当过分夸大资产多样性和资产个数的作用。实际上，当资产组合中的资产数量较少时，增加资产的个数会使风险分散的效应比较明显，但当资产数量增加到一定程度时，风险分散的效应就会逐渐减弱。数据表明，当资产组合中不同行业的资产个数达到 20 个时，绝大多数非系统风险已被消除掉。此时，继续增加资产数量对分散风险已经没有多大的实际意义，只会增加管理成本。另外不要指望通过资产多样化达到完全消除风险的目的，因为除了非系统风险外，还

有系统风险无法通过风险的分散来消除。

3. 系统风险

系统风险又被称为市场风险或不可分散风险，是影响所有资产的、不能通过配置资产组合而消除的风险。这部分风险是由那些影响整个市场的风险因素所引起的，包括宏观经济形势的变动、国家经济政策的变化、税制改革、企业会计准则改革、世界能源状况、政治因素等。例如，处于同一经济环境之中的各类股票的价格变动通常有趋同性，多数股票的报酬率在一定程度上呈正相关。经济繁荣时，多数股票的价格上涨；经济衰退时，多数股票的价格下跌。因此，不管资产组合的多样化有多么充分，即使购买了全部股票作为资产组合，也不可能消除全部的风险。

【资料阅读】

触碰投资红线，中银、光大理财公司被首批处罚

中国银行保险监督管理委员会⊖（以下简称银保监会）近日披露，中银理财有限责任公司（以下简称中银理财）、光大理财有限责任公司（以下简称光大理财）因违反《银行业监督管理法》第二十一条、第四十六条和相关审慎经营规则分别被罚460万元和430万元，中国光大银行、中国银行也因"老产品规模在部分时点出现反弹"等问题分别被罚400万元、200万元，四家机构合计被罚1 490万元，成为首领罚单的理财子公司。

6月2日，银保监会连发四张罚单，披露了其2021年针对部分理财公司及其母行开展的理财业务专项现场调查结果，严肃查处了违法违规案件。

罚单信息显示，中银理财因存在六宗罪被罚款460万元：①公募理财产品持有单只证券的市值超过该产品净资产的10%；②全部公募理财产品持有单只证券的市值超过该证券市值的30%；③开放式公募理财产品杠杆水平超标；④同一合同项下涉及同一交易对手和同类底层资产的交易存在不公平性；⑤理财产品投资资产违规使用摊余成本法估值；⑥理财公司对联法人的认定不符合监管要求。

据了解，为了控制投资风险，银保监会发布的理财新规列出了三条投资红线，即每只公募理财产品持有单只证券或单只公募证券投资基金的市值不得超过该理财产品净资产的10%；全部公募理财产品持有单只证券或单只公募证券投资基金的市值，不得超过该证券市值或该公募证券投资基金市值的30%；全部理财产品持有单一上市公司发行的股票，不得超过该上市公司可流通股票的30%。此次中银理财和光大理财均触犯了三条投资要求中的前两条。

针对银保监会的罚单，光大理财6月2日晚间发布情况说明称，公司逐条制定整改措施，并在现场调查过程中立查立改，除移动办公平台的安全管控正在持续优化整改中外，其他问题均已整改到位。

（资料来源：聂国春，中银、光大理财公司被首批处罚，中国消费者报，2022-06-10，有改动。）

▶▶ 四、资本资产定价模型

风险和报酬之间存在密切的对应关系，风险越大，投资者要求的报酬率就越高。在各

⊖ 2023年3月，中共中央、国务院印发了《党和国家机构改革方案》，决定在中国银行保险监督管理委员会基础上组建国家金融监督管理总局，不再保留银保监会。

项目的风险大小不同而投资报酬率相同的情况下，投资者都会选择风险小的项目进行投资，结果投资者之间的竞争又使投资项目的风险增加，报酬率下降。那么，市场又是怎么决定必要报酬率的呢？

在西方金融学和财务管理学中，有许多模型论述了风险和报酬的关系，其中一个最重要的模型就是资本资产定价模型。这个模型是威廉·夏普（William Sharp）1964年根据投资组合理论提出的，它在一系列严格的假设基础之上第一次使人们可以量化市场的风险程度，并且能够对风险进行具体定价。资本资产定价模型的研究对象，是充分组合情况下风险与投资者所要求的报酬率，即必要报酬率之间的均衡关系。模型具体如下：

$$R_i = R_f + \beta (R_m - R_f) \tag{2-30}$$

式中 R_i——第 i 种股票或第 i 种证券组合的必要报酬率；

R_f——无风险报酬率；

β——第 i 种股票或第 i 种证券组合的 β 系数；

R_m——市场所有股票的平均报酬率。

式（2-30）中，$(R_m - R_f)$ 是投资者为补偿其承担超过无风险报酬的平均风险而要求的额外收益，即市场风险溢价。

因为股票具有风险，所以期望报酬与实际报酬往往不一样，某一时期市场的实际报酬可能低于无风险资产的报酬，甚至出现负值，但投资者要求风险与报酬均衡，所以风险溢价一般都假定为正值。在实际操作中，通常用过去风险溢价的平均值作为未来风险溢价的最佳估计值。

式（2-30）中，$\beta (R_m - R_f)$ 表示证券组合的风险报酬率。

【例2-24】某公司股票的 β 系数为1.1，无风险报酬率为8%，市场上所有股票的平均报酬率为15%，问该公司股票的必要报酬率为多少？

该公司股票的必要报酬率 = 8% + 1.1 × (15% - 8%) = 15.7%

也就是说，当该公司股票的报酬率达到或超过15.7%时，投资者才肯进行投资，否则不予购买。

（一）系统风险度量

由于不同资产的系统风险不同，为了对不同的系统风险进行量化，我们用 β 系数来衡量系统风险的大小。通俗地说，某资产的 β 系数表达的含义是该资产的系统风险相当于市场组合系统风险的倍数。市场组合是指由市场上所有资产组成的组合。市场组合的报酬率是市场平均报酬率，实务中通常用股票价格指数收益率的平均值来代替。由于市场组合包含了市场上所有的资产，其中的非系统风险已经被消除，所以市场组合的风险就是市场风险或系统风险。用 β 系数对系统风险进行量化时，以市场组合的系统风险为基准，认为市场组合的 β 系数等于1。如果一项资产的 β 系数 = 0.5 倍，表明它的系统风险是市场组合系统风险的 0.5 倍，其报酬率的波动幅度只及一般市场波动幅度的一半；如果一项资产的 β 系数 = 2，表明它的报酬率的波动幅度为一般市场波动幅度的 2 倍。总之，β 系数的大小反映了资产报酬率波动与整个市场报酬率波动之间的相关性及程度。

（二）证券组合投资的 β 系数

对于证券组合来说，系统风险也可以用组合 β 系数来衡量。证券组合的 β 系数是所有

单项资产 β 系数的加权平均数，权数为各种资产在证券组合中所占的价值比例。计算公式为

$$\beta_p = \sum_{i=1}^{n} W_i \times \beta_i \qquad (2\text{-}31)$$

式中　　β_p——证券资产组合的 β 系数；

W_i——第 i 项资产在组合中所占的价值比例；

β_i——第 i 项资产的 β 系数。

【例 2-25】一个投资者用 100 万元银行存款进行组合投资，共投资了 10 种股票且每种各占总价值的 1/10，即 10 万元。如果这 10 种股票的 β 系数皆为 1.2，则该组合的 β 系数也为 1.2。此时，该组合的风险比市场风险大，即其价格波动的范围较大，报酬率的变动也较大。现在假设完全售出其中的一种股票同时以另一种 β 系数为 0.8 的股票取而代之。此时，该组合的 β 系数将由 1.2 下降至 1.16。

五、风险的控制

尽管高风险可能带来高报酬，但这仅仅是一种可能。因此，企业的财务管理还要善于防范和控制风险。

（一）回避风险

企业在进行各项决策时，尽量避免采纳风险大的投资方案，尽可能选择风险小或无风险的投资方案。

（二）控制风险

采取防止风险发生的保护性措施，以减少风险损失发生的可能性，并在风险出现后，限制其造成的损失程度。例如，以销定产可防止产品积压造成的经营风险；对信用不好的客户，不采取赊销办法可防止发生坏账损失。

（三）抵补风险

适当保留可用资金，以抵补可能发生的风险。例如，提取商品削价准备、坏账准备等风险准备资金用于抵补可能发生的损失。

（四）转移风险

采用某种方式，将风险转移给他人承担。例如，办理财产保险就是将可能发生的风险转移给保险公司。

（五）分散风险

通过多元化经营和筹资方式多样化来分散风险。例如，证券投资采用组合投资法；同时生产经营多种产品；选择多种筹资方式和不同的筹资期限等。

就整个社会来说，风险是肯定存在的，问题只是谁来承担风险及承担多少。如果每个企业都过度回避风险、控制风险，都不肯承担风险，那么高风险的投资项目就没人做，从而造成社会生产力发展迟缓，也不利于每个企业的发展。市场经济之所以需要完善的金融市场体系，就是因为市场可以吸收社会资金投资于需要资金的企业，通过在金融市场投资来达到分散风险的目的。

【课后阅读】

平均年利率 11.88%、实际却达 20%？

7月20日，上海金融法院在首届长三角金融司法论坛上发布了首批长三角金融审判十大典型案例。

在田某、周某诉中原信托有限公司金融借款合同纠纷案中，上海金融法院确认贷款机构有义务向金融消费者披露实际利率。

基本案情显示，2017年9月，借款人田某、周某与中原信托公司签订贷款合同，约定贷款本金600万元，期限8年，贷款利率具体以《还款计划表》为准，平均年利率11.88%，还款方式为分次还款。合同附件《还款计划表》载明每月还款本息额和剩余本金额，还款期数为96期，每期还款均包含本息，每年12期还款金额一致，每12个月递减一次还款金额。可等到田某、周某2018年11月提前还清贷款时仔细一算才发现，按照《还款计划表》这笔贷款实际年利率竟然高达20%。

田某、周某认为，中原信托未向其披露实际利率，仅告知其平均年利率为11.88%，但实际执行利率却高达20%多；而且实际放款前已经收取了第一期还款，该款项应从贷款本金中扣除，据此计算中原信托多收取利息88万元。中原信托称，借款人签字确认按《还款计划表》还款即为认可。另外，由于在贷款实际发放前确实收取了第一期还款141 000元，故愿意补偿田某、周某20万元。

双方协商未果，田某、周某遂向法院提起诉讼，本案争议的焦点在于贷款利率应该如何计算，以及中原信托披露平均年利率而不是实际年利率的做法，是否涉嫌故意混淆视听。

中原信托表示，合同约定的贷款利率以《还款计划表》为准，该表系以"借款本金600万元 × 平均年利率11.88% × 借款期限8年"的公式计算出应还的总利息，再加上本金后分摊至每月做成。值得注意的是，按照中原信托的算法，借款人已经还款的部分在后续的还款月份中仍在按11.88%的平均年利率计息。

这样的计息方式类似APR（名义利率）口径，即按照放款金额进行计息，即当期利息的计息基数是期初放款金额。对于借款人来说，APR相对好理解，计算起来也简单。但是它忽略了资金被实际占用的时间，无法真实反映借款人的借款成本。

而田某、周某主张的实际年利率则是用IRR（实际利率）口径计算得出，即按照贷款余额进行计息，当期利息的计息基数是剩余贷款本金。实际利率又称内部收益率或内部报酬率，是借款人实际承担的借款成本。

IRR的计算公式稍显复杂，但由于已还贷款本金没有计入计算利息的基数，同一款贷款产品用IRR口径计算出来的实际利率往往会明显高于APR口径，这也是贷款机构倾向于展示APR口径下的名义利率来吸引客户的原因。

目前借贷市场上常见的还款方式有随借随还、先息后本、等本等息、等额本金、等额本息，即使标注每种还款方式的利率相同，实际用资成本也可能相去甚远。由于利息计算具有专业性，不同的本息支付方式又增加了计算的复杂难度，贷款产品需要有一个统一的、直观的标尺来衡量资金的实际使用成本。

上海金融法院在本案的判决中指出，贷款产品的提供者应当向借款人明确披露实际利率。原因如下：

第一，利率是借款合同的核心要素，关系到借款人在合同项下的根本利益，利率的高低将直接影响借款人是否做出立约的决策。在将竞争机制引入贷款业务、贷款利率市场化的大背景下，如果将贷款视为商品，那么利率即是其价格，贷款人有义务如实披露利率，为其提供的贷款商品"明码标价"。

第二，只有实际利率能如实反映借款人的用资成本。利息是货币在一定时期内的使用费，因此贷款人只有实际将货币交由借款人使用方能获得利息，借款人只有实际获得货币才须支付利息。在本金因分次归还而逐渐减少的情况下，使用以初始本金为基数计算的利率必然低于实际利率，并不能反映借款人的实际用资成本……

上海金融法院认为，本案中原信托应当对实际利率做出明确提示并说明，其主张按照《还款计划表》收取利息缺乏法律依据。在中原信托未明确披露实际利率的情况下，应当根据合同解释原则，结合合同的相关条款、行为的性质和目的、习惯以及诚信原则来确定利息计算方式。借款人田某、周某主张以 11.88% 为年利率，以剩余本金为基数计算利息，符合交易习惯和诚信原则，应予以支持。

（资料来源：21 经济网，平均年利率 11.88%、实际年利率却达 20%？小心"利率幻觉"，唐婧，2022-07-27，https://21jingji.com/article/20220727/herald/93f75640d864b432337f637331c500f9.html，有改动。）

【本章小结】

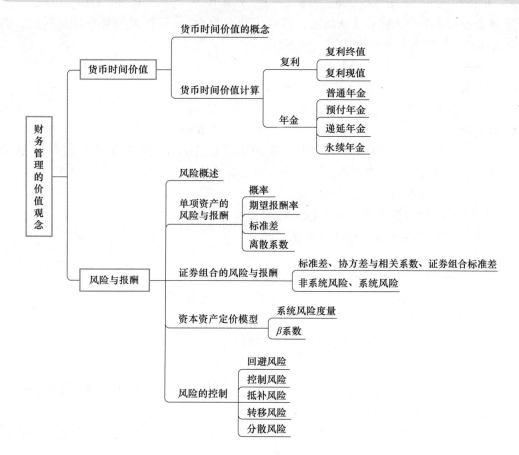

【课后习题】

一、思考题

1. 如何理解货币时间价值？

2. 复利和单利有何区别？

3. 如何理解风险和报酬的关系？

4. 证券投资组合是什么？

5. β 系数的定义是什么？它用来衡量什么性质的风险？

二、练习题

（一）单项选择题

1. 某项永久性基金拟在每年年末发放 80 万元款项，年利率为 4%，则该基金需要在第 1 年年初投入的资金数额（取整数）为（   ）万元。

   A. 1 923   B. 2 080   C. 2 003   D. 2 000

2. 某公司于年初存入银行 20 000 元，假定年利率为 12%，采用复利计息，则第 10 年年末的本利和为（   ）。

   A. 26 764   B. 35 246   C. 35 816   D. 62 116

3. 某企业每半年存入银行 1 000 元，假定年利率为 6%，每年采用复利计息两次，则这笔存款在第 5 年年末的本利和为（   ）元。

   A. 5 309.1   B. 5 637.1   C. 11 464   D. 13 181

4. 下列事项中，能够改变特定企业非系统风险的是（   ）。

   A. 公司管理层变更   B. 国家加入世界贸易组织

   C. 市场利率波动   D. 宏观经济政策调整

5. 现有甲、乙两个投资项目，已知甲、乙项目的期望报酬率分别为 15%、18%，收益率的标准差分别为 30%、35%。那么下列说法中正确的是（   ）。

   A. 甲项目的风险程度大于乙项目的风险程度

   B. 甲项目的风险程度小于乙项目的风险程度

   C. 甲项目的风险程度等于乙项目的风险程度

   D. 不能确定

6. 当两种证券完全正相关时，由此形成的证券组合（   ）。

   A. 能适当地分散风险   B. 不能分散风险

   C. 可分散全部风险

   D. 组合的风险小于单项证券风险的加权平均值

（二）计算题

1. 某公司需用一台设备，买价为 18 000 元，可用 8 年。如果租用，则每年年初需付租金 3 000 元。假设利率为 8%，试决定企业应租用还是购买设备。

2. 某企业全部用银行贷款投资兴建一个工程项目，总投资额为 10 000 万元，假设银行借款利率为15%，该工程当年建成投产。建成投产后，企业将分8年等额归还银行借款，问每年年末应还多少？

3. 国库券的利率为6%，市场组合的报酬率为13%，则

（1）市场平均报酬率为多少？

（2）当某只股票 β 系数为1.2时，其必要报酬率为多少？

（3）如果某只股票的 β 系数为0.8，期望报酬率为11.5%，是否应当进行投资？

4. 某公司拟进行股票投资，计划购买A、B、C三种股票，并分别设计了甲、乙两种投资组合。已知三种股票的 β 系数分别为1.5、1.0和0.5，它们在甲种投资组合下的投资比重为50%、30%和20%；在乙种投资组合的风险报酬率为3.4%。目前无风险利率是8%，市场所有股票的平均报酬率是12%。要求：

（1）按照资本资产定价模型计算A股票的必要报酬率。

（2）计算甲种投资组合的 β 系数和风险报酬率。

（3）计算乙种投资组合的 β 系数和必要报酬率。

5. 美达公司准备投资开发新产品，现有三个方案可供选择，根据市场预测，在三种不同市场状况下各方案的预期报酬率见表2-6。

表 2-6 美达公司的投资方案

市场状况	发生概率	A 方案	B 方案	C 方案
繁荣	0.2	8%	15%	10%
一般	0.6	16%	4%	17%
衰退	0.2	30%	-2%	26%

要求：试比较各方案风险的大小。

第三章

金融资产价值评估

【学习目标】

1. 认识并了解金融资产的相关知识，熟悉债券价值、股票价值、期权的基本概念以及期权的类型

2. 掌握并能应用债券价值、股票价值的估值方法，学会债券内部收益率、股票内部收益率的计算

3. 理解债券价值、期权价值的影响因素

4. 掌握期权的到期日价值和期权估值原理

5. 学习并能适当使用二叉树定价模型，了解布莱克-斯科尔斯定价模型

【课程思政】

在本章学习中培养学生研究资本市场的科学思维和视角，学会使用科学的方法评价金融资产，理解理论价值和实际价值的差异，明确风险和报酬之间的关系，养成务实求真的职业素养。使学生在未来既能自觉维护资本市场的公平与正义，也能合理使用法律赋予投资者的权利和主张。

【导入案例】

2020年6月，中国证券监督管理委员会厦门监管局（以下简称厦门证监局）做出被诉处罚决定，认定：某控股集团为上市公司某化工公司的控股股东，并通过直接和间接持股，合计持有上市公司某环境公司30%以上股份。2018年4月，某控股集团发行12亿元超短期融资券失败，导致该集团面临债务危机。2018年5月2日，某环境公司、某化工公司同时发布公告，称由于某控股集团存在重大不确定事项，且该事项对公司有重大影响，股票即日起停牌。2018年5月3日、5月4日，某化工公司、某环境公司分别发布公告，称某控股集团若无法妥善解决债务清偿问题，则存在公司控制权变更的可能。在内幕信息敏感期内，蒋某通过参加公司管理层会议知悉内幕信息，朱某与相关内幕信息知情人有接触联络。在此期间，蒋某操作其丈夫"周某"证券账户卖出某环境公司股票，成交815万余元，避免损失336万余元；朱某操作"项某""裴某"证券账户卖出某环境公司股票，成交1 137万余元，避免损失472万余元；蒋某、朱某共同内幕交易"宣某"证券账户卖出某化工公司股票，成交1 191万余元，避免损失68万余元。厦门证监局认为蒋某、朱某构成内幕交易，决定没收蒋某违法所得391万余元，并处以罚款1 120万余元；没收朱某违法所得486万余元，并处以罚款500万余元。蒋某、朱某不服被诉处罚决定，向中国证券监督管理委员会申请行政复议。中国证券监督管理委员会经复议维持该决定。蒋某、朱某不服，诉至

北京市西城区人民法院，请求撤销被诉处罚决定和被诉复议决定。北京市西城区人民法院经审理判决驳回蒋某、朱某的诉讼请求。蒋某、朱某仍不服，向北京金融法院提出上诉。北京金融法院经审理认为，厦门证监局认定可能引发某环境公司、某化工公司控制权变更的"重大债务危机"事项在依法公开前属于内幕信息，具有相应的事实根据和法律依据，被诉处罚决定第一项和第二项并无不当，依法应予支持；被诉处罚决定第三项认定蒋某、朱某共同内幕交易"某某化工"股票的证据不充分，依法应予撤销；据此，判决撤销一审判决，撤销被诉处罚决定第三项及被诉复议决定，驳回蒋某、朱某的其他诉讼请求。

（资料来源：北京金融法院，北京金融法院成立一周年十大典型案例，https://bjfc.bjcourt.gov.cn/cac/1648002325433.html）

第一节　债券估值

债券是依照法定程序发行的，约定在一定期限内还本付息的有价证券，它反映了证券发行者与持有者之间的债权债务关系。发行者通过发行债券从资本市场上筹集资金，必须知道它如何定价，以避免定价偏低遭受损失或者定价偏高导致发行失败。而债券作为一种投资，它的价值是投资者进行决策时应该考虑的重要因素。

一、债券的价值

债券的内在价值也称为债券的理论价格，是指发行者按照合同规定从现在至到期日所支付款项的现值。而对投资者而言，将未来在债券投资上收取的利息和收回的本金折为现值，也可得到债券的内在价值。

（一）债券估值模型

1. 基本模型

典型的债券是指有固定票面利率、按年支付利息且到期归还本金的债券，这种债券价值计算的基本模型是

$$V_b = \sum_{t=1}^{n} \frac{I_t}{(1+R)^t} + \frac{M}{(1+R)^n} \tag{3-1}$$

式中　V_b——债券的价值；

I_t——债券在第 t 年的利息；

M——债券的面值；

n——债券到期时间的年数；

R——贴现率或折现率，通常采用等风险投资的市场利率或投资人要求的最低投资报酬率。

【例 3-1】某债券面值 1 000 元，期限 20 年，每年支付一次利息，到期归还本金，目前的市场利率为 10%，如果该债券的票面利率为 8%，计算债券的价值。

$$V_b = \sum_{t=1}^{20} \frac{80}{(1+10\%)^t} + \frac{1\ 000}{(1+10\%)^{20}}$$

$$= 80 \times (P/A, 10\%, 20) + 1\ 000 \times (P/F, 10\%, 20)$$

$$= 829.69 \ (元)$$

2. 平息债券模型

平息债券是指在到期时间内平均支付利息的债券。支付的频率可能是一年一次、半年一次或一季度一次等。这种债券的价值计算模型为

$$V_b = \sum_{t=1}^{mn} \frac{I/m}{\left(1+\dfrac{R}{m}\right)^t} + \frac{M}{\left(1+\dfrac{R}{m}\right)^{mn}} \tag{3-2}$$

式中　　　m——年付利息次数；

　　　　　n——债券到期时间的年数；

V_b、I、M、R——释义同式（3-1）。

【例3-2】有一债券面值为 1 000 元，票面利率为 8%，每半年支付一次利息，5 年到期。假设年折现率为 10%，计算该债券的价值。

$$V_b = \sum_{t=1}^{10} \frac{80/2}{(1+5\%)^t} + \frac{1\ 000}{(1+5\%)^{10}}$$

$$= 40 \times (P/A, 5\%, 10) + 1\ 000 \times (P/F, 5\%, 10)$$

$$= 922.768 (元)$$

3. 纯贴现债券模型

纯贴现债券是指承诺在未来某一确定日期作单笔支付的债券。这种债券的购买人在到期日前不能得到任何现金支付，因此，也被称为零息债券。纯贴现债券如果没有标明利息计算规则的，通常采用按年计息的复利计算规则。

计算纯贴现债券价值的模型为

$$V_b = \frac{F}{(1+R)^n} \tag{3-3}$$

式中　　F——到期日支付额；

V_b、R、n——释义同式（3-1）。

【例3-3】有一纯贴现债券，面值 1 000 元，20 年期。假设折现率为 10%，其价值为多少？

$$V_b = 1\ 000 \times (P/F, 10\%, 20) = 148.6 \ (元)$$

4. 永久债券模型

永久债券是指没有到期日，永不停止定期支付的债券。英国和美国都发行过这种债券。对于永久债券，政府通常都保留了回购债券的权利。优先股实际上也是一种永久债券，如果公司的股利支付没有问题，将会持续地支付固定的优先股息。

计算永久债券价值的模型为

$$V_b = \frac{I}{R} \tag{3-4}$$

式中　V_b、I、R——释义同式（3-1）。

【例 3-4】某公司有一优先股，承诺每年支付优先股股息 40 元。假设折现率为 10%，其价值为多少？

$$V_b = 40/10\% = 400 \text{（元）}$$

（二）债券价值的影响因素

从债券估值基本模型中可以看出，债券面值、票面利率、市场利率、债券期限是影响债券价值的主要因素。

1. 债券面值

债券面值，是指债券设定的票面金额。面值越大，债券价值越大；反之，债券价值越小。

2. 票面利率

债券票面利率，是指债券发行者预计一年内向持有者支付的利息占票面金额的比率。票面利率越大，债券价值越大；反之，债券价值越小。

3. 市场利率

债券一旦发行，其面值、期限、票面利率就都相对固定了，市场利率则成为债券持有期间影响债券价值的主要因素。市场利率影响着决定债券价值的贴现率，它的变化会造成系统性的利率风险。它对债券价值的影响主要体现在这些方面：

1）市场利率的上升会导致债券价值的下降，市场利率的下降会导致债券价值的上升。

2）长期债券对市场利率的敏感性大于短期债券，当市场利率较低时，长期债券的价值远高于短期债券；而当市场利率较高时，长期债券的价值远低于短期债券。

3）当市场利率低于票面利率时，债券价值对市场利率的变化较为敏感，市场利率稍有变动，债券价值就会发生剧烈的波动；当市场利率超过票面利率后，债券价值对市场利率的敏感性减弱，市场利率的上升，不会使债券价值过分降低。

4. 债券期限

由于票面利率的不同，当债券期限发生变化时，债券的价值也会随之波动。例如，长期债券的价值波动较大，特别是票面利率高于市场利率的长期溢价债券，它们相对容易获取投资收益但安全性较低，利率风险较大。如果市场利率波动频繁，利用长期债券来储备现金显然是不明智的，因为这种做法可能会为较高的收益率而付出安全性的代价。

【例 3-5】假定市场利率为 10%，面值均为 1 000 元，每年支付一次利息，到期归还本金，票面利率分别为 8%、10% 和 12% 的三种债券，在债券期限发生变化时的价值见表 3-1。

表 3-1　债券期限变化的敏感性　　　　　　　　（单位：元）

期　　限	债券价值				
	票面利率 10%	票面利率 8%	环比差异	票面利率 12%	环比差异
1 年期	1 000	981.72	−18.28	1 018.08	18.08
2 年期	1 000	964.88	−16.84	1 034.32	16.24

（续）

期 限	债券价值				
	票面利率10%	票面利率8%	环 比 差 异	票面利率12%	环 比 差 异
5 年期	1 000	924.28	-40.60	1 075.92	41.6
10 年期	1 000	877.60	-46.68	1 123.40	47.48
15 年期	1 000	847.48	-30.12	1 151.72	28.32

　　将表 3-1 中债券价值与债券期限的函数描绘在图 3-1 中，并结合表 3-1 的数据，可以得出如下结论：

　　1）债券价值随债券期限的变化而波动的原因，是债券票面利率与市场利率的不一致。如果债券票面利率与市场利率之间没有差异，债券期限的变化不会引起债券价值的变动。也就是说，只有溢价债券或折价债券，才会产生不同期限下债券价值有所不同的现象。

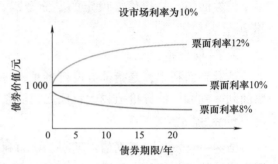

图 3-1　债券价值与债券期限的函数

　　2）债券期限越短，债券票面利率对债券价值的影响越小。无论是溢价债券还是折价债券，当债券期限较短时，票面利率与市场利率的差异不会使债券价值过于偏离债券面值。

　　3）在票面利率与市场利率存在差异的情况下，债券期限越长，债券价值越偏离于债券面值。

　　4）在票面利率与市场利率存在差异的情况下，随着债券期限的延长，债券价值会越发偏离债券面值，但这种偏离的变化幅度最终会趋于平稳。或者说，超长期债券的期限差异，对债券价值的影响不大。

▶▶ 二、债券投资收益率

　　评价债券收益水平高低的指标通常是到期收益率。债券的到期收益率是指按一定价格购买债券后，一直持有债券至到期日可以获得的报酬率，也是能使债券到期时现金流入量的现值等于债券购买时现金流出量的折现率。

（一）债券收益的来源

　　债券投资的收益是投资于债券所获得的全部投资报酬，主要包括债券利息和债券买卖价差两部分。

1. 利息收益

　　债券各期的名义利息收益都是其面值与票面利率的乘积。

2. 价差收益

　　价差收益是指债券尚未到期时投资者中途转让债券，在转让价格与转让时的理论价格之间的价差上所获得的收益。也称为资本利得收益。

（二）债券的内部收益率

债券的内部收益率，是指按当前市场价格购买债券并持有至到期日或转让日，所产生的预期报酬率。在债券估值模型中，如果用债券的购买价格 S 代替内在价值 V_b，就能求出债券的内部收益率。也就是说，用该内部收益率作为折现率所确定的债券内在价值，刚好等于债券的购买价格。

债券真正的内在价值是以市场利率为贴现率所确定的内在价值，当以市场利率为贴现率所计算的内在价值大于以内部收益率为贴现率所计算的内在价值时，即债券真正的内在价值高于其购买价格时，债券的内部收益率才会大于市场利率，这正是投资者所期望的。

【例 3-6】 假定投资者目前以 1 075.92 元的价格，购买一份面值为 1 000 元、票面利率为 12% 的 5 年期债券，投资者将该债券持有至到期日，要求计算该债券的内部收益率。

在债券估值基本模型中，用债券价格 1 075.92 代替 V_b 可得：

$$1\ 075.92 = 120 \times (P/A, R, 5) + 1\ 000 \times (P/F, R, 5)$$

运用内插法可以求得内部收益率 $R = 10\%$。

同样原理，如果债券目前购买价格分别为 1 000 元或 899.24 元，则通过计算可以得到债券的内部收益率 $R = 12\%$ 或 15%。

可见，溢价债券的内部收益率低于票面利率，折价债券的内部收益率高于票面利率，平价债券的内部收益率等于票面利率。

【例 3-7】 新华公司 20×0 年 6 月 1 日以 1 105 元购买面值为 1 000 元的债券，其票面利率为 8%，每年 6 月 1 日计算并支付一次利息，并于 5 年后的 5 月 31 日到期，按面值收回本金，试计算该债券的内部收益率。

假设内部收益率为 8%，则该债券的现值可计算如下：

$$V = 80 \times (P/A, 8\%, 5) + 1\ 000 \times (P/F, 8\%, 5)$$
$$= 1\ 000\ （元）$$

由于该债券的买价为 1 105 元，高于其面值 1 000 元，属于溢价债券，所以其内部收益率一定低于 8%。

假设 $R = 6\%$，进一步试算：

$$V_1 = 80 \times (P/A, 6\%, 5) + 1\ 000 \times (P/F, 6\%, 5)$$
$$= 1\ 084.249\ （元）$$

由于计算结果仍小于 1 105 元，还应进一步降低假设的内部收益率试算。

假设 $R = 5\%$，试算：

$$V_2 = 80 \times (P/A, 5\%, 5) + 1\ 000 \times (P/F, 5\%, 5)$$
$$= 1\ 129.89\ （元）$$

由于计算结果大于 1 105 元，可知内部收益率在 5% 与 6% 之间，继续用内插法计算可得：

$$R = 5\% + \frac{1\ 129.89 - 1\ 105}{1\ 129.89 - 1\ 084.249} \times (6\% - 5\%)$$
$$= 5\% + \frac{24.89}{45.641} \times 1\%$$
$$= 5.55\%$$

通常，也可以用简便算法对债券内部收益率进行近似估算，其公式为

$$R = \frac{I + (B - P)/N}{(B + P)/2} \times 100\%$$
(3-5)

式中 P——债券的当前购买价格；

B——债券面值；

N——债券持有期限。

分母表示平均资金占有，分子表示平均收益。

【资料阅读】

《商业银行金融工具公允价值估值监管指引》部分条款

第十四条 商业银行能够直接从市场中获得，代表公平交易基础上实际并经常发生的交易价格时，应当采用盯市法对该金融工具进行估值。如不能，可以采用模型法、询价法或参考第三方估值机构的估值结果确定金融工具的公允价值。

第十五条 商业银行对于复杂的、流动性较差的金融工具，应当建立多元化的估值模型和交叉核对机制。

第十六条 商业银行应当设置独立的估值模型验证团队，负责在估值模型投入使用前或进行重大调整时对模型进行验证。估值模型验证应当考虑但不限于以下因素：

（一）模型的数理严谨性及模型假设的合理性。

（二）对模型进行压力测试和敏感性分析。

（三）将模型的估值与实际的市场价值或独立基准模型的估值进行比较。

第十七条 商业银行应当对估值模型的有效性进行持续评估，明确评估周期，详细记录模型缺陷，并尽可能地予以修正。

第十八条 商业银行应当定期评估公允价值估值的不确定性，对估值模型及假设、主要估值参数及交易对手等进行敏感性分析。主要考虑但不限于以下因素：

（一）金融工具的复杂性。

（二）相同或相似金融工具市场价格的可获得性。

（三）金融工具交易市场的广度和深度。

（四）金融工具持有者的特征等。

（资料来源：中国银行业监督管理委员会，商业银行金融工具公允价值估值监管指引，银监发［2010］105号）

第二节　股票估值

股票是股份有限公司经国务院证券监督机构核准后，发给投资者作为行使股东权利和承担义务的持股凭证，它也是一种有价证券。从投资者的角度来看，他可以凭着这张凭证分享公司的利润或者将其出售。股票持有者拥有对发行该股票的股份有限公司的重大决策权、盈利分配要求权、剩余财产求索权和股份转让权。

股票反映的是一种产权关系,投资者一旦购进某公司的股票,就成了该公司的股东。普通股股票的收益水平是随着被投资公司的经济效益高低而上下波动的,与债券相比较,通常收益较高。然而,当被投资公司破产时,股票的偿付是排在最后的,因此投资风险较大。

▶▶ 一、股票的价值

股票的价值,也称股票的内在价值、理论价值,是指投资于股票所预期获得的未来现金流量的现值。股票是一种权利凭证,它之所以有价值是因为它能给持有者带来未来的收益,这种未来的收益包括各期获得的股利、转让股票获得的价差收益、股份公司的清算收益等。股票给持有者带来的现金流入通常包括两部分:股利收入和出售时的售价,即股票的内在价值是指各期股利和将来出售股票的售价的现值之和。

(一) 基本模型

从理论上说,如果股东永远持有股票,则股票投资没有到期日,股东未来得到的现金流入即是各期的股利,是一个永续现金流,而这个现金流的现值之和就是股票的价值。假定某股票未来各期股利为 D_t(t 为期数),R_S 为估值所采用的贴现率即投资者所期望的最低报酬率,则股票价值(V_S)的基本估值模型为

$$V_S = \frac{D_1}{(1+R_S)^1} + \frac{D_2}{(1+R_S)^2} + \cdots + \frac{D_n}{(1+R_S)^n} = \sum_{t=1}^{\infty} \frac{D_t}{(1+R_S)^t} \tag{3-6}$$

优先股是特殊的股票,优先股股东每期收到的股利相等,因此股东未来得到的现金流入是一种永续年金,其价值计算模型为:

$$V_S = \frac{D}{R_S} \tag{3-7}$$

(二) 常用模型

与债券不同,持有期限、股利、贴现率是影响股票价值的重要因素。如果投资者准备永久持有股票,贴现率即是投资者所要求的必要报酬率,而预计未来各期不断变化的股利就成为计算股票价值的难题。为此,我们不得不假定未来的股利会按一定的规律变化,从而形成几种常见的股票估值模型。

1. 固定增长股票

一般来说,公司并不会把每年的盈余全部作为股利分配出去,因为留存的收益会扩大公司的资本额,而不断增长的资本会创造更多的盈余,进一步引起下期股利的增长。如果公司本期的股利为 D_0,未来各期的股利将按增长率为 g 的速度呈几何级数增长,根据股票估值基本模型,这种股票价值 V_S 为

$$V_S = \sum_{t=1}^{\infty} \frac{D_0(1+g)^t}{(1+R_S)^t} \tag{3-8}$$

当 g 是一个固定的常数,且 $R_S > g$ 时,式(3-8)可以化简为

$$V_S = \frac{D_1}{R_S - g} \tag{3-9}$$

【例3-8】假定某投资者准备购买A公司的股票长期持有，并要求达到12%的收益率，该公司今年每股股利0.8元，预计未来股利会以9%的速度增长，则A股票的价值计算如下：

$$V_S = 0.8 \times (1 + 9\%)/(12\% - 9\%) = 29.07 \text{（元）}$$

如果A股票目前的购买价格低于29.07元，则该公司的股票是值得购买的。

2. 零增长股票

如果公司未来各期发放的股利都相等，即当固定增长模式中的股利增长率$g = 0$时，投资者若永久持有，那么这种股票与优先股类似，其价值的计算模型为

$$V_0 = \frac{D}{R_S} \tag{3-10}$$

【例3-9】在【例3-8】中，在其他条件不变的情况下如果$g = 0$，则A股票的价值计算如下：

$$V_0 = 0.8/12\% = 6.67 \text{（元）}$$

3. 非固定增长股票（多阶段增长）

现实生活中大部分公司的股利并非呈固定增长，例如，许多公司的股利在某一阶段可能会有一个超高的增长率，这一增长率g甚至可能大于R_S，而在之后阶段中公司的股利又保持正常增长或固定不变。对于这种阶段性增长的股票，我们需要分段计算才能确定股票的价值。

【例3-10】假定某投资者准备购买B公司的股票长期持有并要求达到12%的收益率，该公司今年每股股利0.6元，预计未来3年股利将以15%的速度高速成长，而后以9%的速度转入正常的增长。要求：计算B股票的价值。

将B股票的价值计算分为两个阶段：

首先，计算非正常增长阶段的股利现值，见表3-2。

表3-2 非正常增长阶段的股利现值

期数 t（年）	股利 D_t（元）	现值系数（P/F, 12%, t）	现值 V_S（元）
1	0.69	0.892 9	0.616 1
2	0.793 5	0.797 2	0.632 6
3	0.912 5	0.711 8	0.649 5
合计			1.898 2

其次，计算正常增长阶段的股利在第3年年末，即正常增长阶段之初的现值：

$$V_3 = \frac{D_4}{(R_S - g)}$$

$$= 0.912\ 5 \times (1 + 9\%)/(12\% - 9\%)$$

$$= 33.154\ 2 \text{（元）}$$

最后，计算B股票的价值：

$$V_0 = 1.898\ 2 + 33.154\ 2 \times (P/F, 12\%, 3) = 25.50 \text{（元）}$$

二、股票投资报酬率

（一）股票收益的来源

股票的投资收益由股利收益、股利再投资收益和转让价差收益三部分构成。只要按货币时间价值的原理计算股票投资收益，就无须单独考虑股利再投资收益的因素。

（二）股票的内含报酬率

股票的内含报酬率，是使股票未来现金流量的现值等于目前购买价格的贴现率，也就是股票投资项目的投资收益率。当股票的内含报酬率高于投资者所要求的最低报酬率时，投资者才愿意购买该股票。在固定增长股票估值模型中，用股票的购买价格 P_0 代替内在价值 V_S，可以得到内含报酬率的计算公式为

$$R = \frac{D_1}{P_0} + g \tag{3-11}$$

从式（3-11）可以看出，股票投资内含报酬率由两部分组成：一部分是预期股利收益率 D_1/P_0；另一部分是股利增长率 g，也代表公司的可持续增长率或股价增长率、资本利得收益率。

如果投资者不打算长期持有股票，而将股票转让出去，则股票投资的收益由股利收益和资本利得（转让价差收益）构成。假设 P_t 为股票售价，这时，股票内部收益率 R 是使股票投资净现值为 0 时的贴现率，计算公式为

$$NPV = \sum_{t=1}^{n} \frac{D_t}{(1+R)^t} + \frac{P_t}{(1+R)^n} - P_0 = 0 \tag{3-12}$$

【例 3-11】某投资者 2016 年 5 月购入 A 公司股票 1 000 股，每股购价 3.2 元；A 公司 2017 年、2018 年、2019 年分别派发现金股利每股 0.25 元、0.32 元、0.45 元；该投资者 2019 年 5 月以每股 3.5 元的价格售出该股票，则 A 股票的投资收益率计算如下：

$NPV = 0.25/(1+R) + 0.32/(1+R)^2 + 0.45/(1+R)^3 + 3.5/(1+R)^3 - 3.2 = 0$

当 $R = 12\%$ 时，$NPV = 0.089\ 8$；当 $R = 14\%$ 时，$NPV = -0.068\ 2$。

由此可知，A 股票的投资收益率 R 在 12% 和 14% 之间，用插值法计算可得：

$R = 12\% + 2\% \times 0.089\ 8/(0.089\ 8 + 0.068\ 2) = 13.14\%$

第三节　期权估值

17 世纪 30 年代，荷兰出现了"郁金香热"，在投机炒作的作用下，一些稀世品种的球茎供不应求、价格飞涨。由此，郁金香的种植者开始担心：郁金香即使再名贵，当前的价格也已经很高了，而且随着利润的上涨、供给的增加，价格会随之下跌，但也说不定这些品种的郁金香球茎的价格还会大幅上涨呢。而交易商则盘算着：在短时间内，郁金香的价格已经上涨了 20 倍，并且还没有回落的迹象，如果现在能够和种植者谈好未来的买价，当将来市场价格上涨时，则可以赚取更大的利润；但是如果现在把交易价格确定，将来市场价格不涨反跌，则需承担赔本的损失。

不管是种植者还是交易商，如果通过远期合约确定了将来的交易价格，那么当未来市

场价格上涨时，种植者会少赚，当市场价格下跌时，交易商会亏损；而如果不通过远期合约来确定将来的交易价格，又可能失去赚更多钱的机会。

因此，一种特殊的交易在种植者和交易商之间形成。一部分种植者支付给交易商一定的金额，以约定未来有权按一定的价格将郁金香球茎卖给交易商，即如果未来市场价格低于约定的价格，则按约定价格将郁金香球茎卖给交易商；而如果未来市场价格高于约定的价格，则可以不按约定价格卖给交易商，而是按市场价格出售。由此，种植者可以自由选择卖还是不卖，交易商不能干涉。而一部分交易商同样也支付给种植者一定的金额，约定将来有权按一定的价格从种植者处买进郁金香球茎，根据市场价格的变动情况同样也可以自由选择买还是不买，种植者不能干涉。

▶▶ 一、期权的相关概念

期权是一种合约，赋予持有人在某个给定日期或该日期之前的任何时间，以固定价格购进或售出一种资产的权利。即合约规定期权的出售者同意期权的购买者有权在一定时期内以特定的价格向期权的出售者购买或者销售某种资产。

期权合约的买卖双方买卖的是一种权利，这种权利可能行使也可能不行使，即期权的购买者有做某事的权利，但并不需要承担相关的义务。这种基于未来交易主动选择权的期权交易，由获得主动选择权的一方向让渡主动选择权的一方支付一定的费用，我们称这笔费用为权利金或期权费，也可以称其为期权价格。它是期权的购买者应该向出售者支付的费用，即为获得权利而必须支付的费用。

期权合约的买卖双方通过期权合约购进或售出标的资产的行为被称为执行期权或简称行权；而持有人据以购进或售出标的资产的固定价格则被称为执行价格，或者敲定价格、履约价格。例如，某人买进一份股票期权，合约赋予他有权利在三个月内以 10 元/股的价格买进某种股票，这里的 10 元/股就是执行价格。期权合约的标的资产可以是股票、债券、货币、股票指数以及商品期货等，由于期权合约的出售者在执行期权时不一定实际持有标的资产，因此，买卖双方并不一定能够进行标的资产的实物交割，也可以通过按价差补足价款的方式完成交易。

▶▶ 二、期权的特征

期权是不附带义务的选择权，这种单向合约造成其自身具有非对称性的特征，主要表现在以下几个方面。

（一）权利与义务的不对称

期权的出售者只有义务没有权利，期权的购买者只有权利没有义务。在支付了一定的期权费后，期权的购买者有权履行合约，也有权放弃合约；而期权的出售者则没有选择权，只要买方提出履行合约，卖方就必须履行，无权拒绝。

（二）风险与收益的不对称

期权购买者的风险是可预知的，仅为所支付的有限的权利金，而其潜在的收益却是不可预知的，或是无限，或是有限。期权出售者则刚好相反，其可预见的收益是有限的，仅为期权买方所支付的期权费，但是其承担的风险却是无限的。

（三）获利概率的不对称

由于期权卖方承受的风险很大，为了取得平衡，设计期权时通常会使期权卖方获利的可能性远远大于期权买方。即不论期权买方是否履约，期权卖方都能获得权利金利益。

三、期权的分类

（一）按照交易方式不同，期权分为看涨期权和看跌期权

期权合约赋予期权购买者的可以是购买权利，也可以是出售权利。因此，看涨期权是指赋予持有人在某个特定日期或该到期日之前，以某个固定价格购进标的资产的权利，由于该种权利的特征是购买，因此也被称为买入期权或买权。如果未来标的资产的市场价格上升，并超过了执行价格，期权购买者会行使期权，以低于市场价格的执行价格买进标的资产以获利；如果未来标的资产的市场价格不变或下降，期权购买者则会放弃期权，以低于执行价格的市场价格买进该种标的资产，而所支付的期权费为其最大的损失额。

看跌期权是看涨期权的对立面，看跌期权是指赋予持有人在到期日或到期日之前，以某个固定价格售出标的资产的权利，其权利的特征是出售，因此，又被称为卖出期权或卖权。如果未来标的资产的市场价格下跌，并低于执行价格，期权购买者会行使期权，以高于市场价格的执行价格卖出标的资产以获利；而如果标的资产的市场价格不变或上升，期权购买者则会放弃期权，而以高于执行价格的市场价格卖出该种标的资产，期权购买者由此会损失期权费。

（二）按照期权的执行期限不同，期权分为美式期权和欧式期权

美式期权可以在到期日或到期日之前的任何时间执行，而欧式期权只能在到期日执行。不论哪种期权在到期日之后均自动失效。

例如，某投资者于 2010 年 9 月 19 日买进了某美式股票看涨期权，其到期日是 2010 年 10 月 20 日，那么在 10 月 20 日和之前的任何一天，只要标的股票的市场价格高于执行价格，该投资者就可以行使权利按执行价格买进股票。

如果将上面的例子换成欧式期权的话，那么该投资者在 10 月 20 日以前不能行使权利，即便在该日之前股票价格高于执行价格，他也只能在 10 月 20 日当天按照当天的市场行情决定是否行权。

交易所中交易的大多数是美式期权，但是欧式期权通常比美式期权简单，并且美式期权的一些性质可由欧式期权的性质推导出来。

还有一种比较特殊的期权，介于美式期权与欧式期权之间，被称为百慕大期权。该期权允许期权的购买者在到期日之前的一个或多个特定的日期行权，既不像美式期权那样在到期日前的每天都可以行权，也不像欧式期权，只有到期日当天才能行权。

（三）按照标的资产种类的不同，期权分为商品期权和金融期权

商品期权是以某些贵重金属等实物为主进行交易的期权，如黄金期权等。金融期权是以金融资产为标的物的期权，主要包括外汇期权、利率期权、债券期权、股权期权（如认股权证、股指期权）等。

（四）按期权是否在证券交易所内交易，期权分为场内期权和场外期权

场内期权是指在证券交易所内进行交易的期权合约，一般是标准化的，由清算所作为

买卖双方的交易对手，信用风险较小。而场外期权是指由交易者私下订立的期权合约，合约条款由买卖双方自由商议确定，存在较大的信用风险。

▶▶ 四、期权的到期日价值

由于期权合约的单向性造成买卖双方风险与收益的不对等，相对于期权的出售者，期权购买者在行权时所获得的潜在收益甚至是无限的。为了获得这种潜在的收益，期权购买者是否行权取决于期权是实值还是虚值。

实值的期权是指当执行一份期权要比在公开市场上买进或卖出该标的资产更有利时，则称这份期权是实值的。例如，一份可按 100 元卖出某项资产的看跌期权，如果在现货市场上该项资产只能卖 80 元，那么这份期权就是实值的。因为，期权购买者能够按 100 元的执行价格执行这份期权，即按照高于当前市场价格 20 元的价格卖出该项资产并由此获得 20 元的净收入。

与此相反，虚值的期权是指当执行一份期权不比在当前市场上买进或卖出该标的资产更有利时，则称这份期权是虚值的。例如，一份可按 100 元的执行价格买进某项资产的看涨期权，如果在商品市场上该项资产可以以 80 元买进，那么这份期权就是虚值的。因为，如果期权持有人执行这份期权合约，那么他按 100 元购进该项资产将比按市场价格购买多支付 20 元。由此可见，虚值的期权将会给期权购买者带来损失，因此不会被执行。

实值的期权和虚值的期权将分别给期权持有人带来净收入或净损失，因此，期权合约可能被执行，也可能不被执行。期权合约到期时执行期权的净收入被称为期权的到期日价值，这取决于到期日标的资产的市场价格与期权合约的执行价格，具体来说，存在以下的几种情况。

（一）买入看涨期权

买入看涨期权是指当期权合约到期时，看涨期权购买者拥有以执行价格买入标的资产的权利。

假设标的资产在到期日的市场价格为 S_T，期权合约的执行价格为 X。

1. 当 $S_T < X$ 时

若到期日标的资产的市场价格低于期权合约的执行价格，则看涨期权的买方不会执行期权，因为他可以从市场上以低于执行价格的市场价格买进该项资产。此时，该看涨期权是虚值的且到期日价值为 0。

2. 当 $S_T > X$ 时

若到期日标的资产的市场价格高于期权合约的执行价格，则看涨期权的买方会执行期权，因为他可以按较低的执行价格 X 买进标的资产，再以较高的市场价格 S_T 卖出该项标的资产，从而获得收益。此时，该看涨期权是实值的且到期日价值为 $S_T - X$。

3. 当 $S_T = X$ 时

若到期日标的资产的市场价格与期权合约的执行价格相等，则看涨期权的买方在没有特殊情况的条件下，通常也不会执行期权，因为他可以按同样的价格更方便地从市场上买进标的资产。此时，该看涨期权是两平期权且到期日价值仍然为 0。

因此，买入看涨期权的到期日价值记为：买入看涨期权的到期日价值 $= \max(S_T - X, 0)$。

即，看涨期权买方的收入 $= \begin{cases} S_T - X, & \text{若 } S_T > X, \text{执行期权;} \\ 0, & \text{若 } S_T \leqslant X, \text{不执行期权。} \end{cases}$

【例 3-12】假定某投资者买进了一份欧式看涨期权，标的资产是某种股票，执行价格是 40 元/股，期权费是 5 元，则当到期日股票的市场价格不同时，该看涨期权买方的收入和利润见表 3-3。

表 3-3　看涨期权买方的收入和利润

到期日股票的市场价格（元/股）	30	35	40	42	45	50
是否会行权	否	否	否	是	是	是
买方的收入（元）	0	0	0	2	5	10
买方支付的期权费（元）	5	5	5	5	5	5
买方的利润（元）	−5	−5	−5	−3	0	5

从表 3-3 中可以很明显地看出，当到期日股票的市场价格不高于执行价格 40 元/股时，看涨期权的买方不会执行期权，此时，看涨期权带给期权购买者的是净损失 5 元，来自于期权费。而当到期日股票的市场价格超过 40 元/股时，看涨期权的买方就会行权，此时，股票的市场价格越高，期权购买者的利润越大。

另外，当到期日股票的市场价格为 42 元/股时（$S_T>X$），尽管期权购买者的利润是 −3 元，看涨期权的买方依然会选择行权，这是因为行权可以弥补 2 元的期权费成本造成的亏损，不行权的话则会损失得更多。当到期日股票的市场价格不同时，该看涨期权买方的收入和利润也可以绘制如图 3-2 所示。

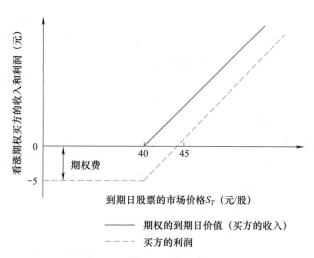

图 3-2　看涨期权买方的收入和利润

图 3-2 中，实线表示看涨期权到期时，期权购买者行权所获得的收入，即看涨期权的到期日价值。当到期日股票市场价格低于 40 元/股时，看涨期权的到期日价值为 0；当到期日股票市场价格高于 40 元/股时，看涨期权的到期日价值逐渐增加，这也表示看涨期权买方的收入随到期日股票市场价格的上涨而逐渐增加。

虚线则表示看涨期权到期时，期权购买者行权时所获得的利润。当到期日股票市场价格低于40元/股时，买方的利润是-5元；当到期日股票市场价格高于40元/股时，买方的亏损会随着股票价格的上升逐渐减少，直到股价为45元/股时，看涨期权买方的利润为0，达到盈亏平衡点；当到期日股票市场价格超过45元/股时，看涨期权买方的利润为正，并随着股价的上涨而逐渐增加。

（二）卖出看涨期权

看涨期权的出售者在卖出期权时收取期权费，作为卖方，他的收入与利润的情况将是如何的呢？通过上面的分析，可以得出以下结论：

1. 当 $S_T \leq X$ 时

即当到期日标的资产的市场价格不高于看涨期权的执行价格时，由于该期权的买方不会执行期权，所以看涨期权的到期日价值为0，即卖方的收入为0，而卖方所获得的利润仅来自于期权费。

2. 当 $S_T > X$ 时

即当到期日标的资产的市场价格高于看涨期权的执行价格时，该期权的买方会执行期权，此时，看涨期权的到期日价值为 $X - S_T$。因为，看涨期权卖方不得不以低于市场价格 S_T 的期权执行价格 X 把标的资产卖给看涨期权的买方，因而该期权的卖方因买方行权而带来的收入仅是 $X - S_T$。

因此，卖出看涨期权的到期日价值记为：卖出看涨期权的到期日价值 $= -\max(S_T - X, 0)$。

即，看涨期权卖方的收入 $= \begin{cases} X - S_T, & \text{若 } S_T > X, \text{执行期权；} \\ 0, & \text{若 } S_T \leq X, \text{不执行期权。} \end{cases}$

【例3-13】 仍以【例3-12】股票期权为例，对看涨期权卖方的收入和利润分析见表3-4。

表3-4　看涨期权卖方的收入和利润

到期日股票市场价格（元/股）	30	35	40	42	45	50
是否会行权	否	否	否	是	是	是
卖方的收入（元）	0	0	0	-2	-5	-10
卖方收到的期权费（元）	5	5	5	5	5	5
卖方的利润（元）	5	5	5	3	0	-5

从表3-4中可以看出，当到期日股票的市场价格不高于执行价格时，看涨期权的买方不会执行期权，此时看涨期权的出售者净赚期权费，由于买方自动放弃，卖方不用承担任何义务。而当到期日股票的市场价格超过执行价格时，看涨期权的买方会执行期权，此时卖方的利润会随着到期日股票市场价格的逐渐上升而减少，卖方所得到的期权费甚至不够弥补买方行权所导致的损失，此时看涨期权的卖方处于净亏损状态。看涨期权卖方的收入和利润也可以绘制如图3-3所示。

比较图3-2和图3-3可以看出，从理论上讲，看涨期权的购买者在期权交易中的亏损是有限的，最多是期权费，而净收益却是无限的，到期日标的资产的市场价格越高，利润越大；而对于看涨期权的出售者，在期权交易中的净收益是有限的，最多是期权费，而亏损却是无限的，到期日标的资产的市场价格越高，亏损越多。

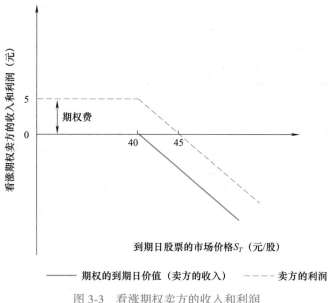

图 3-3　看涨期权卖方的收入和利润

（三）买入看跌期权

买入看跌期权是指当期权合约到期时，看跌期权购买者拥有以执行价格出售标的资产的权利。

我们用同样的方法分析看跌期权的买方在行权时的收入与利润情况。

1. 当 $S_T < X$ 时

若到期日标的资产的市场价格低于期权合约的执行价格，则看跌期权的买方将执行期权，因为他可以从市场上以较低的市场价格 S_T 买进该项资产，然后再按高于市场价格的执行价格 X，将标的资产出售给看跌期权卖方。此时，该看跌期权是实值的且到期日价值为 $X - S_T$。

2. 当 $S_T \geq X$ 时

若到期日标的资产的市场价格高于或等于期权合约的执行价格，则看跌期权的买方不会执行期权，因为他可以按较高的市场价格出售标的资产。此时，该看跌期权是虚值的或为两平期权且到期日价值为 0。

因此，买入看跌期权的到期日价值记为：买入看跌期权的到期日价值 = $\max(X - S_T, 0)$。

即，看跌期权买方的收入 $=\begin{cases} X - S_T, & \text{若 } S_T < X, \text{执行期权;} \\ 0, & \text{若 } S_T \geq X, \text{不执行期权。} \end{cases}$

【例 3-14】假定某投资者买进了一份欧式看跌期权，标的资产是某种股票，执行价格是 40 元/股，期权费是 5 元，则当到期日的股票市场价格不同时，该看跌期权买方的收入和利润见表 3-5。

表 3-5　看跌期权买方的收入和利润

到期日股票市场价格（元/股）	50	45	40	38	35	30
是否会行权	否	否	否	是	是	是
买方的收入（元）	0	0	0	2	5	10
买方支付的期权费（元）	5	5	5	5	5	5
买方的利润（元）	−5	−5	−5	−3	0	5

从表 3-5 中可以看出，当到期日股票的市场价格高于或等于执行价格 40 元/股时，看跌期权的买方不会执行期权，此时，看跌期权带给期权购买者的是期权费的净损失 5 元。而当到期日股票的市场价格低于执行价格时，看跌期权的买方就会行权，股票的市场价格越低，期权购买者获得的利润越大。甚至，当到期日股票的市场价格跌到 0 时，由看跌期权的买方行权所带来的买方收入是 40 元，买方利润是 35 元。由此可以看出，看跌期权的收入上限是期权的执行价格，达到上限时标的资产的市场价格为 0，如图 3-4 所示。

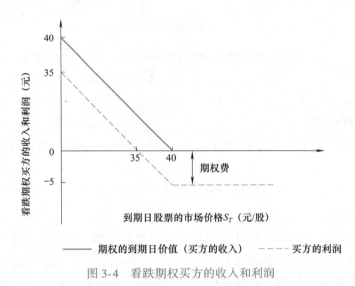

图 3-4　看跌期权买方的收入和利润

图 3-4 中，实线表示看跌期权到期时，期权购买者行权所获得的收入，即看跌期权的到期日价值。若到期日股票市场价格高于 40 元/股，则期权购买者行权所获得的收入为 0；而若到期日股票市场价格低于 40 元/股，则期权购买者行权所获得的收入将随股票市场价格的下降而逐渐增加，直到股价为 0 时，买方的收入将达到最大即 40 元。

虚线表示看跌期权到期时买方行权所获得的利润。当到期日股票市场价格高于 40 元/股时，买方的利润是−5 元；当到期日股票市场价格下降到 35 元/股时，看跌期权买方的利润为 0，达到盈亏平衡点；当到期日股票市场价格进一步下跌并跌破 35 元/股后，看跌期权买方的利润为正，且利润随着股价的下跌而逐渐增加，直到股价为 0 时，利润为 35 元。

（四）卖出看跌期权

看跌期权的出售者在卖出期权时收取期权费，通过上面的分析，针对看跌期权卖方的收入和利润可以得出以下结论：

1. 当 $S_T \geq X$ 时

即当到期日标的资产的市场价格不低于看跌期权的执行价格时，由于该期权的买方不会执行期权，所以看跌期权的到期日价值为 0，即卖方的收入为 0，而卖方所获得的利润仅来自于期权费。

2. 当 $S_T < X$ 时

即当到期日标的资产的市场价格低于看跌期权的执行价格时，该期权的买方将执行期权，此时，看跌期权的到期日价值为 $S_T - X$。因为，看跌期权的卖方不得不以高于市场价格 S_T 的期权执行价格 X 把标的资产从看跌期权的买方手中买进，因而该期权的卖方因买方行权而带来的收入仅是 $S_T - X$。

因此，卖出看跌期权的到期日价值记为：卖出看跌期权的到期日价值 = $-\max(X - S_T, 0)$。

即，看跌期权卖方的收入 = $\begin{cases} S_T - X, & \text{若 } S_T < X，\text{执行期权}; \\ 0, & \text{若 } S_T \geq X，\text{不执行期权}。 \end{cases}$

【例 3-15】 仍以【例 3-14】股票期权为例，对看跌期权卖方的收入和利润分析见表 3-6。

表 3-6　看跌期权卖方的收入和利润

到期日股票市场价格（元/股）	50	45	40	38	35	30
是否会行权	否	否	否	是	是	是
卖方的收入（元）	0	0	0	-2	-5	-1
卖方收到的期权费（元）	5	5	5	5	5	5
卖方的利润（元）	5	5	5	3	0	-5

从表 3-6 中可以看出，当到期日股票的市场价格不低于执行价格时，看跌期权的买方不会行权，此时看跌期权的出售者净赚期权费。而当到期日股票的市场价格低于执行价格时，看跌期权的买方将会要求执行期权，此时卖方的利润会随着到期日股票市场价格的下降而逐渐减少，当股价低到一定程度时，卖方所得到的期权费甚至不够弥补买方行权所导致的损失，此时看跌期权的卖方处于净亏损状态。看跌期权卖方的收入和利润如图 3-5 所示。

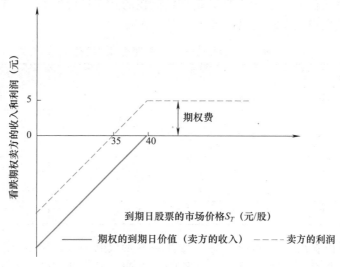

图 3-5　看跌期权卖方的收入和利润

比较图 3-4 和图 3-5 可以看出，从理论上讲，看跌期权的购买者在期权交易中的亏损是有限的，最多是期权费，同时净收益也是有限的，最多为执行价格 X 减去期权费之差；而对于看跌期权的出售者，在期权交易中的净收益是有限的，最多是期权费，而亏损同样也是有限的，最多为期权费减去执行价格 X 之差。

五、期权的投资策略

由于看涨期权与看跌期权到期日价值的特殊性，投资者可以按照自己的目标及风险偏好，将标的资产、看涨期权与看跌期权作为更为复杂期权合约的构成元素，以组合构造出具有不同损益功能的投资策略类型。

期权的投资策略主要包括两大类：一类是期权与标的资产的组合投资策略，即投资者在买卖标的资产的同时买卖以该项资产为标的的各种期权；另一类是不同期权组合的投资策略，即通过买卖不同价格、不同期限或价格与期限均不相同的期权组成的期权组合，以实现所要求的收益目标，这种投资策略并不涉及标的资产的买卖。

(一) 保护性看跌期权

股票加看跌期权的投资组合，称为保护性看跌期权。这种投资组合相当于是买进一份看跌期权，来保护买进的标的资产，以规避标的资产所面临的价格风险。

从理论上说，单独投资于某种标的资产的风险较大，如单独投资于股票，投资者将面临当股票价格下跌到 0 时完全亏损的风险。因此，为了降低这种单独购买标的资产所带来的风险，投资者可以在买进标的资产的同时，增加买进以该项资产为标的的看跌期权，以降低投资风险。

关于买入看跌期权，当到期日标的资产的市场价格 S_T 不低于期权合约的执行价格 X 时，由于看跌期权的买方可以按较高的市场价格出售标的资产，因此不会选择执行期权。而如果到期日标的资产的市场价格 S_T 低于期权合约的执行价格 X，则看跌期权的买方将执行期权，即按高于市场价格 S_T 的执行价格 X，将标的资产出售给看跌期权卖方。

对于投资者而言，保护性看跌期权在到期时的组合价值主要包括两部分，一部分是到期时标的资产的市场价值 S_T，另一部分是看跌期权的到期日价值 $\max (X-S_T, 0)$。由此，可以对保护性看跌期权到期时的损益进行分析，见表 3-7。

表 3-7 保护性看跌期权到期时的损益

项 目	$S_T < X$	$S_T \geq X$
到期时标的资产的市场价值（市场价格）	S_T	S_T
看跌期权的到期日价值	$X-S_T$	0
到期时投资组合的总价值	X	S_T
买进标的资产的价格 S_0	S_0	S_0
支付的期权费 P	P	P
到期时投资组合的净损益	$X-S_0-P$	S_T-S_0-P

从表 3-7 中可以看出，当 $S_T < X$ 时，由于看跌期权的买方选择执行期权，到期时该投资组合的总价值正好等于执行价格 X；而当 $S_T \geq X$ 时，看跌期权的买方不会行权，到期时

投资组合的总价值为标的资产的市场价格 S_T。因此，到期时无论标的资产的市场价格如何变化，保护性看跌期权的投资组合都能保证投资者获得最低执行价格 X 的净收入，如图 3-6 所示。相对于单独购买标的资产，该投资组合保证了投资价值的下限，起到了规避风险的作用。

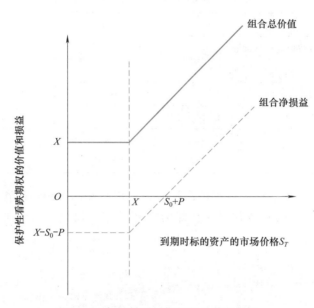

图 3-6　保护性看跌期权的价值与损益

X—期权的执行价格　S_0—买进标的资产的价格　P—支付的期权费

图 3-6 中，当保护性看跌期权到期时，若 $S_T < X$，投资组合的总价值锁定在期权的执行价格 X，投资组合的净损益则锁定在 $X - S_0 - P$；若 $S_T \geqslant X$，随着标的资产市场价格 S_T 的上涨，投资组合的总价值和投资组合的净损益都在增长，当 S_T 上涨到 $S_0 + P$ 时，投资组合的净损益为 0，当标的资产市场价格进一步上涨，保护性看跌期权的投资组合将带来正的利润。

尽管保护性看跌期权起到了保护的作用，使单独投资标的资产的亏损有限，但该投资组合是有成本的，如果标的资产的价格不降反升，期权费的支出将减少标的资产价格上涨所带来的收益。

（二）抛补看涨期权

在买进股票的同时卖出以该股票为标的资产的看涨期权，这种投资组合被称为抛补看涨期权。在这种投资组合中，看涨期权的出售者既是股票的投资者又是看涨期权的卖方，组合之所以被称为"抛补"是因为投资者作为看涨期权的卖方，承担着到期出售股票的潜在义务，即当期权到期时，若看涨期权买方要求执行期权，投资者正好可以用组合中所持有的股票抵补，作为履行义务的担保。

抛补看涨期权在到期时的组合价值也由两部分构成，一部分是到期时标的资产的市场价值 S_T，另一部分是看涨期权的到期日价值 $- \max(S_T - X, 0)$，见表 3-8。

从表 3-8 中可以看出，当 $S_T \leqslant X$ 时，看涨期权的买方不会行权，到期时投资组合的总价值等于标的资产的市场价格 S_T；当 $S_T > X$ 时，由于看涨期权的买方会执行期权，对于卖方来说，看涨期权卖方的到期日价值是 $X - S_T$，投资组合的总价值为 X。因此，不论到期时标的资产的市场价格如何变化，抛补看涨期权这一组合能为投资者带来的总价值最多只等于期权执行价格 X。

表 3-8　抛补看涨期权到期时的损益

项　　目	$S_T \leqslant X$	$S_T > X$
到期时标的资产的市场价值（市场价格）	S_T	S_T
看涨期权的到期日价值	0	$X - S_T$
到期时投资组合的总价值	S_T	X
买进标的资产的价格 S_0	S_0	S_0
期权费收入 P	P	P
到期时投资组合的净损益	$S_T - S_0 + P$	$X - S_0 + P$

假设投资者买进标的资产的投资价格是 S_0，卖出看涨期权的期权费收入为 P，则到期时投资组合的总价值减去总支出 $S_0 - P$ 即为抛补看涨期权投资组合的净损益，如图 3-7 所示。

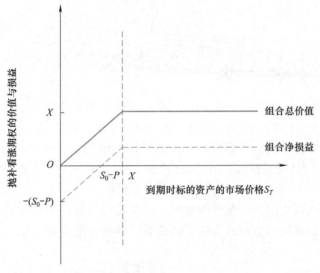

图 3-7　抛补看涨期权的价值与损益

X—期权的执行价格　S_0—买进标的资产的价格　P—期权费收入

图 3-7 中，当抛补看涨期权到期时，若标的资产的市场价格 S_T 下降到 0，即在投资的标的资产全部亏损的情况下，看涨期权的买方将放弃执行期权，此时抛补看涨期权投资组合的总价值为 0；若到期时 $S_T \leqslant X$，投资组合的总价值为标的资产的市场价格 S_T，投资组合的净损益为 $S_T - S_0 + P$，在这种情况下，当 S_T 等于 $S_0 - P$ 时，期权费收入正好弥补标的资产价格下降带来的亏损，投资组合的净损益为 0；若到期时 $S_T > X$，无论标的资产的市场价格如何上涨，投资组合的总价值总保持在 X，且投资组合净损益也锁定在 $X - S_0 + P$。

抛补看涨期权是机构投资者常用的投资策略。投资者因看好后期市场而买进标的股票，准备持有一段时间待价格上涨后出售以获利，但同时投资者认为标的股票的上涨幅度是有限的，因此，投资者会在买进一份标的股票的同时卖出一份以其预计标的股票的上涨上限为执行价格的看涨期权。如果到期时标的股票的市场价格上涨未超过期权的执行价格，看涨期权的买方就不会行权，此时投资者在投资标的股票上获利的同时，还赚取了买方所支付的期权费；如果到期时标的股票的市场价格上涨达到了期权的执行价格，看涨期权的买方将执行期权，此时投资者将获得其预期的最大收益；如果标的股票的市场价格进一步上涨并超过执行价格，尽管投资者将失去获得执行价格以上部分额外收入的机会，但仍然可以按计划获得其预期的最大收益。当然，如果标的股票的价格不涨反跌，即使投资者在标的股票的投资上会遭遇损失（损失的上限是标的资产的购买价格），但由于看涨期权的买方不会行权，投资者所获得的期权费收入将弥补部分损失。

（三）不同期权组合

与同时买卖标的资产和期权的投资组合不一样，不同期权组合是指投资者将标的资产相同但价格不同、期限不同或价格与期限均不相同的期权组合在一起所形成的投资组合，这种投资组合中只有期权，没有标的资产。采用这种投资组合时，如果标的资产的价格正好落在预期范围之内，则投资者可以获得较大的利润，如果标的资产的价格没有落在预期范围之内，投资者的损失也是有限的。

不同期权组合的投资策略主要包括三大类：第一类是将期限相同、执行价格不同的期权组合在一起，称为差价组合；第二类是把执行价格相同、到期日不同的期权组合在一起，称为差期组合；第三类是把执行价格和到期日都不相同的期权组合在一起，这种情形最复杂。

六、期权价值的影响因素

期权价格是指在期权交易中期权的购买者为获得权利而向出售者支付的费用，又被称为权利金或期权费。期权价值主要由两部分构成，包括时间价值和内在价值。

（一）期权价值的构成

1. 期权的内在价值

期权的内在价值是指期权立即执行时所获得的收益的现值，其大小取决于标的资产的现行市场价格与期权执行价格的高低，通常被定义为 0 和期权立即执行时所具有的价值这两者之中的最大值，即，若以 S_0 表示标的资产的现行市场价格，则看涨期权的内在价值为 $\max(S_0 - X, 0)$，看跌期权的内在价值为 $\max(X - S_0, 0)$。期权的内在价值不同于期权的到期日价值，期权的到期日价值取决于期权合约到期时标的资产的到期日市场价格与期权合约的执行价格的高低。当然，如果立即执行时正好为期权的到期日，则期权的内在价值等于到期日价值。

例如，20×9 年 4 月 3 日一份执行价格是 95 元的美式看涨期权，其标的资产是 ACE 公司的股票，当前该股票的市场价格是 97.5 元，该期权将于 20×9 年 6 月到期，期权价格是 3.75 元。如果某投资者此时买进该股票期权并立即行权，则该看涨期权的内在价值（执行收入）为 2.5 元，投资者选择立即行权是因为该看涨期权在发行时即处于实值状态，或者说在发行日即是实值期权。若当前该股票的市场价格是 90 元，即看涨期权在发行日为虚值期权，投资者将不会行权，此时期权的内在价值为 0。

实际上，即使该看涨期权在发行日是实值期权，投资者通常也不会立即执行期权以获得 2.5 元的收益，这是因为投资者为获得该看涨期权还支付了 3.75 元的期权费，立即执行将使他总体上亏损 1.25 元。投资者之所以购买看涨期权，是预计未来股票的市场价格将上涨，因此，投资者通常会选择持有期权，最多至到期日时，若期权仍为实值期权，才会执行期权以获得看涨期权的到期日价值 $S_T - X$。

2. 期权的时间价值

期权的时间价值是指期权价格超过内在价值的部分，又称期权的时间溢价。当期权即将到期时，其价格主要反映内在价值，但是当距离到期日还有一段时间时，市场的变动很可能使期权的执行变得更有价值，因此，时间价值便是反映由于市场变动引起期权执行获利的可能性。如上例中，投资者若立即行权，当前只能获得 2.5 元的收益（内在价值），却需要支付 3.75 元的期权费。投资者愿意多付出的 1.25 元所隐含的就是期权的时间价值，多付出的 1.25 元购买的是看涨期权到期前因股票价格上涨带来盈利的可能性。随着时间的推移，只要 ACE 公司的股票价格上涨并超过 98.75 元，这笔期权交易就是有利可图的。当然，若看涨期权在发行日为虚值期权，投资者将不会行权，此时期权的内在价值为 0，则投资者支付的 3.75 元的期权费全部是时间溢价。

期权有效期内标的资产价格波动为期权持有者带来收益的可能性所隐含的价值就是期权的时间价值，它与货币的时间价值不同，这是一种等待的价值，是一种波动的价值。离到期时间越远，等待的期限越长，标的资产价格波动的可能性就越大，进而期权的时间价值越大。因此，期限越长的期权价格越高。

同时期权的内在价值也会影响波动性，例如，当股票价格远低于执行价格时，看涨期权几乎没有行权的可能，此时期权的内在价值是 0，时间价值也非常小；但是随着时间的推移，当股价逐渐上涨并接近执行价格 X 时，尽管看涨期权的内在价值仍然是 0，但是显然人们对股价上涨的预期非常高，此时的波动性价值很高，因此时间价值也随之增长；当股价进一步上涨且远高于执行价格时，期权的内在价值逐渐增加，直至到时间 T 行权，投资者对股价的波动性反而不敏感，即时间价值趋近于 0，此时期权的价格只剩下内在价值。

因此，尽管一些看涨期权在发行时处于虚值状态，但是它仍然可以按一定的价格出售。由于时间溢价的存在，尽管期权的内在价值为 0，但只要时间足够，当标的资产价格上涨使期权进入实值状态后，投资者就可以获得净收入，且标的资产价格涨得越多，看涨期权的价值就越高，理论上甚至是无限高的。

（二）期权价值的影响因素

期权价值受多种因素影响，以股票为标的资产的期权为例，主要包括以下几个方面。

1. 标的资产的市场价格

当标的资产的市场价格发生变化时，期权的价值也将随之变化。其他因素不变的条件下，随着标的资产市场价格的上升，行权获利的可能性越大，因此看涨期权的价值也将上升；而对于看跌期权则相反，如果其他因素不变，当标的资产市价上升，看跌期权的价值则将下降。

2. 执行价格

执行价格是期权合约事先敲定的价格，期权持有人据此固定价格在执行期权合约时购进或售出标的资产。在其他条件不变的情况下，对于看涨期权而言，期权的执行价格越高，期权持有者行权就需要标的资产的价格以更大的幅度上涨，这意味着行权的可能性变小，因此看涨期权的价值越低；看跌期权则与此相反，执行价格越高，期权持有者行权只需要标的资产的价格以较小的幅度下跌即可，行权的可能性更大，所以看跌期权的价值越高。

3. 到期期限

对于欧式期权而言，较长的到期时间并不一定能使期权的价值上升。因为期限越长，并不代表至到期日那一天，标的资产的市场价格一定对于期权持有者更有利，较长的到期时间并不能增加期权执行的机会，因此到期期限对欧式期权价值的影响不确定。

相对于欧式期权，由于美式期权可以随时行权，因此，较长的到期时间会使美式看涨期权和看跌期权的价值都增加。离到期时间越远，发生不可预知事件的可能性越大，标的资产价格波动的范围也越大，进而期权持有者抓住标的资产市场价格高点或低点时机而行权的可能性更大。因此，期限越长的美式期权价值越高。

4. 股票价格波动率

股票价格波动率是用来衡量未来标的资产市场价格变动不确定性的指标，通常以标准差来表示。股票价格的波动率越大，标的资产市场价格上升或下降的幅度越大。当标的资产的市场价格大幅上升，看涨期权持有者获利的可能性将增加，而无论标的资产的市场价格下降多少，看涨期权持有者的最大损失都只是期权费。同理，看跌期权持有者可从标的资产的市场价格下跌中获利，而若标的资产的市场价格上升，看跌期权持有者的损失也仅限于期权费。由此可以看出，股票价格波动率的增加会使期权的价值增加。

5. 无风险利率

无风险利率对期权价值的影响比较复杂。假设标的资产的市场价格不变，当无风险利率上升时，高利率将导致期权执行价格的现值减少，从而增加看涨期权的价值；而对于看跌期权，情况则相反。但是，如果随着利率的上升，标的资产的市场价格下跌，则期权价值可能上升也可能下降下跌。因此，无风险利率对期权价值的影响状况较为复杂。

6. 红利

对于股票期权，红利也是影响期权价值的一个重要因素。高红利的分配政策将会降低投资者对股票增值速度的预期，因此在除息日后，现金红利的发放通常引起股票价格的下降，而股票价格的下降将导致看跌期权价值的上升和看涨期权价值的下降。因此，看涨期权的价值与预期红利的大小呈反向变动，而看跌期权的价值与预期红利的大小呈正向变动。

综上，至少有六方面的因素会影响期权的价值，汇总见表 3-9，表中"+"表示影响因素与期权价值同向变化，"−"表示反向变化。

表 3-9 期权价值的影响因素

因　　　素	欧式看涨期权	欧式看跌期权	美式看涨期权	美式看跌期权
标的资产的市场价格	+	−	+	−
执行价格	−	+	−	+
到期期限	不一定	不一定	+	+
股票价格波动率	+	+	+	+
无风险利率	+	−	+	−
红利	−	+	−	+

七、期权的估值

如同股票和债券，任何资产的价值都可以用其预期未来现金流量的现值来估计，因而现金流量折现法成为资产估值的主流方法。期权的风险主要来源于标的资产的市场价格，而市场价格的随机变动导致期权的必要报酬率非常不稳定。因此当缺失适当的折现率时，现金流量折现法也就无法使用。

1973 年，布莱克–斯科尔斯期权定价模型被提出，这种实用的期权定价方法迅速推动期权市场和金融衍生工具交易的飞速发展。由于对期权定价方法的研究做出了杰出贡献，迈伦·斯科尔斯和罗伯特·默顿于 1997 年获得了诺贝尔经济学奖。

全面了解期权定价模型需要有足够的数学背景知识，因此本教材仅对期权估值的基本原理和主要模型的使用方法进行简单的介绍。

（一）期权估值原理

1. 复制原理

复制原理是指通过构建一个股票和借款的适当组合，使得投资组合的损益无论股价如何变动都与期权的损益相同，那么，创建该投资组合的成本就是期权的价值。

我们可以通过下列过程来确定该投资组合的成本，即确定期权的价值。

（1）确定未来可能的股票价格。假设股票当前的价格为 S_0，其未来变化有两种可能：上升后的股价 $S_u = uS_0$ 和下降后的股价 $S_d = dS_0$，u 表示股价上行乘数，d 表示股价下行乘数。用二叉树图形表示的股价分布如图 3-8a 所示。

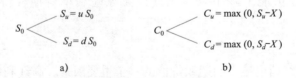

图 3-8 股价分布和看涨期权到期日价值分布
a）股价分布　b）看涨期权到期日价值分布

（2）确定看涨期权的到期日价值。看涨期权的到期日价值有两种可能：股价上行时为 C_u，股价下行时为 C_d，用二叉树图形表示的看涨期权的价值分布如图 3-8b 所示。

（3）建立对冲组合。构建一个股票与借款的投资组合，使之到期日的价值与买入看涨期权的到期日价值相同。

即该投资组合为：购买 H 股的股票，同时，以期间利率 r 借入 B 元。这个投资组合的到期日价值依赖于到期时股票价格的分布。当股价上行时，$C_u = H \cdot S_u - B(1 + r)$；当股价下行时，$C_d = H \cdot S_d - B(1 + r)$。可以求得所需购买股票数和借入款项分别为

$$H = \frac{C_u - C_d}{S_u - S_d} = \frac{C_u - C_d}{S_0(u - d)} \qquad (3\text{-}13)$$

$$B = \frac{S_d \cdot H - C_d}{1 + r} \qquad (3\text{-}14)$$

（4）计算投资组合的成本（期权价值）。该投资组合的到期日价值与购入看涨期权的到期日价值相同，因此，看涨期权的价值应当与建立投资组合的成本一样。即期权价值＝投资组合成本＝购买股票支出－借入款项。

【例 3-16】 假设 ABC 公司的股票现在的市场价格为 50 元/股。有一份以 1 股 ABC 公司的股票为标的资产的看涨期权，执行价格为 52.08 元，到期期限是 6 个月。6 个月以后该股票的股价有两种可能：上升 33.33%，或者下降 25%，无风险利率为每年 4%。拟建立一个投资组合，包括购进适量 ABC 公司的股票以及借入必要的款项，使得该投资组合 6 个月后的价值与购进该看涨期权的到期日价值相等。

（1）确定 6 个月后 ABC 公司股票可能的价格。

$S_u = uS_0 = 50 \times (1 + 33.33\%) = 66.66$（元/股）

$S_d = dS_0 = 50 \times (1 - 25\%) = 37.50$（元/股）

（2）确定看涨期权的到期日价值。

$C_u = \max(0, S_u - X) = \max(0, 66.66 - 52.08) = 14.58$（元）

$C_d = \max(0, S_d - X) = \max(0, 37.50 - 52.08) = 0$（元）

（3）建立对冲组合。

股票购买数量 $H = \dfrac{C_u - C_d}{S_u - S_d} = \dfrac{C_u - C_d}{S_0(u - d)} = \dfrac{14.58 - 0}{66.66 - 37.50} = 0.5$（股）

借款金额 $B = (S_d \cdot H - C_d)/(1 + r) = (37.5 \times 0.5 - 0)/(1 + 2\%) = 18.38$（元）

即，该投资组合为：购买 0.5 股的股票，同时以 2%（半年）的利率借入 18.38 元。

（4）计算投资组合的成本（期权价值）。

购买股票支出 $= H \cdot S_0 = 0.5 \times 50 = 25$（元）

期权价值＝投资组合成本＝购买股票支出－借入款项 $= 25 - 18.38 = 6.62$（元）

2. 套期保值原理

根据复制原理，复制出的投资组合包括 H 股的股票与 B 金额的借款，该投资组合到期日的价值与期权相同。这里的 H 也被称为套期保值比率（或称套头比率、对冲比率、德尔塔系数）。

按照套期保值比率进行股票和期权的配置，就可以使风险完全对冲，锁定投资组合的净现金流量。如【例 3-16】所述，在购买 0.5 股股票的同时，卖出一份看涨期权，则无论到期日时股票价格是多少，该股票和期权所形成的投资组合都能够实现完全的套期保值，即无论股价如何变动，投资者最终得到的净现金流量都是一样的。

我们可以通过表 3-10 加以验证。

表 3-10　股票与卖出看涨期权

交　易	构建投资组合时	到期日（半年后）	
		股价为 S_u	股价为 S_d
购入 0.5 股股票的现金流量	$-0.5 \times 50 = -25$	$0.5 \times 66.66 = 33.33$	$0.5 \times 37.5 = 18.75$
卖出一份看涨期权的现金流量	$+C_0$	$-C_u = 52.08 - 66.66 = -14.58$	$-C_d = 0$
投资组合的净现金流量	$+C_0 - 25$	18.75	18.75

3. 风险中性原理

如果涉及多个期间或者是复杂期权，运用财务杠杆投资股票来复制期权是很麻烦的，但通过风险中性原理进行估值计算则简单很多。

所谓风险中性原理，是指假设投资者对待风险的态度是中性的，即投资者不需要额外的收益补偿其承担的风险，在这种条件下，所有证券的期望报酬率都应当是无风险利率，将期望价值用无风险利率折现，就可以获得现金流量的现值。

考虑到股票价格存在上行或下行的可能性，期望报酬率应是：

期望报酬率 = 无风险利率 = 上行概率 × 上行时报酬率 + 下行概率 × 下行时报酬率。若股票不派发红利，股票价格的上升(下降)百分比就是股票投资的报酬率，则期望报酬率 = 无风险利率 = 上行概率 × 股价上升百分比 + 下行概率 × 股价下降百分比。

根据这个原理，在期权定价时只要利用股票价格的上行概率和下行概率先求出期权到期日的期望价值，然后用无风险利率折现，就可以求出期权的现值，即期权的价值。

【例 3-17】 继续采用【例 3-16】中的数据，假设 ABC 公司的股票不派发股利，利用风险中性原理计算期权价值。

期望报酬率 = 2% = 上行概率 × 33.33% + 下行概率 × (-25%)
= 上行概率 × 33.33% + (1 - 上行概率) × (-25%)

则，上行概率 = 0.462 9，下行概率 = 0.537 1。

期权 6 个月后的期望价值 = 0.462 9 × 14.58(C_u) + 0.537 1 × 0(C_d) = 6.75（元）

期权的现值 = 6.75/1.02 = 6.62（元）

期权定价以套利理论为基础。如果期权的价格为 7 元（高于期权价值 6.62 元），投资者将在借入 18.38 元的同时，购入 0.5 股股票并卖出一份看涨期权，此时投资者可以套利 0.38 元。反之，如果期权价格为 6 元（低于期权价值 6.62 元），投资者则会卖出 0.5 股股票，同时借出 18.38 元并买入一份看涨期权，此时投资者同样也可以套利 0.62 元。因此，只要期权定价不是 6.62 元，套利活动就会应运而生，使得该期权只能定价为 6.62 元。

（二）二叉树期权定价模型

二叉树期权定价模型建立在以下假设的基础之上：①市场投资没有交易成本；②投资者都是价格的接受者；③允许完全使用卖空所得款项；④允许以无风险利率借入或贷出款项；⑤未来股票的价格将是上升或下降两种可能值中的一个。

1. 单期二叉树定价模型

二叉树模型的推导始于建立一个投资组合，包含：①一定数量的股票多头头寸；②以该股票为标的资产的看涨期权的空头头寸。股票的数量要使头寸足以抵御资产价格在到期日的波动风险，即该组合能实现完全套期保值，产生无风险利率 r。推导过程如下：

初始投资 = 股票投资 − 期权收入 = $H \cdot S_0 - C_0$

初始投资到期日终值 = $(H \cdot S_0 - C_0)(1 + r)$

由于无论股票价格上升还是下降，该投资组合的收入（价值）都一样，此处推导我们采用价格上升后该投资组合的收入，即股票出售收入减去期权买方执行期权的支出。

在股票不派发红利的情况下，投资组合的到期日价值 = $H \cdot S_u - C_u$；令到期日投资终值等于投资组合到期日价值，则有 $(1 + r)(H \cdot S_0 - C_0) = H \cdot S_u - C_u$；化简可得 $C_0 = H \cdot S_0 - \dfrac{H \cdot S_u - C_u}{1 + r}$。

代入套期保值比率 H，则

$$C_0 = \frac{1 + r - d}{u - d} \cdot \frac{C_u}{1 + r} + \frac{u - 1 - r}{u - d} \cdot \frac{C_d}{1 + r} \tag{3-15}$$

根据【例 3-16】的数据计算可以得到

$$C_0 = \frac{1 + 2\% - 75\%}{133.33\% - 75\%} \times \frac{14.58}{1 + 2\%} + \frac{1.3333 - 1 - 2\%}{1.3333 - 75\%} \times \frac{0}{1 + 2\%} = 6.62 \ （元）$$

上述计算结果表明，投资者构建这个投资组合最初是以 25 元购买了 0.5 股股票，并以 6.62 元的价格卖出一份看涨期权，同时借入了 18.38 元借款。半年后如果股价涨到 66.66 元/股，投资者持有的 0.5 股股票收入为 33.33 元；需归还的借款本息为 18.75 元；同时，看涨期权持有人将执行期权，则投资者作为期权出售者需补足价差 14.58 元；最终，投资者的净损益为 0。半年后如果股价跌到 37.50 元/股，投资者持有的 0.5 股股票收入仅为 18.75 元；尚需支付借款本息 18.75 元；而此时看涨期权持有人不会执行期权，投资者作为期权出售者没有损失，最终的净损益也为 0。因此，该看涨期权的公平价值就是 6.62 元。

2. 两期二叉树定价模型

单期的二叉树定价模型假设股价只有两种可能，这对于时间很短的期权来说是可行的，但若到期时间很长，股价的变动就不止两种可能了。因此，若能把到期时间分割成两部分，或进一步分割为三部分、四部分，甚至每天为一期，就可以增加股价的可能。

简单地说，两期二叉树定价模型是单期模型向两期模型的扩展，即把到期时间分割成两部分，它也可以被看作单期模型的两次应用。

【例 3-18】继续采用【例 3-16】中的数据，把 6 个月的时间分为两期，每期 3 个月。变动以后的数据为：ABC 公司的股票现在的市场价格为 50 元/股，一份看涨期权的执行价格为 52.08 元，每期股价有两种可能：上升 22.56% 或下降 18.4%；无风险利率为每 3 个月 1%。两期二叉树的一般形式如图 3-9 和图 3-10 所示。

（1）复制组合定价。

第一次复制：

$H_1 = (23.02 - 0)/(75.10 - 50) = 0.917\,13 \ （股）$

$B_1 = (50 \times 0.917\,13)/1.01 = 45.40 \ （元）$

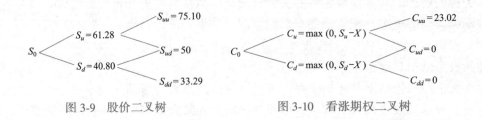

图 3-9　股价二叉树　　　　　　　图 3-10　看涨期权二叉树

C_u = 投资组合成本 = 购买股票支出 − 借款 = 61.28 × 0.917 13 − 45.40 = 10.80（元）

由于 C_{ud} 和 C_{dd} 的值均为 0，所以 C_d 的值也为 0。

第二次复制：

H_2 = (10.80 − 0)/(61.28 − 40.80) = 0.527 3（股）

B_2 = (40.80 × 0.527 3)/1.01 = 21.30（元）

C_0 = 投资组合成本 = 购买股票支出 − 借款 = 50 × 0.527 3 − 21.30 = 5.06（元）

（2）风险中性定价。

期望回报率 = 1% = 上行概率 × 22.56% + 下行概率 × (− 18.4%)

所以，上行概率 = 0.473 63，下行概率 = 0.526 37。

期权 6 个月后的期望价值 = 0.473 63 × 23.02 + 0.526 37 × 0 = 10.903 0（元）

期权 3 个月后的现值 C_u = 10.903 0/1.01 = 10.80（元）

C_0 = 0.473 63 × 10.80/1.01 = 5.06（元）

（3）两期二叉树模型的公式推导。

先利用单期定价模型，计算 C_u 和 C_d。

$$C_u = \frac{1 + r - d}{u - d} \cdot \frac{C_{uu}}{1 + r} + \frac{u - 1 - r}{u - d} \cdot \frac{C_{ud}}{1 + r}$$

$$= \frac{1 + 1\% - 0.816}{1.225\ 6 - 0.816} \times \frac{23.02}{1 + 1\%} + \frac{1.225\ 6 - 1 - 1\%}{1.225\ 6 - 0.816} \times \frac{0}{1 + 1\%} = 10.80（元）$$

$$C_d = \frac{1 + r - d}{u - d} \cdot \frac{C_{ud}}{1 + r} + \frac{u - 1 - r}{u - d} \cdot \frac{C_{dd}}{1 + r} = 0$$

再利用单期定价模型，计算 C_0。

$$C_0 = \frac{1 + r - d}{u - d} \cdot \frac{C_u}{1 + r} + \frac{u - 1 - r}{u - d} \cdot \frac{C_d}{1 + r} = \frac{1 + 1\% - 0.816}{1.225\ 6 - 0.816} \times \frac{10.80}{1 + 1\%} = 5.06（元）$$

3. 多期二叉树定价模型

借助单期模型向两期模型的扩展，如果继续增加分割的期数，就可以使期权价值更接近实际。从原理上看，多期二叉树定价模型仍是对单期定价模型的多次应用。

然而，期数增加带来的主要问题是股价上升与下降的百分比较难进行确定。期数增加越多，价格的变化越频繁，而要保证年报酬率的标准差不变，则需把年报酬率标准差和升降百分比联系起来，以调整价格的升降幅度。

$$u = 1 + 上升百分比 = e^{\sigma\sqrt{t}} \tag{3-16}$$

$$d = 1 - 下降百分比 = \frac{1}{u} \tag{3-17}$$

式中　u——股价上行乘数；

　　　d——股价下行乘数；

　　　e——自然常数，$e \approx 2.718\ 3$；

　　　σ——标的资产连续复利报酬率的标准差；

　　　t——以年表示的时段长度。

例如，【例 3-16】中采用的标准差 $\sigma = 0.406\ 8$，则 $u = e^{\sigma\sqrt{t}} = e^{0.406\ 8 \times \sqrt{0.5}} = e^{0.287\ 7} = 1.333\ 3$，$d = 1/1.333\ 3 = 0.75$；如果间隔期为 $1/4$ 年，$u = 1.225\ 6$ 即股价上升 22.56%，$d = 0.816$ 即股价下降 18.4%；如果间隔期为 $1/6$ 年，$u = 1.180\ 7$ 即股价上升 18.07%，$d = 0.847$ 即股价下降 15.30%；如果间隔期为 $1/365$ 年，$u = 1.0215$ 即股价上升 2.15%，$d = 0.979\ 0$ 即股价下降 2.1%。

二叉树方法是一种近似估值的方法，期数的划分将影响计算结果的准确性，当期数越多直至每个期间无限小时，股价也就成了连续分布，布莱克–斯科尔斯模型也就诞生了。

（三）布莱克–斯科尔斯期权定价模型

布莱克–斯科尔斯期权定价模型（简称 BS 模型）是财务管理学中最复杂的公式之一，也是近代财务管理学不可缺少的内容。由于实际的期权价格与模型计算得到的价格非常接近，该模型被期权交易者广泛使用。

1. 布莱克–斯科尔斯模型的假设

1）在期权寿命期内，作为期权标的资产的股票不发放股利，也不做其他分配。

2）股票或期权的买卖没有交易成本。

3）短期的无风险利率是已知的，并且在期权寿命期内保持不变。

4）任何证券购买者都能以短期的无风险利率借得任何数量的资金。

5）允许卖空，卖空者将立即得到所卖空股票当天价格的资金。

6）看涨期权只能在到期日执行。

7）所有证券交易都是连续发生的且股票价格随机游走。

2. 布莱克–斯科尔斯模型

布莱克–斯科尔斯模型是用股票价格的期望现值减去期权执行价格的期望现值，两者之差即是期权的价值。

$$C_0 = S_0 N(d_1) - X e^{-r_c t} N(d_2)$$

或

$$C_0 = S_0 N(d_1) - PV(X) N(d_2) \tag{3-18}$$

其中

$$d_1 = \frac{\ln(S_0/X) + [r_c + (\sigma^2/2)]t}{\sigma\sqrt{t}}$$

或

$$d_1 = \frac{\ln[S_0/PV(X)]}{\sigma\sqrt{t}} + \frac{\sigma\sqrt{t}}{2} \tag{3-19}$$

$$d_2 = d_1 - \sigma\sqrt{t} \tag{3-20}$$

式中　C_0——看涨期权的当前价值；

　　　S_0——标的股票的当前价格；

　　$N(d)$——标准正态分布中离差小于 d 的概率；

　　　X——期权的执行价格；

　　　r_c——连续复利的年度的无风险利率；

　　　t——期权到期日前的时间（年）。

概率 $N(d_1)$ 和 $N(d_2)$ 可以大致看成看涨期权到期时处于实值状态的风险调整概率。

公式的第一项是当前股价和概率 $N(d_1)$ 的乘积，表示股价的期望现值，股价越高，第一项的数值越大，期权价值 C_0 越大。公式的第二项是执行价格的现值 $Xe^{-r_c t}$ 和概率 $N(d_2)$ 的乘积，表示执行价格的期望现值；$Xe^{-r_c t}$ 也可以写成 $PV(X)$，执行价格越高，期权价值 C_0 越小。

通过该模型可以看出，决定期权价值的因素有五个：股价、股价的标准差、利率、执行价格和期权期限。它们对于期权价值的影响如下：

1）股价：期权价值的增长率大于股价增长率。

2）股价的标准差：股价的标准差越大表示标的股票的风险越大，期权的价值越大。

3）利率：利率的提高有助于期权价值的提高，但是期权价值对于无风险利率的变动并不敏感。

4）执行价格：期权价值的变化率大于执行价格的变化率。

5）期权期限：期权期限越长，期权价值越高。

3. 看跌期权估值

前面的讨论主要集中在看涨期权，那么，如何对看跌期权估值呢？

在套利驱动的均衡状态下，看涨期权价格、看跌期权价格和股票价格之间存在一定的依存关系。对于欧式期权，假定看涨期权和看跌期权有相同的执行价格和到期日，则下述等式成立：

看涨期权价格 C － 看跌期权价格 P ＝ 标的资产价格 S － 执行价格现值 $PV(X)$

这种关系被称为看涨期权-看跌期权平价定理（关系）。利用该定理，已知等式中 4 个数据其中的 3 个，就可以求出另外 1 个。

在现代财务管理中研究和运用期权理论，不仅因为期权是金融资产交易的一种方式，而且财务活动中有大量的经济现象与期权相类似。

现代企业在较多筹资决策中都隐含着期权问题。期权的杠杆作用使得投资者有机会以少量的资金投入在极短的时间内获取高额的利润。一些拥有大型投资组合的投资者，可以在投资组合中标的资产（如股票）的支持下进行期权交易，即使期权合约中的标的资产价格并未发生任何变动，但由于可以得到期权持有者购买期权所支付的期权费，依旧能获得大量的收入。因此，对公司的财务管理人员来说，运用期权的杠杆作用，协助和安排认股权证与可转换债券等融资事宜，可以对公司资金管理提供较大的支持。

期权估值在投资决策中也存在较广泛的应用。在传统的财务投资决策中，净现值（NPV）法被广泛地应用于评价投资项目的可行性，即对于某一投资项目，如果未来现金流入的现值大于未来现金流出的现值，即 NPV>0，则该项目是可行的；反之，则该项目不可行。尽管这种方法在理论上比较成熟，但事实上，由于更多时候投资是不可逆转的，而且是可以延迟的，因此在实际操作过程中，净现值（NPV）法并不一定被财务管理人员所使用，即某个项目在 NPV>0 时并不一定马上投资，而已投资的项目在 NPV<0 时不一定立刻撤资。因为只要持有这个投资机会，就类似于公司购入一份期权。一旦投资，就放弃了等待更多决策信息的机会，相当于执行了期权；而推迟投资则可以创造期权的价值。期权的价值相当于机会成本，应包括在投资成本中一并考虑再来决定是否投资。

【课后阅读】

《股票期权交易试点管理办法》部分条款

第二条　任何单位和个人从事股票期权交易及其相关活动，应当遵守本办法。本办法所称股票期权交易，是指采用公开的集中交易方式或者中国证券监督管理委员会（以下简称中国证监会）批准的其他方式进行的以股票期权合约为交易标的的交易活动。本办法所称股票期权合约，是指由证券交易所统一制定的、规定买方有权在将来特定时间按照特定价格买入或者卖出约定股票、跟踪股票指数的交易型开放式指数基金等标的证券的标准化合约。

第三条　从事股票期权交易活动，应当遵循公开、公平、公正和诚实信用的原则。禁止欺诈、内幕交易、操纵股票期权市场以及利用股票期权交易从事跨市场操纵、内幕交易等违法行为。

……

第五条　证券交易所经中国证监会批准可以开展股票期权交易。股票期权交易品种的上市、中止、取消或者恢复应当经中国证监会批准。股票期权交易品种应当具有充分的现货交易基础，市场竞争充分，可供交割量充足等，适于进行股票期权交易。

……

第十五条　股票期权买方应当支付权利金。股票期权卖方收取权利金，并应当根据证券交易所、证券登记结算机构的规定交纳保证金。保证金以现金、证券交易所及证券登记结算机构认可的证券方式交纳。经营机构向投资者收取的保证金以及投资者存放于经营机构的权利金、行权资金，属于投资者所有，除按照相关规定可划转的情形外，严禁挪作他用。

……

第十八条　股票期权买方有权决定在合约规定期间内是否行权。股票期权买方提出行权时，股票期权卖方应当按照有关规定履行相应义务。投资者可以根据证券交易所业务规则的规定，采用自有资金、证券或依法借入的资金、证券进行行权结算。

（资料来源：中国证券监督管理委员会，股票期权交易试点管理办法，证监会令［第 112 号］）

【本章小结】

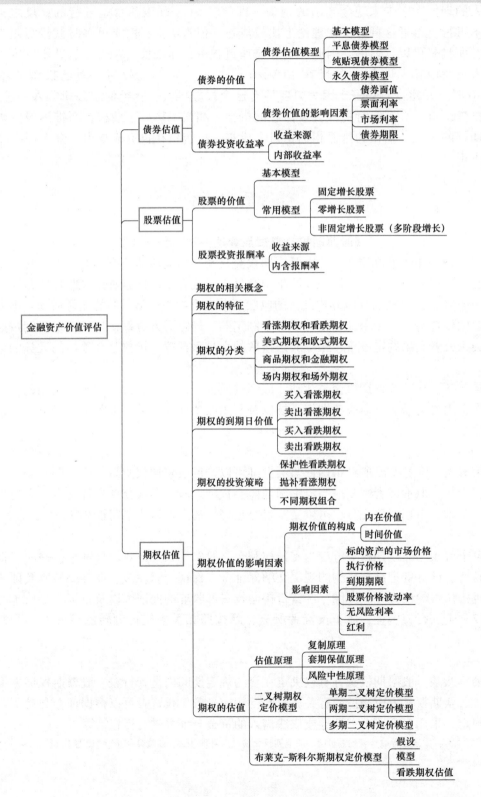

【课后习题】

一、思考题

1. 如何理解期权是一种选择权？

2. 期权作为一种金融商品具有哪些显著特点？

3. 试说明债券溢价或折价的影响因素有哪些？

4. 期权价值的构成中，内在价值与到期日价值有何区别，而与时间价值又有怎样的关系？

5. 股票估值与债券估值有什么异同？

二、练习题

（一）选择题

1. 下列关于证券估值的说法中正确的有（   ）。

A. 任何金融资产的估值都是资产期望创造现金流的现值

B. 带息债券发行时，票面利率一般会设定在使债券市场价格等于其面值的水平

C. 带息债券发行时，票面利率一般会设定在使债券市场价格高于其面值的水平

D. 普通股估值时考虑的现金收入由两部分构成：一部分是在股票持有期间收到的现金股利，另一部分是出售股票时得到的变现收入

E. 债券的估值方法也可用于优先股估值

2. 甲公司对外流通的优先股每季度支付股利每股 1.2 元，年必要报酬率为 12%，则该公司优先股的价值是每股（   ）元。

A. 20　　　　　　　B. 40　　　　　　　C. 10　　　　　　　D. 60

3. 假设未来的股利按照固定数量支付，合适的股票定价模型是（   ）。

A. 不变增长模型　　　　　　　　B. 零增长模型

C. 多元增长模型　　　　　　　　D. 可变增长模型

4. 下列不属于期权估值原理的是（   ）。

A. 复制原理　　　　　　　　　　B. 风险中性原理

C. 风险回避原理　　　　　　　　D. 套期保值原理

5. 甲公司股票当前市场价格为 20 元，有一种以该股票为标的资产的 6 个月到期的看涨期权，执行价格为 25 元，期权价格为 4 元，该看涨期权的内在价值是（   ）元。

A. 1　　　　　　　B. 4　　　　　　　C. 5　　　　　　　D. 0

6. 对于买入期权，当标的资产当前的市场价格大于期权的执行价格时，该期权内含价值的状态是（   ）。

A. 有价　　　　　　B. 无价　　　　　　C. 平价　　　　　　D. 以上答案都不对

（二）计算分析题

1. 5 年前发行的一种面值为 100 元，期限 20 年的债券，票面利率为 6%，每年年末付一次利息，第 5 次利息刚支付过，目前刚发行的与之风险相当的债券票面利率为 8%。要

求：计算该债券目前的价值。

2. 某股票投资者拟购买甲公司的股票，该股票刚支付的股利为每股 2.4 元，现行国库券的利率为 12%，股票市场的平均风险报酬率为 16%，该股票的 β 系数为 1.5。要求：

（1）假设股票股利保持不变，目前该股票的市场价格为 15 元/股，该投资者是否应购买？

（2）假设该股票股利按增长率为 4% 的速度固定增长，则该股票的价值为多少？

3. 假设某投资者以 5 元的价格订立了一份 3 个月的以 A 公司股票为标的资产的看涨期权合约，行权价格为 80 元。要求：分别计算股票交易价格为 80 元、86 元和 74 元时期权的内在价值。

4. 假设某投资者购买了 A 股票的看跌期权，执行价格为 100 元，期权费为 2 元。要求：分别计算当 A 股票在到期日的价格分别为 50 元、75 元、100 元和 120 元时的投资收益。

第四章

投资管理

【学习目标】

1. 了解投资的概念和意义，掌握投资活动的类型，熟悉长期投资的特征
2. 理解现金流量的概念，掌握现金流量的构成，熟练应用现金流量的估算方法
3. 掌握非贴现评价指标和贴现评价指标的基本概念与评价标准
4. 理解税负与折旧摊销对现金流量的影响，熟悉各种投资决策方法的差异
5. 掌握互斥投资方案、独立投资方案与固定资产更新决策
6. 理解风险调整现金流量法和风险调整折现率法

【课程思政】

通过投资决策分析，帮助学生树立正确的价值观和世界观，培养学生谨慎投资意识和投资风险防范与自我保护意识，使学生在学会使用客观科学的方法进行投资评价的同时树立责任担当意识。

【导入案例】

如何对高铁等基础设施项目的投资进行评价？

对于基础设施项目，如何进行投资的可行性评价？基于什么标准、角度和立场来进行判断？长期以来，对这一话题的讨论非常热烈。

以高铁为例，高铁的建设极大地提升了广大人民群众的出行体验，使各种生产要素更快地流转起来，经济运行效率大幅提升，企业运营成本大幅下降；既推动站点所在城市的土地升值和房价上涨，带动地方经济发展，又带动了与高铁相关的高端制造产业的发展；甚至还具有减少温室气体排放、降低交通事故发生数量、缓解道路拥堵等益处。

与此同时，关于高铁项目投资的财务可持续性及其他可能面临的挑战，学术界和实务界一直广泛关注。一些观点认为，高铁的投资金额巨大，维护及运营成本高昂，运营主体国铁集团亏损严重，不具有财务可持续性；由于失去了使用这些巨额资金解决其他问题可能产生的经济效益和社会效益，高铁投资的机会成本较高；高铁与普速列车和航空业形成了内耗式竞争，挤出效应明显；高铁属于客运专线，较难运输货物。此外，还有一种说法是"高铁一通，人去楼空"，高铁开通可能会加剧经济发达地区对经济欠发达地区的虹吸效应。可见，投资高铁项目需要统筹考虑成本和收益，全面、系统、客观地评价一个投资项目的可行性。

（资料来源：陈欣，揭秘中国高铁的资本运作，全球商业经典，2020，207（9）；浪子背包客，半年亏损955亿元，"养不起"的高铁还有建的必要吗？凯迪社区，2020-11-30）

第一节 投资概述

投资，广义地讲，是指特定经济主体（包括政府、企业和个人）以回收本金并获利为目的，将货币、实物资产等作为资本投放于某一个具体对象，以在未来较长期间内获取预期经济利益的经济行为。企业投资，简言之，是企业为获取未来长期收益而向一定对象投放资金的经济行为。例如，购建厂房设备、兴建电站、购买股票债券等经济行为，均属于投资。

一、投资的意义

企业需要通过投资配置资产，才能形成生产能力，以取得未来的经济利益。

（一）投资是企业生存与发展的基本前提

企业的生产经营，就是企业资产的运用和资产形态转换的过程。投资是一种资本性支出的行为，企业通过投资支出，可以确立经营方向，配置流动资产和长期资产，形成综合生产经营能力。因此，投资决策的正确与否，直接关系到企业的兴衰成败。

（二）投资是获取利润的基本前提

企业投资的目的是运用投资所形成生产经营能力，开展具体的经营活动以获取经营利润。而那些以购买股票、债券等有价证券的方式对其他单位的投资，则是为了通过取得股利或利息来获取投资收益，或者通过转让证券来获取资本利得。

（三）投资是企业风险控制的重要手段

企业经营面临着各种风险，投资是企业风险控制的重要手段。通过投资，企业可以将资金投向生产经营的薄弱环节，使生产经营能力配套、平衡、协调。通过投资，企业可以实现多元化经营，将资金投放于经营相关程度较低的不同产品或不同行业，能够起到分散风险，稳定收益来源，降低资产的流动性风险、变现风险，增强资产安全性的作用。

二、投资的分类

将企业投资的类型进行科学分类，有利于分清投资的性质，按不同的特点和要求进行投资决策，加强投资管理，提高投资效益。

（一）直接投资和间接投资

按投资与企业生产经营活动的关系，企业投资可分为直接投资和间接投资。

1. 直接投资

它是指企业将资金投放于生产经营，购置各种生产经营用资产，以获取利润的投资。通常，在非金融性企业中，直接投资所占比重很大。

2. 间接投资

间接投资又称证券投资，它是指企业把资金投放于金融市场，购买股票、债券、基金等各种有价证券，以取得股利或利息收入的投资。随着我国金融市场的完善和多渠道筹资的形成，企业的间接投资也越来越广泛。

（二）短期投资和长期投资

按投资回收期的长短不同，企业投资可分为短期投资和长期投资。

1. 短期投资

短期投资又称流动资产投资，它是指能够并且也准备在一年内变现的投资。它包括投放在货币资产、应收款项、存货、短期有价证券和准备在一年内变现的长期有价证券等方面的资金。

2. 长期投资

它是指一年以上才能收回的投资。它包括投放在固定资产、无形资产、其他长期资产和不准备在一年内变现的长期有价证券等方面的资金。由于长期投资中固定资产占的比重最大，所以，长期投资有时专指固定资产投资。

（三）初始投资和后续投资

按投资的阶段不同，企业投资可分为初始投资和后续投资。

1. 初始投资

它是指在企业创建时所进行的各种投资。它的特点是投入的资金作为建设企业的原始投资，为企业开展生产经营活动创造了必备的条件。

2. 后续投资

它是指为巩固和发展企业再生产所进行的各种投资。它包括为维持企业的再生产所进行的更新性投资、为实现扩大再生产和实行多元化生产经营所进行的追加性投资，以及为调整生产经营方向所进行的转移性投资。

（四）内部投资和外部投资

按投资活动资金投出的方向，企业投资可分为内部投资和外部投资。

1. 内部投资

它是指企业将资金投放在内部，购置各种生产经营用资产的投资。通常，内部投资的风险要小于外部投资。

2. 外部投资

它是指企业以货币资金、实物资产、无形资产等方式或者以购买股票、债券等有价证券方式向其他企业的投资。

内部投资都是直接投资，外部投资主要是间接投资，也可以是直接投资。通常，外部投资的收益要大于内部投资。

（五）项目投资和证券投资

按投资对象的存在形态和性质，企业投资可分为项目投资和证券投资。

1. 项目投资

它是一种以特定项目为投资对象的长期投资行为。它的目的在于改善生产条件、扩大生产能力，以获取更多的经营利润。项目投资属于直接投资。

2. 证券投资

证券是一种金融资产，即以经济合同契约为基本内容、以凭证票据等书面文件为存在形式的权利性资产。例如，债券投资代表的是未来按契约规定收取债息和收回本金的权利，股票投资代表的是对发行股票企业的经营控制权、财务控制权、收益分配权、剩余财产追索权等股东权利。证券投资的目的，在于通过持有权益性证券，获取投资收益或控制其他企业的财务或经营决策，并不直接参与具体的生产经营过程。因此，证券投资属于间接投资。

直接投资与间接投资、项目投资与证券投资，两种投资分类方式的内涵和范围是一致的，只是分类角度不同。直接投资与间接投资强调的是投资的方式，项目投资与证券投资强调的是投资的对象。

三、长期投资的特征

（一）投资的主体是公司

公司的投资不同于个人或专业投资机构的投资。公司投资更多是直接投资，即现金直接投资于经营性（或称生产性）资产，用以开展经营活动。个人或专业投资机构是把现金投资于企业，由企业用这些现金再投资于经营性资产，属于间接投资。公司的直接投资在投资以后继续控制实物资产，因此，可以直接控制投资回报；间接投资的投资人（公司的债权人和股东）在投资以后不能直接控制经营性资产，因此，只能通过契约或更换代理人间接控制投资回报。

（二）投资的对象是经营性长期资产

经营性资产投资的对象包括长期资产和短期资产两类。公司的经营性长期资产包括厂房、建筑物、机器设备、运输设备等。经营性长期资产投资有别于金融资产投资。金融资产投资以赚取利息、股利或差价为目的，投资对象主要是债券、股票、各种衍生金融工具等，通常称为证券投资。经营性长期资产和金融资产投资的价值评估和决策分析方法不同，前者的核心是净现值原理，后者的核心是投资组合原理。

（三）长期投资的直接目的是获取经营活动所需的实物资源

长期投资的直接目的是获取经营活动所需的固定资产等劳动手段，并运用这些资源赚取营业利润。长期投资的直接目的不是获取固定资产的再出售收益，而是要使用这些固定资产。有的企业也会投资于其他公司，主要目的是控制其经营和资产以增加本企业的价值，而不是为了获取股利。

长期投资决策涉及现金流量的规模（期望回收多少现金）、时间（如何回收现金）和风险（回收现金的可能性如何）等因素的考量。

四、项目投资

企业项目投资是一种以特定项目为投资对象的长期投资行为，它与企业的新建项目或更新改造项目直接相关。从性质上看，它是企业直接的、生产性的投资，通常包括固定资产投资、无形资产投资、开办费投资和流动资金投资等内容。

（一）项目投资特点

与其他形式的投资相比，项目投资主要具有以下特点。

1. 投资金额大

项目投资直接与新建项目或更新改造项目有关，所以投资金额往往比较大，有的甚至是企业及其投资人多年的资金积累，在企业总资产中占有相当大的比重。因此，项目投资对企业未来的现金流量和财务状况都将产生深远的影响。

2. 投资期限长

项目投资是一种长期投资行为，故投资期及发挥作用的时间都比较长，对企业未来的生产经营活动和长期经营活动将产生重大影响。

3. 变现能力差

项目投资一般不准备在一年或一个营业周期内变现，而且即使在短期内变现，其变现能力也较差。因为，项目投资一旦完成，要想改变是相当困难的，不是无法实现，就是代价太大。

4. 投资风险高

项目投资的未来收益受多种因素影响，同时其投资金额大、投资期限长和变现能力差的特点，使得其投资风险比其他投资的风险高，因此会对企业未来的命运产生决定性的影响。

（二）项目投资程序

企业的项目投资程序主要包括以下步骤。

1. 项目提出

投资项目的提出是项目投资的第一步，它通常是由企业管理当局或企业高层管理人员，根据企业的长期发展战略、中长期投资计划和投资环境的变化，在把握良好投资机会的情况下提出的。

2. 项目评价

投资项目的评价主要涉及以下几项工作：

1）对提出的投资项目进行适当分类，为项目分析和评价做好准备。

2）计算有关项目的建设周期，测算有关项目投产后的收入、费用和经济效益，预测有关项目的现金流入和现金流出。

3）运用各种投资评价指标，把各项投资按可行程度进行排序。

4）根据预测结果，写出详细的评价报告。

3. 项目决策

投资项目在经过评价后，应按分权管理的决策权限由企业高层管理人员或相关部门经理做最后决策。投资额小的战略性项目投资或维持性项目投资，其决策一般由部门经理做出，特别重大的项目投资还需要报董事会或股东大会决策。

4. 项目执行

投资项目在经过决策同意后，企业要积极筹措资金，实施项目投资。在投资项目的执行过程中，要对工程进度、工程质量、施工成本和工程概算进行监督、控制和审核，防止工程建设中的舞弊行为，确保工程质量，保证按时完成。

5. 项目再评价

在投资项目的执行过程中，应判断原来做出的投资决策是否科学、合理和正确，一旦出现新的情况，就要随时根据变化的情况对投资项目做出新的评价。如果发生了重大变化使原来的投资决策变得不合理，那么，企业就要进行是否终止投资或怎样终止投资的决策，以避免造成更大的经济损失。

第二节　项目投资现金流量的估算

▶▶ 一、项目投资现金流量的概念

项目投资现金流量特指一个投资项目所引起的现金流入量和现金流出量的统称，它是计算项目投资评价指标的主要依据。应该注意的是，这里的"现金"与会计学中所讲的现金不同，它指的是广义的现金，不仅包括各种货币资金，而且包括非货币资源的变现价值或重置价值。

▶▶ 二、项目投资现金流量的构成

项目投资现金流量的构成可以从其内容和时间上来划分。

（一）从现金流量的内容上来划分

从内容上来看，现金流量由现金流入量、现金流出量和现金净流量三部分构成。

1. 现金流入量

现金流入量是指项目投资所引起的企业现金流入的增加额。主要包括以下内容：

（1）营业现金收入。它是指项目投产后企业因销售商品或提供劳务而取得的当期现销收入和收回的前期赊销收入。营业现金收入是现金流入量的主要内容。

（2）固定资产残值变价收入。它是指项目报废或中途转让时，固定资产报废清理或转让的变价收入扣除清理费用后的净额。

（3）垫支的流动资金回收收入。它是指项目终结时收回的原垫支在流动资产的流动资金。

（4）其他现金流入。

2. 现金流出量

现金流出量是指项目投资所引起的企业现金流出的增加额，主要包括以下内容：

（1）建设投资，是指建设期内所发生的固定资产、无形资产和开办费等投资的总和，主要有土地购置成本或租赁费用、土建工程费用、购买生产设备及其安装支出、人员培训费用等。

（2）流动资产投资，是指为正常经营活动而投放在流动资产上的流动资金。

（3）付现成本，是指项目运营期内需用现金支付的各种成本费用。

（4）所得税，企业缴纳的所得税也可能通过现金支付，故属于现金流出。

（5）其他现金流出。

3. 现金净流量

现金净流量也称净现金流量（Net Cash Flow，记作 NCF），是指一定期间内项目投资所引起的现金流入量与流出量的差额。

（二）从现金流量的时间上来划分

从时间上来划分现金流量，需要考虑项目寿命期，又称项目计算期。投资项目的项目寿命期是指投资项目从投资建设开始到最终清理结束整个过程的全部时间，即该项目的有效持续期间。完整的项目寿命期主要包括项目建设期和经营期。项目建设期是指项目从投资建设开始到完工投产所需要的时间，建设起点一般为第一年年初（记作第 0 年），建设终点一般为投产日（记作第 S 年）。经营期是指从投产之日起到项目终结点之间持续的时间（记作 P）。项目终结点一般为项目寿命期最后一年末（记作第 n 年）。其之间的数量关系表示为

$$n = S + P \qquad (4\text{-}1)$$

在项目的有效持续期间内，现金流量由初始现金流量、营业现金流量和终结现金流量三部分构成。

1. 初始现金流量

初始现金流量又称初始投资额，是企业为使项目完全达到生产能力、正常开展生产经营而投入的现金流量，一般包括以下几个部分：

（1）固定资产投资，包括固定资产的购入或建造成本、运输成本和安装成本等。

（2）无形资产和开办费投资，无形资产投资是指项目用于取得无形资产而发生的投资；开办费投资是指企业在项目筹建期发生的，不能计入固定资产和无形资产价值的那部分投资。

（3）垫支的营运资金，也称流动资产投资，是指项目投产前后分次或一次投放于流动资产上的资金增加额，包括材料、在产品、产成品等存货及现金、应收账款、预付账款等。可按下列公式估算：

$$流动资金需用数 = 流动资产 - 流动负债 \qquad (4\text{-}2)$$
$$流动资金增加额 = 当年流动资金需用数 - 上年流动资金需用数 \qquad (4\text{-}3)$$

【例 4-1】某企业拟新建一条生产线，需在建设起点一次发生固定资产投资 250 万元，无形资产投资 50 万元，流动资金投资 20 万元。其中，固定资产和无形资产投资所需资金均来源于银行借款，年利率为 8%。要求：计算该生产线在建设起点的现金净流量。

初始现金流量 = 原始投资额 + 建设期资本化利息

$$NCF_0 = - [250 + 50 + 20 + (250 + 50) \times 8\%] = -344 （万元）$$

【例 4-2】某企业一完整工业投资项目在投产第一年预计流动资产需用额为 50 万元，流动负债可用额为 30 万元，假设该项目第一次流动资产投资发生在建设期末；投产第二年预计流动资产需用额为 80 万元，流动负债可用额为 50 万元，假设该项目第二次流动资产投资发生在投产后的第一年年末。要求：估算每次发生的流动资产投资额。

（a）投产第一年的流动资金需用数 = 50 - 30 = 20 （万元）

第一次流动资金投资额 = 20 - 0 = 20（万元）

（b）投产第二年的流动资金需用数 = 80 - 50 = 30（万元）

第二次流动资金投资额 = 30 - 20 = 10（万元）

（4）其他投资费用，是指与项目投资相关的职工培训费、谈判费、注册费用等。

（5）原有固定资产的变价收入，是指在固定资产更新时，将原有的固定资产变卖所得的现金收入。

> **注意**
>
> 项目投资的资金投入方式可分为集中一次投入和分散分次投入两种。

2. 营业现金流量

营业现金流量是指投资项目投入使用后，在其寿命期内由生产经营所带来的现金流入和流出，一般按年度进行计算。这里的现金流入一般是指营业现金流入，通常以投资项目的营业收入表示；现金流出是指营业现金支出和缴纳的营业税金及附加，即投资项目的付现成本，一般以营业成本表示，主要包括外购原材料、燃料和动力费、职工工资及福利费、修理费及其他费用，但不包括固定资产的折旧费、无形资产及开办费的摊销费等当期不发生现金支出的营业成本。即

$$\begin{aligned}
\text{经营期内的年现金净流量}(NCF) &= \text{年营业收入} - \text{年付现成本} - \text{所得税} \\
&= \text{年营业收入} - (\text{年营业成本} - \text{折旧费} - \\
&\quad \text{摊销费}) - \text{所得税} \qquad (4\text{-}4) \\
&= \text{年净利润} + \text{折旧} + \text{摊销费} \qquad (4\text{-}5) \\
&= \text{年营业收入} \times (1 - \text{所得税税率}) - \\
&\quad \text{年付现成本} \times (1 - \text{所得税税率}) + \\
&\quad \text{折旧（摊销）} \times \text{所得税税率} \qquad (4\text{-}6)
\end{aligned}$$

3. 终结现金流量

它是指投资项目结束时所发生的现金流量。它主要包括固定资产的残值收入或变价收入、垫支在各种流动资产上的资金收回、停止使用的土地的变价收入等。

一般情况下，在项目的建设期内，现金净流量通常小于 0，而在经营期内或终结点的现金净流量则通常大于 0。

【例 4-3】已知企业拟购建一项固定资产，需投资 1 000 万元，按直线法折旧，使用寿命 10 年，期末无残值。在建设起点一次投入资金 1 000 万元，初始垫支营运资金 10 万元。预计投产后每年可获净利润 100 万元，垫支营运资金在项目终结时一次性收回。

根据资料计算有关指标如下：

建设期年现金净流量 = -（该年发生的原始投资额 + 垫支的营运资金）

$NCF_0 = -(1\,000 + 10) = -1\,010$（万元）

经营期各年现金净流量 = 年净利润 + 折旧

$NCF_{1\sim10} = 100 + 100 = 200$（万元）

终结点现金净流量 = 回收固定资产余值 + 回收流动资金 - 终结点现金流出

$NCF_{10} = 0 + 10 = 10$（万元）

【例4-4】A公司为了扩大营业规模，拟购入一台特殊加工设备，设备价款为 10 000 元，运输安装费用为 500 元，该设备可使用五年，采用直线法折旧，五年后有残值收入约 2 500 元。根据市场部门预测，在未来的五年内，该设备可为公司带来每年 9 000 元的额外销售收入，每年发生的付现成本为 5 000 元，第一年年初垫支的营运资金为 2 000 元，这笔资金将在第五年年末收回，所得税税率为 40%。要求：计算该投资项目各年的净现金流量。

为计算净现金流量，必须先计算每年的折旧额：

每年的折旧额 = (10 000 + 500 − 2 500)/5 = 1 600（元）

根据以上资料，该投资项目的初始现金流量、营业现金流量和终结现金流量见表4-1。

表 4-1　A 公司购买特殊加工设备的现金流量分析　　　（单位：元）

项　　　目	构　　成					
	初始现金流量	营业现金流量				终结现金流量
时　　　间	第 0 年	第 1 年	第 2 年	第 3 年	第 4 年	第 5 年
新设备的购置成本	−10 000					
运输、安装费	−500					
垫支的营运资金	−2 000					
营业收入		9 000	9 000	9 000	9 000	9 000
付现成本		−5 000	−5 000	−5 000	−5 000	−5 000
所得税（税率为 40%）		−960	−960	−960	−960	−960
固定资产残值						2 500
收回垫支的营运资金						2 000
净现金流量合计	−12 500	3 040	3 040	3 040	3 040	7 540

注：所得税 =（营业收入+付现成本−折旧）×税率。

三、现金流量估算时要注意的问题

项目投资的最重要的任务之一就是预测投资项目未来的现金流量，因为现金流量估计的准确程度会直接关系到投资决策的结果。因此，企业在项目投资决策中更多是以收付实现制计算的实际现金流量作为评价项目经济效益的基础，而不以权责发生制下应计的收入、成本及利润作为评价项目经济效益的基础。采用现金流量更有利于科学地考虑资金的时间价值，避免高估投资报酬，使投资决策更符合客观实际情况。

在估算投资项目的现金流量时，应遵循的最基本原则是：只有增量现金流量才是与项目相关的现金流量。所谓增量现金流量是指，因接受或拒绝某个投资方案，企业总现金流量发生的变动。为了正确计算投资方案的增量现金流量，需要正确判断哪些支出会引起企业总现金流量的变动，哪些支出不会引起企业总现金流量的变动。在进行这种判断时，要注意以下四个问题。

（一）区分相关成本和非相关成本

相关成本是指与特定决策有关的、在分析评价时必须加以考虑的成本。例如，差额成本、未来成本、重置成本、机会成本都属于相关成本。

非相关成本是与特定决策无关的、在分析评价时不必加以考虑的成本。例如，沉没成本、过去成本、账面成本等往往是非相关成本。

（二）不要忽视机会成本

在投资方案的选择中，如果选择了某一个投资方案，则意味着必须放弃投资于其他项目的机会，从所放弃的其他投资机会中可能取得的收益则是采纳本方案的一种代价，被称为这个投资方案的机会成本。机会成本是一种潜在的损失，非真正意义上的成本。

（三）考虑投资方案对公司其他项目的影响

当企业采纳一个新的项目时，新项目通常会对已有的项目或相关部门造成影响，因此，需要考虑新项目和原有项目或部门之间是竞争关系还是互补关系。例如，某公司正考虑推出一款新产品，该产品可能与现有产品形成竞争，那么仅用新产品预计的销售额来表示项目的现金流入量是不合适的，我们还必须考虑推出的新产品对现有产品收入的"蚕食"效果，即必须在增量销售额的基础上预测现金流量。

（四）对净营运资金的影响

所谓净营运资金的需要，即项目投资时需垫支的营运资金是指增加的流动资产与增加的流动负债之间的差额。通常，在进行投资分析时，一般假定开始投资时筹措的净营运资金将在项目结束时收回。

第三节　项目投资评价指标

评价项目投资决策所使用的方法按是否考虑货币的时间价值可以分为非贴现指标和贴现指标，前者计算简单方便，后者计算较为复杂，但更科学合理。

一、非贴现现金流量指标

非贴现现金流量指标是指，在计算中不考虑资金时间价值的决策指标，又称静态评价指标，主要包括投资回收期和平均收益率。

（一）投资回收期

投资回收期（Payback Period，PP）指的是自投资方案实施起，至收回初始投入资本所耗费的时间，一般以年为单位。

若投资项目的投资额是一次投入，且每年的经营现金净流量相等，则投资回收期的计算公式为

$$投资回收期 = \frac{初始投资额}{年现金净流量} \tag{4-7}$$

如果投资项目每年的现金净流量不相等，则投资回收期是指将年现金净流量累计直至收回初始投资成本为止的时间，计算公式为

$$投资回收期 = 投资成本足额回收前的年数 + \frac{年初未收回的成本}{本年的现金净流量} \tag{4-8}$$

【例4-5】某企业有两个投资方案，投资总额均为50万元，全部用于购置新的设备。设备采用直线法折旧，使用期均为五年，无残值，其他有关资料见表4-2。

表 4-2　某企业投资方案数据　　　　　　　　（单位：万元）

项目寿命期	A 方案		B 方案	
	利　润	现金净流量	利　润	现金净流量
0		−50		−50
1	7.5	17.5	5	15
2	7.5	17.5	7	17
3	7.5	17.5	9	19
4	7.5	17.5	11	21
5	7.5	17.5	13	23

根据表 4-3 可以计算出，A 方案的投资回收期为

$PP_A = 50/17.5 = 2.86$（年）

B 方案的投资回收期为

$PP_B = 2 + (50 − 32)/19 = 2.95$（年）

在利用投资回收期法对独立项目与互斥项目进行决策时标准有所不同。独立项目是指各项目的现金流量之间是互相独立的，独立项目运用投资回收期法进行决策的标准很简单，就是一个可接受的项目的投资回收期必须小于规定的最大回收期，我们可将这一标准表示如下：若项目的投资回收期<规定的最大回收期，则接受该项目；若项目的投资回收期>规定的最大回收期，则拒绝该项目。

互斥项目意味着一旦采纳了一个项目，就必须拒绝其他项目。比如，在一块土地上既可以建商场也可以建厂房，但最终只能选择建其中一个，这就是互斥项目。互斥项目运用投资回收期法进行决策的标准就是投资回收期越短越好，如【例 4-5】中，因为 $PP_A <$ PP_B，所以应选择 A 方案，拒绝 B 方案。

投资回收期法是项目投资决策中一个非常简单但不精确的方法。该方法的最大优点是计算容易并且通过直觉可以进行判断，一般认为，投资回收期越短，项目的风险就越低，并且流动性越强，因此，它在一定程度上赋予了管理层识别项目的风险性和流动性的能力。

但是投资回收期法存在两个主要的缺点：第一，没有考虑资金的货币时间价值；第二，它忽视了回收期满后的现金流量状况，因此不能充分说明问题。例如，两个初始投资均为 100 万元的方案，如果前两年每年的现金净流量都是 50 万元，那么它们有相同的投资回收期，但假如其中一个方案预期两年后没有现金流量，而另一个方案预期在之后的两年中每年产生 20 万的现金流量，投资回收期法则无法衡量其真实的获利能力。因此，投资回收期法更适用于高流动性的短期投资，这类投资项目对小公司而言可能非常重要，但大公司却更看重有长远战略意义的投资项目。

为了克服投资回收期法未考虑时间价值的缺点，人们提出了动态投资回收期法进行修正。动态投资回收期是指对投资所引起的未来现金净流量进行贴现，以未来现金净流量的现值等于初始投资额现值时所经历的时间称为动态投资回收期。

使式（4-9）成立的 n 即为动态投资回收期：

$$\sum_{t=1}^{n} \frac{NCF_t}{(1+i)^t} - C_0 = 0 \qquad (4\text{-}9)$$

式中　n——项目投资周期；

　　NCF_t——第 t 年的现金净流量；

　　　i——预定的贴现率；

　　　C_0——初始投资额。

【例4-6】迪力公司有一投资项目，需投资150 000元，使用年限为五年，每年的现金流量不相等，资本成本率为5%，有关资料见表4-3。

要求：计算该投资项目的动态投资回收期。

表4-3　投资项目现金流量　　　　　　　　　（单位：元）

年　份	现金净流量	净流量现值	累计现值
第0年	−150 000		−150 000
第1年	30 000	28 560	−121 440
第2年	35 000	31 745	−89 695
第3年	60 000	51 840	−37 855
第4年	50 000	41 150	3 295
第5年	40 000	31 360	34 695

动态投资回收期 = 3 + 37 855/41 150 = 3.92（年）。

由于动态投资回收期3.92年小于预计投资年限五年，所以此项目可行。

（二）平均收益率

平均收益率（Average Rate of Return，ARR）也叫会计报酬率或平均投资利润率，它是投资项目寿命期内年平均利润占总投资的百分比，常见的计算方法为

$$ARR = \frac{年平均利润}{初始投资额} \times 100\% \qquad (4\text{-}10)$$

利用平均收益率衡量投资项目的准则是：对于独立项目，如果平均收益率大于投资者所要求的最低报酬率，则应接受该项目；反之则应放弃。在互斥项目的选择中，则应选择平均收益率最高的项目。

【例4-7】根据表4-3的资料，方案A、B的平均收益率分别为

$ARR_A = 7.5/50 \times 100\% = 15\%$

$ARR_B = [(5 + 7 + 9 + 11 + 13)/5]/50 \times 100\% = 18\%$

虽然方案A的投资回收期较短，但它的平均收益率较低。而方案B的平均收益率高于方案A，因此在这两个方案中，按照平均收益率法来判断，应是方案B较优。

平均收益率法与投资回收期法相比，虽然考虑了投资项目整个寿命期的全部利润，概念易于理解，但也存在很多明显的缺点，主要表现为：第一，它忽略了货币的时间价值，只是将不同时点的会计数据加以平均，得出的不是一个具有经济意义的报酬率，无法与金融市场上所提供的报酬率相比较；第二，平均收益率是按账面利润而非现金流量进行计算

的，忽视了权责发生制对投资决策正确性的影响。因此，实际工作中较少以平均收益率作为唯一评价标准来进行决策判断。

二、贴现现金流量指标

与非贴现现金流量指标不同，贴现现金流量指标是在充分考虑资金时间价值的基础上，对方案的优劣取舍进行判断，又称为动态评价指标。贴现现金流量指标主要包括净现值、获利指数和内含报酬率。

（一）净现值

净现值（Net Present Value，NPV）指的是投资项目未来现金流入的现值与未来现金流出的现值之间的差额。即

$$NPV = \sum_{t=1}^{n} \frac{NCF_t}{(1+i)^t} - C_0 \tag{4-11}$$

式中　n——项目投资周期；

NCF_t——第 t 年的现金净流量；

i——预定的贴现率；

C_0——初始投资额。

利用净现值指标进行项目决策的基本规则是：如果项目的净现值大于或等于 0，表明该项目投资获得的收益能够抵补初始投资成本，或获得超过预计折现率的投资报酬，则项目是可行的；反之则放弃。

【例 4-8】某企业购入设备一台，价值为 30 000 元，按直线法计提折旧，使用寿命六年，期末无残值。预计投产后每年可获得利润 4 000 元，假定投资要求的最低报酬率或资金成本率为 12%，求该项目的净现值。

$NCF_0 = -30\ 000$（元）

$NCF_{1\sim6} = 4\ 000 + 30\ 000/6 = 9\ 000$（元）

$NPV = 9\ 000 \times (P/A, 12\%, 6) - 30\ 000$

$= 9\ 000 \times 4.111\ 4 - 30\ 000 = 7\ 002.6$（元）

【例 4-9】假定【例 4-8】中，投产后每年可获得利润分别为 3 000 元、3 000 元、4 000 元、4 000 元、5 000 元、6 000 元，其余的资料不变，求该项目的净现值。

$NCF_0 = -30\ 000$（元）

年折旧额 $= 30\ 000/6 = 5\ 000$（元）

$NCF_{1\sim2} = 3\ 000 + 5\ 000 = 8\ 000$（元）

$NCF_{3\sim4} = 4\ 000 + 5\ 000 = 9\ 000$（元）

$NCF_5 = 5\ 000 + 5\ 000 = 10\ 000$（元）

$NCF_6 = 5\ 000 + 6\ 000 = 11\ 000$（元）

$NPV = 8\ 000 \times (P/F, 12\%, 1) + 8\ 000 \times (P/F, 12\%, 2) + 9\ 000 \times (P/F, 12\%, 3) +$

$\qquad 9\ 000 \times (P/F, 12\%, 4) + 10\ 000 \times (P/F, 12\%, 5) + 11\ 000 \times (P/F, 12\%, 6) -$

$\qquad 30\ 000$

$\qquad = 6\ 893.1$（元）

净现值法的优点是考虑了项目周期各年现金流量的现时价值，反映了投资项目的可获收益，具有广泛的适用性，在理论上也比其他方法更为完善。其缺点是由于净现值是个绝对值，在比较不同投资规模或不同投资期限的项目时有一定的局限性；另外净现值法只能说明投资项目的报酬率高于或低于预定的报酬率，无法揭示投资项目本身的收益率。

（二）获利指数

获利指数（Present Valve Index，PI）也叫现值指数，指的是在整个投资项目的实施运行过程中，未来现金净流入量的现值之和与初始投资额之间的比值，即

$$PI = \sum_{t=1}^{n} \frac{NCF_t}{(1+i)^t} / C_0 \tag{4-12}$$

式中　n、NCF_t、i、C_0——释义同式（4-11）。

获利指数代表每 1 元的投资所创造的价值，如果按公式计算出的获利指数为 1.1，则代表每投资 1 元就会得到 1.1 元的毛收益，也就是得到 0.1 元的净收益。因此，获利指数测算了"钱的回报"。在采纳投资项目与否的决策中，若获利指数大于或等于 1，表明该项目的报酬率大于或等于预定的投资报酬率，则方案可取；反之，则该方案不可取。在互斥项目的决策中，获利指数大于 1 且金额最大的为最优方案。

【例 4-10】甲公司有两个投资机会，相关数据见表 4-4，假定贴现率为 10%，计算两个方案的获利指数。

表 4-4　甲公司投资机会数据　　　　　　　　　　　　（单位：万元）

时间	第 0 年	第 1 年	第 2 年	第 3 年	第 4 年
方案 A 现金净流量	-10 000	5 500	5 500		
方案 B 现金净流量	-20 000	7 000	7 000	6 500	6 500

PI_A = 5 500 × (P/A,10%,2)/10 000

　　　 = 5 500 × 1.735 5/10 000

　　　 = 0.95

PI_B = [7 000 × (P/A,10%,2) + 6 500 × (P/A,10%,2) × (P/F,10%,2)]/20 000

　　　 = (7 000 × 1.735 5 + 6 500 × 1.735 5 × 0.826 4)/20 000

　　　 = 1.07

方案 A 的获利指数小于 1，表明其报酬率没有达到预定的贴现率；而方案 B 的获利指数大于 1，说明他的贴现率已超过预定的贴现率，因此 B 方案可以接受。

获利指数法的优点是考虑了货币的时间价值，以相对数的形式反映了投资效率，有利于在初始投资额不同的投资项目之间进行对比，而净现值法以绝对值反映了投资效益，两者各有其用途。然而，尽管获利指数法消除了投资规模差异的影响，但该方法仍没有消除投资期限差异的影响，且另一缺点和净现值法一样，两种方法都不能体现投资项目本身的收益率。

（三）内含报酬率

内含报酬率（Internal Rate of Return，IRR）反映的是投资项目本身实际达到的报酬率，它是指当投资项目未来现金流入的现值之和与未来现金流出的现值之和相等时，该项

目的报酬率，即能够使得该项目的净现值为 0 的贴现率。用公式表示则：使式（4-13）成立的 i 即为投资项目的内含报酬率。

$$\sum_{t=1}^{n} \frac{NCF_t}{(1+i)^t} - C_0 = 0 \tag{4-13}$$

式中　n、NCF_t、i、C_0——释义同式（4-11）。

内含报酬率的计算比较复杂，通常需要采用逐步测试法。首先，按估计的贴现率计算投资项目的净现值，若算出的净现值大于 0，则应提高贴现率，再计算净现值；若第一步算出的净现值小于 0，则应降低贴现率，再计算净现值。经过反复测算，找到使投资项目净现值接近于 0 且一正一负的两个贴现率。最后，采用插值法计算出内含报酬率。

【例 4-11】以表 4-5 的数据为依据，分别计算两个方案的内含报酬率。

假设 A 方案的贴现率为 7%，此时它的净现值为

$NPV_A = 5\ 500 \times (P/A, 7\%, 2) - 10\ 000$

　　　　$= 5\ 500 \times 1.808 - 10\ 000$

　　　　$= -56.00$（万元）

再假设贴现率为 6%，此时它的净现值为

$NPV_A = 5\ 500 \times (P/A, 6\%, 2) - 10\ 000$

　　　　$= 5\ 500 \times 1.833\ 4 - 10\ 000$

　　　　$= 83.70$（万元）

以上计算说明 A 方案的内含报酬率大于 6%，小于 7%。为了更精确地求出 A 方案的内含报酬率 IRR_A，可采用插值法计算。

$$\frac{IRR_A - 6\%}{83.7 - 0} = \frac{7\% - 6\%}{83.7 + 56.0}$$

$IRR_A = 6\% + (7\% - 6\%) \times 83.7 / (83.7 + 56.0) \approx 6.60\%$

用同样的方法，可以确定 B 项目的内含报酬率 IRR_B 为 13.43%。

投资项目的 IRR 反映了项目实际的报酬率，而资本成本率反映了投资者所要求的最低报酬率，因此，对于独立项目而言，只有当项目的 IRR 超过公司的资本成本率时才可以接受该投资项目。

对于互斥项目而言，企业更偏向于选择具有更高收益率的投资而不是那些低收益率的投资，因此，IRR 越大越好。

内含报酬率法的优点是考虑了货币的时间价值，反映了投资项目的真实收益情况；缺点是计算过程比较复杂，且在互斥项目的选择中，用内含报酬率法可能得出与用净现值法不同的结论。

【资料阅读】

投资决策评价方法应用的调查研究

本章讲述了企业可以采用哪些投资决策评价方法，一个同样重要的问题是：企业正在使用什么样的评价方法？格雷厄姆和哈维的研究提供了若干数据，见表 4-5，在 392 个提供了有效问卷调查的美国和加拿大公司中，大概有 75% 的公司使用内含报酬率法与净现值法进行投资决策评价；有超过一半的公司使用投资回收期法；获利指数法则较少被使用。

表 4-5　投资决策评价方法使用情况的调查结论

投资决策评价方法	使用的比率
内含报酬率	75.6%
净现值	74.9%
投资回收期	56.7%
动态回收期	29.5%
获利指数	11.9%

（资料来源：John R. Graham & Campbell R. Harvey, The theory and practice of corporate finance：evidence from the field, Journal of financial economics, 2001(60)：187-243）

第四节　项目投资决策

不同的投资评价指标有不同的优点和缺点，评价的侧重点也有所不同，因此在项目投资决策中应充分考虑投资评价指标出现矛盾的原因及不同投资评价指标的适用场景。通常投资项目之间的关系包括两种，互斥或者独立：互斥，是指接受一个项目就必须放弃另一个项目的情况；独立，则是指两个或两个以上项目互不依赖，可以同时并存的情况。而投资评价指标出现矛盾的原因也主要有两种：一是投资额不同；二是投资项目寿命期不同。

一、互斥投资项目的决策

互斥投资项目，即项目之间互相排斥，不能并存，因此当投资项目都有正的净现值时，决策的实质在于选择最优项目。但当投资项目的评价指标，包括净现值、内含报酬率、投资回收期和投资报酬率，出现矛盾时，尤其是评价的基本指标净现值和内含报酬率出现矛盾时，我们应如何选择？

如果净现值与内含报酬率的矛盾是项目寿命期不同引起的，则有两种解决办法，一个是共同年限法，另一个是年均净现值法。

如果净现值与内含报酬率的矛盾是投资额不同引起的，对于互斥项目决策来说，则应当以净现值法优先，因为根据净现值法做出的决策可以给股东带来更多的财富。股东需要的是实实在在的报酬，而不是报酬的比率。

（一）投资项目寿命期不同

1. 共同年限法

如果两个互斥项目不仅投资额不同，而且项目寿命期也有差异，则其净现值没有可比性。例如，投资 A 项目三年所创造的净现值低于投资 B 项目六年所创造的净现值，不一定说明 B 项目的盈利性比 A 项目好。实际上，在比较两个寿命期不等的互斥投资项目时，需要将项目转化成同样的投资期限，才具有可比性。按照持续经营假设，寿命期短的项目在结束后收回的资金可以对该项目再次进行投资，即对项目进行重置。针对投资项目寿命期不等的情况，可以通过重置使各项目的投资期限相同（为各项目寿命期的最小公倍数），然后再比较重置后的净现值。此方法也被称为共同年限法。

【例4-12】现有甲、乙两个机床购置方案,所要求的最低投资报酬率为10%。甲方案投资额10 000元,可用两年,无残值,每年产生8 000元现金净流量。乙方案投资额20 000元,可用三年,无残值,每年产生10 000元现金净流量。

问:两方案何者为优?

投资期限调整前,两方案的相关评价指标见表4-6。

表4-6 互斥投资方案的相关指标 (单位:元)

项 目	甲 方 案	乙 方 案
净现值(NPV)	3 888	4 870
内含报酬率(IRR)	38%	23.39%

根据表4-6,两个指标的评价结论相互矛盾,甲方案的内含报酬率高,而乙方案的净现值大。因此,需将两方案的投资期限调整为它们寿命期的最小公倍数六年进行测算,即甲方案六年内投资3次,乙方案六年内经历了2次投资循环。则各方案的相关评价指标如下:

$$甲方案净现值NPV = 8\ 000 \times (P/A,10\%,6) - 10\ 000 \times (P/F,10\%,4) - 10\ 000 \times$$
$$(P/F,10\%,2) - 10\ 000$$
$$= 8\ 000 \times 4.355\ 3 - 10\ 000 \times 0.683 - 10\ 000 \times 0.826\ 4 - 10\ 000$$
$$= 9\ 748\ (元)$$

$$乙方案净现值NPV = 10\ 000 \times (P/A,10\%,6) - 20\ 000 \times (P/F,10\%,3) - 20\ 000$$
$$= 10\ 000 \times 4.355\ 3 - 20\ 000 \times 0.751\ 3 - 20\ 000$$
$$= 8\ 527\ (元)$$

上述计算说明,在两方案投资期限相等的情况下,甲方案净现值9 748元高于乙方案净现值8 527元,故甲方案优于乙方案。

至于内含报酬率指标,可以测算出:当$i = 38\%$时,甲方案净现值$= 0$;当$i = 23.39\%$时,乙方案净现值$= 0$。这说明,只要方案的现金流量状态不变,即使按公倍数年限调整了方案的投资期限,方案的内含报酬率也不会变化。

尽管共同年限法解决了因投资项目寿命期不同而引起的投资评价指标之间的矛盾,但若比较时所采用的投资期限较长的话,经济环境、技术进步等变化对投资项目的影响在重置时难以进行有效预计,因此不可能原样复制。

2. 年均净现值法

年均净现值法是用于对寿命期不同的投资项目进行比较的另一种方法,它比共同年限法简单,但不易于理解。

由于采用共同年限法换算投资期限比较麻烦,而各项目按本身寿命期计算的年均净现值与用共同年限法计算后的结果一致。因此,实务中在对寿命期不等的互斥方案进行比较时,无须换算寿命期,可以直接按原寿命期的年均净现值指标进行决策。

$$甲机床年均净现值ANPV = 3\ 888/(P/A,10\%,2)$$
$$= 3\ 888/1.735\ 5$$

$$= 2\ 240\ （元）$$

乙机床年均净现值 ANPV $= 4\ 870/(P/A,10\%,3)$

$$= 4\ 870/2.486\ 9$$

$$= 1\ 958\ （元）$$

所以：甲方案优于乙方案。

（二）投资项目寿命期相同

通常在实务中，只有重置概率很高的项目才采用上述决策方法。而对于寿命期差别不大的项目，如五年和七年的投资项目，可以直接比较其净现值，因为预计现金流量和资本成本的误差往往比不同年限的差别还大。

【例 4-13】A、B 两个互斥的投资项目相关数据见表 4-7。

表 4-7　A、B 投资项目相关数据

项　　目	A　项　目	B　项　目
初始投资额（元）	10 000	18 000
年净现金流量（元）	+4 000	+6 500
寿命期	5 年	5 年
净现值 NPV（元）	+5 164	+6 642
获利指数 PI	1. 52	1. 37
内含报酬率 IRR	28. 68%	23. 61%
年均净现值 ANPV	+1 362	+1 752

如表所示，A、B 两项目寿命期相同，而原始投资额不等；尽管 A 项目的内含报酬率和获利指数都较高，但互斥项目的决策更应考虑实际的获利数额，因为在更多的财富和更高的报酬率之间，投资者会倾向于获得更多的财富。因此净现值高的 B 项目是最优选择。这一决策的结论与采用年均净现值指标进行决策的结论是一致的。

B 项目的投资额比 A 项目的投资额多 8 000 元，假设按 10% 的贴现率水平分五年以年金的形式回收，则 B 项目每年需多回收 2 110 元。同时 B 项目年现金净流量比 A 项目也多 2 500 元，扣除需多回收的投资额 2 110 元后，B 项目每年还可以多获得投资报酬 390 元。这个差额正是两个项目年均净现值指标值的差额。所以，在初始投资额不等、寿命期相同的情况下，净现值与年均净现值指标的决策结论一致，应采用年均净现值较大的 B 项目。

综上所述，在进行互斥项目的选优决策时，若项目均有正的净现值，则表明各项目均收回了初始投资，并获得了超额报酬。当各项目寿命期相等时，不论项目的初始投资额大小如何，净现值较大的即为最优方案。初始投资额的大小并不影响投资决策的结论，因此在投资决策时无须考虑初始投资额的大小。

二、独立投资项目的决策

独立投资项目的决策属于筛分决策，需要评价各方案本身是否可行，即方案本身是否达到某种要求的可行性标准。在对可行的独立投资项目进行比较时，投资决策主要解决的是如何确定各种可行项目的投资顺序。因为当资本总量有限时，无法对全部可行的项目筹资，这时就需要进行排序分析，考虑有限的资本应如何分配。

【例4-14】甲公司可以投资的资本总量为10 000万元，资本成本率为10%。现有三个独立的投资项目，相关数据见表4-8。

表4-8　甲公司投资项目的可行性指标　（单位：万元）

项　　目	A　项　目	B　项　目	C　项　目
NCF_0	-10 000	-5 000	-5 000
NCF_1	9 000	5 057	5 000
NCF_2	5 000	2 000	1 881
净现值NPV	2 314	1 253	1 100
获利指数PI	1.23	1.25	1.22

将上述三个方案的各种决策指标加以对比，见表4-9。

表4-9　甲公司投资项目的决策指标对比

净现值NPV	A>B>C
获利指数PI	B>A>C

根据净现值分析，三个项目的净现值都是正数，所以它们都可以增加股东财富。但可用于投资的资本总量只有10 000万元，因此按照净现值的排序，应当优先安排净现值大的项目。即优先选择净现值最大的A项目进行投资，放弃B项目和C项目。

但这样的决策其实是不对的。因为B项目和C项目的总投资是10 000万元，净现值之和为2 353万元，大于A项目的净现值2 314万元。

实际上在进行独立项目决策时比上述举例更加复杂。例如，若例4-14中C项目的投资需要6 000万元时应如何处理？具有一般意义的做法是：首先，将全部项目按获利指数排列出不同的组合，每个组合所需的投资总额不超过资本总量；其次，计算各组合的净现值之和；最后，选择净现值之和最大的组合作为最终采纳的项目。

尽管投资资本总量受限本身不符合资本市场的原理，按照资本市场的原理，好的投资项目理应可以筹到所需资金。但现实中确实有一些公司筹不到盈利项目所需的资金，还有一些公司只愿意在一定的限额内筹资。此时，采用获利指数排序并寻找净现值最大组合的方法就成为有用的决策工具。需要注意的是，这种方法仅适用于单一期间的资本分配，不适用于多期间的资本分配。例如，今年筹资的限额是10 000万元，明年又可以筹资1 000万元；与此同时，已经投资的项目也可不断收回资金并及时用于其他的项目。此时，需要进行更复杂的多期间规划分析，不能用获利指数排序这一简单方法解决。

▶▶ 三、固定资产更新决策

固定资产反映了企业的生产经营能力，固定资产更新决策是项目投资决策的重要组成部分。从决策性质上看，固定资产更新决策属于互斥投资项目的决策，即继续使用旧设备还是购置新设备的决策。

（一）寿命期相同的设备重置决策

一般来说，用新设备来替换旧设备并不改变企业的生产能力，进而也不会增加企业的营业收入，即使有少量的残值变价收入，也被视作现金流出的抵减。因此，大部分以旧换新的设备重置都属于替换重置。在替换重置中，由于所发生的现金流量主要是现金流出量，因此重置决策分析通常是基于折现现金流出量的分析计算。

【例4-15】宏基公司有一台旧机床是三年前购进的，目前准备用一台新机床替换。该公司所得税税率为40%，资本成本率为10%，新旧设备均采用直线法折旧，以目前时点作为第0年，其余资料见表4-10。

表4-10 新旧设备资料

项　目	旧机床	新机床
原价（元）	84 000	76 500
税法残值（元）	4 000	4 500
税法使用年限（年）	8	6
已使用年限（年）	3	0
尚可使用年限（年）	6	6
垫支营运资金（元）	10 000	11 000
大修理支出（元）	18 000（第二年年末）	9 000（第四年年末）
每年折旧费（元）	10 000	12 000
每年营运成本（元）	13 000	7 000
目前变现价值（元）	40 000	76 500
最终报废残值（元）	5 500	6 000

本例中，新旧机床的使用年限均为六年，新机床的购入并未扩大企业营业收入，且并未有其他适当的现金流入，因此我们无法比较使用新旧机床两种方案的净现值或者内含报酬率，只能比较两方案各自总的现金流出量，见表4-11和表4-12。

表4-11 保留旧机床方案　　　　　　　　　　　　　（单位：元）

项　目	现金流量	年　份	现值系数	现　值
①每年营运成本	（-13 000）×（1-40%）=-7 800	1~6	4.355	-33 969
②每年折旧抵税	10 000×40%=4 000	1~5	3.791	15 164
③大修理费	（-18 000）×（1-40%）=-10 800	2	0.826	-8 920.8
④残值变价收入	5 500	6	0.565	3 107.5
⑤残值净收益纳税	［-（5 500-4 000）］×40%=-600	6	0.565	-339
⑥营运资金收回	10 000	6	0.565	5 650
⑦丧失的变价收入	-40 000	0	1	-40 000
⑧变现净损失减税	（40 000-54 000）×40%=-5 600	0	1	-5 600
⑨垫支营运资金	-10 000	0	1	-10 000
现金流量合计				-74 907.3

表 4-12 购买新机床方案 （单位：元）

项 目	现金流量	年 份	现值系数	现 值
①设备投资	−76 500	0	1	−76 500
②垫支营运资金	−11 000	0	1	−11 000
③每年营运成本	（−7 000）×（1−40%）=−4 200	1~6	4.355	−18 291
④每年折旧抵税	12 000×40%=4 800	1~6	4.355	20 904
⑤大修理费	（−9 000）×（1−40%）=−5 400	4	0.683	−3 688.2
⑥残值变价收入	6 000	6	0.565	3 390
⑦残值净收益纳税	［−（6 000−4 500）］×40%=−600	6	0.565	−339
⑧营运资金收回	11 000	6	0.565	6 215
现金流量合计				−79 309.2

比较表 4-11 和表 4-12 可以看出：在两方案营业收入一致的情况下，新设备现金流出总现值为 79 309.2 元，旧设备现金流出总现值为 74 907.3 元。因此，继续使用旧设备比较经济。

本例中有几个特殊问题应注意：

1）两机床尚可使用的年限相等，均为六年；如果尚可使用的年限不等，则不能用这种方法进行决策。

2）尽管垫支的营运资金属于现金流出，但其非当期的成本费用，因此无须进行纳税调整。

3）继续使用旧机床会丧失其当前的变价收入，此为机会成本；且还需考虑对旧机床变价收入和账面余值之间的变现净损益进行纳税调整。

4）若机器设备在终结期存在最终报废残值和税法残值的差异，则需进行纳税调整。

（二）寿命期不同的设备重置决策

针对寿命期不同的设备重置决策，仍然比较各自总的现金流出量是无法得出正确的决策结果的，因为年限的差异会导致产出的不同，因此，我们通常是在现金流出的基础上比较其年均成本，即为获得相同的生产能力所付出的代价，据此判断方案的优劣。此方法又被称为年均成本法。

【例 4-16】安保公司现有旧设备一台，由于节能减排的需要，准备予以更新。当期贴现率为 15%，新旧设备均采用直线法折旧假设不考虑所得税因素的影响，其他有关资料见表 4-13。

表 4-13 安保公司新旧设备资料

项 目	旧 设 备	新 设 备
原价（元）	35 000	36 000
预计使用年限（年）	10	10
已经使用年限（年）	4	0
税法残值（元）	5 000	4 000

（续）

项 目	旧 设 备	新 设 备
最终报废残值（元）	3 500	4 200
目前变现价值（元）	10 000	36 000
每年折旧费（元）	3 000	3 200
每年营运成本（元）	10 500	8 000

由于新旧设备的尚可使用年限不同，因此需比较各方案的年均成本。计算过程如下：

旧设备年均成本 = 10 000 + 10 500 × (P/A,15%,6) - 3 500 × (P/F,15%,6)/(P/A,15%,6)

        = 12 742.56（元）

新设备年均成本 = 36 000 + 8 000 × (P/A,15%,10) - 4 200 × (P/F,15%,10)/(P/A,15%,10)

        = 14 966.16（元）

上述计算结果表明，继续使用旧设备的年均成本为 12 742.56 元，低于购买新设备的年均成本 14 966.16 元，每年可节约 2 223.16 元，所以应当继续使用旧设备。

【例 4-17】某城市二环路已不能适应交通需要，市政府决定加以改造。现有两种方案可供选择：A 方案是在现有基础上拓宽，需要一次性投资 3 000 万元，以后每年需投入维护费 60 万元，每五年年末翻新路面一次需投资 300 万元，永久使用；B 方案是全部重建，需一次性投资 7 000 万元，以后每年需投入维护费 70 万元，每八年年末翻新路面一次需投资 420 万元，永久使用，原有旧路面设施残料收入 2 500 万元，问：在贴现率为 14% 时，哪种方案更优？

相较于上述有限期方案的决策，这是一种永久性方案的决策，可按永续年金的形式进行决策分析。由于永续年金现值的计算公式为 $P=A/i$，因此，两方案现金流出总现值的计算过程如下：

A 方案：拓宽方案

P_A = 3 000 + 60/14% + [300/(F/A,14%,5)]/14% = 3 752.76（万元）

B 方案：重建方案

P_B = (7 000 - 2 500) + 70/14% + [420/(F/A,14%,8)]/14% = 5 226.71（万元）

显然，$P_A < P_B$，A 方案即拓宽方案为优。

第五节　项目投资风险决策

长期投资决策由于涉及的时间较长，投资的不确定性与风险都会对投资项目及其价值产生影响，因此在分析时，有必要了解各因素对投资项目的影响程度，以便有针对性地对这些因素加以控制。项目投资风险决策的基本原理就是对投资决策的相关参数进行风险调整，使管理者的决策建立在更加稳健的基础之上。项目风险的调整主要涉及两种方法：一是风险调整现金流量法，即对项目未来现金流的调整；二是风险调整折现率法，即对项目折现率的调整。

一、风险调整现金流量法

风险调整现金流量法，是指按风险程度的大小，对项目未来各年的现金流量进行调整，然后再进行长期投资决策的评价方法。常用的调整方法主要包括肯定当量法和概率法。

（一）肯定当量法

肯定当量法就是用一个系数（通常称为约当系数）把各年不确定的现金流量调整为确定的现金流量，然后利用无风险折现率计算净现值等指标以评价投资项目可行性的决策分析方法。约当系数是无风险现金流量即肯定现金流量，对与之相当的、不肯定的期望现金流量的比值，通常用 d 来表示。即

$$d = \frac{\text{肯定现金流量}}{\text{期望现金流量}} \tag{4-14}$$

$$\text{肯定现金流量} = \text{约当系数} \, d \times \text{期望现金流量} \tag{4-15}$$

约当系数的选用一般会因人而异，风险投资者会选用较高的约当系数，而稳健的投资者可能选用较低的约当系数。为了防止因决策者的偏好不同而造成决策失误，通常会用变异系数（标准离差率）反映预计现金流量的风险大小，再根据变异系数来确定约当系数。表 4-14 反映了变异系数与约当系数之间的经验对照关系。

表 4-14 变异系数与约当系数之间的经验对照关系

变 异 系 数	约 当 系 数	变 异 系 数	约 当 系 数
0.01~0.07	1	0.33~0.42	0.6
0.08~0.15	0.9	0.43~0.54	0.5
0.16~0.23	0.8	0.55~0.70	0.4
0.24~0.32	0.7		

当现金流量确定无风险时，可取 $d=1$；当现金流量的风险很小时，可取 $1>d\geq0.8$；当现金流量的风险一般时，可取 $0.8>d\geq0.4$；当现金流量的风险很大时，可取 $0.4>d>0$。

实务中，如何合理、准确地确定约当系数本身是有难度的，因此有时也可以根据不同的分析人员各自给出的约当系数进行加权平均，用加权平均约当系数将未来的不确定的现金流量转化为确定的现金流量。

【例 4-18】假设某公司准备进行一项投资，各年的期望现金流量和分析人员确定的约当系数见表 4-15，假定无风险折现率为 10%，试判断此项目是否可行。

表 4-15 投资项目的期望现金流量与约当系数

时间（年）	0	1	2	3	4
NCF（元）	−15 000	6 000	6 000	6 000	6 000
d	1.0	0.95	0.9	0.8	0.7

首先用约当系数调整现金流量，再利用净现值法进行评价。

$\text{NPV} = 0.95 \times 6\,000 \times (P/F,10\%,1) + 0.9 \times 6\,000 \times (P/F,10\%,2) + 0.8 \times 6\,000 \times$

$$(P/F,10\%,3) + 0.7 \times 6\,000 \times (P/F,10\%,4) - 15\,000$$
$$= 5\,700 \times 0.909 + 5\,400 \times 0.826 + 4\,800 \times 0.751 + 4\,200 \times 0.683 - 15\,000$$
$$= 1\,115.10 \text{（元）}$$

由于按风险程度对现金流量进行调整后，计算出的投资项目净现值大于 0，故该项目可以进行投资。

（二）概率法

概率法是指通过发生概率来调整各期预计的现金流量，进而对投资项目做出评价的一种方法。概率法一般适用于各期现金流量相互独立的投资项目。所谓现金流量相互独立，是指各期的现金流量互不相关。

$$\overline{\text{NCF}_t} = \sum_{i=1}^{n} \text{NCF}_{ti} P_{ti} \tag{4-16}$$

式中　$\overline{\text{NCF}_t}$——第 t 年的期望现金净流量；

　　　NCF_{ti}——第 t 年第 i 种可能的现金净流量；

　　　P_{ti}——第 t 年第 i 种结果发生的概率。

【例 4-19】某公司的一个投资项目各年预计的现金流量与其概率分布情况见表 4-16，假设资本成本率为 10%。试判断此项目是否可行。

表 4-16　投资项目预计的现金流量与概率分布

第 0 年		第 1 年		第 2 年		第 3 年	
概　率	NCF_0（元）	概　率	NCF_1（元）	概　率	NCF_2（元）	概　率	NCF_3（元）
		0.5	20\,000	0.3	30\,000	0.2	40\,000
1	-40\,000	0.5	15\,000	0.4	20\,000	0.4	25\,000
				0.3	10\,000	0.4	10\,000

（1）根据表 4-16 的资料，计算各年期望现金净流量如下：

$$\overline{\text{NCF}_1} = 20\,000 \times 0.5 + 15\,000 \times 0.5 = 17\,500 \text{（元）}$$

$$\overline{\text{NCF}_2} = 30\,000 \times 0.3 + 20\,000 \times 0.4 + 10\,000 \times 0.3 = 20\,000 \text{（元）}$$

$$\overline{\text{NCF}_3} = 40\,000 \times 0.2 + 25\,000 \times 0.4 + 10\,000 \times 0.4 = 22\,000 \text{（元）}$$

（2）计算投资项目的期望净现值：

$$\overline{\text{NPV}} = 17\,500 \times (P/F,10\%,1) + 20\,000 \times (P/F,10\%,2) + 22\,000 \times (P/F,10\%,3) -$$
$$40000$$
$$= 17\,500 \times 0.909\,1 + 20\,000 \times 0.826\,4 + 22\,000 \times 0.751\,3 - 40\,000$$
$$= 8\,965.85 \text{（元）}$$

因为该项目的期望净现值为正，所以可以投资。

二、风险调整折现率法

（一）确定项目折现率的基本原理

折现率反映了投资者所要求的最低报酬，它是公司选择投资项目的重要标准，折现率选择不当可能导致决策错误。那么，如何确定投资者对投资项目收益的最低要求呢？

实务中，投资者一般可从投资和融资两个视角考虑来确定折现率。从投资的视角考虑，企业投资于某项目所期望的必要收益率至少应当达到行业平均收益率的标准，则行业平均收益率可以作为折现率。从融资的角度考虑，投资者投资于某项目所期望获得的最低报酬必须能够弥补资本成本，也就是说投资者可以根据资本成本的高低来确定折现率。

项目投资中通常以加权平均资本成本作为项目折现率，以比较、评价和选择投资方案，进行项目投资决策。但这必须满足两个基本假设：一是投资项目与公司当前资产具有相同的经营风险；二是资本结构不变，即投资项目的融资结构与公司当前资本结构相同，即财务风险不变。

（二）项目折现率与投资风险

如果投资项目与公司当前的经营业务不存在关联，或者当项目风险与公司经营方向、经营风险、财务风险等不一致时，则需要对项目风险进行调整，不能直接采用公司加权平均资本成本作为折现率。

风险调整折现率法是指通过调整折现率的高低来反映项目风险的大小，并据以进行投资决策分析的方法。在投资决策中，需要通过调整折现率来调整的风险究竟是什么风险呢？理论上，公司所面临的总风险既包括不可分散风险（系统风险），也包括可分散风险。投资决策中的项目风险则主要体现在三个方面：项目自身的特有风险、项目给公司整体风险所带来的增量风险以及从公司股东角度考虑的增量风险。而这些投资项目的风险属于可分散风险，都可以通过公司内部资产组合或股东外部多元化投资组合进行分散。因此，投资项目风险反映的在市场整体投资组合中不可分散的系统风险，需要通过调整折现率来予以补偿。

按风险调整折现率常见的方法主要包括资本资产定价模型或其他方法。

用资本资产定价模型来调整折现率的公式如下：

$$K_j = R_f + \beta(R_m - R_f) \tag{4-17}$$

式中　K_j——投资项目按风险调整的折现率；

　　　R_f——无风险报酬率；

　　　β——投资项目不可分散风险的 β 系数；

　　　R_m——所有项目平均的必要报酬率。

除此以外，也可按评分确定投资项目的风险等级来调整折现率，或者根据项目风险与公司目前经营风险的差异对加权平均资本成本进行调整，即在现有加权平均资本成本的基础上加减一定数量的风险溢价后得到新的资本成本。

【课后阅读】

资本困局下的租赁决策

2012 年 3 月 15 日，证监会公布了最新的主板 IPO 申报企业基本信息，在冲刺 IPO 的

"新兵"里，国泰君安保荐的"吉祥航空"颇为惹眼。"吉祥航空"于2006年9月首航，2007年1~8月即实现盈利1 800万元，而2010年利润已然达到4.16亿元。那么，这个似乎是突然出现在公众眼前又迅速成长的"吉祥航空"是何来历?

1. "牛奶"到飞机

2004年，国家放开民航业准入资格，允许民营资本和外资进入组建航空公司。2005年6月，均瑶集团获准筹建上海吉祥航空有限公司。2006年2月，均瑶集团通过收购奥凯航空的控股股东——奥凯航空交能投资公司71.43%的股权取得了对"奥凯航空"的控股地位。同年11月，均瑶集团参股"鹰联航空"，获得30%以上股份。至此，均瑶集团旗下已有三家航空公司，成为民营航空业当之无愧的"老大"，旗下的三家航空公司曾被戏称为"吉祥三宝"。

然而，均瑶集团的航空之路却并没有"一路吉祥"，三家航空公司仅有"吉祥航空"盈利。"鹰联航空"由于债务缠身被国资背景的"四川航空"收编，于2009年3月重组并更名为"成都航空"。同时，"奥凯航空"深陷实际管理权争夺战，交战的一方是均瑶集团，另一方是另外四家股东，三年之间累计亏损超过2亿元，最终均瑶集团于2010年3月出售股权并退出"奥凯航空"。

2. 异化战略

2008年，金融危机来袭，国内民航全行业亏损282亿元，而"吉祥航空""春秋航空"分别实现了1 150万元、2 104万元的盈利。国有航空公司能得到政府几十亿元的注资，民营航空公司却只能在夹缝中顽强生存。

与"春秋航空""从牙缝里省钱"的廉价航空定位不同，均瑶集团董事长王均金表示，民营航空并不与低端服务画等号。"吉祥航空"的目标客户是中高端公务、商务和商务休闲旅客，其票价与国有大公司持平，有时甚至更高。

在飞机的引进上，"吉祥航空"的机队坚持以空客A320系列机型为主，拟研究引进A321系列机型。机队的平均机龄只有两年左右，这在中国民航业屈指可数。

在提供高质量服务的同时，在其他方面的成本控制上，"吉祥航空"则向"春秋航空"看齐。"吉祥航空"目前的人机比只有1:75，与春秋航空相当，而其他公司则要达到1:120。同样，"吉祥航空"也不会自己买航材，而是租用新加坡宇航的备用航材，"这样就没有折旧，也降低了维修和管理费用"，王均金说。

3. 机队扩张之道

航空企业引进飞机主要有两种途径——贷款购买与租赁，而经营性租赁正是年轻的"吉祥航空"机队成长中绕不开的关键词。

航空业内曾有一句谶语——"三年方可盈利"。要盈利，一般需要10架以上飞机的规模。"吉祥航空"2006年首航，自2007年开始即持续盈利。2009年公司盈利1.08亿元，同比增长8.39倍；2010年利润达到4.16亿元，同比增长约3倍。"吉祥航空"打破了业内3年盈利的谶语。在这三年内，"吉祥航空"的机队也从2006年年底的3架迅速扩张到 2009 年年底的 14 架。然而，这 14 架全新空客飞机仅有 1 架的所有权归属于"吉祥航空"。这架编号为 B-6572 的飞机于 2009 年 7 月由中国建设银行提供贷款引进，其他的飞机皆是以经营租赁的方式引进的。截至 2012 年 7 月，"吉祥航空"机队规模为 26 架，其中经营租赁方式引进的飞机 15 架，牢牢占据半壁江山，融资租赁引进 3 架，贷款购买 8 架。

飞机是一个航空企业最重要的资产。通过采用贷款自购、融资租赁和经营性租赁的混合形式管理机队，可以使航空公司在机队规划和管理方面具有很强的灵活性，也是航空公司针对自身财务状况、运营环境以及市场变化的重要战略决策。因此，飞机租赁决策实际上包含了航空企业对资本结构和经营战略的全面考量，而机队结构也成为航空企业的一项关键特征。

年报公开的机队数据显示，截至 2012 年年底，三大国有航空巨头以经营性租赁方式引进的飞机占机队总体的比例均不到 35%，融资租赁以及自购方式合计超过 65%。"中国国际航空"经营性租赁的飞机占比最低，仅为 25.17%；最高为"东方航空"，达到 34.86%。相比之下，"吉祥航空"经营性租赁引进飞机的比例则达到 57.69%。

4. 经营资本困局

2010 年，"吉祥航空"的资产负债率维持在 80% 的高位，均瑶集团通过增资 2 亿元将资产负债率降至 70% 左右。王均金表示，该数值日后还会进一步降低，目标是将其控制在 50%。然而事与愿违，随着机队规模的不断扩张，截至 2012 年 10 月，"吉祥航空"的资产负债率已经达到 75%，且在此之前，"吉祥航空"已然通过引进私募的方式增资扩股。摆在"吉祥航空"资本困局面前的似乎只剩下 IPO。

京沪航线是国内商务旅客最集中、盈利水平最高的黄金航线，长期由"中国国际航空""东方航空""南方航空"等传统巨头垄断运营。2011 年 10 月，经过多年努力，"吉祥航空"终于获准经营京沪航线。然而，航权时刻的分配并不以客座率、准点率的好坏为依据，"吉祥航空"每天只能飞一个京沪航班，21:45 从虹桥起飞，次日 00:30 抵达首都机场，返回的航班于 6:30 起飞，8:55 抵达上海，可谓披星戴月。

培养一名成熟的飞行员需要几年时间，要想尽快起飞，只能从"老大哥"那里挖人，而即使按照相关民航规定为跳槽的飞行员支付了最高 210 万元的赔偿金，很多传统航空企业也依旧不愿放人。近年来，"吉祥航空"高薪聘请了诸多外籍机长。

坚持差异化道路的"吉祥航空"，其引进全新飞机的核心战略不可动摇。然而，面对航线分配不公、人才成本高的问题，却要撬动拥有数十架全新空客 A320 并不断加速扩张的机队，资产负债率将何去何从？是寄望于 IPO 成功，还是寻求售后租回等短期财务策略？资本困局仍然深锁，未来也仍然充满不确定性，租赁决策也必将是"吉祥航空"经营布局中最重要的环节之一。

（资料来源：王少飞，上海财经大学商学案例集，上海财经大学出版社，2014）

【本章小结】

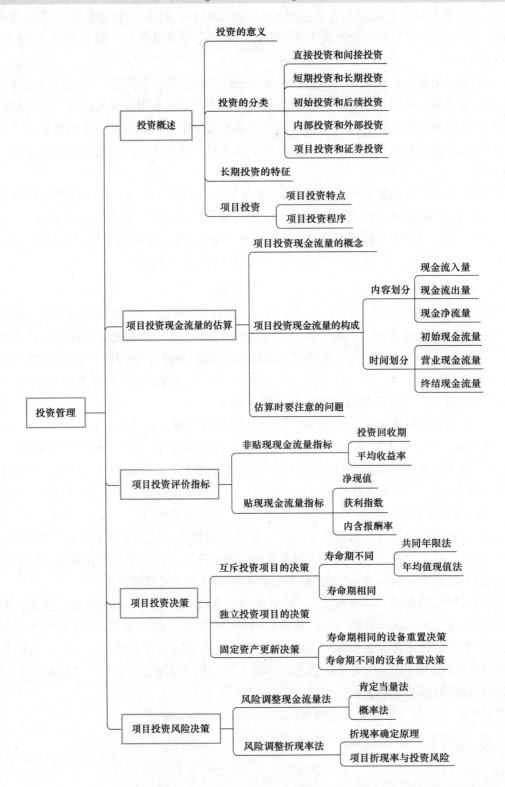

【课后习题】

一、思考题

1. 简述项目投资中现金流量的构成。
2. 简述在投资决策中使用现金流量的原因。
3. 试比较贴现现金流量指标之间的异同。
4. 关于生产新产品所追加的流动资金，是否应算作项目的现金流量？
5. 项目投资应如何确定折现率？

二、练习题

（一）选择题

1. 某企业欲购进一套新设备，要支付 400 万元，该设备的使用寿命为四年，无残值，采用直线法计提折旧。预计每年可产生税前利润 140 万元，如果所得税税率为 25%，则该设备的投资回收期为（　　）年。

   A. 4.55　　　　　B. 2.95　　　　　C. 1.95　　　　　D. 3.25

2. 当折现率与内含报酬率相等时（　　）。

   A. 净现值小于 0　　B. 净现值等于 0　　C. 净现值大于 0　　D. 净现值不一定

3. 某企业准备新建一条生产线，预计各项支出如下：投资前准备费用 2 000 元，设备购置费用 8 000 元，设备安装费用 1 000 元，建筑工程费用 6 000 元，投产时需垫支营运资本 3 000 元，不可预见费按总支出的 5% 计算，则该生产线的投资总额为（　　）元。

   A. 20 000　　　　B. 21 000　　　　C. 17 000　　　　D. 17 850

4. 在新旧设备使用寿命不同的固定资产更新决策中，不可以使用的决策方法是（　　）。

   A. 差量分析法　　B. 年均净现值法　　C. 年均成本法　　D. 共同年限法

5. 某投资方案的年营业收入为 10 000 元，年付现成本为 6 000 元，年折旧额为 1 000 元，所得税税率为 25%，该方案的每年营业现金流量为（　　）元。

   A. 1 680　　　　B. 2 680　　　　C. 3 250　　　　D. 3 990

6. 下列投资中属于短期投资的有（　　）。

   A. 现金　　　　B. 机器设备　　　　C. 预收账款　　　　D. 存货

   E. 无形资产

（二）计算题

1. 大威矿山机械厂准备从甲、乙两种机床中选购一种机床。甲机床购价为 35 000 元，投入使用后，每年现金净流量为 7 000 元；乙机床购价为 36 000 元，投入使用后，每年现金净流量为 8 000 元。假定资本成本率为 9%，用动态回收期指标决策该厂应选购哪种机床？

2. E 公司某项目投资期为两年，每年投资 200 万元。第三年开始投产，投产开始时垫支营运资本 50 万元，于项目结束时收回。项目有效期为六年，净残值 40 万元，按直线法计提折旧。每年营业收入400万元，付现成本280万元。公司所得税税率25%，资本成本率10%。

要求：计算项目的净现值、获利指数和内含报酬率，并判断项目是否可行。

3. 已知某设备原值60 000元，税法规定的残值率为10%，最终报废残值5 000元，该公司所得税税率为25%，则该设备最终报废由于残值带来的现金流入量是多少？

（三）案例分析题

G公司是一家生产和销售软饮料的企业。该公司产销的甲饮料持续盈利。目前供不应求，公司正在研究是否扩充其生产能力。有关资料如下：

（1）该种饮料批发价格为每瓶5元，变动成本为每瓶4.1元。本年销售400万瓶，已经达到现有设备的最大生产能力。

（2）市场预测显示明年销量可以达到500万瓶，后年将达到600万瓶，然后以每年700万瓶的水平持续3年。五年后的销售前景难以预测。

（3）投资预测：为了增加一条年产400万瓶的生产线，需要600万元用于设备投资；预计第五年年末设备的变现价值为100万元；生产部门估计需要增加的营运资本为新增销售额的16%，在年初投入，在项目结束时收回；该设备能够很快安装并运行，可以假设没有建设期。

（4）设备开始使用前需要支出培训费6万元，该设备每年需要运行维护费6万元。假设这两种费用均为税后金额。

（5）公司所得税税率为25%；税法规定该类设备使用年限6年；采用直线法计提折旧，残值率为5%；假设与该项目等风险投资要求的最低报酬率为15%；银行借款（有担保）利息率为12%。

要求：分析计算该投资方案的净现值，并判断其是否可行。

第五章

长期筹资决策

【学习目标】

1. 了解企业长期筹资的概念、动机；熟悉企业长期筹资的渠道和方式
2. 掌握普通股、长期借款、公司债券、融资租赁等筹资方式的优缺点
3. 理解可转换债券的特性及其优缺点，理解转换期限、转换价格和转换比率

【课程思政】

了解非法融资，培养守法诚信的职业道德；认识融资市场的发展，培养改革创新的时代精神；了解现有的融资方式和渠道，顺势引导建立创新创业观念；了解绿色金融产品，融入国家发展战略，关注社会效益，提升社会责任感。

【导入案例】

2022年6月22日晚间，宁德时代发布公告披露定增结果，本次发行价格为410元/股，为发行底价的120.71%，募集资金总额约为450亿元。扣除各项发行费用（不含增值税），实际募集资金净额448.7亿元。宁德时代公告显示，定增募投项目中包括四个生产基地，分别为福鼎时代锂离子电池生产基地项目、广东瑞庆时代锂离子电池生产项目一期、江苏时代动力及储能锂离子电池研发与生产项目（四期）、宁德蕉城时代锂离子动力电池生产基地项目（车里湾项目），分别使用募集资金152亿元、117亿元、65亿元、46亿元，另外还有70亿元投向宁德时代新能源先进技术研发与应用等项目。

从公告来看，机构投资者对宁德时代的定价存在较大差异。其中，南方东英资产管理有限公司申购报价高达462元/股，为最高申购价；出价最低的为诺德基金管理有限公司，申购价格为339.89元/股，二者价差达122元/股。

根据定增结果来看，最终共有22名认购对象获得了宁德时代此次的战略配售，阵容堪称豪华，包括摩根士丹利、摩根大通、国泰君安证券、泰康资产、睿远基金、高瓴等多家海内外知名机构。

从获配金额来看，国泰君安证券、摩根大通、巴克莱银行分别以46.6亿元、40.7亿元和33.6亿元位居前三。同时，国泰君安证券也成为获配股数最多的机构，共获配1 137.5万股。

（资料来源：长江商报公众号，宁德时代450亿定增落地22家机构追捧 发布麒麟电池续航可达1 000公里明年量产，李启光，有改动）

第一节　长期筹资概述

▶▶ 一、长期筹资的概念和意义

（一）长期筹资的概念

任何企业在生存和发展过程中都需要资本，资本筹集简称筹资，是企业根据生产经营机会、对外投资方案以及资本结构的调整安排等，经过科学的预测和决策，通过一定的渠道和适当的方式，从企业外部或内部获取所需资金的财务管理行为。

企业的筹资可以分为长期筹资和短期筹资。企业长期筹资是指企业通过长期筹资渠道和资本市场，运用长期筹资方式，经济有效地筹措和集中长期资本的活动。长期筹资是企业筹资的主要内容，短期筹资则属于营运资本管理的内容。

（二）长期筹资的意义

（1）长期筹资是企业生产经营活动的前提，任何企业的生存和发展都需要一定的资本规模，同时长期筹资也是企业再生产顺利进行的保证。

（2）筹资为投资提供了基础和前提，没有资本的筹集，就无法进行资本的投放。

（3）长期筹资也可能是调整资本结构的一种选择。比如当企业负债比率过高、偿债压力过大、财务风险过高时，可以通过筹资来调整资本结构。

▶▶ 二、长期筹资的动机

企业具体的筹资活动通常受特定的筹资动机驱使，如购置新的生产线，开发新产品，对外进行股票投资，偿付到期债务等。归纳起来企业筹资有以下几个方面的动机。

（一）扩张性筹资动机

扩张性筹资动机是指企业因扩大生产经营规模或追加对外投资而产生的筹资动机。筹资的首要目的是满足企业生产经营活动的需要。当企业成立时，所筹资金用于购建生产经营设备、采购材料及支付各种费用，以满足生产经营业务的需要；当企业扩大生产经营规模时，扩充生产经营设施和设备，增加材料采购量等都需要筹资以弥补企业原有资金的不足；当企业在产品销售后未能及时回笼货款，或发生经营性亏损，影响了企业生产经营正常周转时，也需通过筹资来弥补资金的暂时短缺，以保证企业生产经营的正常进行。企业为获取更大效益，在开拓有发展前途的对外投资领域时，需要做好筹资工作，以满足对外投资的需要；企业在对外投资项目发展良好、需要扩大对外投资规模时，也需要通过筹资来补充对外投资资金。

（二）偿债筹资动机

偿债筹资动机是指企业为了偿还债务而形成的借款动机，即借新债还旧债。偿债筹资动机有两种情况：一是满足调整资本结构的需要，这种情况下企业本身有足够的资金偿还旧债，但为了降低资本成本、降低筹资风险，企业需要对所有者权益与负债之间的比例进行调整，举借新债使企业的资本结构趋于合理；二是被迫"举新债还旧债"，这种情况往往预示着企业的财务状况趋于恶化，企业现有的支付能力已不足以偿付到期债务，也可能是企业对未来的一种期待。

（三）混合筹资动机

当企业筹集资金的动机兼具了前面两种情况时，例如企业通过筹集资金，既满足了扩大生产经营规模的需要又满足了调整资本结构的需要，我们就把这种筹资动机称为混合筹资动机。

三、长期筹资的要求

长期筹资是企业财务管理的一项重要工作，筹资数量、筹资成本、何时筹资以及用什么方式筹资等都是筹资决策中的重要问题。企业筹资应遵循以下要求进行。

1. 合理确定资金需要量，认真研究投资项目

对企业来说，资金不足会影响正常的生产经营，但资金过剩又会导致资金使用效率降低。因此筹集资金就必须有一个合理的界限，判断这个合理界限的标准就是资金筹集量和资金需要量的平衡。筹资是为了资金的投放，因此资金需要量的大小或者说筹集资金的量就取决于投资项目的需要，从这个角度来说企业必须确定有利的投资项目，才能决定是否筹资和筹资量的多少。

2. 认真选择筹资来源，把握好筹资时机

长期筹资可以选择多种筹资渠道和方式，这些筹资渠道和方式也为企业带来了不同的资本成本和财务风险。因此要对各种筹资方式进行分析、对比、选择和组合，确定最经济可行的筹资渠道和方式。资金在不同时点上具有不同的价值，长期筹资还要合理安排筹资时间，企业要根据资金需求的具体情况合理安排，尽量使资金筹集和资金投放的时间一致，避免取得资金过早造成投放前的资金闲置或取得资金滞后而延误资金投放的有利时机。

3. 合理安排资本结构

企业的长期筹资还必须合理确定资本结构。合理确定企业的资本结构，主要有两方面的内容：一方面是合理确定股权资本与债务资本的结构，也就是合理确定企业的债务资本规模或比例，债务资本规模应当与股权资本规模和偿债能力的要求相适应，既要避免债务资本过多，导致财务风险过高，偿债负担过重，又要有效利用债务资本经营，提高股权资本的收益水平；另一方面是合理确定长期资本与短期资本的比例，也就是合理确定企业全部资本的期限结构，使之与企业资产所需持有的期限相匹配。

4. 恪守信用，依法筹资

企业的筹资活动影响社会资本的流向和流量，涉及各方的经济利益，因此必须根据国家有关法律、法规和政策指导，依法筹资，恪守商业信用，严格履行约定的责任，维护各方的合法权益。

四、长期筹资的渠道和方式

（一）长期筹资的渠道

企业的筹资渠道是指企业筹集资本的方向与通道，体现资本的来源和流量。企业的长期筹资需要通过长期筹资渠道和资本市场进行。不同的长期筹资渠道有其各自的特点和适用性，企业的长期筹资渠道可以归纳为如下几种。

1. 政府财政资本

政府财政资本历来是国有企业筹资的主要来源，政策性很强，通常只有国有独资或国有控股企业才能利用。政府财政资本具有广阔的资本来源和稳固的基础，且从国有企业资本金预算中安排，是国有独资或国有控股企业股权资本筹资的重要渠道。

2. 银行信贷资本

银行信贷资本是各类企业筹资的重要来源。商业银行可以为各类企业提供各种商业性贷款；政策性银行主要为特定企业提供政策性贷款。银行信贷资本拥有居民储蓄、单位存款等经常性的资本来源，贷款方式灵活多样，可以适应各类企业长期债务资本筹集的需要。

3. 非银行金融机构资本

非银行金融机构也可以作为一些企业长期筹资的来源。非银行金融机构是指除银行以外的各种金融机构及金融中介机构。我国非银行金融机构主要有租赁公司、保险公司、企业集团财务公司以及信托投资公司、证券公司等。它们有的集聚社会资本，融资融物，为一些企业直接筹集资本；有的承销证券，提供信托服务，为一些企业发行证券筹资提供承销信托服务。非银行金融机构虽然财力比银行小，但具有广阔的发展前景。

4. 其他法人资本

在我国，法人可分为企业法人、事业单位法人和团体法人等。它们在日常资本运营中，也可能形成部分暂时闲置的资本，为了让这些闲置资本发挥一定的效益，就需要相互融通，这就为企业筹资提供了一定的资本来源。

5. 民间资本

民间资本可以为企业直接提供筹资来源。我国企业和事业单位的职工和广大城乡居民持有大量的货币资本，可以对一些企业直接进行投资，为企业筹资提供资本来源。

6. 企业内部资本

企业内部资本主要是指企业通过提取盈余公积和保留未分配利润形成的资本。这是企业内部的筹资渠道，比较便捷，有盈利的企业都可以加以利用。

7. 国外资本和我国港澳台地区资本

在改革开放的市场条件下，国外投资者以及我国香港、澳门和台湾地区的投资者持有的资本，亦可被企业吸收，从而形成企业的筹资渠道。

（二）长期筹资的方式

筹资方式是指企业筹集资金所采取的具体形式，它受到法律环境、经济体制、融资市场等筹资环境的制约，特别是受国家在金融市场和融资行为方面的法律法规的制约。一般来说，企业最基本的筹资方式有两种：股权筹资和债务筹资。股权筹资形成企业的股权资金，通过投入资本筹资和发行股票等方式取得；债务筹资形成企业的债务资金，通过向金融机构借款、发行债券、利用商业信用等方式取得。

1. 投入资本筹资

投入资本筹资是指非股份制企业以投资合同、协议等形式吸收国家、其他单位、个人直接投入资本的一种筹资方式。这种筹资方式不以股票这种融资工具为载体，通过签订投资合同或投资协议规定双方的权利和义务，主要适用于非股份制公司筹集股权资本。

2. 发行股票

发行股票是指企业以发售股票的方式取得资金的筹资方式，只有股份有限公司才能发行股票。

3. 发行债券

发行债券是指企业以发售公司债券的方式取得资金的筹资方式。这种筹资方式以债券形式筹措资金，发行者以最终债务人的身份将债券转移到最初投资者的手中。

4. 向金融机构借款

向金融机构借款是指企业根据借款合同从银行或非银行金融机构取得资金的筹资方式。这种筹资方式广泛适用于各类企业，它既可以筹集长期资金，也可以用于短期资金融通，具有灵活、方便的特点。

5. 融资租赁

融资租赁，也被称为资本租赁或财务租赁，是指企业与租赁公司签订租赁合同，从租赁公司取得租赁物资产，通过对租赁物的占有、使用取得资金的筹资方式。

6. 利用商业信用

商业信用是指在商品或劳务交易中，由于延期付款或延期交货所形成的企业之间的借贷信用关系。商业信用是由于业务供销活动而形成的，它是企业短期资金的一种重要的和经常性的来源。

7. 留存收益

留存收益是指企业从税后净利润中提取的盈余公积金以及从企业可供分配利润中留存的未分配利润。

【资料阅读】

深圳某区块链集团有限公司通过互联网、社交软件等平台对外宣称：其公司发布的"普洱币"，是一种自称以百亿藏茶作为抵押的虚拟货币。投资人可通过虚拟交易平台买卖"普洱币"赚取差价，但"普洱币"价格的变动并非由市场调控，而是由该公司操盘控制。为吸引更多投资人，该公司一度将价格从0.5元拉升至10元，还在发布会上承诺将通过两次拆分（一拆十、十拆百），使投资人持有的"普洱币"扩大100倍以增加收益。当大量投资人进场之后，该公司又通过恶意操纵"普洱币"价格走势不断套现，导致投资人手中"普洱币"毫无价值，损失惨重。至案发，"普洱币"被曝出已集资诈骗3亿多元，共有3 000多人被骗。

风险提示

（1）国家明确规定，虚拟货币不具有与法定货币等同的法律地位，严禁虚拟货币"挖矿"和交易行为，严厉打击虚拟货币相关非法金融活动，严厉打击以虚拟货币为噱头的非法集资等犯罪活动。

（2）参与虚拟货币投资交易活动存在法律风险。任何法人、非法人组织和自然人投资虚拟货币及相关衍生品，违背公序良俗的，相关民事法律行为无效，由此引发的损失由其自行承担；涉嫌破坏金融秩序、危害金融安全的，由相关部门依法查处。

（资料来源：内蒙古新闻网，以区块链、虚拟货币为名的非法集资——远离非法集资　拒绝高利诱惑案例十，economy. nmnews. com. cn/system/2021/10/22/013208357. shtml，有改动）

▶▶ 五、长期筹资的分类

企业通过各种筹资渠道筹集的资本，由于其属性、来源和机制的不同形成了不同的分类方式。

（一）股权性筹资、债务性筹资和混合性筹资

企业的全部筹资按照资本属性不同可以分为股权性筹资、债务性筹资和混合性筹资。

1. 股权性筹资

股权性筹资形成企业的股权资本，也称自有资本和权益资本，是企业依法取得并长期拥有、自主调配的资本。根据我国有关法规制度，企业的股权资本由资本金（或股本）、资本公积、盈余公积和未分配利润组成。

股权资本的所有权属于企业的所有者，企业对股权资本依法享有经营权。股权资本也被视为企业的"永久性资本"。企业的股权资本一般是通过政府财政资本、其他法人资本、民间资本、企业内部资本和外商资本筹资渠道，采用投入资本、发行普通股等筹资方式形成。

2. 债务性筹资

债务性筹资形成企业的债务资本，也称债权资本和借入资本，是企业依法取得并依约运用、按期偿还的资本。债务资本体现了企业和债权人的债务和债权关系；企业的债权人有权按期索取债权本息，但无权参与企业的经营和利润分配且对企业的其他债务不承担责任；企业对持有的债务资本在约定的期限内享有经营权并承担按期还本付息的义务。

企业的债务资本一般是通过银行信贷资本、非银行金融机构资本、其他法人资本、民间资本、外商资本的筹资渠道，采用向金融机构借款、发行债券、利用商业信用和融资租赁等筹资方式取得的。

3. 混合性筹资

混合性筹资是指兼具股权性筹资和债务性筹资双重属性的长期筹资类型，主要包括发行优先股筹资和发行可转换债券筹资等。优先股股本属于企业的股权资本，但优先股股利同债券利率一样，通常是固定的，因此优先股筹资被归为混合性筹资。可转换债券在其持有者将其转换为公司股票之前，属于债务性筹资；在持有者将其转换为公司股票之后，则

属于股权性筹资。可见，优先股筹资和可转换债券筹资都具有股权性筹资和债务性筹资双重属性，因此属于混合性筹资。

（二）内部筹资和外部筹资

企业的全部筹资按资本来源可分为内部筹资和外部筹资，一般来说企业应在充分利用了内部筹资后再考虑外部筹资。

1. 内部筹资

内部筹资是指企业在企业内部通过留用利润形成的资本。内部筹资也被称为"自动化的资本"，一般不需要直接花费筹资费用。

2. 外部筹资

外部筹资是指企业在内部筹资不能满足需要时，向企业外部筹资形成的资本。企业的外部筹资大多要花费筹资费用。

（三）直接筹资和间接筹资

企业的筹资活动按其筹资机制的不同，可分为直接筹资和间接筹资。

1. 直接筹资

直接筹资是指企业不借助银行等金融机构，直接与资本所有者协商融通资本的一种筹资活动。具体来说，直接筹资主要有投入资本、发行股票、发行债券和商业信用等方式。直接筹资有利于提高企业知名度，改善资本结构，但手续较繁杂，所需时间长，筹资费用较高。

2. 间接筹资

间接筹资是指企业借助银行等金融机构而融通资本的筹资活动。在间接筹资活动过程中，银行等金融机构发挥着中介作用。间接筹资的基本方式是银行借款。间接筹资范围比较狭窄，但手续比较简单，过程也较简单，筹资效率较高，费用较低。

第二节 股权性筹资

一、投入资本筹资

投入资本筹资是指非股份制企业以合同、协议等形式吸收国家、其他单位、个人直接投入资本的一种筹资方式。这种筹资方式无须证券做媒介，是非股份制企业筹集资本的一种基本形式。

（一）投入资本筹资的种类

1. 按来源渠道分类

（1）筹集国家直接投资，主要是取得国家财政对企业的投资，包括基建拨款、流动资金拨款、专项拨款等，形成企业的国有资本。

（2）筹集其他企业、单位等法人的直接投资，形成企业的法人资本。

（3）筹集本企业内部职工和城乡居民的直接投资，形成企业的个人资本。

（4）筹集我国港澳台地区投资者的直接投资，形成企业的港澳台资本。

（5）筹集外国投资者的直接投资，形成企业的外商资本。

2. 按投资者的出资形式分类

（1）筹集现金投资，是指企业从投资方获得以货币形式投入的资金。现金可灵活方便地转换为其他物质性和非物质性经济资源，因此，这是企业筹集投入资本乐于采用的形式，企业在吸收投资时都尽可能地争取投资者以现金形式出资。投资者现金出资的比例一般按各国法律法规规定，或由出资各方协商确定。

（2）筹集非现金投资，是指企业从投资方获得以实物、无形资产等形式投入的资金。实物资产主要包括房屋、建筑物、设备等固定资产以及材料、燃料、产品等流动资产；无形资产主要包括专利权、商标权、商誉、非专利技术、土地使用权等。

（二）投入资本筹资的优缺点

1. 投入资本筹资的优点

（1）筹资风险小。投入资本筹资没有固定的利息费用，向投资者支付报酬的多少可根据企业经营状况的好坏而定，所以筹资风险较小。

（2）能增强企业的举债能力。投入资本筹资使企业的股权资本增加，增强了企业的财务实力，为企业偿债提供保障，从而增强了企业的举债能力。

（3）能尽快形成生产能力。投入资本筹资不仅可以筹得现金，还可直接利用投资者投入的先进设备和先进技术，尽快形成生产能力。

2. 投入资本筹资的缺点

（1）资本成本较高。支付给投资者的报酬是从税后利润支付的，不能抵税。因此，这种方式筹集到的资本成本，一般要比发行债券或向银行贷款等负债筹资方式的资本成本高。

（2）会分散企业的控制权。投入资本筹资属于股权性筹资，投资者一般要求得到与其出资份额相应的经营管理权，当吸收直接投资较多时，企业的经营决策就会受外部投资者的控制。

（3）由于没有证券为媒介，投入资本筹资的产权关系有时不够明晰，也不便于进行产权交易。

▶▶ 二、发行普通股筹资

股票是股份公司签发的证明持股人拥有股份公司股权的凭证，股票持有人为股份公司的股东。发行股票是股份公司筹集权益资金的基本方式。

（一）股票的分类

1. 股票按股东权利和义务划分为普通股和优先股

普通股是公司发行的代表股东享有平等的权利、义务，不加特别限制，股利不固定的股票。通常情况下，股份有限公司只发行普通股。普通股在权利和义务方面的特点是：普通股股东享有公司的经营管理权；普通股股利分配在优先股之后进行，并依公司盈利情况而定；公司解散清算时，普通股股东对公司剩余财产的请求权位于优先股股东之后；公司增发新股时，普通股股东具有优先认购权，可以优先认购公司所发行的股票。

优先股是公司发行的优先于普通股股东分取股利和公司剩余财产的股票。多数国家的公司法规定，优先股可以在公司设立时发行，也可以在公司增发新股时发行。有些国家的法律则规定，优先股只有在特殊情况下，如公司增发新股或清理债务时才准许发行。

2. 股票按票面有无记名分为记名股票和无记名股票

记名股票是在股票票面上记载股东的姓名或者名称的股票，股东姓名或名称要记入公司的股东名册。我国《公司法》规定，公司向发起人、法人发行的股票，应为记名股票。

无记名股票是在股票票面上不记载股东的姓名或名称的股票，股东姓名或名称也不记入公司的股东名册，公司只记载股票数量，编号及发行日期。公司对社会公众发行的股票可以为无记名股票。

3. 股票按票面是否标明金额分为有面额股票和无面额股票

有面额股票是公司发行的票面标有金额的股票。持有这种股票的股东对公司享有权利和承担义务的大小，以其所拥有的全部股票的票面金额之和占公司发行在外股票总面额的比例大小来定。我国《公司法》规定，股票应当标明票面金额。

无面额股票不标明票面金额，只在股票上载明所占公司股本总额的比例或股份数，故也称"分权股票"或"比例股票"。之所以采用无面额股票，是因为股票价值实际上是随公司财产的增减而变动的。

4. 股票按投资主体分为国家股、法人股、个人股和外资股

国家股是有权代表国家投资的部门或机构以国有资产向公司投入而形成的股份，由国务院授权的部门或机构持有。法人股是指企业法人依法以其可支配的资产向公司投入而形成的股份，或指具有法人资格的事业单位和社会团体以国家允许用于经营的资产向公司投入而形成的股份。个人股为社会个人或本公司职工以个人合法财产投入公司而形成的股份。外资股是指外国和我国港澳台地区投资者购买的我国公司股票。

5. 股票按发行时间分为始发股和新股

始发股是首次发行的股票。新股是公司增资时发行的股票。始发股和新股的发行具体条件、目的、发行价格不尽相同，但股东的权利和义务是一致的。

6. 股票按发行对象和上市地区分类

我国目前发行的股票按发行对象和上市地区分为 A 股、B 股、H 股、N 股和 S 股。A股是指供我国境内个人或法人以及合格的境外机构投资者买卖的，以人民币标明票面价值并以人民币认购和交易的股票。B 股是指供外国和我国港澳台地区的投资者以及我国境内个人投资者买卖的，以人民币标明面值但以外币认购和交易的股票。A 股、B 股在上海、深圳证券交易所上市。H 股、N 股、S 股是指公司注册地在我国境内，但上市地分别是我国香港联交所、美国纽约证券交易所和新加坡证券交易所的股票。

（二）股票发行的一般条件

（1）公司的组织机构健全、运行良好。例如，公司章程合法有效，股东大会、董事会、监事会和独立董事制度健全，能够依法有效履行职责；公司内部控制制度健全，能够有效保证公司运行的效率、合法合规性和财务报告的可靠性等。

（2）公司的盈利能力具有可持续性。例如，最近三个会计年度连续盈利；业务和盈利来源相对稳定，不存在严重依赖控股股东、实际控制人的情形；现有主营业务或投资方向能够可持续发展，经营模式和投资计划稳健，主要产品或服务的市场前景良好，行业经营环境和市场需求不存在现实或可预见的重大不利变化等。

（3）公司的财务状况良好。例如，会计基础工作规范，严格遵循国家统一会计制度的规定；最近三年内财务报表未被注册会计师出具保留意见、否定意见或无法表示意见的审计报告等。

（4）公司募集资金的数额和使用符合规定。例如，募集资金数额不超过项目需要量；募集资金用途符合国家产业政策和有关环境保护、土地管理等法律和行政法规的规定等。

（三）股票发行方式

股票的发行方式，也就是股票经销出售的方式。股份有限公司向社会公开发行股票有自销和承销两种方式。根据我国《上市公司证券发行管理办法》的规定，上市公司公开发行股票，应当由证券公司承销；非公开发行股票，发行对象均属于原前十名股东的，可以由上市公司自行销售。

（1）自销方式，是指发行公司在非公开发行股票时，直接向认购者推销出售股票的方式。这种销售方式的优点是可由发行公司直接控制发行过程，并可节省发行费用；缺点是筹资时间长，发行公司要承担全部的发行风险，并且需要发行公司有较高的知名度、信誉和实力。

（2）承销方式，是指发行公司将股票销售业务委托给证券经营机构代理出售股票的方式。这种销售方式是股票发行普遍采用的方式。承销又分为包销和代销。所谓包销，是根据承销协议商定的价格，证券经营机构一次性购进发行公司公开募集的全部股份，然后以较高的价格将其出售给社会上的认购者。对发行公司来说，包销的方式可及时筹足资本，免于承担发行风险，但股票以较低的价格出售给证券经营机构会损失部分溢价。所谓代销，是证券经营机构为发行公司代售股票，并由此获取一定的佣金，但不承担股款未募足的风险。

（四）股票上市的条件

股票上市是指股份有限公司公开发行的股票，符合规定条件，经过申请批准后在证券交易所作为挂牌交易的对象。经批准在证券交易所上市交易的股票就是上市股票，股票上市的股份有限公司被称为上市公司。

《上海证券交易所股票上市规则》规定，发行人首次公开发行股票后申请其股票在上海证券交易所上市的应符合下列条件：

（1）股票已公开发行。

（2）具备健全且运行良好的组织机构。

（3）具有持续经营能力。

（4）公司股本总额不少于人民币5 000万元。

（5）公开发行的股份达到公司股份总数的25%以上；公司股本总额超过人民币4亿元的，公开发行股份的比例为10%以上。

（6）公司及其控股股东、实际控制人最近三年不存在贪污、贿赂、侵占财产、挪用财产或者破坏社会主义市场经济秩序的刑事犯罪。

（7）最近三个会计年度财务会计报告均被出具无保留意见审计报告。

（8）本所要求的其他条件。

（五）普通股筹资的优缺点

股份有限公司运用普通股筹集股权资本，与运用优先股、公司债券、长期借款等筹资方式相比，有其优点和缺点。

1. 普通股筹资的优点

（1）普通股没有固定到期日，筹得的资本可供企业永久使用，无须归还，有利于公司长期稳定发展。

（2）没有固定的股息负担，公司有盈余，并认为适合分配股利，就可以分给股东；公司盈余较少，或虽有盈余但资金短缺，或有更有利的投资机会，就可少支付或不支付股利。

（3）发行普通股筹集股权资本能提升公司的信誉。普通股股本以及由此产生的资本公积金和盈余公积金等，是公司筹措债务资本的基础。较多的股权资本有利于提高公司的信用价值，同时可为债务资本筹资提供强有力的支持。

（4）筹资风险小。由于普通股没有固定到期日，不用支付固定的利息，因此风险小。

（5）筹资限制较少。利用优先股或债券筹资通常有许多限制，这些限制往往会影响公司经营的灵活性，相比之下普通股筹资的筹资限制较少。

2. 普通股筹资的缺点

（1）发行普通股的资本成本较高。首先，从投资者的角度讲，投资于普通股风险较高，要求较高的报酬；其次，股利从净利润中支付，不像债券利息那样作为费用在所得税税前支付，因而不具有抵税作用。

（2）发行普通股筹资会增加新的股东，容易使公司控制权分散，还可能会造成公司控制权的转移。

（3）公司股票上市需要履行严格的信息披露制度，接受公众股东的监督，会带来较大的信息披露成本，也增加了公司保护商业秘密的难度。

（4）股票上市会增加公司被收购的风险。公司股票上市后，其经营状况会受到社会的广泛关注，一旦公司经营或是财务方面出现问题，就可能面临被收购的风险。

【资料阅读】

建立和发展资本市场是党中央深化改革开放、建立健全社会主义市场经济体制的重大战略决策和实践探索。习近平总书记明确提出要建设一个规范、透明、开放、有活力、有韧性的资本市场，这为新时代资本市场改革发展指明了方向、提供了遵循。

党的十八大以来，我国高度重视资本市场改革发展。如今，我国资本市场已经成为具有世界影响力的市场，投资者数量超过 2 亿，上市公司市值规模和企业数量分别位居全球第二和第三。资本市场在深化改革开放、服务高质量发展中取得新成效。

一、推动上市公司高质量发展

截至 2021 年年底，沪、深交易所上市公司共 4 615 家，总市值 91.6 万亿元，位列全球第二，与 2012 年年底相比，上市公司数量净增长 85%，总资产规模增长 1.87 倍。2012 年至 2021 年，共有 1 600 余家制造业企业实现沪深 A 股首发上市，约占同期首发上市企业数的 70%。

二、全面注册制改革稳步推进

注册制改革是完善要素资源市场化配置的重大改革，也是发展直接融资特别是股权融资的关键举措，牵一发而动全身。从 2018 年宣布设立科创板并试点注册制以来，我国股票发行制度从过去的核准制向着注册制迈进；2019 年，科创板在上交所开市，注册制试点正式落地；2020 年，创业板开启注册制试点；2021 年设立北交所并同步试点注册制。

三、加大力度保护投资者权益

党的十八大以来，我国坚持依法治市、依法监管，积极在法治轨道上深入推进包括注册制改革在内的全面深化资本市场改革，以及各项监管工作，不断提升资本市场法治建设水平，依法维护投资者合法权益。目前，资本市场法律制度建设取得突破性进展，具有中国特色的资本市场法律体系正日趋完善。《证券法》全面修订；《期货和衍生品法》出台；《刑法修正案（十一）》大幅提高了欺诈发行、信息披露造假等证券期货犯罪的刑罚力度；《证券期货行政执法当事人承诺制度实施办法》及其配套规则落地实施，证券期货市场行政执法能力和水平进一步提升。

（资料来源：中国经济网，奋进新征程 建功新时代·伟大变革 资本市场深化改革显成效，ce.cn/xwzx/gn-sz/gdxw/202206/14/t20220614_37751661.shtml，有改动）

第三节　债务性筹资

▶▶ 一、长期借款筹资

长期借款是企业向银行或其他非银行金融机构借入的，使用期限在一年以上的借款。

（一）长期借款的种类

（1）按提供贷款的机构分为政策性银行贷款、商业银行贷款和其他金融机构贷款。

（2）按用途分为固定资产投资借款、更新改造借款、技术改造借款、基建借款、网点设施借款、科技开发和新产品试制借款等。

（3）按借款有无抵押担保可分为信用贷款和担保贷款。

1）信用贷款是指没有抵押或担保，仅凭企业的信誉取得的贷款。这种贷款方式风险较大，银行通常要对借款方进行详细考察，一般是贷给那些资信优良的企业。

2）担保贷款是指银行在发放贷款时，要求借款人提供担保，以保障贷款债权的受偿。担保贷款按担保方式，可分为保证贷款、抵押贷款和质押贷款。保证贷款是指保证人和债权人约定，当债务人不履行债务时，保证人按照约定履行债务或者承担责任的贷款；抵押贷款是指债务人或者第三人在不转移抵押财产的情况下，将该财产作为债权担保的贷款，抵押财产一般包括机器、运输工具、房屋不动产等。质押贷款是指债务人或者第三人以其动产或权利作质押，将该动产或权利作为债权担保的贷款，质押的动产应移交债权人。

（二）长期借款的保护性条款

由于长期借款的期限长、风险大，按照国际惯例，银行通常对借款企业提出一些有助于保证贷款按时、足额偿还的条件。将这些条件写进贷款合同中，就形成了合同的保护性条款。归纳起来，保护性条款大致有以下两类。

1. 一般性保护条款

一般性保护条款的主要内容包括：①对借款企业流动资金保持量的规定，其目的在于保持借款企业资金的流动性和偿债能力；②对支付现金股利和再购入股票的限制，其目的在于限制现金外流；③对净经营性长期资产总投资规模的限制，其目的在于减小企业日后不得不变卖固定资产以偿还贷款的可能性，保持借款企业资金的流动性；④限制其他长期债务，其目的在于防止其他贷款人取得对企业资产的优先求偿权；⑤要求借款企业定期向银行提交财务报表，其目的在于及时掌握企业的财务情况；⑥不准在正常情况下出售较多资产，其目的在于保持企业正常的生产经营能力；⑦要求如期缴纳税费和清偿其他到期债务，其目的在于防止企业被罚款而造成现金流失；⑧不准以任何资产作为其他承诺的担保或抵押，其目的在于避免企业负担过重；⑨不准贴现应收票据或出售应收账款，其目的在于避免或有负债；⑩限制租赁固定资产的规模，其目的在于防止企业负担巨额租金导致其偿债能力被削弱，还在于防止企业以租赁固定资产的方法摆脱对其净经营性长期资产总投资和负债的约束。

2. 特殊性保护条款

特殊性保护条款是针对某些特殊情况而出现在部分借款合同中的条款，主要内容包括：①贷款专款专用；②不准企业投资于短期内不能收回资金的项目；③限制企业高级职员的薪金和奖金总额；④要求企业主要领导人在合同有效期间担任领导职务；⑤要求企业主要领导人购买人身保险等。此外，短期借款中的周转信贷协定、补偿性余额等条件，也同样适用于长期借款。

（三）长期借款筹资的优缺点

1. 长期借款筹资的优点

（1）筹资速度快。发行股票和债券筹资的程序比较复杂，发行前的准备阶段及发行过程都需要一定的时间，而与之相比，借款筹资的程序较为简单而直接，可以较快地筹到资金。

（2）筹资成本低。借款筹资无须支付发行费用，借款利息可在所得税前支付，借款利率一般低于债券利率，因此，借款筹资成本要比发行股票和债券的筹资成本低。

（3）借款弹性大。借款企业可直接与银行商定借款的时间、数额和利率，借款期间，如果企业财务状况发生变化，亦可与银行协商，变更借款数量及还款期限等。借款到期时，如企业财务拮据，可向银行申请贷款展期。

（4）发挥财务杠杆效应。长期借款与发行债券一样，其利息支付是固定的，可在企业的资本运作过程中产生财务杠杆效应。

2. 长期借款筹资的缺点

（1）财务风险大。长期借款有固定的利息负担，需按期还本付息，因此，采用这种筹资方式要承受较大的财务风险。

（2）限制条件较多。在企业与银行签订借款合同时，银行为了保证贷款能顺利收回，必然在合同中加进许多对企业具有限制性的条款，如专款专用、限制资本性支出规模等，这些限制可能会对企业今后的筹资、投资和经营活动产生不利影响。

（3）筹资数量有限。银行一般不可能一次性向企业提供巨额的长期借款，企业利用借款方式筹到的长期资金是十分有限的。

▶▶ 二、发行普通债券筹资

债券是债务人为筹集债务资本而发行的，约定在一定期限内向债权人还本付息的有价证券。发行债券是企业筹集债务资本的重要方式。按照我国《公司法》和国际惯例规定，股份有限公司和有限责任公司发行的债券为公司债券。

（一）公司债券的种类

1. 按有无抵押担保分为抵押债券与信用债券

（1）抵押债券又称有担保债券，是指发行公司以特定财产作为担保品的债券。其按担保品的不同又可分为不动产抵押债券、动产抵押债券、信托抵押债券。

（2）信用债券又称无担保债券，是指发行公司没有特定财产作为担保，完全凭信用发行的债券。这种债券通常是由信誉良好的公司发行，利率一般略高于抵押债券。

2. 按是否记载持券人姓名或名称分为记名债券和无记名债券

记名债券是指在债券券面上载明持券人的姓名或名称的债券，债券转让程序复杂；无记名债券是指在债券券面上不记载持券人的姓名或名称的债券，这种债券的转让比较简单、方便。

3. 按利率是否变动分为固定利率债券与浮动利率债券

固定利率债券的利率在发行债券时即已确定并载于债券券面；浮动利率债券的利率在发行债券之初不固定，而是根据有关利率，如银行存贷款利率等加以确定。

4. 按是否参与利润分配分为参与债券与非参与债券

参与债券的持有人除可获得预先规定的利息外，还享有一定程度参与发行公司收益分配的权利，其参与利润分配的方式与比例必须事先规定；非参与债券的持有人则没有参与利润分配的权利。

5. 按债券持有人的特定权益分为收益债券、可转换债券和附认股权债券

收益债券是指只有当发行公司有税后利润可供分配时才支付利息的一种公司债券；可转换债券是指根据发行公司债券募集办法的规定，债券持有人可将其转换为发行公司的股票的债券；附认股权债券是指所发行的债券附带允许债券持有人按特定价格认购发行公司股票的一种长期选择权。

6. 按是否上市交易分为上市债券与非上市债券

按照国际惯例，公司债券与股票一样，也有上市与非上市之分。

（二）公司债券的发行价格

公司债券的发行价格是发行公司发行债券时所使用的价格，即债券投资者向发行公司认购其所发行债券时实际支付的价格。公司在发行债券之前，必须依据有关因素，运用一定的方法，确定债券的发行价格。

1. 决定债券发行价格的因素

公司债券发行价格的高低主要取决于以下四个因素。

（1）债券面值。即债券设定的票面金额，是决定债券发行价格最基本的因素。债券发行价格的高低从根本上取决于债券面值的大小。一般而言，债券面值越大，发行价格越高。但是，如果不考虑利息因素，债券面值表示的是债券的到期价值，即债券的未来价值，而不是债券的现在价值，即发行价格。

（2）票面利率。债券的票面利率是债券的名义利率，通常在发行债券之前即已确定，并在债券票面上注明。一般而言，债券的票面利率越高，发行价格越高；反之，发行价格越低。

（3）市场利率。一般而言，债券的市场利率越高，债券的发行价格越低；反之，发行价格越高。

（4）债券期限。同银行借款一样，债券的期限越长，债权人的风险越大，要求的利息报酬越高，债券的发行价格就越低；反之，发行价格越高。

2. 确定债券发行价格的方法

理论上，公司债券的发行价格通常有三种情况，即平价、溢价和折价。

平价是指以债券的票面金额作为发行价格；溢价是指按高于债券面值的价格发行债券；折价是指按低于债券面值的价格发行债券。

结合上述决定债券发行价格的四项因素，根据货币时间价值原理，可以认为债券的发行价格由两部分构成：一部分是将债券面值以市场利率作为折现率折算的现值，另一部分是将各期利息以市场利率作为折现率折算的现值。由此，确定债券发行价格的公式见式（5-1）：

$$债券发行价格 = \frac{B}{(1 + R_M)^n} + \sum_{t=1}^{n} \frac{I_B}{(1 + R_M)^t} \tag{5-1}$$

式中　B——债券的面值；

　　I_B——债券当期利息，即债券面值与债券票面利率的乘积；

　　R_M——发行时的市场利率；

　　n——债券的期限；

　　t——债券付息期数。

【例 5-1】某公司发行面值为 100 元，票面利率 10%，期限 10 年的债券，每年年末付息一次。其发行价格可分下列三种情况来分析测算。

（1）如果市场利率为 10%，与票面利率一致，则该债券将平价发行。

$$发行价格 = \frac{100}{(1+10\%)^{10}} + \sum_{t=1}^{10} \frac{10}{(1+10\%)^t} = 100 \text{（元）}$$

（2）如果市场利率为8%，比票面利率低，则该债券将溢价发行。

$$发行价格 = \frac{100}{(1+8\%)^{10}} + \sum_{t=1}^{10} \frac{10}{(1+8\%)^t} = 113.4 \text{（元）}$$

（3）如果市场利率为12%，比票面利率高，则该债券将折价发行。

$$发行价格 = \frac{100}{(1+12\%)^{10}} + \sum_{t=1}^{10} \frac{10}{(1+12\%)^t} = 88.7 \text{（元）}$$

（三）债券评级

公司公开发行的债券通常需要由信用评级机构评定等级。债券的信用等级对于发行公司和购买人都有重要影响。这是因为：

（1）债券评级是度量违约风险的一个重要指标，对于债券的利率以及公司债务成本有着直接的影响。一般来说，信用等级高的债券，能够以较低的利率发行；信用等级低的债券，风险较大，只能以较高的利率发行。另外，也有许多机构投资者将投资范围限制在特定等级的债券之内。

（2）债券评级方便投资者进行债券投资决策。对广大投资者尤其是中小投资者来说，由于受时间、知识和信息的限制，无法对众多债券进行分析和选择，因此需要专业机构对债权还本付息的可靠程度进行客观、公正和权威的评定，为投资者的决策提供参考。

国际上流行的债券等级是三等九级，美国信用评定机构标准普尔公司和穆迪投资者服务公司均使用这种评级。AAA级为最高级，AA级为高级，A级为上中级，BBB级为中级，BB级为中下级，B级为投机级，CCC级为完全投机级，CC级为最大投机级，C级为最低级。我国一些省市的信用评级机构将公司债券按行业分为工业企业债券和商业企业债券，按筹资用途分为用于技改项目的债券和用于新建项目的债券。在公司债券信用评级工作中，信用评级机构一般会考察企业概况、企业素质、财务质量、项目状况、项目前景和偿债能力。

（四）债券偿还形式

债券的偿还形式是指在偿还债券时使用什么样的支付手段。可使用的支付手段包括现金、新发行的本公司债券、本公司的普通股股票和本公司持有的其他公司发行的有价证券。

（1）用现金偿还债券。由于现金是债券持有人最愿意接受的支付手段，因此这一形式最为常见。为了确保在债券到期时有足额的现金偿还债券，有时企业需要建立偿债基金。如果在发行债券的合同条款中明确规定用偿债基金偿还债券，企业就必须每年都提取偿债基金，且不得挪作他用，以保护债券持有者的利益。

（2）以新债券换旧债券。企业之所以要进行债券的调换，一般有以下几个原因：①原有债券的契约中订有较多的限制条款，不利于企业的发展；②把多次发行、尚未彻底偿清的债券进行合并，以减少管理费；③债券到期，但企业用于偿还的现金不足。

（3）用普通股偿还债券。如果企业发行的是可转换债券，那么可通过转换变成普通股来偿还债券。

（五）债券筹资的优缺点

1. 债券筹资的优点

（1）资本成本较低。与发行股票相比，债券的发行费用较低，其利息费用可在所得税前支付，可享受抵减所得税的好处。因此，利用债券筹资的成本要比股票筹资的成本低。

（2）保证控股权。债券持有人无权参与企业管理，采用发行债券方式筹资，现有股东不用担心公司的控制权发生转移或被稀释。

（3）筹资范围广。以借款方式筹资的筹资对象是某一金融机构，以吸收直接投资方式筹资的筹资对象是某些特定的投资者，而发行公司债券的筹资对象是广大社会公众，筹资对象广泛，易于筹足资金。

（4）可利用财务杠杆作用。由于向债券持有人支付的利息是固定的，当投资收益率高于债券利息率时，普通股的每股收益将增加。

2. 债券筹资的缺点

（1）财务风险大。债券筹资有固定的利息负担，有到期还本的压力，若公司经营不景气或资金流转不畅，不能如期支付债券本息，将面临破产偿债的风险。

（2）限制条件多。在债券发行合约中往往有一些限制性条款，这些条款可能会使公司在股利政策、资本流动、融资方式等方面的灵活性受到限制，影响公司的正常发展。

（3）筹资额有限。公司利用债券筹资一般在筹资额上要受到一定的限制。多数国家对此都有限定。我国《公司法》规定，发行公司流通在外的债券累计总额不得超过公司净资产的40%。

三、融资租赁筹资

（一）融资租赁的含义

租赁是出租人以收取租金为条件，在约定期限内将资产的使用权让渡给承租人的一种经济行为。租赁的种类很多，一般按性质划分为经营租赁和融资租赁两大类。

经营租赁是指由出租人向承租人提供租赁物，并提供对租赁物的维修保养等专门服务的一种租赁形式。承租人选择经营租赁不是为了融资，而是为了获得租赁物的短期使用权。

融资租赁亦称财务租赁，是指出租人按承租人的要求融资购买设备，并在约定的较长期限内提供给承租人使用，向承租人收取租金的一种租赁形式。承租人选择融资租赁主要是为了融通资金。

（二）融资租赁的特点和形式

1. 融资租赁的特点

（1）租赁物由承租人选定，出租人融资购进后租给承租人使用。

（2）租赁期较长，一般相当于租赁物的经济寿命期。

（3）租金具有完全支付性，承租人所付租金的总额应相当于出租人的全部或大部分投资支出及投资收益。

（4）租赁合同较稳定，租赁期内非经双方同意，任何一方不得中途解约。

（5）由承租人负责对租赁物的维修、保养和购买保险。

（6）租赁期满，租赁物的所有权一般转让给承租人。租赁期满时对租赁物的处置办法有退还、续租、留购三种，通常采取由承租人留购的办法。

2. 融资租赁的形式

融资租赁按具体业务不同分为直接租赁、售后回租、杠杆租赁三种形式。

（1）直接租赁是指承租人直接向出租人租入所需的资产，并支付租金。这是典型的融资租赁方式，通常所说的融资租赁指的是这种形式。

（2）售后回租是指承租人按协议将某资产卖给出租人，再将其租回使用，并向出租人支付租金。承租人因出售资产获得了一笔资金，而将其租回又可保持对资产的使用权。

（3）杠杆租赁是一种特殊的融资租赁形式，与其他融资租赁形式不同的是它的当事人有三方：承租人、出租人和贷款人。当租赁公司不能单独承担某资产的巨额投资时，以待购资产作为贷款抵押品，以转让收取租金的权利作为贷款的额外保证，从银行或其他金融机构获得购买资产所需资金的 60%~80% 的贷款，再将所购资产租给承租人，并向承租人收取租金。在这种形式下，租赁公司有双重身份，它既是出租人又是借款人，既有权向承租人收取租金，又有义务向贷款人偿还债务。由于租金收益高于借款成本，租赁公司可利用财务杠杆获得收益。

（三）融资租赁租金的测算

目前，国际上流行的融资租赁租金计算方法主要有平均分摊法、等额年金法、附加率法、浮动利率法等，下面仅介绍前两种方法。

1. 平均分摊法

平均分摊法是指先以商定的利息率和手续费率计算出租赁期间的利息和手续费，然后连同设备成本按支付次数平均计算租金。这种方法的缺点是没有充分考虑货币时间价值的因素。每次应付租金的计算公式见式（5-2）：

$$L = \frac{(c-s)+i+f}{n} \tag{5-2}$$

式中　L——每次支付的租金；

　　　c——租赁设备购置成本；

　　　s——租赁设备预计残值；

　　　i——租赁期间利息；

　　　f——租赁期间手续费；

　　　n——租期。

【例 5-2】某企业于 2019 年 1 月 1 日从租赁公司租入一套设备，价值 60 万元，租期为 5 年，预计租赁期满时设备的残值为 2 万元，归租赁公司所有，年利率为 8%，租赁手续费率为设备价值的 2%。租金每年末支付一次。则租赁该套设备每次应支付的租金为多少？

$$每次应支付的租金 = \frac{(60-2)+[60 \times (1+8\%)^5 - 60] + 60 \times 2\%}{5} = 17.47（万元）$$

2. 等额年金法

等额年金法是指运用年金现值的计算原理测算每期应付租金的方法。这种方法通常以资本成本率作为折现率。

根据后付年金现值的计算公式，经推导可得到后付等额租金方式下每年末应支付租金的计算公式见式（5-3）。

$$L = \frac{PVA_n}{PVIFA_{i, n}} \tag{5-3}$$

式中 PVA_n ——等额租金现值，年金现值；

$PVIFA_{i,n}$ ——等额租金现值系数，年金现值系数。

【例 5-3】根据【例 5-2】的资料，假定设备残值归属承租企业，资本成本率为 10%。则承租企业每年末应支付的租金为多少？

$$每年末应支付的租金 = \frac{60}{PVIFA_{10\%,5}} = \frac{60}{6.105} = 9.83（万元）$$

（四）融资租赁的利弊

1. 融资租赁的优点

（1）融资租赁的实质是融资，当企业资金不足，无法举债购买设备时，更能体现这种融资方式的优点。

（2）融资租赁的资金使用期限与设备寿命周期接近，比一般借款期限要长，因此，承租企业的偿债压力较小；同时，由于出租人在租赁期内一般不得收回出租设备，承租企业在使用设备时有保障。

（3）融资与融物的结合，能够减少承租企业直接购买设备的中间环节和费用，有助于迅速形成生产能力。

2. 融资租赁的缺点

（1）资金成本高。融资租赁的租金比举债利息高，因此总的财务负担较重。
（2）不能按需要对租赁物进行拆卸、改装、改良。
（3）不能享有设备残值。

第四节　混合性筹资

混合性筹资是指既具有股权性质又具有债权性质的筹资，通常包括发行优先股筹资、发行可转换债券筹资、发行认股权证筹资和发行永续债券筹资等。

一、发行优先股筹资

国务院于 2013 年 12 月 30 日发布了《关于开展优先股试点的指导意见》，证监会于 2014 年 3 月 21 日发布了《优先股试点管理办法》，2014 年 4 月 3 日印发了《关于商业银行发行优先股补充一级资本的指导意见》，这些文件对我国公司发行优先股做出了规范。按照证监会发布的《优先股试点管理办法》规定，上市公司可以公开发行优先股。

（一）优先股的特点

优先股与普通股具有某些共性，如优先股也无固定到期日，公司运用优先股所筹得的资本也属于股权资本。但是，它又具有公司债券的某些特征。因此，优先股被视为一种混合性证券。优先股主要的特点包括：①优先分配固定的股利；②优先分配公司的剩余财产；③优先股股东一般无表决权；④优先股可由公司赎回。

（二）优先股的种类

1. 按股利是否累积支付分为累积优先股和非累积优先股

累积优先股是指公司过去年度未支付的股利可以累积计算由以后年度的利润补足付清；非累积优先股则没有这种需求补付的权利。

2. 按是否分配额外股利分为参与优先股和非参与优先股

当公司利润在按规定分配给优先股和普通股后仍有剩余可供分配股利时，能够与普通股一起参与分配额外股利的优先股，为参与优先股；否则，为非参与优先股。

3. 按公司可否赎回分为可赎回优先股和不可赎回优先股

可赎回优先股是指股份有限公司出于减轻股利负担的目的，可按规定以原价购回的优先股；公司不能购回的优先股，则属于不可赎回优先股。

（三）优先股的发行定价

优先股每股票面金额为100元。发行价格和票面股息率应当公允、合理，不得损害股东或其他利益相关方的合法利益，发行价格不得低于优先股票面金额，即不得折价发行。

公开发行优先股的价格或票面股息率以市场询价或证监会认可的其他公开方式确定。非公开发行优先股的票面股息率不得高于最近两个会计年度的年均加权平均净资产收益率。

（四）优先股筹资的优缺点

1. 优先股筹资的优点

（1）没有固定到期日，不用偿还本金，优先股的收回由公司决定，因此既没有偿债压力，又可使公司财务具有灵活性。股利的支付既固定又有弹性，由于优先股的固定股利支付并不构成公司的法定义务，当公司财务状况不佳时，可暂不支付优先股股利，不像债券筹资，当无力支付债券利息时，公司将面临被迫破产偿债的风险。

（2）优先股没有表决权，增发优先股不会稀释普通股对公司的控制权。而且优先股股利是固定的，若投资收益高于优先股成本，增发优先股将会使普通股的每股收益提高。

（3）优先股属于股权资本，发行优先股使公司的股权资本增加，可增强公司的偿债能力，提高公司的信誉。

2. 优先股筹资的缺点

（1）筹资成本较高。债券利息在所得税前支付，可以抵减所得税，而优先股的股利是在所得税后从净利润中支付的，不能抵减所得税，因此，优先股的筹资成本高于债券筹资成本。

（2）财务负担较重。普通股股利的支付可视公司盈利状况而定，当盈利下降时，公司可少支付或不支付普通股股利。而优先股股利是固定的，当盈利下降时，优先股股利将会成为公司的一项较重的财务负担。

（3）利润分配受制约。从资本扩充的角度来说，当公司需要扩大经营时，由于优先股股利的固定性，就不能像普通股那样通过少分股利多留利润以满足资金投放的需要；从股利分配的角度来说，优先股的股利支付先于普通股，在没有满足优先股的股利分配前不能向普通股分配股利，若投资收益低于优先股成本，还会使普通股的每股收益降低。

二、发行可转换债券筹资

（一）可转换债券的特性

可转换债券可简称为可转债，是指由公司发行并规定债券持有人在一定期限内按约定的条件可将其转换为发行公司普通股的债券。从筹资公司的角度看，发行可转换债券具有债务与股权筹资的双重属性，属于混合性筹资。利用可转换债券筹资，发行公司赋予可转换债券的持有人可将其转换为该公司股票的权力。因此，对发行公司而言，在可转换债券转换之前需要定期向持有人支付利息。如果在规定的转换期限内，持有人未将可转换债券转换为股票，发行公司还需要到期偿付债券本金。在这种情形下，可转换债券筹资与普通债券筹资相似，具有债务筹资的属性。如果在规定的转换期限内，持有人将可转换债券转换为股票，则发行公司的债券负债被转化为股东权益，从而具有了股权筹资的属性。

（二）可转换债券的转换

可转换债券的转换涉及转换期限、转换价格和转换比率。

1. 可转换债券的转换期限

可转换债券的转换期限是指按发行公司的约定，持有人可将其转换为股票的期限。一般而言，可转换债券的转换期限的长短与可转换债券的期限相关。在我国，可转换债券的期限按规定最短为一年，最长为六年。按照规定，上市公司发行可转换债券，在发行结束六个月后，持有人可以依据约定的条件随时将其转换为股票。

2. 可转换债券的转换价格

可转换债券的转换价格是指将可转换债券转换为股票的每股价格。这种转换价格通常由发行公司在发行可转换债券时约定。按照我国的有关规定，上市公司发行可转换债券的，以发行可转换债券前一个月股票的平均价格为基准，上浮一定幅度作为转换价格。

可转换债券的转换价格并非固定不变。公司发行可转换债券并约定转换价格后，由于增发新股、配股及其他原因引起公司股份发生变动的，应当及时调整转换价格，并向社会公布。

3. 可转换债券的转换比率

可转换债券的转换比率是每份可转换债券所能转换的股份数，等于可转换债券的面值除以转换价格。

（三）可转换债券筹资的优缺点

1. 可转换债券筹资的优点

（1）有利于降低资本成本。可转换债券的利率通常低于普通债券，故在转换前，可转换债券的资本成本低于普通债券；转换为股票后，又可节省股票的发行成本，从而降低了股票的资本成本。

（2）有利于筹集更多资本。可转换债券的转换价格通常高于发行时的股票价格。因此，可转换债券转换为股票后，其筹资额大于当时发行股票的筹资额。

（3）有利于调整资本结构。可转换债券是一种兼具债务筹资和股权筹资双重性质的筹资方式。可转换债券在转换前属于发行公司的一种债务，若发行公司希望可转换债券持有人转股，还可以通过诱导促使其转换，以调整资本结构。

（4）有利于避免筹资损失。当公司的股票价格在一段时期内连续高于转换价格超过某一幅度时，发行公司可按赎回条款中事先约定的价格赎回未转换的可转换债券，从而避免筹资损失。

2. 可转换债券筹资的缺点

（1）转股后可转换债券筹资将失去利率较低的优点。

（2）若需要股权筹资，但股价并未上升，可转换债券持有人不愿转股时，发行公司将承受偿债压力。

（3）若可转换债券转股时股价高于转换价格，则发行公司将遭受筹资损失。

（4）回售条款的规定可能使发行公司遭受损失。当公司的股票价格在一段时期内连续低于转换价格并达到一定幅度时，可转换债券持有人可按事先约定的价格将所持债券回售给发行公司，从而使发行公司遭受损失。

▶▶ 三、发行认股权证筹资

发行认股权证是上市公司的一种特殊筹资手段，其主要功能是辅助公司的股权性筹资，并可直接筹措现金。

（一）认股权证的特点

认股权证是由股份有限公司发行的可认购其股票的一种看涨期权。它赋予持有者在一定期限内以事先约定的价格购买发行公司一定股份的权利。

对于筹资的公司而言，发行认股权证是一种特殊的筹资手段。认股权证本身含有期权条款，其持有者在认购股份之前，对发行公司既不拥有债权也不拥有股权，只拥有股票认购权。尽管如此，发行公司仍然可以通过发行认股权证筹取现金，还可用于公司成立时对承销商的一种补偿。

（二）认股权证的作用

在公司的筹资实务中，认股权证的运用十分灵活，对发行公司主要具有以下作用。

1. 为公司筹集额外的现金

认股权证不论是单独发行还是附带发行，大多都能够为发行公司筹取一笔额外的现金，增强发行公司的资本实力和运营能力。

2. 促进其他筹资方式的运用

单独发行的认股权证有利于将来发售股票。附带发行的认股权证可促进其所依附证券发行的效率。例如，认股权证依附于债券发行，可以促进债券的发售。

（三）认股权证的种类

在公司的筹资实务中，认股权证的形式多种多样，可分为不同种类。

1. 长期与短期的认股权证

认股权证按允许认股的期限可分为长期认股权证和短期认股权证。长期认股权证的认股期限通常持续几年，有的甚至是永久性的。短期认股权证的认股期限比较短，一般在 90 天以内。

2. 单独发行与附带发行的认股权证

认股权证按发行方式可分为单独发行的认股权证和附带发行的认股权证。单独发行的认股权证是指不依附于其他证券而独立发行的认股权证。附带发行的认股权证是指依附于债券、优先股、普通股或短期票据发行的认股权证。

3. 备兑认股权证与股本认股权证

按照发行主体不同，认股权证分为备兑认股权证和股本认股权证两种。备兑认股权证属于特殊的认股权证，它也给予持有者以某一特定价格购买某种股票的权利，但和一般的认股权证不同，备兑权证由上市公司以外的第三者发行。股本认股权证属于狭义的认股权证，是由上市公司发行的。

四、发行永续债券筹资

（一）永续债券的特点

永续债券，又称无期债券，是不规定到期期限，只需付息而不需还本的债券。永续债券被视为"债券中的股票"，发行永续债券是一种兼具债权和股权属性的混合性筹资方式。永续债券的期限为永续或极长，持有人也不能要求清偿本金，但可以按期取得利息。永续债券的特点如下：

（1）永续债券的发行人有赎回的选择权，即续期选择权。

（2）永续债券的利率通常具有调整机制，也就是说如果在一定时间内公司选择不赎回永续债券，其利率就会相应上升以补偿投资者的潜在风险和损失。

（3）永续债券的发行人有权决定是否付息，即原则上永续债券的利息可以无限次递延，前提是公司在支付利息之前不可分配股利。

（二）永续债券的发行动机

（1）银行等金融机构为了满足资本管理办法的规定，发行永续债券以补充资本金。

（2）企业发行永续债券用于投资项目的资本金。

（3）财务杠杆率高的企业发行永续债券，以突破借款举债的空间限制。

（三）我国永续债券的发行情况

从规模上来看，我国自 2013 年发行国内第一只永续债起，永续债市场发展迅速，截至 2020 年 2 月 11 日，永续债累计发行 1 711 只，合计 3.05 万亿元。永续债发行规模位列前三的券种分别是永续中期票据、可续期公司债、商业银行永续债，这三大券种的永续债发行规模占全部永续债发行规模的比重约为 91.8%。

从企业永续债主体评级来看，以 AAA 级为主，规模占比 82%，其次为 AA+级，占比 15%，整体上主体资质较高；从企业永续债发行主体来看，以国企为主，占比达到 96.63%；从发行期限上来看，多以 "3+N" "5+N" 的形式发行，占比达到了 96%；从行业分布来看，存量永续债的发行行业以城投、公用事业、建筑装饰、综合为主，规模分别为 5 557.28 亿元、3 144.00 亿元、2 346.95 亿元、2 051.10 亿元；从发行时的票面利率来看，对比永续债发行时的票面溢价，永续债发行利率高于同期限、同评级非永续债的到期收益率。

【课后阅读】

奋发有为 迎难而上 努力开创上市公司高质量发展新局面——易会满主席在上市公司协会第三届会员代表大会上的讲话（节选）

……

一、上市公司发展态势良好，助推资本市场行稳致远

上市公司质量是经济高质量发展的微观基础，提高上市公司质量是党中央、国务院从战略和全局高度做出的重大决策部署。三年多来，证监会认真贯彻落实习近平总书记关于资本市场一系列重要指示批示精神，抓实抓细国务院《关于进一步提高上市公司质量的意见》和中央深改委审议通过的《健全上市公司退市机制实施方案》落地工作，将提高上市公司质量作为全面深化资本市场改革的重中之重，坚持市场化、法治化，坚持把好入口关与畅通多元化退出渠道并重，聚焦信息披露和公司治理双轮驱动，着力化解违规占用担保和股票质押等突出问题，持续完善优胜劣汰的市场生态，为上市公司高质量发展打下坚实的基础……

上市公司规模快速增长，实体经济"基本盘"地位更加巩固。截至今年 3 月底，境内上市公司共 4 782 家，总市值 80.7 万亿元，规模稳居全球第二；上市公司家数、市值与 2018 年年底相比分别增长 33.4% 和 85.3%。

上市公司活力不断提升，经济增长"动力源"作用持续强化。三年多来，上市公司依托资本市场加快发展，共实现再融资 3.1 万亿元，并购重组接近 1 万单次、交易金额 5.5 万亿元，交易所市场债券融资 3.5 万亿元，推动实体经济加快增量优化和存量重组，助推经济增长新动能进一步集聚。

上市公司结构持续优化，经济转型"领跑者"角色日益突出。科创板、创业板相继试点注册制、深化新三板改革、设立北京证券交易所等重大改革顺利落地，大大提升了资本市场对优质企业的吸引力，推动上市公司结构发生明显变化。目前，科创板、创业板上市公司家数分别超过 400 家、1 100 家，A 股战略新兴行业的上市公司已近 2 200 家，较三年前增长了约 900 家。

二、准确把握当前新机遇新挑战，坚定高质量发展信心

稳中向好、稳中有进的资本市场将始终是上市公司高质量发展的强大支撑。无论现在还是将来，资本市场将以自己的"四个不变"为上市公司攻坚克难、勇毅前行提供不竭动力。第一，资本市场坚定深化改革的方向不会变；第二，资本市场高水平开放的步伐不会

变；第三，资本市场落实"两个毫不动摇"方针的坚定态度不会变；第四，资本市场凝聚合力保持健康平稳发展的态势不会变。

三、着力提升"五种能力"，迈向高质量发展新阶段

我们将以全面实行股票发行注册制为契机，进一步增强发行上市、再融资、并购重组等基础制度对科技创新的适配性，发挥好私募股权和创投基金支持创新的战略性作用，完善债券市场对科技企业的融资支持机制，推动科技、资本和产业高水平循环。高债务、高杠杆是企业最大的风险源之一，部分上市公司及大股东通过表内外、场内外、本外币等方式盲目融资加大杠杆，爆发风险、步入困局，教训极为深刻，必须引以为戒……

（资料来源：中国证券监督管理委员会，奋发有为 迎难而上 努力开创上市公司高质量发展新局面——易会满主席在上市公司协会第三届会员代表大会上的讲话，csrc.gov.cn/csrc/c106311/c2323558/content.shtml，有改动）

【本章小结】

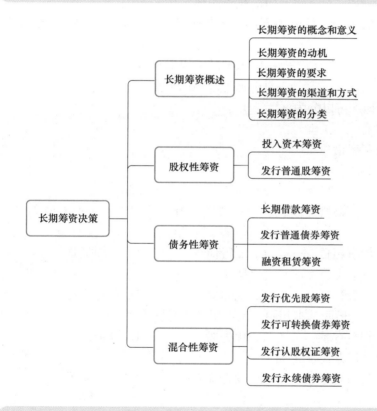

【课后习题】

一、思考题

1. 长期筹资的动机是什么？
2. 投入资本筹资的优缺点有哪些？
3. 融资租赁有哪些形式？
4. 永续债券有哪些特点？

5. 债券评级对发行方和购买方的意义分别是什么？

二、练习题

(一) 单项选择题

1. 下列各种筹资渠道中，属于企业内部筹资渠道的是 (　　)。

A. 银行信贷资金　　　　　　　　　B. 非银行金融机构资金

C. 企业内部留用资金　　　　　　　D. 职工购买企业债券的投入资金

2. 按股东权利义务的差别，股票分为 (　　)。

A. 记名股票和无记名股票　　　　　B. 国家股、法人股、个人股和外资股

C. 普通股和优先股　　　　　　　　D. 旧股和新股

3. 股票分为国家股、法人股、个人股和外资股是根据 (　　) 的不同。

A. 股东权利和义务　　　　　　　　B. 股票发行对象

C. 股票上市地区　　　　　　　　　D. 投资主体

4. 抵押债券按 (　　) 的不同，可分为不动产抵押债券、动产抵押债券、信托抵押债券。

A. 有无抵押担保　　　　　　　　　B. 抵押品的担保顺序

C. 担保品的不同　　　　　　　　　D. 抵押金额的大小

5. 公司债券按有无抵押担保可以分为 (　　)。

A. 参与债券和非参与债券

B. 固定利率债券和浮动利率债券

C. 记名债券和无记名债券

D. 抵押债券和信用债券

6. 在几种筹资方式中，兼具筹资速度快、筹资费用和资本成本低、企业有较大灵活性特点的筹资方式是 (　　)。

A. 发行股票　　　B. 融资租赁　　　C. 发行债券　　　D. 长期借款

7. 下列筹资方式中，不属于混合筹资方式的是 (　　)。

A. 永续债券　　　B. 认股权证　　　C. 优先股　　　　D. 留存收益

8. (　　) 成本的计算与普通股基本相同，但不用考虑筹资费用。

A. 留存收益　　　B. 银行存款　　　C. 优先股　　　　D. 债券

9. 会分散企业控制权的筹资方式是 (　　)。

A. 银行借款　　　B. 发行普通股　　C. 发行优先股　　D. 发行债券

(二) 多项选择题

1. 筹集投入资本的具体形式有 (　　)。

A. 吸收外商投资　B. 吸收国家投资　C. 吸收法人投资　D. 吸收个人投资

2. 决定债券发行价格的因素主要有 (　　)。

A. 债券面额　　　B. 票面利率　　　C. 市场利率　　　D. 债券期限

3. 可转换债券筹资的优点有 (　　)。

A. 有利于降低资本成本

B. 有利于筹集更多的资本

C. 赎回条款的规定可以避免公司的筹资损失

D. 有利于调整资本结构

4. 融资租赁的缺点有（　　）。

A. 资金成本高

B. 不能按需要对租赁物进行拆卸、改装、改良

C. 不能享有设备残值

D. 融资租赁限制较多

5. 优先股筹资的优点有（　　）。

A. 不用偿付本金

B. 保持普通股股东对公司的控制权

C. 股利的支付具有灵活性

D. 股利在税前扣除，可享受抵减所得税的好处

（三）计算题

1. 鼎华公司拟发行债券筹集资金，债券面值为 1 000 元，票面利率为 12%，期限 10 年。信用评级机构给该债券出具的信用等级为 AA 级。目前，市场上同类信用等级的债券收益率为 10%，请计算该公司债券的发行价格。

2. 公司从设备租赁公司租用一台设备，该设备价值为 48 万元，租期为 6 年，资本成本率为 12%，若按等额年金法计算，该公司每年等额支付的租金在年末和年初支付分别为多少万元？

3. 某项租赁业务，租赁物的价格为 100 万元，租赁期为 5 年，分 5 次支付租金，年利率为 5%，残值部分为 1.6 万元，手续费为 1.5 万元，计算每期应付租金的金额。

第六章

资本成本与资本结构

【学习目标】

1. 理解资本成本的概念、表示方法、类型和作用

2. 掌握个别资本成本和加权平均资本成本的测算

3. 理解经营杠杆、财务杠杆和复合杠杆的作用原理，掌握三种杠杆系数的测算方法

4. 了解资本结构相关理论的基本观点，理解资本结构的概念，能够运用资本成本比较法和每股收益分析法进行决策

【课程思政】

启发学生认识负债的风险，树立正确的理财观念和消费观念；理解债权人和股东两者利益的对立性及统一性，树立对立统一的哲学思想；了解"三去一降一补"重大部署，关注我国国情、党情和民情，尤其是国家的重大战略方针。

【导入案例】

华为技术有限公司（以下简称华为）成立于 1987 年，总部位于广东省深圳市龙岗区。华为是全球领先的信息与通信技术（ICT）解决方案供应商，致力于实现未来信息社会、构建更美好的全联接世界。华为在其发展历程中建立起了独特的融资策略。

1. 内部员工持股计划为华为提供了发展初期大量的资金来源

初创时，公司规模很小，为了能够顺利度过萌芽期，华为首先采取的是内部融资策略，即内部员工持股计划。由此，公司既能获得想要的资金，又不会增加公司的负债，融资成本低，而且员工也能定期获得一定的分红，从而激发员工的工作积极性，对于华为来说，这不失为一个融资的好办法。截至 2017 年年底，员工持股计划参与人数为 80 818 人，参与人均为华为员工。

2. 稳健的资本结构

自 2006 年至今，从华为公布的年报中可见，公司的资产负债率一直都是在 60% 至 70% 之间，这与同行业竞争对手小米公司 80% 的资产负债率相比显得更为稳健。华为在满足企业发展资金需求的同时，很好地控制了公司的财务风险。

3. 不断增长的长期借款融资

华为近几年的外部融资方式主要是长期借款，尤其是从 2012 年开始，华为通过长期借款融资的比重出现了跳跃式的增长。长期借款的优势是融资成本较低，并且可以增加企业的杠杆收益。

（资料来源：万晶、王磊，高新技术企业融资策略研究——以华为公司为例，经济研究导刊，2019（8），有改动）

第一节　资本成本

一、资本成本概述

（一）资本成本的概念

资本成本是企业筹集和使用资本而付出的代价。从投资者的角度来看，资本成本是投资者因让渡资本使用权所要求的必要报酬，包括资本时间价值和投资者需要考虑的投资风险价值两部分。

企业作为资本使用者从各种渠道筹集的资本也不可能是无偿的，总是需要付出一定的代价。因此，从使用者或筹资者的角度看，资本成本是指企业筹集和使用资本而支付的各种费用，包括资本筹资费用和资本使用费用两部分。

1. 资本筹资费用

资本筹资费用是指企业在资本筹集过程中为取得资本而支付的各种费用，如银行借款的手续费，发行股票、债券需支付的广告宣传费、评估费、印刷费、代理发行费等。

2. 资本使用费用

资本使用费用是指企业在生产经营和对外投资活动中因使用资本而支付给投资者的报酬，如支付给股东的股利、分配给投资人的利润、支付给债权人的利息等。

【资料阅读】

截至 2022 年 7 月 20 日，2022 年以来，中国 A 股首发上市的企业共计 191 家，合计募集资金 3 343.63 亿元，总计发行费用 192.31 亿元。发行费用中，承销保荐费、审计验资费、律师费占据了重要位置。

A 股首发上市的 191 家企业中，包含沪市主板 18 家、深市主板 15 家、科创板 59 家、创业板 75 家、北交所 24 家。北交所的发行费用占募资总额比例最高，发行费率区间为 7.69%～18.09%，平均为 11.03%。深市主板次之，发行费率区间为 3.20%～18.99%，平均为 9.47%。科创板和创业板的发行费率相对接近，费率区间分别为 1.73%～14.88%、1.39%～21.18%，平均分别为 6.51% 和 7.68%。沪市主板发行费率最低，费率区间为 0.62%～21.50%，平均为 2.18%。沪市主板今年完成了多个巨额项目的发行，如中国移动、中国海油首发募集资金分别为 519.81 亿元、322.92 亿元。由于发行规模较大且发行费用的边际下降，中国移动、中国海油的发行费率分别仅为 1.17%、0.62%，远低于市场平均水平。

从承销保荐费的平均值来看，科创板最高，约 11 600 万元；沪市主板次之，约 8 659.30 万元；创业板约 7 514.98 万元；深市主板约 5 533.86 万元；北交所约 1 399.07 万元。从审计验资费的平均值来看，沪市主板最高，约 1 702.81 万元；深市主板次之，约 1 350.50 万元；科创板和创业板分别约为 1 150.63 万元和 1 019.65 万元；北交所约 314.92 万元。从律师费平均值来看，沪市主板和深市主板一致，约 737 万元；其次是科创板和创业板，分别约为 649.47 万元和 527.90 万元；北交所约 173.65 万元。

(资料来源：尚普咨询，企业 IPO 上市究竟要花多少钱？2022 年以来 A 股 191 家企业上市费用概况一览，www.shangpu-china.com/news/6981.html，有改动)

(二) 资本成本的表示方法和类型

1. 资本成本的表示方法

资本成本的表示方法有两种：绝对数表示方法和相对数表示方法。

绝对数表示方法是指为筹集和使用资本而支付费用的绝对额，计算公式如下：

$$资本成本 = 资本筹集费用 + 资本使用费用 \tag{6-1}$$

相对数表示方法是通过资本成本率指标来反映的。由于无法对筹资总额不同的方案直接进行比较，资本成本通常以相对数表示。资本成本率在按年计算且不考虑时间价值的情况下，指的是资本年使用费用同筹集资本净额的比率。

$$资本成本率 = \frac{资本年使用费用}{筹集资本总额 - 资本筹集费用} \tag{6-2}$$

2. 资本成本的类型

资本成本有下列几种类型。

(1) 个别资本成本。个别资本成本是指企业各种长期资本的成本。包括长期借款资本成本、长期债券资本成本、普通股资本成本、留存收益资本成本等。个别资本成本代表各个单项资本来源的成本水平，主要用于考核个别资金来源的筹资效益。

(2) 加权平均资本成本。加权平均资本成本是指企业全部长期资本的加权平均值，代表着整个企业各种资本组合的一般资本水平，它可以用来综合评价企业筹资的总效益，更主要用于资本结构决策。

(3) 边际资本成本。边际资本成本是指企业追加长期资本时的成本。边际资本成本主要用于选择各种不同的追加筹资方案。

(三) 资本成本的作用

1. 资本成本是企业进行筹资决策的重要依据

(1) 个别资本成本是企业选择筹资方式的依据。企业可以从不同渠道来源取得资本，如发行债券、发行股票等。不同筹资方式的资本成本是不同的。通过资本成本的计算与比较，企业可以从中选出成本较低的筹资方式。

(2) 加权平均资本成本是企业进行资本结构决策的依据。企业的长期资本通常是来自于多种筹资方式的组合，比重不同的各种筹资方式构成了可供选择的多种筹资组合方案。加权平均资本成本的高低是比较各种筹资组合方案、做出资本结构决策的依据。

(3) 边际资本成本是比较追加筹资方案的依据。企业扩大生产经营规模，往往需要追加筹资。通过对不同追加筹资方案的边际资本成本进行比较，企业可以选择最优追加筹资方案。

2. 资本成本是企业进行投资决策的重要依据

企业筹资的目的是投资，但只有当投资项目获取的收益率大于资本成本率时，投资项目才是可行的，否则投资项目不应予以考虑。因此，资本成本是选择投资方案的基本标准，资本成本率是投资者进行投资所要求的必要报酬率。

3. 资本成本是评价企业经营成果的重要依据

资本成本是对资本使用者运用资本获取的收益的分配，如果资本使用者不能保证资本收益大于资本成本，则不能满足投资者的需要，投资者将不会把资本再投资于企业，会导致企业的生产经营活动无法正常开展。因此，资本成本是衡量企业经营业绩的最低尺度，如果资本收益大于资本成本，则表明业绩尚可，否则表明业绩不佳。

二、个别资本成本的计算

（一）长期借款资本成本

长期借款需支付的借款利息和借款手续费是计算资本成本的基础，由于借款利息计入财务费用，使企业的税前利润减少，从而少交所得税。因此，公司自身实际承担的利息应为：借款利息 × （1 − 所得税率）。

计算长期借款资本成本按是否考虑时间价值可分为考虑时间价值的长期借款资本成本率和不考虑时间价值的长期借款资本成本率。

1. 不考虑时间价值

不考虑时间价值时，长期借款资本成本率的计算公式为

$$K_L = \frac{I_L(1 - T)}{L(1 - F_L)} = \frac{i_L(1 - T)}{1 - F_L} \tag{6-3}$$

式中　　K_L——长期借款资本成本率；

　　　　I_L——长期借款每年支付的利息；

　　　　L——长期借款筹资总额；

　　　　T——所得税税率；

　　　　i_L——长期借款利率；

　　　　F_L——长期借款筹资费率。

【例6-1】某企业向银行借款600万元，期限5年，年利率8%，企业所得税税率为25%，借款手续费率为1%，每年结息一次，到期一次还本。

长期借款资本成本率为

$$K_L = \frac{i_L(1 - T)}{1 - F_L} = \frac{8\%(1 - 25\%)}{1 - 1\%} = 6.06\%$$

由于银行借款的手续费很低，式（6-3）中的 F_L 常常可以忽略不计，则式（6-3）可简化为

$$K_L = i_L(1 - T) \tag{6-4}$$

2. 考虑时间价值

上述计算长期借款资本成本率的方法虽然简单，但由于没有考虑时间价值，对于借款

时间较长的借款资本成本率的测算将不够准确。因此，如果资本使用时间较长，计算准确度要求高，则需要考虑时间价值的影响，运用现金流量折现的方法计算资本成本率。长期借款资本成本率是使借款的现金流入现值等于现金流出现值的折现率，见式（6-5）。

$$L(1 - F_L) = \sum_{t=1}^{n} \frac{I_L(1 - T)}{(1 + K_L)^t} + \frac{L}{(1 + K_L)^n} \tag{6-5}$$

式中　K_L、I_L、L、T、F_L——释义同式（6-3）；

　　　　n——长期借款期限；

　　　　t——长期借款付息期数。

【例 6-2】 沿用【例 6-1】的资料，在考虑时间价值的情况下，长期借款的资本成本率计算过程如下：

$$600(1 - 1\%) = \sum_{t=1}^{5} \frac{600 \times 8\% \times (1 - 25\%)}{(1 + K_L)^t} + \frac{600}{(1 + K_L)^5}$$

$594 = 36 \times (P/A, K_L, 5) + 600 \times (P/F, K_L, 5)$

将折现率 6% 代入等式右边，可得

$36 \times 4.212 + 600 \times 0.747 = 599.83 > 594$

将折现率 7% 代入等式右边，可得

$36 \times 4.100 + 600 \times 0.713 = 575.4 < 594$

运用内插法求得长期借款资本成本率为

$$K_L = 6\% + \frac{594 - 599.83}{575.4 - 599.83} \times (7\% - 6\%) = 6.24\%$$

比较上面两例可知，考虑时间价值的长期借款资本成本率通常大于不考虑时间价值的长期借款资本成本率。由于考虑时间价值的长期借款资本成本率计算较复杂，在测算时一般不考虑时间价值。

（二）债券资本成本

债券利息与借款利息一样在税前利润中列支，这一点与长期借款相同。但发行债券的费用通常较高，且债券的发行价格与面值可能不一致。因此，债券资本成本率的计算与长期借款资本成本率的计算有所不同。

1. 不考虑时间价值

不考虑时间价值时，债券资本成本率的计算公式见式（6-6）：

$$K_B = \frac{I_B(1 - T)}{B_0(1 - F_B)} = \frac{Bi_B(1 - T)}{B_0(1 - F_B)} \tag{6-6}$$

式中　K_B——债券资本成本率；

　　　　I_B——债券每年支付的利息；

　　　　B——债券面值；

　　　　i_B——债券票面利率；

　　　　B_0——债券筹资额，按发行价格确定；

　　　　F_B——债券筹资费率；

　　　　T——所得税税率。

【例6-3】某企业发行一笔期限为5年的债券，共5 000张，每张债券面值为1 000元，票面利率为10%，每年结息一次。发行费用率为5%，所得税税率25%。

当债券按面值发行时，债券的资本成本率为

$$K_B = \frac{1\ 000 \times 10\% \times (1 - 25\%)}{1\ 000 \times (1 - 5\%)} = 7.89\%$$

当债券按每张1 100元溢价发行时，债券的资本成本率为

$$K_B = \frac{1\ 000 \times 10\% \times (1 - 25\%)}{1\ 100 \times (1 - 5\%)} = 7.18\%$$

2. 考虑时间价值

如果考虑时间价值，则债券的资本成本率是使债券发行时收到的现金净流量的现值与债券持续期内发生的现金流出量的现值相等时的折现率，计算公式为

$$B_0(1 - F_B) = \sum_{t=1}^{n} \frac{I_t(1 - T)}{(1 + K_B)^t} + \frac{B}{(1 + K_B)^n} \tag{6-7}$$

式中　K_B、B、B_0、F_B、T——释义同式（6-6）；

　　　　n——债券的期限；

　　　　I_t——债券第 t 期支付的利息。

【例6-4】沿用【例6-3】的资料，当债券溢价发行时，计算债券的资本成本率为

$$1\ 100 \times (1 - 5\%) = \sum_{t=1}^{5} \frac{1\ 000 \times 10\% \times (1 - 25\%)}{(1 + K_B)^t} + \frac{1\ 000}{(1 + K_B)^5}$$

$$1\ 045 = 75 \times (P/A, K_B, 5) + 1\ 000 \times (P/F, K_B, 5)$$

将折现率6%代入等式右边，可得

$$75 \times 4.212 + 1\ 000 \times 0.747 = 1\ 062.9$$

将折现率7%代入等式右边，可得

$$75 \times 4.100 + 1\ 000 \times 0.713 = 1\ 020.5$$

采用内插法计算债券资本成本率，则

$$\frac{7\% - 6\%}{1\ 020.5 - 1\ 062.96} = \frac{K_B - 6\%}{1\ 045 - 1\ 062.9}$$

$$K_B = 6.42\%$$

由于计算较复杂，在计算债券资本成本率时，一般不考虑时间价值。

（三）优先股资本成本

优先股资本成本包括支付的筹资费用和优先股股利。与债券相同，企业需要定期向股东支付固定的股利，但由于优先股没有到期日，可以把优先股股利视为一种永续年金。此外，优先股股利支付须在企业缴纳所得税后进行，不具有抵减所得税的作用。因此，不需要对优先股成本进行纳税调整。

优先股的资本成本率可通过式（6-8）的估价模型推出。

$$P_0 = \sum_{t=1}^{n} \frac{D}{(1 + K_P)^t} = \frac{D[1 - (1 + K_P)^{-n}]}{K_P} \tag{6-8}$$

式中　P_0——优先股发行价格；

D——优先股每期的股息；

K_P——优先股资本成本率；

n——优先股期限；

t——支付股息的期数。

当 n→∞ 时，由式（6-8）推得

$$P_0 = \frac{D}{K_P}$$

$$K_P = \frac{D}{P_0} \tag{6-9}$$

式中　K_P、P_0、D——释义同式（6-8）。

企业发行优先股产生的筹资费用通常一次性扣除，因此可由式（6-9）进行调整得到优先股资本成本率公式为

$$K_P = \frac{D}{P_0(1 - F_P)} \tag{6-10}$$

式中　P_0——优先股发行价格；

D——优先股每期的股息；

K_P——优先股资本成本率；

F_P——优先股筹资费率。

【例 6-5】某企业发行 1 000 万股面值为 10 元的优先股，每股市价为 11 元，筹资费率 2%，年股息率为 12%，则优先股的资本成本率为

$$K_P = \frac{10 \times 1\,000 \times 12\%}{11 \times 1\,000 \times (1 - 2\%)} = 11.13\%$$

（四）普通股资本成本

由于企业无须定期向普通股股东支付固定的利息，与负债相比，普通股股东承担的风险更大，当然要求的预期投资报酬也较高。同时，普通股股利随企业生产经营情况而变化，因此，普通股资本成本的测算相对较复杂。按照资本成本率实际上是投资者要求的必要报酬率的思路，计算普通股资本成本率相当于计算普通股的必要报酬率。常采用的计算方法有三种：估价法、资本资产定价模型法和债券收益率加风险溢价法。

1. 估价法

估价法是从股利贴现模型中推演出来的。按照股利贴现模型，普通股的价值由两部分组成：预期每年的股利和未来出售时的预计股票价格。普通股票现值的计算公式如下：

$$P_0 = \sum_{t=1}^{n} \frac{D_t}{(1 + K_S)^t} + \frac{P_n}{(1 + K_S)^n} \tag{6-11}$$

式中　P_0——普通股现值；

D_t——第 t 期的预期股利；

P_n——第 n 期出售时预计的股票价格；

K_S——普通股资本成本率。

由于股票没有到期日，那么，当 n→∞ 时，$\dfrac{P_n}{(1 + K_S)^n} \rightarrow 0$，则由式（6-11）可以推导

出式（6-12）。

$$P_0 = \sum_{t=1}^{n} \frac{D_t}{(1 + K_S)^t} \tag{6-12}$$

式中 P_0——普通股现值；

　　　D_t——第 t 期的预期股利；

　　　K_S——普通股资本成本率。

运用式（6-12），根据股利政策的不同，我们可以推出不同的普通股资本成本率公式。

（1）固定股利模型。假设未来每期的股利固定不变，则可将未来发放的股利视为一种永续年金，这种情况下普通股资本成本率的计算公式为

$$K_S = \frac{D}{P_0} \tag{6-13}$$

（2）股利持续增长模型。假设每年的预期股利按固定的比率 g 增长，且增长率 g 小于投资者要求的报酬率，则普通股资本成本率的计算公式为

$$K_S = \frac{D_1}{P_0} + g \tag{6-14}$$

式中 D_1——第 1 年的预计股利，$D_1 = D_0(1 + g)$

　　　K_S——普通股资本成本率；

　　　P_0——普通股现值；

　　　g——股利增长率。

企业发行普通股产生的筹资费用应从筹资总额中一次扣除，因此，可由式（6-14）推出式（6-15）：

$$K_S = \frac{D_1}{P_0(1 - F_S)} + g \tag{6-15}$$

式中 K_S、D_1、P_0、g——释义同式（6-14）；

　　　F_S——普通股筹资费率。

【例 6-6】某公司普通股每股发行价 20 元，发行费用占筹资金额的 5%，预计明年发放的现金股利 0.2 元/股，以后每年增长 3%。则普通股资本成本率计算如下：

$$K_S = \frac{0.2}{20 \times (1 - 5\%)} + 3\% = 4.05\%$$

股利持续增长模型计算简单，只需要知道当前股利、股票价格和固定增长率就可以计算出普通股成本，但固定增长率往往难于准确预测，且假设股利以固定比率增长也不切实际。

2. 资本资产定价模型法

对于不发放现金股利的公司来说，估价法并不适用，这时就可以用资本资产定价模型来计算普通股资本成本率，即投资者要求的必要报酬率等于无风险报酬率加上风险报酬率。

$$K_S = R_f + \beta(R_m + R_f) \tag{6-16}$$

式中 K_S——普通股资本成本率；

β——公司贝塔系数，即该公司股票相对于市场平均风险的波动倍数；

R_m——市场平均投资收益率；

R_f——无风险证券投资收益率，一般采用国库券利率。

【例6-7】 某公司股票投资风险系数 β 为 1.2，国库券年利率为 5%，市场平均投资收益率为 10%，则普通股资本成本率为

$$K_S = 5\% + 1.2 \times (10\% - 5\%)$$

$$= 11\%$$

资本资产定价模型不需要对公司股利的持续增长做假设，无论公司是否发放股利，或是否能稳定增长，都可以运用该模型，但运用这一模型需要测算 β 和 R_m。

3. 债券收益率加风险溢价法

根据"风险越大，要求的报酬率越高"的原理，普通股股东的投资风险大于债券投资者，因此普通股股东会在债券投资者要求的报酬率上再要求一定的风险溢价。普通股资本成本率计算公式如下：

$$K_S = K_B + RP_C \tag{6-17}$$

式中　K_S——普通股资本成本率；

K_B——债券资本成本率；

RP_C——普通股风险溢价。

【例6-8】 某公司已发行债券的投资报酬率为 8%，证券分析师估计的该公司普通股承担更大风险所要求的风险报酬率即风险溢价为 4%，则该公司的普通股资本成本率为

$$K_S = 8\% + 4\% = 12\%$$

普通股风险溢价通常是相对于本企业的债券而言，凭经验估计得到的，数值在 3% ~ 5% 之间。当市场利率达到历史性高点时，风险溢价通常较低，在 3% 左右；当市场利率处于历史性低点时，风险溢价通常较高，在 5% 左右；通常情况下，采用 4% 的平均风险溢价进行计算。如果公司没有公开发行债券，风险溢价也可用公司平均债务成本确定。这种方法计算普通股资本成本虽然简单，但对风险溢价的估计主观性太强。

（五）留存收益资本成本

留存收益是扣除派发的股利后，供企业生产经营继续使用的那部分税后净利润，包括提取的盈余公积和历年滚存的未分配利润。留存收益的所有权属于股东，实质是股东对企业的追加投资。从表面上看，企业对留存收益无须支付股利，可以无偿使用这部分资本。但实际上，股东愿意将这部分收益留于企业而不作为股利取出投资于别处，当然要求享有和已分配部分相同的报酬，即期待今后能够获得更高水平的分配。所以，留存收益也有资本成本，这个资本成本就是股东的机会成本。留存收益资本成本的计算方法与普通股资本成本的计算方法基本相同，不同之处只是它不必考虑发行费用。留存收益资本成本率的计算公式如下：

$$K_E = \frac{D_1}{P_0} + g \tag{6-18}$$

式中　K_E——留存收益资本成本率；

D_1、P_0、g——释义同式（6-14）。

【例6-9】 某公司普通股目前每股市价20元，预计将发放现金股利0.6元/股，股利增长率为5%，则留存收益资本成本率为

$$K_E = \frac{0.6}{20} \times 100\% + 5\% = 8\%$$

三、加权平均资本成本

企业不可能只利用某种单一的方式筹资，如只通过权益筹资或只使用负债筹资，而是通过多种渠道、利用多种方式筹集资本。不同筹资方式的资本成本有差异，企业要进行正确的投资和筹资决策，就必须通过计算加权平均资本成本来衡量全部资本的总成本。加权平均资本成本，也称综合资本成本，是以个别资本占全部资本的比重为权数，对个别资本成本进行加权平均计算的全部资本的成本。加权平均资本成本的计算公式如下：

$$K_W = \sum_{j=1}^{n} K_j W_j \qquad (6-19)$$

式中　K_W——加权平均资本成本；

　　　W_j——第 j 种资本占全部资本的比重；

　　　K_j——第 j 种资本的成本。

在计算加权平均资本成本时，个别资本成本占全部资本的比重即权数是由各种资本的价值决定的，各种资本价值的确定基础有三种选择：账面价值、市场价值和目标价值，意味着加权平均资本成本的权数有账面价值权数、市场价值权数和目标价值权数三种。

（一）按账面价值权数计算

账面价值权数以债券、股票的账面价值确定权数，计算加权平均资本成本。由于账面价值反映的是历史成本，所以该方法主要是为了分析过去的筹资成本。

【例6-10】 某公司共有资本5 000万元，有关资料见表6-1。要求：计算该公司的加权平均资本成本。

表 6-1　按公司账面价值测算的加权平均资本成本

筹资方式	账面价值（万元）	所占比重	个别资本成本	加权平均资本成本
长期借款	1 200	24%	5%	1.2%
公司债券	800	16%	6%	0.96%
普通股	2 000	40%	12%	4.8%
留存收益	1 000	20%	11%	2.2%
合计	5 000	100%	—	9.16%

第一步，计算个别资本成本，已例于表6-1中。

第二步，按资本的账面价值计算各种长期资本的比例。

长期借款资本比例 = 1200/5000 × 100% = 24%

公司债券资本比例 = 800/5000 × 100% = 16%

普通股资本比例 = 2000/5000 × 100% = 40%

留存收益资本比例 = 1000/5000 × 100% = 20%

第三步，计算加权平均资本成本。

$$K_W = \sum_{j=1}^{n} W_j K_j$$
$$= 24\% \times 5\% + 16\% \times 6\% + 40\% \times 12\% + 20\% \times 11\%$$
$$= 9.16\%$$

运用账面价值计算的加权平均资本成本反映的是过去的筹资成本，其资料可以直接从资产负债表上取得，客观真实，容易计算；但当资本的市场价值严重脱离账面价值时，计算出的加权平均资本成本就会偏离实际。过去筹资的成本已经耗用，不能为新的投资项目提供资金，再以过去的筹资成本为依据，将可能导致企业做出错误的筹资决策。

（二）按市场价值权数计算

市场价值权数以债券、股票的市场价值确定权数，计算加权平均资本成本。由于市场价值在不断地波动，因此，在实务中，通常采用一定期间内证券的平均价格。

【例6-11】沿用【例6-10】的资料，若公司债券的市场价值下降10%，普通股的市场价值上涨30%，留存收益全部作为增资积累，则按市场价值计算的加权平均资本成本见表6-2。

表6-2　按资本市场价值测算的加权平均资本成本

筹资方式	市场价值（万元）	所占比重	个别资本成本	加权平均资本成本
长期借款	1 200	20.62%	5%	1.03%
公司债券	720	12.37%	6%	0.74%
普通股	2 600	44.67%	12%	5.36%
留存收益	1 300	22.34%	11%	2.46%
合计	5 820	100%	—	9.59%

由表6-2可知，由于股票的市场价值上涨，债券的市场价值下跌，企业的加权平均资本成本从9.16%上升到9.59%，反映了企业目前实际的资本成本，有利于进行筹资决策。然而，无论是用账面价值权数还是用市场价值权数计算出的加权平均资本成本都只能反映企业过去或是现在的资本成本，未必适用于未来的筹资决策，为弥补这一缺陷，可采用目标价值权数计算加权平均资本成本。

（三）按目标价值权数计算

目标价值权数以债券、股票的未来预计目标市场价值确定权数，计算加权平均资本成本。该方法适用于企业筹措新资金。

【例6-12】假设【例6-10】中公司未来将扩大资本规模，从5 000万元扩大到1亿元，预计各种资本的目标市场价值及加权平均资本成本的测算见表6-3。

由表6-3可知，由于该公司未来将更多地使用债务筹资，加权平均资本成本将下降到8.6%。按目标价值权数计算加权平均资本成本能够体现期望的目标资本结构要求，满足企业未来筹资决策的需要，但由于资本的目标价值难以确定，限制了该方法的使用。

表 6-3　按资本目标价值测算的加权平均资本成本

筹 资 方 式	目标价值（万元）	所 占 比 重	个别资本成本	加权平均资本成本
长期借款	2 000	20%	5%	1%
公司债券	3 000	30%	6%	1.8%
普通股	3 000	30%	12%	3.6%
留存收益	2 000	20%	11%	2.2%
合计	10 000	100%	—	8.6%

四、边际资本成本

有发展前景的企业总是不断地扩大资本规模，筹集更多的资本。企业追加筹资时，无法以某一固定的资本成本来筹集无限的资本，当其筹措的资本超过一定限度时，原来的资本成本就会增加，这就涉及边际资本成本的概念。

边际资本成本是指资本每增加一个单位而增加的成本。边际资本成本也是按加权平均法计算的，是追加筹资时所使用的加权平均资本成本。下面将举例说明边际资本成本的测算过程。

【例 6-13】某公司拥有长期资本 500 万元，其中长期借款 100 万元，个别资本成本 5%；长期债券 150 万元，个别资本成本 8%；普通股 250 万元，个别资本成本 12%；加权平均资本成本为 9.4%。由于扩大经营规模的需要，拟筹集新资本。

1. 确定公司的资本结构

经分析，认为筹集新资本后仍应保持目前的资本结构，即长期借款占 20%，长期债券占 30%，普通股占 50%。

2. 确定各种筹资方式的资本成本

经对金融市场状况和公司筹资能力的分析，测算出了随筹资的增加各种资本成本的变化，见表 6-4。

表 6-4　公司追加筹资测算资料

筹 资 方 式	目标资本结构	新筹资额（万元）	资 本 成 本
长期借款	20%	20 以内 20 以上	5% 7%
长期债券	30%	40 以内 40~60 60 以上	8% 10% 11%
普通股	50%	80 以内 80 以上	12% 14%

3. 计算筹资突破点并确定相应的筹资范围

当筹资数额在一定的范围内时，资本成本可以维持不变，但当筹资超过某一额度时，就会引起原资本成本的变化，于是我们就把在保持某资本成本不变的条件下可以筹集到的资本总限额称为现有资本结构下的筹资突破点。在筹资突破点范围内筹资，原有资本成本不会改变；一旦筹资额超过筹资突破点，即使维持原有的资本结构，其资本成本也会增加。筹资突破点计算公式为

$$筹资突破点 = \frac{可用某一特定成本筹集到的某种资金额}{该种资金在资金结构中所占的比重} \tag{6-20}$$

（1）根据表6-4中数据，当资本成本为5%时，取得长期借款的筹资限额为20万元，其筹资突破点为

$$\frac{20}{20\%} = 100（万元）$$

（2）在8%的资本成本条件下，取得债券的筹资限额为40万元，其筹资突破点为：

$$\frac{40}{30\%} \approx 133.33（万元）$$

按此方法，各种情况下的筹资突破点的计算结果见表6-5。

表6-5　筹资突破点计算结果

筹资方式	资本结构	资本成本	新筹资额（万元）	筹资突破点（万元）
长期借款	20%	5% 7%	20以内 20以上	100
长期债券	30%	8% 10% 11%	40以内 40~60 60以上	133.33 200
普通股	50%	12% 14%	80以内 80以上	160

4. 计算资本的边际成本

根据上一步骤计算出的筹资突破点，可以得到五组筹资总额范围：①100万元以内；②100万~133.33万元；③133.33万~160万元；④160万~200万元；⑤200万元以上。对以上五组筹资总额范围分别计算加权平均资本成本，即可得到各种筹资总额范围的边际资本成本。计算结果见表6-6。

表6-6　边际资本成本规划

筹资总额范围	资本种类	资本结构	资本成本	加权平均资本成本
100万元以内	长期借款 长期债券 普通股	20% 30% 50%	5% 8% 12%	1% 2.4% 6% $K_W = 9.4\%$
100万~133.33万元	长期借款 长期债券 普通股	20% 30% 50%	7% 8% 12%	1.4% 2.4% 6% $K_W = 9.8\%$

（续）

筹资总额范围	资本种类	资本结构	资本成本	加权平均资本成本
133.33 万~160 万元	长期借款 长期债券 普通股	20% 30% 50%	7% 10% 12%	1.4% 3% 6% $K_W = 10.4\%$
160 万~200 万元	长期借款 长期债券 普通股	20% 30% 50%	7% 10% 14%	1.4% 3% 7% $K_W = 11.4\%$
200 万元以上	长期借款 长期债券 普通股	20% 30% 50%	7% 11% 14%	1.4% 3.3% 7% $K_W = 11.7\%$

第二节　杠杆效应

物理学中的杠杆效应是指利用杠杆可以用较小的力移动较重物体的现象。财务管理中也存在类似的杠杆效应。财务管理中的杠杆原理是指由于固定费用（包括固定生产成本和固定财务费用）的存在，当业务量（利润）指标发生较小的变化时，利润（每股收益）指标会产生较大的变化。杠杆是一把"双刃剑"，放大收益性变量期望值的同时，也增加了收益性变量的波动性。了解杠杆原理有助于企业规避风险，正确地做出资本结构决策和投资决策。

一、经营杠杆

（一）经营杠杆的概念

经营杠杆，又称营业杠杆或营运杠杆，是由于企业经营成本中固定成本的存在而导致息税前利润变动率大于销售收入或销售量变动率的现象，这里的经营成本包括营业成本、税金及附加、销售费用、管理费用等。在其他条件不变的情况下，销售收入或销售量的提高不会增加固定成本总额，但会使单位销售量所负担的固定成本降低，从而使单位息税前利润增加，使息税前利润增长幅度大于销售量增长幅度。相反，销售收入或销售量的减少会提高单位固定成本，从而使单位息税前利润减少，使息税前利润下降幅度大于销售量下降幅度。因此，企业利用经营杠杆，可以获得高预期的经营杠杆利益，同时也承受着相应的高经营风险，即息税前利润的波动性。

【例6-14】A 公司是一家劳动密集型企业，无固定资产投资，变动成本率为 80%，B 公司为一家技术密集型企业，每年的固定成本为 4 000 元保持不变，变动成本率为 50%，现以表 6-7 说明 A、B 公司的经营杠杆效应。

由表 6-7 可知，A 公司不存在固定成本，没有经营杠杆效应，息税前利润的增长幅度与销量的增长幅度一致；而 B 公司有固定成本，当销量增长 20% 时，息税前利润将以更大的幅度即 100%增长，但当销量减少 20%时，息税前利润下降了 100%。B 公司息税前利润的变动幅度是销量变动幅度的 5 倍。如果 B 公司能有效利用经营杠杆，在保持固定成本不变的情况下增加销量，就可以获得杠杆收益。但同时经营杠杆给企业带来收益的同时也增加了经营风险，使息税前利润的波动幅度变大。

表 6-7　A、B 公司经营杠杆利益测算

项　　目	A　公　司			B　公　司		
销量（件）	10 000	12 000	8 000	10 000	12 000	8 000
单价（万元/件）	1	1	1	1	1	1
销售收入（万元）	10 000	12 000	8 000	10 000	12 000	8 000
销售收入增长率		20%	−20%		20%	−20%
变动成本（万元）	8 000	9 600	6 400	5 000	6 000	4 000
固定成本（万元）				4 000	4 000	4 000
息税前利润（万元）	2 000	2 400	1 600	1 000	2 000	0
息税前利润增长率		20%	−20%		100%	−100%

（二）经营杠杆的计量

只要企业存在固定成本，就存在经营杠杆作用，但不同企业或同一企业在不同销量的基础上，经营杠杆作用的程度是不完全一致的，为此，需要对经营杠杆进行计量。衡量经营杠杆大小的常用指标是经营杠杆系数。所谓经营杠杆系数，是指息税前利润变动率与销售收入（产品销量）变动率之间的比率，其定义式如下：

$$DOL = \frac{\Delta EBIT/EBIT}{\Delta S/S} = \frac{\Delta EBIT/EBIT}{\Delta x/x} \qquad (6\text{-}21)$$

式中　DOL——经营杠杆系数；

　　　EBIT——息税前利润；

　　　　S——销售收入；

　　　　x——销售量；

　　　$\Delta EBIT$——息税前利润的变动额；

　　　　ΔS——销售收入变动额；

　　　　Δx——销售量变动额。

实际操作时，可由式（6-21）推导出式（6-22）和式（6-23），推导过程如下：

因为 $EBIT = x(p - b) - a$，$\Delta EBIT = \Delta x(p - b)$，则

$$DOL = \frac{(p - b)x}{(p - b)x - a} \qquad (6\text{-}22)$$

式中　DOL——经营杠杆系数；

　　　　p——产品单价；

　　　　b——单位变动成本；

　　　　a——固定成本总额。

又因为 $(p - b)x = M$，则

$$DOL = \frac{M}{EBIT} \tag{6-23}$$

式中 DOL——经营杠杆系数；

M——边际贡献；

EBIT——息税前利润。

【例 6-15】沿用【例 6-14】的资料，分别计算 A 公司和 B 公司的经营杠杆系数。

A 公司的经营杠杆系数：

$$DOL_A = \frac{(p-b)x}{(p-b)x-a} = \frac{(1-0.8) \times 10\,000}{(1-0.8) \times 10\,000 - 0} = 1$$

B 公司的经营杠杆系数：

销量为 10 000 件时，$DOL_B = \frac{(p-b)x}{(p-b)x-a} = \frac{(1-0.5) \times 10\,000}{(1-0.5) \times 10\,000 - 4\,000} = 5$

销量为 12 000 件时，$DOL_B = \frac{(p-b)x}{(p-b)x-a} = \frac{(1-0.5) \times 12\,000}{(1-0.5) \times 12\,000 - 4\,000} = 3$

以上计算结果表明，当固定成本为 0 时，企业的经营杠杆系数为 1。当固定成本不为 0 时，其他条件不变，企业的销售量或销售收入越多，经营杠杆越小；反之，销售量或销售收入越少，经营杠杆越大。如【例 6-15】中的 B 公司，当销售量为 12 000 件时，经营杠杆系数为 3；当销售量为 10 000 件时，经营杠杆系数为 5。因此，企业可以通过增加销售量和销售收入、降低单位变动成本、降低固定成本比重等措施使经营杠杆下降。

(三) 经营杠杆与经营风险

经营风险是指在不确定的市场条件下因经营因素变动而引起营业利润变动的不确定性，这种不确定性是由企业经营的业务性质决定的。影响经营风险的因素很多，主要有以下几种。

1. 产品需求的变化

市场对企业产品的需求越稳定，经营风险就越小；反之，经营风险越大。

2. 产品售价的变动

产品售价变动越大，经营风险越大。

3. 产品成本的变动

产品成本不稳定会导致利润不稳定。产品成本变动越大，经营风险越大。

4. 随成本变化调整价格的能力

当企业的销售价格不能随成本的上升而增加时，企业的收益减少，经营风险增加。若企业随成本变化调整价格的能力越强，则经营风险越小。

5. 固定成本的比重，即经营杠杆

经营杠杆本身并不是利润不稳定的根源。但是当产品销量增加时，息税前利润将以经营杠杆系数为倍数的幅度增加；当产品销量减少时，息税前利润又将以经营杠杆系数为倍数的幅度减少。可见，经营杠杆系数扩大了市场和生产等不确定因素对利润变动的影响，而且经营杠杆系数越高，利润变动越剧烈，企业的经营风险就越大，因此，企业经营风险的大小和经营杠杆有重要关系。由经营杠杆系数的计算公式 $DOL = M/(M - a)$ 可知：经营杠杆系数将随着固定成本的变化量同方向变化，在其他因素不变的情况下，固定成本越高，经营杠杆系数越大，经营风险越大。

二、财务杠杆

（一）财务杠杆的概念

财务杠杆，亦称筹资杠杆或资本杠杆，是指由于企业债务资本中固定财务费用的存在而导致普通股每股收益变动率大于息税前利润变动率的现象。企业的全部长期资本是由股权资本和债务资本构成的，企业债务的利息和优先股的股利都是固定不变的，当息税前利润增大时，每1元盈余所负担的固定财务费用就会相对减少，就能给普通股股东带来更多的盈余；反之，当息税前利润减少时，每1元盈余所负担的固定财务费用相对增加，就会大幅度减少普通股的盈余。

【例 6-16】A 公司和 B 公司的资本总额相同但筹资方式不同，A 公司无负债，其资本全部来自权益筹资，B 公司的资本有 60% 来自普通股，股票面值 10 元，40% 来自负债，债务利率为 8%。已知所得税税率为 25%，其他资料见表 6-8。

表 6-8　A、B 公司财务杠杆测算

项　　目	A 公　司			B 公　司		
资本总额（万元）	10 000	10 000	10 000	10 000	10 000	10 000
其中：股本	10 000	10 000	10 000	6 000	6 000	6 000
长期债务	0	0	0	4 000	4 000	4 000
息税前利润（万元）	1 000	1 200	800	1 000	1 200	800
息税前利润增长率		20%	−20%		20%	−20%
利息（万元）	0	0	0	320	320	320
税前利润（万元）	1 000	1 200	800	680	880	480
税后利润（万元）	750	900	600	510	660	360
每股利润（元/股）	0.75	0.9	0.6	0.85	1.1	0.6
每股利润增长率		20%	−20%		29%	−29%

由表 6-8 可知，A 公司无债务筹资，不存在固定财务费用，没有杠杆效应，每股利润的变动幅度与息税前利润的变动幅度一致；而 B 公司资本部分来自债务筹资，每年需支付固定的财务费用，当息税前利润增长 20% 时，每股利润将以更大的幅度即 29% 增长；但当息税前利润减少 20% 时，每股利润也以更大的幅度下降。如果 B 公司能有效利用债务筹资，就可以获得杠杆收益。但同时债务筹资也增加了企业的财务风险，息税前利润的减少将使每股利润下降得更快。

（二）财务杠杆的计量

财务杠杆作用的大小可用财务杠杆系数来表示。财务杠杆系数越大，则财务杠杆的作用越大。财务杠杆系数是指普通股每股收益变动率与息税前利润变动率之间的比率，其定义式如下：

$$DFL = \frac{\Delta EPS/EPS}{\Delta EBIT/EBIT} \qquad (6\text{-}24)$$

式中　DFL——财务杠杆系数；

　　　EPS——普通股每股利润；

　　　ΔEPS——普通股每股利润变动额；

　　　EBIT——息税前利润；

　　　ΔEBIT——息税前利润变动额。

实际操作时，可由定义式（6-24）推导出式（6-25）。推导过程如下：

假设 T 为公司所得税税率，I 为债务利息额，N 为流通在外的普通股股数，因为 EPS $=$ $(EBIT - I)(1 - T)/N$，$\Delta EPS = \Delta EBIT(1 - T)/N$，则有

$$DFL = \frac{EBIT}{EBIT - I} \qquad (6\text{-}25)$$

式中　DFL、EBIT——释义同式（6-24）；

　　　I——债务利息额。

就发行优先股的企业而言，其财务杠杆系数的计算公式如式（6-26）所示。

$$DFL = \frac{EBIT}{EBIT - I - \dfrac{d}{1 - T}} \qquad (6\text{-}26)$$

式中　DFL、EBIT、I——释义同式（6-25）；

　　　T——公司所得税税率；

　　　d——优先股股利。

【例 6-17】沿用【例 6-16】的资料，分别计算 A 公司和 B 公司的财务杠杆系数。

A 公司的财务杠杆系数：

$$DFL_A = \frac{EBIT}{EBIT - I} = \frac{1\ 000}{1\ 000 - 0} = 1$$

B 公司的财务杠杆系数：

息税前利润为 1 000 万元时，$DFL_B = \dfrac{1\ 000}{1\ 000 - 320} = 1.47$

息税前利润为 1 200 万元时，$DFL_B = \dfrac{1\ 200}{1\ 200 - 320} = 1.36$

以上计算结果表明，当 B 公司息税前利润为 1 000 万元时，息税前利润每变动 1%，就会引起每股利润变动 1.47%。

（三）财务杠杆与财务风险

财务风险又称筹资风险，是指由于负债经营给普通股股东收益带来的不确定性。企业筹集的资本可分为债务资本和股权资本。债务资本要按期还本付息，而股权资本只需根据经营情况支付股利。企业为取得财务杠杆利益，就要增加负债，由于债权人只收取固定的利息而不承担经营风险，则企业的全部经营风险由普通股股东承担。一旦企业息税前利润下降，每股收益就会下降得更快。当息税前利润不足以补偿固定利息支出，企业甚至需要用自有资本支付利息时，企业将面临破产危机。

当企业投资报酬率小于借入资本利率时，则不能取得财务杠杆利益；只有当企业投资报酬率高于负债利率时，才能取得杠杆利益。财务杠杆越大，每股收益因息税前利润变动而变动的幅度越大，同时，因为固定财务费用越多，按期支付的可能性越小，则企业的财务风险越大。

根据财务杠杆系数公式，可知影响财务风险的因素主要包括以下几点。

1. 资本规模的变动

在其他因素不变的情况下，如果资本规模发生了变动，财务杠杆系数也将随之变动。例如，资本规模增加，公司债务利息增加，在息税前利润不变的情况下，财务杠杆系数就会增加，财务风险就会变大。

2. 资本结构的变动

一般而言，在其他因素不变的条件下，资本结构发生变动，或者说债务资本比例发生变动，财务杠杆系数也会随之变动。例如，当债务资本比例下降时，债务利息减少，财务杠杆系数就会减小，财务风险就会变小。

3. 债务利率的变动

债务利率发生变动也会导致债务利息发生变动，从而影响财务风险。

4. 息税前利润变动

息税前利润的变动通常也会影响财务杠杆系数。

▶▶ 三、复合杠杆

（一）复合杠杆的概念

由于企业存在固定生产成本，带来了经营杠杆效应，使息税前利润的变动率大于产品销量或销售收入的变动率；同时企业也存在固定财务费用，带来了财务杠杆效应，使每股收益的变动率大于息税前利润的变动率。当这两种杠杆共同作用时，产品销量或销售收入的微小变动将导致每股收益发生更大的变化。复合杠杆又称总杠杆或联合杠杆，是指由于同时存在固定生产成本和固定财务费用而导致企业每股收益的变动大于产品销量或销售收入的变动的杠杆效应，它是经营杠杆和财务杠杆的结合。

（二）复合杠杆的计量

复合杠杆作用的大小可用复合杠杆系数来表示。复合杠杆系数是指每股收益变动率与产品销量或销售收入变动率之间的比率。其计算公式如下：

$$DCL = DOL \cdot DFL = \frac{\Delta EPS/EPS}{\Delta S/S} \qquad (6\text{-}27)$$

式中　DCL——复合杠杆系数；

　　　DOL——经营杠杆系数；

　　　DFL——财务杠杆系数；

　　　EPS——普通股每股利润；

　　　ΔEPS——普通股每股利润变动额；

　　　　S——销售收入；

ΔS——销售收入变动额。

为简化计算，可根据式（6-27）推导出计算复合杠杆系数的简单公式如下：

$$DCL = DOL \times DFL$$

$$= \frac{M}{EBIT} \cdot \frac{EBIT}{EBIT - I}$$

$$= \frac{M}{EBIT - I}$$

$$= \frac{(p - b)x}{(p - b)x - a - I} \tag{6-28}$$

式中　DCL、DOL、DFL——释义同式（6-27）；

EBIT——息税前利润；

M——边际贡献；

I——债务利息额；

p——产品单价；

b——单位变动成本；

a——固定成本总额；

x——销售量。

若企业发行优先股，其复合杠杆系数的计算公式可简化为

$$DCL = \frac{(p - b)x}{(p - b)x - a - I - \dfrac{d}{1 - T}} \tag{6-29}$$

式中　DCL、p、b、x、a、I——释义同式（6-28）；

d——优先股股利；

T——所得税税率。

【例 6-18】某企业生产甲产品，销售量在 10 000 件时售价为 10 元，单位产品变动成本为 6 元，固定成本为 12 000 元，利息支出为 8 000 元。则复合杠杆系数为

$$DCL = \frac{10\ 000 \times (10 - 6)}{10\ 000 \times (10 - 6) - 12\ 000 - 8\ 000} = 2$$

以上计算结果表明：该企业产品销量或销售收入每变动 1%，就引起普通股每股收益变动 2%，即普通股每股收益变动是产品销量或销售收入变动的 2 倍，企业在经营杠杆和财务杠杆复合作用下经营，风险加大。

（三）复合杠杆与企业风险

企业的总风险是指企业未来每股收益的不确定性，它是经营风险和财务风险的总和。在其他因素不变的情况下，复合杠杆系数越大，每股收益波动的幅度越大，企业总风险越大；复合杠杆系数越小，企业总风险越小。在实际工作中，企业必须权衡杠杆带来的收益和风险，选择适合企业的总风险水平。在理想的总风险水平下，企业可以对经营杠杆和财务杠杆进行不同的组合。经营风险大的企业，可以通过降低债务筹资的比重来降低财务风险，从而降低总风险；而经营风险低的企业可以适度增加负债以获得财务杠杆效应。

【资料阅读】

"三去一降一补"是 2016 年及之后一个时期推进供给侧改革的五项重要任务，即去产能、去库存、去杠杆、降成本、补短板。李克强在《2021 年国务院政府工作报告》中指出，要继续完成"三去一降一补"重要任务。

去杠杆就是整体上控制债务规模。

（1）高杠杆推高风险，防风险须去杠杆。我国债务风险总体可控，但实体经济杠杆率较高的风险需要化解。这其中既有长期以来发展过于依靠投资而投资过于依赖信贷的原因，也有应对国际金融危机过程中采取应急措施的因素。

（2）采取综合措施，多方形成合力。在采取措施缓解当下压力的同时，要从根本上解决企业过于依赖成本较高的银行贷款问题，就要多用资本市场、风险投资等多渠道筹资。

（3）应积极稳妥分类施策，着眼长远深化改革。上坡容易下坡难，去杠杆是个艰难、长期的过程。不仅要有坚定的决心、有力的措施，而且在操作过程中要注意方式方法，防范风险。高杠杆不是一天加上去的，也不可能一夜之间去掉。对杠杆率较高的部门，我们应当采取积极、渐进的手段，引导杠杆率逐步下降。

（资料来源：网易新闻，发力供给侧结构性改革——解码"三去一降一补"，163. com/news/article/BOASO2BR00014Q4P. html，有改动）

第三节　资本结构理论与决策

▶▶ 一、资本结构概述

（一）资本结构的概念

资本结构是指企业各种资本的价值构成及其比例关系。资本结构有广义和狭义之分。狭义的资本结构是指企业各种长期资本（长期负债、优先股、普通股）的构成及其比例关系；广义的资本结构是指全部资本，包括长期资本和短期资金的构成及其比例关系。通常情况下，资本结构仅指狭义上的，短期资金不列入资本结构的管理范围，而作为营运资金管理。

（二）资本结构的意义

资本结构问题总的来说是债务资本所占比例的问题，即负债在企业全部资本中所占的比重，合理利用债务筹资，科学安排债务资本的比例，是企业筹资管理的一个核心问题，对企业具有重要意义。

1. 合理安排债务资本比例可以降低企业的加权平均资本成本

由于债务利息通常低于股票股利，而且债务利息从缴纳所得税前的利润中扣除，可以减少企业的所得税，从而使得债务资本成本低于股权资本成本。因此，在一定的限度内合理地提高债务资本的比例，可以降低企业的加权平均资本成本。

2. 合理安排债务资本比例可以获得财务杠杆利益

由于债务利息通常是固定不变的，当息税前利润增大时，每 1 元利润所负担的固定利息会相应降低，从而可分配给股权所有者的税后利润会相应增加。因此，在一定的限度内合理地利用债务成本，可以发挥财务杠杆的作用，给企业所有者带来财务杠杆利益。

3. 合理安排债务资本比例可以增加公司的价值

一般而言，一家公司的价值应该等于其债务资本的市场价值与股权资本的市场价值之和，因此，公司的价值与公司的资本结构紧密相关，资本结构对债务资本的市场价值和股权资本的市场价值，进而对整个公司总资本的市场价值具有重要的影响，合理安排债务资本比例可以增加公司的价值。

二、资本结构理论

理论是指人们对自然、社会现象，按照已知的知识或者认知，经由一般化与演绎推理等方法，进行合乎逻辑的推论性总结。资本结构理论是人们经由一般化与演绎推理等方法对公司资本结构、公司资本成本和公司价值的内在关系进行合乎逻辑的推论性总结。它是公司财务理论的核心内容之一，也是资本结构决策的理论基础。从资本结构理论发展来看，主要经历了早期资本结构理论阶段、MM 资本结构理论阶段和新资本结构理论阶段。

（一）早期资本结构理论阶段

早期的资本结构理论有净收益理论、净营业收益理论和传统折中理论。

1. 净收益理论

这种理论认为，债务资本的比例越高，公司的净收益或税后利润就越多，从而公司的价值就越高。按照这种观点，公司获取资本的来源和数量不受限制，并且债务资本成本率和股权资本成本率都是固定不变的，不受财务杠杆的影响。由于债务的投资报酬率固定，债务人有优先求偿权，债务投资风险低于股权投资风险，债务资本成本率一般低于股权资本成本率。因此，公司的债务资本越多，债务资本比例越高，加权平均资本成本就越低，从而公司的价值就越大。净收益观点下的资本结构与资本成本率和公司价值的关系如图 6-1 所示。

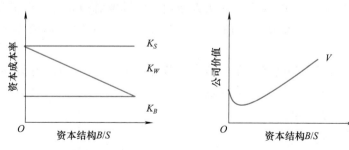

图 6-1　净收益理论的资本结构与资本成本率和公司价值关系

K_S —股权资本成本率　K_B —债务资本成本率　K_W —加权平均资本成本

B —公司债务的市场价值　S —公司股权的市场价值　V —公司总市场价值

这是一种极端的资本结构理论。它虽然考虑了财务杠杠利益，但忽略了财务风险。很明显，如果公司的债务资本过多，债务资本比例过高，财务风险就会很大，公司的加权平均资本成本就会上升，公司的价值反而下降。

2. 净营业收益理论

这种理论认为，债务资本的多少、比例的高低，与公司的价值没有关系。按照这种观点，公司的债务资本成本率是固定的，但股权资本成本率是变动的，公司的债务资本越多，公司的财务风险就越大，股权资本成本率就越高；反之，公司的债务资本越少，公司的财务风险就越小，股权资本成本率就越低。经加权平均计算后，公司的加权平均资本成本不变，是一个常数。因此，该理论认为资本结构与公司价值无关，决定公司价值的真正因素应该是公司的净营业收益。净营业收益理论中的资本结构与资本成本率和公司价值的关系如图 6-2 所示。

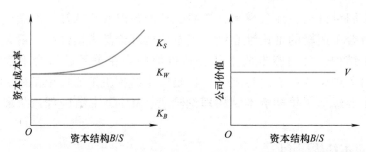

图 6-2　净营业收益理论的资本结构与资本成本率和公司价值关系

K_S—股权资本成本率　　K_B—债务资本成本率　　K_W—加权平均资本成本

B—公司债务的市场价值　　S—公司股权的市场价值　　V—公司总市场价值

这是另一种极端的资本结构理论。它虽然认识到债务资本比例的变动会产生公司的财务风险，也可能影响公司的股权资本成本率，但实际上，公司的加权平均资本成本不可能是一个常数。公司净营业收益的确会影响公司价值，但公司价值不仅仅取决于公司净营业收益的多少。

3. 传统折中理论

关于早期资本结构理论，除上述两种极端理论外，还有一种介于这两种极端理论之间的折中理论，被称为传统折中理论。它认为增加债务资本对提高公司价值是有利的，但债务资本规模必须适中，如果公司负债过度，会导致加权平均资本成本升高，公司价值下降。

早期的资本结构理论都是建立在经验判断基础之上的，三种理论都没有经过科学的数学推导和统计分析，只是对资本结构问题的思考。

（二）MM 资本结构理论阶段

1. MM 资本结构无关论

1958 年莫迪利安尼（Modigliani）和米勒（Miller）两位教授合作发表《资本成本、公司财务与投资理论》一文，标志着 MM 资本结构理论的出现和现代资本结构理论的诞生。MM 资本结构理论不仅科学地探讨了资本结构与企业价值之间的关系，同时也实现了财务理论研究在方法论方面的突破，即率先运用无套利分析技术论证了学说的科学性。MM 资本结构理论还规范了企业价值理论的研究，为以后企业价值理论乃至于整个财务理论的顺利发展奠定了坚实的理论基础。

MM 资本结构理论的假设主要有：①公司在无税收的环境中经营；②公司营业风险的高低由息税前利润标准差来衡量，公司营业风险决定其风险等级；③投资者对所有公司未来盈利及风险的预期相同；④投资者不支付证券交易成本，所有债务的利率相同；⑤公司为零增长公司，即年平均盈利额不变；⑥个人和公司均可发行无风险债券，并有无风险利率；⑦公司无破产成本；⑧公司的股利政策与公司价值无关，公司发行新债时不会影响已有债务的市场价值；⑨存在高度完善和均衡的资本市场，意味着资本可以自由流通、充分竞争，预期报酬率相同的证券价格相同、利率一致。

在符合该理论的假设之下，公司的价值与其资本结构无关。公司的价值取决于其实际资产，而非各类债务和股权的市场价值。MM 资本结构无关论有以下两个重要命题。

（1）命题一：无论公司有无债务资本，其价值等于公司所有资产的预期收益额按适合该公司风险等级的必要报酬率折现的价值。其中，公司资产的预期收益额相当于公司扣除利息、所得税之前的预期盈利，即息税前利润；与公司风险等级相适应的必要报酬率相当于公司的加权平均资本成本。因此，命题一的基本含义是：第一，公司的价值不受资本结构的影响；第二，有债务的公司的加权平均资本成本等同于与它风险等级相同但无债务的公司的股权资本成本率；第三，公司的股权资本成本率或加权平均资本成本视公司的营业风险而定。

（2）命题二：利用财务杠杆的公司，其股权资本成本率随筹资额的增加而提高。因此，公司的市场价值不会随债务资本比例的上升而增加。命题二的基本含义是：因为资本成本率较低的债务给公司带来的财务杠杆利益会被股权资本成本率的上升而抵消，最后使有债务的公司的加权平均资本成本等于无债务的公司的加权平均资本成本，所以公司的价值与其资本结构无关。

上述 MM 资本结构的基本理论是在一系列假设的前提下得出的。在企业的筹资实务中，几乎没有一家公司不关注资本结构。因此，MM 资本结构的基本理论还需要进一步完善。

2. MM 资本结构相关论

莫迪利安尼和米勒于 1963 年合作发表了另一篇论文《公司所得税与资本成本：一项修正》。该文取消了公司无所得税的假设，认为若考虑公司所得税的因素，公司的价值会随财务杠杆系数的提高而增加，从而得出公司资本结构与公司价值相关的结论。修正的MM 资本结构理论同样提出了两个命题。

（1）命题一：有债务的公司的价值等于有相同风险但无债务的公司的价值加上债务的节税利益。根据该命题，公司举债后，债务利息可以计入财务费用，形成节税利益，由此可以增加公司的净收益，从而提高公司的价值。随着公司债务比例的提高，公司的价值也会提高。

有债务的公司的股权资本成本率等于无债务的公司的股权资本成本率加上风险报酬率，风险报酬率的高低则视公司债务的比例和所得税税率而定。随着公司债务比例的提高，公司的加权平均资本成本会降低，公司的价值会提高。

按照修正的 MM 资本结构理论，公司的资本结构与公司的价值是密切相关的，并且公司债务比例与公司价值呈正相关关系。这个结论与早期资本结构理论中的净收益理论的观点是一致的。

（2）命题二：MM 资本结构理论的权衡理论观点。该观点认为，随着公司债务比例的提高，公司的风险也会上升，则公司陷入财务危机甚至破产的可能性也越大，由此会增加公司的额外成本，降低公司的价值。因此，公司最佳的资本结构应当是节税利益和债务资本比例上升而带来的财务危机成本与破产成本之间的平衡点。

财务危机是指公司对债权人的承诺不能兑现，或有困难地兑现。财务危机在某些情况下会导致公司破产，因此公司的价值应当扣除财务危机成本的现值。财务危机成本取决于公司危机发生的概率和危机的严重程度。根据公司破产发生的可能性，财务危机成本可分为有破产成本的财务危机成本和无破产成本的财务危机成本。

当公司债务总额大于公司市场价值时，公司将面临破产。这时，公司的财务危机成本是有破产成本的财务危机成本。公司的破产成本又有直接破产成本和间接破产成本两种。直接破产成本包括支付给律师、注册会计师和资产评估师等的费用。这些费用实际上是由债务人承担的，即从债务人的利息收入中扣除。因此，债务人必然要求与公司破产风险相对应的报酬率，公司的债务价值和公司的总价值也因此而降低。公司的间接破产成本包括公司破产清算损失以及公司破产后重组而增加的管理成本。公司的破产成本增加了公司的额外成本，从而会降低公司的价值。

当公司发生财务危机但还不至于破产时，财务危机成本同样存在并影响公司的价值。这时的财务危机成本是无破产成本的财务危机成本。这种财务危机成本对公司价值的影响是通过股东为保护其利益，在投资决策时以股票价值最大化代替公司价值最大化的目标而形成的。而当公司的经营者按此做出决策并予以执行时，会使公司的节税利益下降并降低公司的价值。因此，由于债务带来的财务危机成本抑制了公司通过无限举债而增加公司价值的冲动，使公司的债务比例保持在适度的区间内。

（三）新资本结构理论阶段

20 世纪七八十年代后又出现了一些新的资本结构理论，主要有代理成本理论、信号传递理论和啄序理论等。

1. 代理成本理论

詹森（Jensen）和梅克林（Meckling）认为代理成本是指委托人为防止代理人损害自己的利益，通过严密的契约关系和对代理人的严格监督来限制代理人的行为而付出的代价。代理成本理论是通过研究代理成本与资本结构的关系而形成的。这种理论指出，公司的债务违约风险是财务杠杆系数的增函数；随着公司债务资本的增加，债权人的监督成本随之上升，债权人会要求更高的利率。而这种代理成本最终要由股东承担，因此，公司资本结构中债务比率过高会导致股东价值降低。根据代理成本理论，债务资本适度的资本结构会增加股东的价值。这里只介绍了债务的代理成本，除此之外，还有一些代理成本涉及公司的雇员、消费者和其他利益相关者，在资本结构的决策中也应予以考虑。

2. 信号传递理论

信号传递理论认为公司可以通过调整资本结构来传递有关盈利能力和风险方面的信息，以及公司如何看待股票市价的信息。按照资本结构的信号传递理论，公司价值被低估时会增加债务资本；反之，公司价值被高估时会增加股权资本。当然，公司的筹资选择并非完全如此。例如，公司有时可能并不希望通过筹资行为告知公众公司的价值被高估的信息，而是模仿被低估价值的公司去增加债务资本。

3. 啄序理论

啄序理论认为公司倾向于优先采用内部筹资，比如留存利润，因其不会传导任何可能对股价不利的信息；如果需要外部筹资，公司将优先选择债务筹资，再选择外部股权筹资，这种筹资顺序的选择也不会传递对公司股价产生不利影响的信息。按照啄序理论，不存在明显的目标资本结构，因为虽然留存利润和增发新股均属股权筹资，但前者最先选用，后者最后选用；盈利能力较强的公司之所以安排较低的债务比率，并不是因为已确立较低的目标债务比率，而是因为不需要外部筹资；盈利能力较差的公司选用债务筹资是由于没有足够的留存利润，而且在外部筹资选择中债务筹资为首选。

三、资本结构决策方法

利用债务资本对企业来说具有双重作用：适当利用负债，可以降低资本成本；但负债过度，会带来较大的财务风险。为此，企业必须权衡财务风险和资本成本的关系，确定最优的资本结构。所谓最优资本结构是指在一定条件下使企业加权平均资本成本最低、企业价值最大的资本结构。理论上，最优资本结构是存在的，但在实践中由于企业的经营条件和外部环境经常变化，如何确定最优资本结构仍是个难题。常用的资本结构决策方法有资本成本比较法、每股收益分析法等。

（一）资本成本比较法

资本成本比较法是指在适度财务风险的条件下，测算可供选择的不同资本结构或筹资组合方案的加权平均资本成本，并以此为标准相互比较，确定最佳资本结构的方法。在企业筹资实务中，企业对拟定的筹资总额可以采用多种筹资方式来筹集，每种筹资方式的筹资额亦可有不同安排，由此会形成若干备选的资本结构或筹资组合方案。在资本成本比较法下，可以通过加权平均资本成本率的测算及比较来做出选择。

1. 资本成本比较法的测算

【例 6-19】某公司原来有普通股 800 万元（80 万股，市场价格 10 元/股），债券 800 万元（年利率 10%）。今年的期望股利为 1 元/股，预计以后股利每年增加 5%，假设公司所得税税率为 30%，发行多种证券均无筹资费用。该公司现拟增资 400 万元以扩大生产规模，现有以下三个方案可供选择。

甲方案：发行债券 400 万元，年利率为 12%，预计普通股股利不变，但由于风险加大，普通股市场价格降为 8 元/股。

乙方案：发行债券 200 万元，年利率为 10%，同时发行股票 20 万股，市场价格 10 元/股，预计普通股股利不变。

丙方案：发行股票 36.36 万股，市场价格 11 元/股。

根据资料，分别计算各方案的加权平均资本成本。

（1）原资本结构的加权平均资本成本：

债券的资本成本率 $K_B = 10\% \times (1 - 30\%) = 7\%$

普通股的资本成本率 $K_S = 1/10 + 5\% = 15\%$

加权平均资本成本 $K_W = 50\% \times 7\% + 50\% \times 15\% = 11\%$

（2）甲方案的加权平均资本成本：

原有债券的资本成本率 $K_{B1} = 10\% \times (1 - 30\%) = 7\%$

增发债券的资本成本率 $K_{B2} = 12\% \times (1 - 30\%) = 8.4\%$

普通股的资本成本率 $K_S = 1/8 + 5\% = 17.5\%$

甲方案加权平均资本成本 $K_{W甲} = 800/2\,000 \times 7\% + 400/2\,000 \times 8.4\% + 800/2\,000 \times 17.5\% = 11.48\%$

（3）乙方案的加权平均资本成本：

乙方案加权平均资本成本 $K_{W乙} = (200 + 800)/2\,000 \times 7\% + (200 + 800)/2\,000 \times 15\% = 11\%$

（4）丙方案的加权平均资本成本：

债券的资本成本率 $K_B = 10\% \times (1 - 30\%) = 7\%$

普通股的资本成本率 $K_S = 1/11 + 5\% = 14.1\%$

丙方案加权平均资本成本 $K_{W丙} = 800/2\,000 \times 7\% + (400 + 800)/2\,000 \times 14.1\% = 11.26\%$

乙方案的加权平均资本成本最低，所以应选用乙方案。

2. 资本成本比较法的缺点

资本成本比较法的测算原理容易理解且测算过程简单，但该法仅以资本成本率最低为决策标准，没有具体考虑财务风险因素，因此，其决策目标实质上是利润最大化而不是公司价值最大化。资本成本比较法一般适用于资本规模较小、资本结构较为简单的非股份制企业。

（二）每股收益分析法

判断资本结构合理与否的方法之一是分析每股收益的变化。这种方法假定能提高每股收益的资本结构是合理的；反之，则不够合理。每股收益的高低不仅受资本结构的影响，还受盈利能力的影响，企业盈利能力通常用息税前利润表示。分析资本结构、息税前利润与每股收益之间的关系进而确定合理的资本结构，可采用每股收益分析法。

每股收益分析法，又叫每股收益无差异点法，是指通过寻找能够使不同资本结构下的每股收益相等时的息税前利润或销售水平来确定最佳资本结构的方法。每股收益无差异点指每股收益不受融资方式影响的息税前利润或销售水平。根据每股收益无差异点，可以分析判断在什么样的销售水平下适合采用何种资本结构。

1. 每股收益分析法的测算

每股收益 EPS 的公式如下：

$$\text{EPS} = \frac{(\text{EBIT} - I)(1 - T)}{N} = \frac{(S - V - a - I)(1 - T)}{N} \tag{6-30}$$

式中　EBIT——息税前利润；

I——利息；

T——所得税税率；

N——普通股股数；

S——销售收入；

a——固定成本总额。

在每股收益无差异点上，无论是采用负债筹资，还是采用权益筹资，每股收益都是相等的。若以 EPS_1 代表负债筹资，EPS_2 代表权益筹资，则有 $EPS_1 = EPS_2$，即 $(EBIT - I_1)(1 - T)/N_1 = (EBIT - I_2)(1 - T)/N_2$ 或 $(S - V_1 - a_1 - I_1)(1 - T)/N_1 = (S - V_2 - a_2 - I_2)(1 - T)/N_2$。

能使得上述条件公式成立的销售额为每股收益无差异点销售额。当销售额（或息税前利润）大于每股收益无差异点的销售额（或息税前利润）时，运用负债筹资可以获得较高的每股收益；反之，则运用权益筹资。

【例 6-20】某公司原有资本 800 万元，其中债务资本 300 万元（每年负担利息 36 万元），普通股资本 500 万元（发行普通股 10 万股，每股面值 50 元）。由于扩大业务，需追加筹资 300 万元，其筹资方式有两种方案。

方案一：增发普通股 6 万股，每股面值 50 元。

方案二：全部筹借长期债务，债务利率仍为 12%，利息 36 万元。

已知公司的变动成本率为 60%，固定成本为 100 万元，所得税税率为 25%，用每股收益分析法进行判断。

将上述资料中的有关数据代入公式，则

$$\frac{(S - 0.6S - 100 - 36)(1 - 25\%)}{10 + 6} = \frac{(S - 0.6S - 100 - 36 - 36)(1 - 25\%)}{10}$$

$S = 580$（万元）

$EBIT = 132$（万元）

此时，每股收益为

$$EPS = \frac{(580 - 0.6 \times 580 - 100 - 36)(1 - 25\%)}{10 + 6} = 4.5(元)$$

当盈利能力 EBIT>132 万元时，利用负债筹资有利；当盈利能力 EBIT<132 万元时，不应再增加负债，应以发行普通股筹资为宜；当 EBIT=132 万元时，采用两种方式无差别。该公司预计 EBIT 为 200 万元，故采用负债筹资的方式较为有利。

2. 每股收益分析法的缺点

每股收益分析法的测算原理比较容易理解，计算过程也较为简单。然而，它以普通股每股收益最高为决策标准，也没有具体测算财务风险，其决策目标实际上是股东财富最大化或股票价值最大化而不是公司价值最大化。因此，可用于资本规模不大，资本结构不太复杂的股份有限公司。

（三）公司价值比较法

公司价值比较法是在充分反映公司财务风险的前提下，以公司价值的大小为标准，经过测算确定公司最佳资本结构的方法。与资本成本比较法和每股收益分析法相比，公司价值比较法充分考虑了公司的财务风险和资本成本等因素的影响，进行资本结构的决策时以公司价值最大为标准，更符合公司价值最大化的财务目标，但其测算原理及测算过程较为复杂，通常适用于资本规模较大的上市公司。

公司价值的测算方法主要有三种。

1. 公司价值等于其未来净收益（或现金流量，下同）

公司价值等于其未来净收益按照一定折现率折现的价值，即公司未来净收益的现值。简要公式如下：

$$V = \frac{EAT}{K} \tag{6-31}$$

式中　V——公司价值；

EAT——公司未来每年的净收益，即公司未来每年的税后收益；

K——公司未来净收益的折现率。

这种测算方法有其合理性，但不易确定的因素很多，主要有两个方面：一是公司未来的净收益不易确定，在上述公式中还有一个假定，即公司未来每年的净收益为年金，事实上未必都是如此；二是公司未来净收益的折现率不易确定。因此，这种测算方法尚难以在实践中加以应用。

2. 公司价值是其股票的现行市场价值

根据这种观点，公司价值可按其股票的现行市场价格来计算，故有其客观合理性，但还存在两个问题：一是公司股票受各种因素的影响，其市场价格处于经常性波动之中，每个交易日都有不同的价格，在这种现实条件下，公司的股票究竟按哪个交易日的市场价格来计算的问题尚未得到解决；二是公司价值的内容未必只包括股票的价值，还应包括长期债务的价值，而这两者之间又是相互影响的。如果公司的价值只包括股票的价值，就无须进行资本结构的决策，这种测算方法也就不能用于资本结构决策。

3. 公司价值等于其长期债务和股票的折现价值之和

与上述两种测算方法相比，这种测算方法比较合理，也比较现实。它至少有两个优点：一是从公司价值的内容来看，它不仅包括公司股票的价值，还包括公司长期债务的价值；二是从公司净收益的归属来看，它属于公司的所有者，即属于股东。因此，在测算公司价值时，这种测算方法可用式（6-32）表示。

$$V = B + S \tag{6-32}$$

式中　B——公司长期债务的折现价值；

S——公司股票的折现价值。

其中，为简化测算，可以设长期债务的现值等于其面值；股票的现值按公司未来净收益的折现值测算，测算公式为

$$S = \frac{(EBIT - I)(1 - T)}{K_S} \tag{6-33}$$

式中　S——公司股票的折现价值；

$EBIT$——息税前利润；

I——债务利息额；

T——公司所得税税率；

K_S——普通股的资本成本率。

在公司价值测算的基础上，如果公司的全部长期资本由长期债务和普通股组成，则要计算公司的加权平均资本成本。普通股资本成本率可运用资本资产定价模型来测算。

【课后阅读】

中国人民银行近日发布《2022年第一季度中国货币政策执行报告》（以下简称报告）。报告显示，一季度新增人民币贷款 8.3 万亿元，企业贷款加权平均利率为 4.4%。下一阶段，央行将支持稳增长、稳就业、稳物价，稳定宏观经济大盘。

2022 年 5 月 11 日召开的国务院常务会议强调，财政货币政策以就业优先为导向，稳住经济大盘。一季度实体融资成本创出新低，当前稳增长是重点，需要继续降低实体经济融资成本，预计今年会有更多的支持政策出台。

海通证券研究所首席宏观分析师梁中华对本报记者表示，一季度实体经济融资成本创出新低。央行公布的 3 月份金融机构贷款加权平均利率为 4.65%，较 2021 年 12 月份继续下行 11 个基点，创有数据以来的最低水平，其中一般贷款利率下降 21 个基点至 4.98%，票据融资利率回升 22 个基点至 2.40%，都在历史低位。3 月份个人住房贷款利率环比回落 14 个基点至 5.49%。虽然政策利率未明显大幅下调，但从 2021 年四季度以来，央行发力宽信用，金融让利于实体经济，使融资成本出现了明显回落。

在梁中华看来，当前稳增长是重点，需要继续降低实体融资成本。而通过存款利率改革降低银行的负债成本，能够在保证银行业自身健康发展的同时，更好地推动金融机构让利，实现企业融资成本下降。根据央行最新调研数据，4 月份最后一周，全国金融机构新发生存款加权平均利率为 2.37%，较前一周下降 10 个基点。新的存款利率改革以及 4 月份降准降低的成本，都降低了银行负债端的成本，最终目的是"持续释放贷款市场报价利率改革效能，推动降低企业综合融资成本"。

（资料来源：刘慧，持续降低企业综合融资成本，中国经济时报，有改动）

【本章小结】

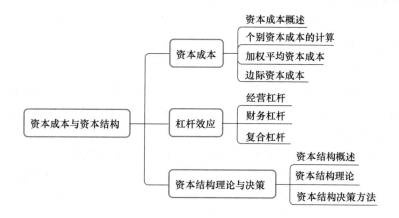

【课后习题】

一、思考题

1. 在计算加权平均资本成本时，各种资本的价值权重一般有哪几种计算方法？每种方法的特点是什么？

2. 基于经营杠杆系数公式，影响财务风险的因素有哪些？

3. MM 资本结构理论的主要假设有哪些？

4. 资本成本比较法的缺点有哪些？

二、练习题

（一）单项选择题

1. 最佳资本结构是指（　　）。

A. 每股利润最大时的资本结构　　　　　　B. 企业风险最小时的资本结构

C. 企业目标资本结构

D. 加权平均资金成本最低，企业价值最大时的资本结构

2. 在个别资本成本的计算中，不用考虑筹资费用影响因素的是（　　）。

A. 长期借款成本　　B. 债券成本　　　　C. 留存收益成本　　D. 普通股成本

3. 下列筹资方式中，资本成本最低的是（　　）。

A. 发行债券　　　　B. 留存收益　　　　C. 发行股票　　　　D. 长期借款

4. 某公司预计发放的股利为每股 5 元，股利按 5% 的比例增长，目前股票的市场价格为每股 50 元，则普通股资本成本率为（　　）。

A. 10%　　　　　　B. 15%　　　　　　C. 17.5%　　　　　D. 13.88%

5. 企业在筹措新的资金时，从理论上而言，应该按（　　）计算加权平均资本成本更为合适。

A. 目标价值　　　　　　　　　　　　　　B. 账面价值

C. 市场价值　　　　　　　　　　　　　　D. 任一价值

6. 某企业预计下期财务杠杆系数为 1.5，假设公司无优先股，本期息税前利润为 450 万元，则本期实际利息费用为（　　）万元。

A. 100　　　　　　B. 675　　　　　　C. 300　　　　　　D. 150

（二）多项选择题

1. 下面符合 MM 资本结构理论的基本内容的陈述有（　　）。

A. 公司的资本结构与公司的价值相关，并且公司债务比例与公司价值呈正相关关系。

B. 若考虑公司所得税的因素，公司的价值会随财务杠杆系数的提高而增加，从而得出公司资本结构与公司价值相关的结论。

C. 利用财务杠杆的公司，其股权资本成本率随筹资额的增加而提高。

D. 无论公司有无债务资本，其价值等于公司所有资产的预期收益额按适合该公司风险等级的必要报酬率折现的价值。

2. 企业降低经营风险的途径一般有 (   )。

A. 增加销售量
B. 提高产品成本售价
C. 降低变动成本
D. 增加固定成本比例

3. 下列项目中，属于资本成本中筹资费用内容的是 (   )。

A. 利息
B. 股利
C. 筹资手续费
D. 发行费用

4. 下列有关资本结构的观点中，属于早期资本结构理论的是 (   )。

A. 净收益理论
B. 净营业收益理论
C. 代理成本理论
D. 传统折中理论

（三）计算题

1. 某企业取得 5 年期长期借款 1 200 万元，借款利率 5%；银行要求企业每年付息一次，到期还本。另外已知筹资费率 0.5%，企业所得税税率为 33%。

要求：计算不考虑资金时间价值时，长期借款的资本成本率。

2. 某公司发行优先股，面值总额为 600 万元，筹资费率为 4%，年股息率为 12%，售价总额有 600 万元、550 万元和 650 万元三种情况。

要求：在不考虑资金时间价值的情况下，分别计算以上三种情况下优先股的资本成本率。

3. 某企业生产甲产品，固定成本 120 万元，变动成本率为 30%，销售额分别为 1 000万元、2 000 万元和 500 万元。

要求：①计算不同销售额所对应的经营杠杆系数；②分析销售额与经营杠杆系数和经营风险的关系。

4. 某企业某月销售额为 1 500 万元，不含负债利息的变动成本率为 20%，固定成本为400 万元，全部资本为 800 万元，其中债务资本 500 万元，利息率为 8%，所得税税率为33%，发行在外的普通股股数为 1 000 万股。

要求：①计算经营杠杆系数；②计算财务杠杆系数；③计算复合杠杆系数。

5. 某企业原有资本 1 500 万元，其中 5 年期长期债券 300 万元，票面利率 6%；普通股 1 200 万元，共 16 万股，每股面值 75 元。另外已知公司所得税税率为 33%，由于扩大生产业务，需追加筹资 450 万元，现有如下两个方案可供选择：①全部通过发行普通股筹集，增发普通股 6 万股，每股面值仍为 75 元；②全部通过发行 3 年期长期债券筹集，票面利率仍为 6%。

要求：运用每股收益分析法选择最优筹资方案，确定最优资本结构。

第七章

股利理论与政策

【学习目标】

1. 了解利润分配的含义和原则，理解利润分配程序的基本要求
2. 掌握股利的种类和股利支付程序
3. 理解股利理论的主要内容
4. 理解股利政策的影响因素和四种常用的股利政策
5. 了解股票分割和股票股利的区别
6. 理解股票回购的动机与方式

【课程思政】

培养学生全局观，在股利分配中理解依法分配，处理好长期利益和短期利益、整体利益和局部利益之间的关系。理解股利分配不仅要保障投资者利益，还应该统筹兼顾各方利益，如企业经营者、企业员工等，为创建和谐社会、和谐经济发展做出合理的股利政策选择。

【导入案例】

格力电器（以下简称格力）是国内家电行业的龙头企业，近年来营业业绩和分红水平均处于行业领先水平。自从上市以来总共实施现金分红 19 次，累计分红现金 417 亿元，其平均股利支付率达 40.96%。格力的分红程度和稳定性在 A 股市场中遥遥领先，近几年股利支付率高达 70% 以上。2018 年 4 月 25 日，格力发布 2017 年度年报，年报显示公司 2017 年度营业收入、净利润增幅均超过 37%，创历史新高。然而，在发展态势良好、现金持有充足、连续 11 年高分红的情况下，格力却突然宣布公司 2017 年度没有分红计划。年报发布后，一石激起千层浪，次日格力股票出现断崖式下跌，开盘大跌 9.89%，市值蒸发近 300 亿元。作为一家长期坚持现金分红的绩优白马股，在宣布不分红后直接表现为股价几近跌停，股利政策的变动真的对股价有如此大的影响吗？

（资料来源：黄虹、仲致鸣，格力电器断崖式"零"分红现象深度分析，商业分析，2019（24）：22-25，有改动）

第一节 股利及其分配

利润分配是企业财务活动的重要环节，企业通过生产经营取得利润后，就需要在相关利益主体间进行分配。所谓利润分配就是指企业按照国家财经法规和企业章程的规定和要

求，对实现的净利润在企业与投资者之间、利润分配各项目之间和投资者之间进行分配。股利分配是指公司制企业向股东分派股利，它是企业利润分配的一个重要部分。股利分配包括股利支付比率、支付方式、支付程序、支付日期等多方面的问题，这些问题的决策将直接关系到企业的筹资与投资决策，对股票价格及公司价值也会产生影响。

一、利润分配原则

企业利润分配，必须遵守国家财经法规，兼顾国家、企业所有者、企业经营者及职工等各方面的利益，使利润分配机制发挥激励与约束功能以及对再生产的调节功能，充分调动各方面的积极性，处理好长期利益与短期利益、整体利益与局部利益的关系，为企业再生产创造良好条件。为此，企业在分配利润时，要遵守以下原则。

（一）依法分配原则

企业的利润分配必须遵守国家以法律形式统一规定的利润分配政策。利润分配的对象是一定时间内实现的税后利润。税后利润是企业所有者拥有的重大权益，应根据投资（或约定）的比例在所有者之间按规定的要求、程序进行分配。

（二）积累优先原则

企业一般不会将税后利润全部分配给投资者，而是留存一部分利润作为自身积累，用于扩大再生产、抵御经营风险和弥补亏损等方面。企业的积累从最终产权归属看，仍为企业的投资者所有，因此，企业必须尊重市场竞争规律的要求，为提高企业自我发展和抗风险能力进行必要的积累，避免因缺乏应对经营风险的能力而最终损害投资者的利益。当然，在保证积累的前提下，还要正确处理积累与分配的比例关系及短期收益与长远发展的关系。积累优先原则从根本上说是为了保护投资者的利益而在利润分配上采取的财务约束手段。

（三）无利不分原则

企业原则上应从累计盈利中分配利润，无盈利不得支付股利，即所谓无利不分原则。否则，股东必须将违反规定分配的利润退还给公司。

（四）投资与收益对等原则

企业分配利润应当体现"谁投资谁受益"，受益大小与投资比例相适应，即投资与收益对等的原则。这就要求企业在向投资者分配利润时，应本着平等一致的原则，按照各方投入资本的多少来进行，坚持同股同权，同股同利，即企业在分配股利时，必须平等地对待各股东，在分配日期、分配比例和分配方式上，各股东不得有差异，不得以损害其他投资者的利益为代价来提高部分投资者的收益。为了进一步扩大公司的自治权，我国《公司法》允许股利分配比例可以与出资比例不同，认可公司章程或股东之间的协议安排。

（五）兼顾各方利益原则

企业的利润分配要坚持全局观念，兼顾各方利益。除依法纳税以外，投资者作为资本投入者、企业的所有者，依法享有收益分配权。企业的净利润归投资者所有，是企业的根本制度。在保障投资者利益的前提下，企业经营者和员工可以通过适当方式参与净利润的分配，统筹兼顾多方利益，维护各利益相关者的合法权益。

▶ 二、利润分配程序

按照我国《公司法》等相关法律规定，股份公司在实现税前利润后，应首先依法缴纳所得税，然后再将税后净利润按照一定程序进行分配。

（一）弥补企业以前年度亏损

企业以前年度的亏损，如果未能在五年内用税前利润弥补，五年后则需用税后利润弥补。以前年度亏损未弥补前，企业不能提取公积金，也不能向投资者分配利润。

（二）提取法定公积金

公司按弥补亏损后的税后利润的10%提取法定公积金，公司法定公积金累计额为公司注册资本50%以上的，可以不再提取。法定公积金的提取增加了公司的内部积累，可用于弥补亏损、转增资本和扩大企业生产经营，但转增资本后，法定公积金的留存一般不能低于转增前注册资本的25%。

（三）提取任意公积金

公司从税后利润中提取法定公积金后，经股东大会决议，还可以从税后利润中提取任意公积金。任意公积金提取的目的既是为满足公司经营管理的需求，也是控制向投资者分配利润的数额，同时调整各年度利润分配的波动。

（四）向股东（投资者）分配利润或支付普通股股利

企业税后利润按上述顺序分配后的余额，加上以前年度的未分配利润，可向投资者分配利润。股份有限公司按照股东持有的股份比例分配，但股份有限公司章程规定不按持股比例分配的除外；公司持有的本公司股份，即若依法回购后暂未转让或者注销的股份，不得参与利润分配。有限责任公司按照股东实缴出资比例进行分配，全体股东约定不按出资比例分红的除外。

上述利润分配的顺序，其逻辑关系是：公司上年的亏损未弥补完，不得提取公积金；在未提取公积金前，不得向股东（投资者）分配利润。公司董事会违反上述利润分配顺序，在弥补亏损和提取法定公积金之前向股东分配利润的，必须将违反规定分配的利润退还公司。

根据利润分配程序，由此形成三个重要概念。

$$可供分配利润 = 本年净利润（亏损）+ 年初未分配利润（亏损） \tag{7-1}$$

$$可供投资者分配利润 = 可供分配利润 - 提取的法定（任意）公积金 \tag{7-2}$$

$$期末未分配利润 = 可供投资者分配利润 - 向投资者分配的利润 \tag{7-3}$$

▶ 三、股利的种类

所谓股利，是指公司依照法律或章程的规定，按期以一定的数额和方式分配给股东的利润。股利按照支付方式一般可以分为现金股利、股票股利、财产股利及负债股利等。

（一）现金股利

现金股利是以现金支付的股利，它是股利支付的主要方式，也称"红利"或"股息"。分配现金股利，能够给投资者实实在在的回报，增强原有投资者的信心；持续、稳定的现金股利政策，可以使公司保持良好的形象，吸引更多的投资者加盟。但是，分配现金股利对公司也有很多负面影响：大量派发现金，会导致流动资产减少，从而使短期偿债能力降低；使留存收益减少，当公司需要权益资本时就必须通过增发新股取得，最终导致加权平均资本成本上升；股利政策一般要保持相应的稳定性和连续性，否则会引起股民产生对公司不利的猜测，发放现金股利就会使公司产生未来派发现金股利的压力。

（二）股票股利

股票股利是公司以股票代替现金的形式向股东分配的股利。例如，某公司按 10 股送（转）5 股的比例发放股票股利，意味着一位持有 100 股普通股股票的股东可以得到 50 股额外的普通股。

由于股票股利的发放不涉及公司的现金流，因此相对于现金股利，股票股利最大的优点就是能为公司节约现金支出，因而常被现金短缺的企业所采用。

与现金股利不同的是，股票股利的发放既不导致资产的流出，也不影响负债的增加，因此也不增加公司的财产；但是分配导致股东权益账户之间的转移，即将公司的未分配利润或盈余公积金、资本公积转化为股本，由此引起股东权益各项目的比例发生变化。

【例 7-1】某公司在发放股票股利前后，股东权益情况见表 7-1。假定该公司当年盈利 880 000 元，宣布发放 10% 的股票股利，即发放 40 000 股普通股股票，现有股东每持 10 股可得 1 股新发股票。如该股票当时市场价格 20 元，发放股票股利以市场价格计算。则

未分配利润划出的资金：$20 \times 400\,000 \times 10\% = 800\,000$（元）

普通股股本增加：$1 \times 400\,000 \times 10\% = 40\,000$（元）

资本公积增加：$800\,000 - 40\,000 = 760\,000$（元）

表 7-1　发放股票股利前后的公司股东权益　　　　　　　　　（单位：元）

项　　　目	发放股票股利前	发放股票股利后
普通股股本（面值 1 元，已发行 400 000 股）	400 000	440 000
资本公积	800 000	1 560 000
盈余公积（含公益金）	800 000	800 000
未分配利润	4 000 000	3 200 000
股东权益合计	6 000 000	6 000 000

可见，发放股票股利，不会对公司股东权益总额产生影响，但会发生资金在各股东权益项目之间的再分配。另外，发放股票股利并不直接增加股东的财富。尽管发放股票股利将增加公司发行在外的普通股股票数量，导致每股收益和每股股价的下降，不过由于股东所持有的股票数量相应地增加，每位股东的持股比例不变，因此每位股东所持有股票市场价值也保持不变。就【例 7-1】而言，该公司发放股票股利后，每股收益从 2.2 元降至 2 元，如果某股东持有该公司 20 000 股，发放股票股利后，股东持股数量增加至 22 000 股，公司股价在除权日后应降至 18.18 元（20/1.1），股东持股价值保持不变。

一般来讲，发放股票股利的公司被认为有良好的成长性，会给股东带来额外的股价上涨收益，但也不排除在某些特殊环境下，发放股票股利被认为是公司资金周转不利的征

兆，从而降低投资者的信心，加剧股价的下跌。另外，对于实行固定股利政策的公司，因股本增加，要维持原有的股利水平，必然增加未来的现金股利支付。对股东而言，如果发放股票股利后，股价没有以相同的比例下降，而股票数量增加，股价走出填权行情，则股东财富也会随之增长。

（三）财产股利

财产股利是以现金以外的资产支付的股利，主要是以公司所拥有的实物资产和其他公司的有价证券，如债券、股票等作为股利支付给股东。财产股利不易被广大股东所接受，发放财产股利甚至可能会影响公司的形象。

（四）负债股利

负债股利是公司以负债支付的股利，通常以公司的应付票据支付给股东，不得已时也有通过发行公司债券抵付股利的情况。

财产股利和负债股利实际上是现金股利的替代。这两种股利支付方式目前在我国公司实务中很少使用，在上市公司中还未见使用，但并非法律所禁止。我国上市公司主要采取单独发放现金股利或股票股利的方式进行股利分配，也可以同时使用两种方式，或者还同时伴随资本公积转增资本的方式。

▶▶ 四、股利支付程序

股利分配是公司税后利润分配最重要的方式，是在季度、半年度或者年度的基础上支付给股东的。英国公司的股利绝大部分是按半年度支付，美国公司通常按季度支付，而我国上市公司股利的分配一般是按年度进行。由于年终股利的分配需要股东在年度股东大会上表决确认，因此它通常只能在会计年度结束后才能支付。股份有限公司向股东分配股利必须遵循法定程序。一般先由董事会根据预定的股利政策和公司盈利状况提出股利分配预案，然后提交公司决策机关股东大会进行审议，分配预案待到股东大会决议表决通过后，再由董事会对外公告股利分配的具体实施方案，并确定股权登记日、股利支付日等相关时间的具体安排。

（1）股利宣告日，即股东大会表决通过并由董事会将利润分配方案、股利支付情况予以公告的日期。公告中将宣布每股支付的股利、股权登记期限、股利支付日期等事项。

（2）股权登记日，即有权领取股利的股东资格登记的截止日期。只有在股权登记日前在公司股东名册上登记在册的股东，才有权领取获得股利。

（3）除息日，也称除权日，是指领取股利的权利和股票本身分离的日期。我国上市公司的除息日通常在股权登记日的第二天。通常，在除息日或之后购买股票的股东将无权获得已宣告的股利，即使股利尚未支付。因此，除息日之前股票价格包含了预计发放的股利，而在除息日之后股价将随着股利的支付而降低，从而反映了股票价值的内在变化。

（4）股利支付日，即向股东发放股利的日期。在这一天，公司将股利支付给股东，计算机交易系统可以通过证券登记结算系统、资金清算系统等将股利直接划入股东的资金账户。

股利支付程序的举例说明如图7-1所示：某上市公司2021年4月12日发布公告称"本公司董事会在2021年4月11日的会议上决定，本年度发放每10股派发3元（含税）

的股利；本公司将于 2021 年 5 月 15 日将上述股利支付给已在 2021 年 4 月 16 日登记为本公司股东的人士"。

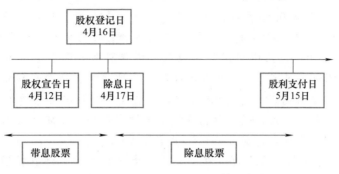

图 7-1 某上市公司股利支付程序

▶▶ 五、股利分配方案

公司的股利分配方案一般包括以下几个方面：

（1）股利发放年度、股利发放对象。

（2）股利支付形式，决定采用现金股利、股票股利或是其他某种形式支付股利。

（3）股利支付率，是指每股股利与每股盈余的比率。通常股利支付率按年度进行计算，但由于累计的以前年度盈余也可以用于股利分配，有时股利支付率甚至会大于 100%。作为一种财务政策，股利支付率应当是若干年度的平均值。

（4）股利政策的类型，决定采取剩余股利政策、固定股利（率）政策，或是稳定增长股利政策等。

（5）股利支付程序，确定股利宣告日、股权登记日、除息日和股利支付日等。

【资料阅读】

山西蓝焰控股股份有限公司 2021 年度利润分配实施公告

证券代码：00968　　证券简称：蓝焰控股　　公告编号：2022-035

本公司及董事会全体成员保证信息披露的内容真实、准确、完整，没有虚假记载、误导性陈述或重大遗漏。

一、股东大会审议通过的利润分配方案情况

（1）山西蓝焰控股股份有限公司（以下简称公司或本公司）2021 年度利润分配方案已获 2022 年 5 月 19 日召开的 2021 年年度股东大会审议通过，2021 年度利润分配方案为：以公司 2021 年 12 月 31 日的总股本 967 502 660 股为基数，向全体股东每 10 股派发现金红利 0.5 元（含税），共计派发现金红利 48 375 133.00 元。

（2）自 2021 年度利润分配方案披露至实施期间，公司股本总额未发生变化。

（3）本次实施的分配方案与股东大会审议通过的分配方案一致。

（4）本次实施分配方案距离股东大会审议通过的时间未超过两个月。

（5）如在实施权益分派的股权登记日前公司总股本及应分配股数发生变动，将按照分配总额不变的原则对每股现金分红金额进行调整。

二、本次实施的利润分配方案

本公司2021年度利润分配方案为：以公司现有总股本967 502 660股为基数，向全体股东每10股派0.50元人民币现金（含税；扣税后，通过深股通持有股份的香港市场投资者、QFII、RQFII以及持有首发前限售股的个人和证券投资基金每10股派0.45元；持有首发后限售股、股权激励限售股及无限售流通股的个人股息红利税实行差别化税率征收，本公司暂不扣缴个人所得税，待个人转让股票时，根据其持股期限计算应纳税额[注]；持有首发后限售股、股权激励限售股及无限售流通股的证券投资基金所涉红利税，对香港投资者持有基金份额部分按10%征收，对内地投资者持有基金份额部分实行差别化税率征收)。

【注：根据先进先出的原则，以投资者证券账户为单位计算持股期限，持股1个月（含1个月）以内，每10股补缴税款0.10元；持股1个月以上至一年（含一年）的，每10股补缴税款0.05元；持股超过一年的，不需补缴税款。】

三、分红派息日期

本次利润分配股权登记日为2022年7月14日，除权除息日为2022年7月15日。

四、分红派息对象

本次分派对象为：截至2022年7月14日下午深圳证券交易所收市后，在中国证券登记结算有限责任公司深圳分公司（以下简称中国结算深圳分公司）登记在册的本公司全体股东。

五、分红派息方法

（1）本公司此次委托中国结算深圳分公司代派的A股股东现金红利将于2022年7月15日通过股东托管证券公司（或其他托管机构）直接划入其资金账户。

（2）以下A股股东的现金红利由本公司自行派发：在权益分派业务申请期间（2022年7月6日至2022年7月14日），如因自派股东证券账户内股份减少而导致委托中国结算深圳分公司代派的现金红利不足的，一切法律责任与后果由我公司自行承担。

六、有关咨询办法

咨询地址：山西省太原市高新开发区中心街6号东楼19层1915室。

咨询联系人：祁倩。

咨询电话：0351-2600968。

传真电话：0351-2531837。

七、备查文件

（1）中国结算深圳分公司确认有关分红派息具体时间安排的文件。

（2）公司第七届董事会第七次会议决议。

（3）公司2021年年度股东大会决议。

特此公告。

山西蓝焰控股股份有限公司

董事会

2022年7月8日

（资料来源：新浪网，山西蓝焰控股股份有限公司2021年度利润分配实施公告，http://finance.sina.com.cn/roll/2022-07-09/doc-imizirav2578849.shtml，有改动）

第二节　股利理论

股利政策的目标应该与公司股东财富最大化的总体目标相一致，如果股利支付能使股东价值增长，公司就应该支付股利，反之则少支付甚至不支付。因此，围绕着股利政策是否影响公司价值，西方股利理论主要存在两大流派：股利无关论和股利相关论。

▶▶ 一、股利无关论

1961 年美国经济学家米勒和意大利经济学家莫迪利安尼在发表的论文中提出了股利无关理论。他们认为，在完善的资本市场条件下，股票价值与公司支付的股利水平是无关的，公司发放股利的多少并不会引起股价的变动，股利政策的选择更不会影响公司的价值。如果公司的投资决策和资本结构保持不变，公司价值取决于公司投资项目的盈利能力和风险水平，而与股利政策无关。

股利无关理论的成立是建立在完全资本市场理论的假设之上的，其假设条件主要包括：①资本市场具有强式效率性，不存在信息的不对称，即股票的现行市场价格已经反映了所有已公开或未公开的信息，任何人甚至掌握内部信息的人也无法在股市上赚取超额报酬；②没有个人所得税或公司所得税；③公司的投资决策与股利政策是彼此独立的；④证券市场没有筹资费用，包括股票发行成本和交易费用。

股利无关理论包括以下基本观点。

（一）投资者并不关心公司股利分配

米勒和莫迪利安尼指出，投资者是理性的，他们总是力图使财富最大化，而对是否获取资本利得或股利并无偏好。当公司的投资决策既定时，如果公司把全部利润用于再投资，而不是分配股利，投资者可以出售手中持有的部分股票，创造"股利"，从而使自己处于与公司已支付股利情况下相同的情况。相反，如果公司支付股利，同时增发新股为投资项目融资，那么投资者也可以根据自己的持股数量按比例用得到的股利购买新股，从而使自己处于与公司没有分配股利情况下相同的情况。

（二）股利的支付比率不影响公司的价值

由于投资者并不关心股利的分配，所以公司的价值与股利支付率的高低并无关系，而应由投资决策来决定，而且公司的投资决策应该对公司的未来盈利负责。因此，从股东财富最大化的观点看，公司将通过采用最优的投资政策使市场价值最大化。

通常最优的投资政策要求公司所有投资项目的净现值都为正值，假设资本市场是完美的，则资本供给不再成为投资政策的障碍，内部资金不足的公司可以从资本市场上获取充足的资金来满足所有值得投资的项目的资金需求。如果公司所有的盈余都投资到最优投资项目中而没有进行股利的支付，则公司的市场价值将会提升，由此更好地反映出预期的股利支付或由于投资回报而引起的股价上升。甚至，最优投资政策执行后，公司投资所有能够产生正的净现值的项目后可能还有部分内部留存收益的剩余，这些剩余资金还可以作为股利进行再发放。

▶▶ 二、股利相关论

（一）"一鸟在手"理论

与米勒和莫迪利安尼提出的股利无关理论相对应的，是林特纳（Lintner）在 1956 年和戈登（Gordon）在 1959 年提出的股利相关论，即公司的股利政策与其股票价值是相关的。他们认为股利由于其本身的确定性而优于资本利得，这通常被称作"一鸟在手"理论。在此理论基础上，现金股利代表了比未来资本利得更可靠的一种利益。由于投资者宁愿现在获取确定的股利，而不愿将同等的资金放在未来价值不确定且风险更高的投资上；因此，如果投资者认为现金股利优于资本利得，则股利政策在公司的市场价值决定中将起到关键性的作用。也就是说，投资者愿意以较高的价格购买采取较宽松股利政策的公司股票，而支付较低股利的公司的股价则可能会下跌。

也有些学者对这种理论提出了批评，他们指出："一鸟在手"理论混淆了投资决策和股利政策对公司风险的不同影响，认为资本利得的风险高于股利的风险是不符合实际情况的。这些学者的理论被称为"一鸟在手"谬论。这些批评者认为，用留用利润再投资形成的资本利得风险取决于公司的投资决策，与股利支付率高低无关，在投资决策一定的情况下，公司如何分配利润并不会改变公司的投资风险。

从"一鸟在手"这一基本观点出发，当放宽股利无关理论的各种假设条件后，根据对股利政策与股票价格相关的不同解释，研究者们又提出了其他几种各具特色的股利相关论。

（二）税收差别理论

税收差别理论强调税收在股利分配中对股东财富的重要作用，尽管股利无关理论中假设不存在税收的影响，但在现实经济中，红利税与资本利得税不仅存在，而且表现出了差异性。

（1）如果只有红利税，并且不同的现金股利收入对应的红利税税率不同，现金股利越高，适用的红利税税率也越高。在这种情况下，高税率档次的股东希望公司采取低股利支付率甚至零股利的股利政策，而低税率档次的股东则偏好高股利支付率的分配政策。因此，不同税率档次的股东将难以就公司的股利政策达成一致。

（2）如果同时存在资本利得税，且红利税税率高于资本利得税税率，通常股东会更偏好资本利得而非派发现金股利；同时，相较于红利税须在收到股利时即时缴纳，资本利得税则可以延迟至股东实际出售股票时再缴纳。因此，股东将更愿意公司采取低股利支付率的股利政策，进而将公司留存收益更多用于再投资，以帮助股东未来获取更高的预期资本利得，并降低个人税收负担。

（三）客户效应理论

根据税收差别理论，处于不同税率等级的投资者对待股利分配的态度是不同的，因此，客户效应理论认为投资者将依据自身的边际税率而偏好不同股利政策公司的股票。边际税率高的投资者会选择实施低股利支付率的股票，而边际税率低的投资者则会持有高股利支付率的股票。因此，公司在制定或调整股利政策时，应充分关注股东对股利政策的需求，甚至对投资者分门别类地制定股利政策。

（四）信号传递论

由于股东和经营管理者之间的信息不对称，外部投资者往往比管理层更少地了解公司真实的财务状况，因此股东会将股利政策看成公司向投资者发出的未来经营信号，传递了公司及其发展前景的新信息。市场通常将股利增长看作利好消息，这意味着公司有较好的前景，公司股票会受到投资者欢迎；反之，股利降低则可能意味着公司的前景令人沮丧，投资者会因此而抛售股票。

信号传递论的实证结果表明，在高速成长的行业股利支付率通常较低，与按照信号传递理论形成的解释和预测相反；美国、英国公司发放的股利较日本、德国高，但这两个国家的公司也并没有表现出更强的盈利性。

（五）代理理论

在企业财务活动中会产生一系列委托代理关系，股东、债权人、企业经理等诸多利益相关者的目标并非完全一致，如何有效协调他们之间的利益冲突既涉及每一项财务活动的开展，也直接影响到财务管理目标的实现。其中，与股利分配有关的委托代理关系主要表现在以下三类：①股东与债权人之间的委托代理关系；②股东与企业经理之间的委托代理关系；③大股东与小股东之间的委托代理关系。当利益相关者在追求自身利益最大化的过程中，往往有可能会以牺牲另一方的利益为代价，因此，这种委托代理形成的利益冲突关系反映在公司股利分配决策过程中，主要表现为不同形式的代理成本。代理理论认为公司在制定股利政策时应更多地通过现金股利降低代理成本，以提高公司价值。

1. 股东与债权人之间的代理利益冲突

企业在进行投资与融资决策时，为实现股东自身财富的最大化往往会牺牲债权人的利益，甚至可能加大债权人的风险，如企业通过发行债务支付现金股利或为发放高额现金股利甚至拒绝某些净现值为正的项目投资，由此产生了股东与债权人之间的代理利益冲突。而债权人为保护自身利益，通常会在债务合同中设立约束性条款以限制公司现金股利的发放，以更多的留存收益来保证债务的及时偿还；或者要求公司对相关债务提供担保，从而增加公司的成本费用。因此，如何确定的一个恰当的股利支付水平来降低股东与债权人之间的代理成本，显然影响到公司的股利政策的制定。

2. 股东与企业经理之间的代理利益冲突

现代企业制度下由于所有权与经营权的分离，股东通过委托代理关系授权企业经理负责公司日常经营管理，因此在具体经营决策的过程中，从利己的角度出发，企业经理并非总是以股东财富的最大化作为财务管理的目标。例如，企业经理把更多的资金投资于高风险高报酬的投资项目，或者盲目扩张并购，甚至为牟取个人私利而贪污受贿，诸如此类的经营行为显著增加了股东与企业经理之间的利益冲突，从而产生了股东与企业经理之间的代理成本。因此，通过多分配、少留存的股利政策提高股利支付率，有利于降低股东与企业经理之间的代理冲突，既有利于满足股东更高投资报酬的实现，也抑制企业经理随意支配自由现金流的代理成本，甚至当公司从外部筹集资本时，还增加了资本市场对企业监督约束的可能性。

3. 大股东与中小股东之间的代理利益冲突

通常情况下，由于大股东与中小股东持股比例的差异，控股股东更容易控制公司的董事会和管理层，以保证自我利益的实现，而中小股东的利益常常被忽视甚至被侵害，由此产生了大股东与中小股东之间的代理冲突。因此，在一个外部投资者保护程度较弱的环境中，通过发放更多的现金股利既保护中小股东，减少"掏空"对中小股东利益的损害，还减少了控股股东可支配的资金，进而降低了大股东与中小股东之间的代理成本。

实践中，代理理论所主张的多分配、少留存的股利政策尽管在一定程度上降低了相关代理成本，但同时容易导致外部筹资成本的增加与股东税负的增加，因此，平衡好边际代理成本和边际融资成本（税负成本），才能制定出最恰当的股利政策。

第三节　股利政策

公司的财务决策主要包括两大方面：投资决策和筹资决策。投资决策主要涉及投资项目的分析与评价，筹资决策则主要是通过合理有效地筹集资金，以达到资金使用效益的最大化。而股利政策与投资决策和筹资决策是紧密相关的，它主要考虑有多少盈余保留在公司，有多少盈余分配给股东，既能保证公司再生产、再投资的需求，又能满足投资者获得更高投资回报的要求。股利支付的多少既关系到投资者和债权人的利益，又关系到公司的未来发展。

▶▶ 一、股利政策的影响因素

公司股利政策的制定既受客观因素的制约，又需要多方面主观因素的协调平衡，这些影响因素主要包括：法律因素、公司内部因素、债务契约限制、股东因素、公司外部环境等。

（一）法律因素

为了保护投资者的利益，各国根据相关法律法规，如公司法、证券法等对公司的股利分配进行一定程度的限制。影响公司股利政策的法律因素主要有以下几种。

1. 资本保全的限制

资本保全是为了保护投资者的利益而做出的法律限制。公司只能用当期利润或留存收益进行股利分配，不能用股本或资本公积发放股利，股利的支付不能减少公司的法定资本。这样的限制是为了通过保全公司的权益资本，维护债权人的利益。

2. 公司积累的约束

按照相关法律规定，股份公司在分配股利之前，应当按法定的程序先提取法定公积金或任意盈余公积金；当提取法定公积金累计数额达到注册资本的50%时，可以不再提取。公司积累的约束既制约了公司支付股利的任意性，也增强公司抵御风险的能力，在维护投资者利益的同时也保障了债权人的利益。

3. 公司净利润的限制

公司只有在以前年度亏损全部被弥补之后，才能用剩余的净利润分配股利，否则不能分配股利。

4. 偿债能力的约束

为更好地保障债权人的利益，公司必须保持充分的偿债能力。因此，如果公司因现金股利的支付而影响了公司的偿债能力甚至导致无力偿付债务，则股利分配将受到限制。

（二）公司内部因素

1. 盈余的稳定性

公司盈利水平的高低是公司制定股利政策的重要基础。一般情况下，盈利能力越强、收益状况越稳定的公司更易于预测和控制未来的盈利，其股利支付率通常也越高；反之，盈余不稳定的公司通常采用低股利支付率政策，以此减少因盈余下降而造成的经营风险和股价下跌的风险，甚至还可以将更多的盈余再投资以提高公司权益资本比重，进而减少财务风险。

2. 流动性及变现能力

资金的灵活周转是公司生产经营得以正常进行的必要条件，所以，现金股利的分配也应该以不危及公司经营所需资金的流动性为前提。如果公司的现金充足，资产有较强的变现能力，现金收支状况良好，则它的股利支付能力较强。如果公司因扩充或偿债已消耗大量现金，资产的变现能力较差，即便当期利润较多，也应当限制现金股利的支付率。

3. 利息支付义务

股利是从扣除利息和税收负担后的净利润中支付的，因此，公司的财务杠杆和利息承诺是股利政策的主要限制因素。通常情况下，高财务杠杆和高利息负担的公司与低财务杠杆的公司相比，用于支付股利的利润通常会比后者少。但是，在总利润相同的情况下，如果财务杠杆高的公司的流通股比财务杠杆低的公司少，则它实际的每股股利会高一些。

4. 筹资能力

如果公司筹资能力较强，短时间内可及时筹集所需的货币资本，就可采取高股利分配政策，否则，就要尽量降低股利支付率。一般来说，公司规模越大，实力越雄厚，其在资本市场融资的能力就越强，财务灵活性也越高，当然其支付股利的能力也就越强。对于许多中小企业或新成立的公司而言，则难以支付较高的股利。

5. 资本成本

与发行股票、举借债务相比，公司采用留存收益这一内部筹资方式，不需要支付筹资费用，其资本成本较低，且筹资效率也较高。当公司扩大资本筹集时，应选择经济的筹资方式，以降低资本成本，在这种情况下，公司通常会选择较低支付率的股利政策。

6. 资本结构

公司通常需要构建一个最优资本结构，通过调整债务资本和权益资本之间的比例以实现公司价值最大，资本成本最低。然而由于股利政策不同，留存收益也不同，公司资本结构中权益资本的比例往往会偏离最优资本结构。因此，公司在决定股利分配政策时，就要考虑股利支付对公司负债比例的影响以及公司的财务杠杆比率。对于负债比率偏高的公司可采取少分配、多留存的方式，从而加大股东权益所占份额，接近最优资本结构；对于负债比率较低的公司，可采取多分配、少留存的方式，从而减少股东权益所占份额，向最优资本结构靠拢。

7. 投资机会

股利政策在很大程度上受投资机会所左右。如果公司有较多的有利可图的投资机会，往往会采用少分配、多留存的股利政策，以便尽可能从留存收益中满足投资项目所需的资金；反之，一个有较少投资项目的公司更可能以增加股利的方式将公司的未分配利润分配给股东。

8. 生命周期

公司处于不同的生命周期，应选择不同的股利政策。按照增长水平和投资机会可以把公司划分为四个阶段：初创期、成长期、成熟期和衰退期。

（1）初创期。公司处于初创阶段，需要投入大量的资金，同时，生产经营和销售能力有限，盈利较少或没有，因此，公司往往不分配股利。

（2）成长期。随着经营规模的扩大，盈利水平大幅度提高，同时，投资机会增多，资金需求量持续加大，所以，公司适宜采用低股利支付率或零股利的股利政策。

（3）成熟期。此阶段公司稳定经营，资金需求相对减少，较强的盈利能力适合采用高股利支付政策。

（4）衰退期。此时公司投资规模萎缩，现金流量相对较多，可以采用多付股利或特殊的股利政策。

（三）债务契约限制

当公司通过长期借款、债券、优先股、租赁合约等形式向外部筹资时，为了保护公司债权人的相关利益，公司必须遵守贷款协议和契约中对股利政策的相关限制。例如，设置每股股利最高限额；规定只有在流动比率和其他安全比率超过规定的标准后，才可支付股利；优先股的契约通常也会申明在累积的优先股股息付清之前，不得派发普通股股息。债务契约限制条款的设置，目的在于促使公司把利润的一部分按条款的要求进行再投资获取利润，从而保障债务的如期偿还，维护债权人的利益。

（四）股东因素

公司股利政策的确定最终需要股东大会进行决议表决，因此，股东意愿在股利分配政策中起着重要的作用。一般来说，影响股利政策的股东因素主要有以下几方面。

1. 获得稳定收入，规避风险

有的股东的主要投资报酬来源是股利收益，因此他们通常要求公司能够定期地支付稳定的现金股利。他们认为通过留用利润而使股票价格上升来获取资本利得具有较大的不确定性，还是取得现实的股利比较稳妥，并且可以规避风险。

2. 防止控制权的稀释

对持股比例较高的部分大股东而言，若公司支付较高的股利，会导致留存收益减少，意味着将来发行新股的可能性加大，进而现有股东的控制权就有可能被稀释。另外，随着新股的发行，流通在外的普通股股数必将增加，最终会导致普通股的每股收益和市场价格下降，从而影响现有股东的利益。因此，这类股东如果不能拿出资金认购新股，他们宁愿少分股利也不愿看到自己的控制权被稀释。

3. 规避所得税

根据税法规定，政府对公司征收公司所得税之后，还要对股东分得的股息、红利征收个人所得税，由此带来的边际税率往往较高。我国《个人所得税法》规定，股东分得的红利应按 20% 的税率缴纳个人所得税，而股票交易所得的资本利得收益暂未开征个人所得税。因此，高收入阶层的股东出于避税的考虑，往往反对公司发放过多的现金股利；而低收入阶层的股东因个人税负较轻，这些股东会更重视当期的股利收入，因此会更偏好公司多分红利。

（五）公司外部环境

1. 国家宏观经济环境

如果一国的宏观经济环境宽松，市场较为完善和活跃，投资机会较多，则公司可以采取少发放现金股利、多留存盈利的股利政策；反之，一国的宏观经济环境较差，投资机会较少，公司宜采取多发现金股利、少留存盈利的股利政策。

2. 通货膨胀

当发生通货膨胀时，储备的资金往往不能满足重置资产的需要，公司为了维持其原有的生产能力，需要从留存收益中予以补足，这时管理当局可能会调整其股利政策，使现金股利支付水平下降。

3. 市场的成熟程度

在比较成熟的资本市场中，现金股利是最重要的一种股利形式，而股票股利从 20 世纪 60 年代开始，越来越不为投资者所接受。而我国尚系新兴的资本市场，和成熟的市场相比，股票股利仍属一种重要的股利形式。

4. 公司所在的行业特征

不同的行业有不同特征的股利政策。统计数据表明，成熟产业的现金股利支付率高于新兴产业；新兴产业的股票股利支付率高于成熟产业。从事工业的公司需要大量的长期再投资，股利支付率通常较低；从事商业的公司或高科技行业公司有较高的商业风险或者其利润容易大幅波动，所以这类公司一般股利支付率较低。公用事业公司的现金股利支付率则高于其他行业的公司。

二、股利政策的类型

基于公司股利政策的制定受到多种因素的影响，近年来，决定公司盈余留存及分配比例的股利政策也日益成为公司决策的重要方面。公司在做股利决策时，经营管理者既需要权衡内外部资金来源的成本和效益，也需要协调考虑股东和其他投资者的态度和预期。实务中，常用的股利政策有以下四种类型。

（一）剩余股利政策

公司股利政策的制定既受到投资机会的影响，又要考虑公司资本结构的构建与资本成本的发生，因此剩余股利政策就充分反映了股利分配与公司投资、筹资之间的相关性。当公司有良好的投资机会时，公司的盈余将根据目标资本结构的比例留存出投资所需的权益资本，若有剩余再作为股利予以分配。

根据剩余股利政策，股利的分配仅仅只是一种剩余的支付。根据图 7-2 给出的剩余股利政策的图示，公司面临 6 个项目，而只有前 3 个项目对公司有吸引力，因为他们的内部收益率高于其权益成本，因此按目标资本结构投资所需要的权益资本金额是 OA。如果公司获取了 OP 的利润，则扣除 OA 后 AP 可作为剩余股利发放。如果利润仅仅是 OP^*，则保留资金 OP^* 后就没有股利可以发放了，所以短缺的 P^*A 部分的资金只能从资本市场上以权益资本的形式另行获取。

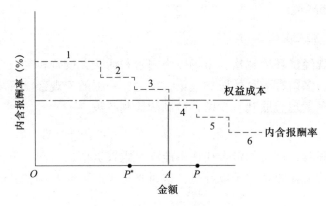

图 7-2　剩余股利政策图示

实施剩余股利政策，一般按以下基本步骤确定股利分配额：

（1）设定目标资本结构，即确定权益资本与债务资本的比例。在此资本结构下，加权平均资本成本应接近最低状态。

（2）根据所选定投资方案，确定目标资本结构下投资必需的权益资本数额。

（3）最大限度地使用留存收益满足投资方案所需的权益资本数额。

（4）满足投资的权益资本需求后，再将剩余的盈余作为股利分配给股东。

【例 7-2】假定某公司选择的资本结构是权益资本与债务资本比率为 6∶4，该公司今年实现税后利润 6 000 万元，明年投资计划所需的资本总额为 7 000 万元。若公司采用剩余股利政策，请分析公司该如何进行筹资？如何进行分配？

按照目标资本结构的要求，权益资本与债务资本比率 6∶4，则有如下筹资方案：

公司投资所需的权益资本数额为 7 000 × 60% = 4 200（万元）

公司投资所需的债务资本数额为 7 000 × 40% = 2 800（万元）

由于今年实现的税后利润为 6 000 万元，明年投资所需权益资本通过内部筹资，所需债务资本通过外部筹资。

分配股利：6 000 − 4 200 = 1 800（万元）

采用剩余股利政策，能充分利用筹资成本最低的资本来源，有利于公司保持理想的资本结构，使加权平均资本成本降至最低；且该政策优先满足投资项目的资本需求，使投资者对公司未来的发展有较好的预期，进而可能使股票价格的上涨。但是采用此股利政策，易造成公司各年股利的发放不固定、不均衡的后果，不利于投资者安排收入和支出，也不利于公司树立良好的形象。一般初创阶段的公司更偏向采取剩余股利政策。

（二）固定股利或稳定增长股利政策

固定股利或稳定增长股利政策是指公司将每年派发的股利固定在某一个特定水平或是

在此基础上维持某一固定增长率从而逐年稳定增长的股利政策。通常这种政策适用于成熟、盈利充分且获利能力比较稳定、扩张需求减少的公司。

固定股利或稳定增长股利政策对公司而言，其优点主要体现于：

（1）相较于剩余股利政策易导致股利分配的不稳定，这样的股利政策有利于稳定公司股票价格，增强投资者对公司的信心，有利于公司树立良好的形象。

（2）固定或稳定增长的股利有利于投资者安排股利收入与支出，特别是那些对股利有较强依赖性的股东更是如此。

这种股利政策的主要缺点在于：

（1）股利支付与公司盈利能力相脱节，当盈利较低时仍要支付较高的股利，容易引起公司资本短缺，导致财务状况恶化。

（2）固定或稳定增长的股利支付降低了公司留存利润的可能，故该政策难于保持像剩余股利政策那样较低的资本成本，甚至可能会导致某些投资方案的推迟或影响目标资本结构的实现。

（3）当公司为了再投资或因财务谨慎而企图削减股利时，投资者却期望股利照此趋势无限持续下去，容易带来较大的矛盾冲突。

（三）固定股利支付率政策

固定股利支付率政策，是指公司确定一个股利占盈余的比率，并长期按此比率支付股利的政策。在固定股利支付率政策下，各年度发放的股利额随着经营业绩的变动而上下波动，体现了风险投资与风险收益的对等。这种政策能够适应公司的财务支付能力，避免固定股利政策下每年必须承受"定额负债"性质的支付压力，也向投资者传递了有关公司业绩水平的明确信息，有助于投资者通过股利额的变动真实地了解公司的经营状况和财务状况，做出恰当的投资选择。但这种波动的股利分配政策，由于股利信号的传递作用，反过来却极易给投资者造成公司经营不稳定、投资风险较大的感觉，不利于公司市场形象的建设与股票价格的稳定与上涨。

（四）低正常股利加额外股利政策

低正常股利加额外股利政策是指公司每年按固定较低的数额向股东支付正常股利，当公司盈利有较大幅度增加时，再根据实际需要，在盈余较多的年份再向股东增发部分额外的股利。但额外股利并不固定，完全视经营理财的实际情况而定。

低正常股利加额外股利政策吸收了固定股利政策与固定股利支付率政策的优点，并在不同程度上克服了二者的缺点，有利于增强公司的机动灵活性，可给公司带来较大的财务弹性。在公司的净利润与现金流量不够稳定或投资需要较多资金时，采用这种股利政策对公司和股东都是有利的。特别是那些对股利依赖性较强的股东，尽管每年得到的股利较低但却稳定，这为维护投资者的信心与股票的市场价格带来一定的积极作用；同时，这种股利政策在维持股利稳定性的同时，也有利于公司目标资本结构的实现，使灵活性与稳定性有了较好的结合。

一般来说，低正常股利加额外股利政策对那些盈利能力和现金流量不太稳定的公司，或者盈利随经济周期波动较大的公司来说是一项不错的选择。

【资料阅读】

蓝焰控股利润分配管理制度

第一百六十五条 公司应重视对股东的合理回报。在满足公司正常生产经营所需资金的前提下，实行持续、稳定的利润分配政策。公司的利润分配政策由公司董事会、监事会进行专项研究论证，并报股东大会表决通过。公司董事会、监事会和股东大会在利润分配事宜的决策和论证过程中应当充分考虑独立董事和中小股东的意见。

公司的利润分配相关政策如下。

（一）利润分配政策

（1）公司实施积极的利润分配政策，重视对投资者的合理投资回报，并保持连续性和稳定性。公司可以采取现金、股票或者现金与股票相结合的方式分配利润。公司进行利润分配，现金分红优先于股票股利。公司具备现金分红条件的，应当采用现金分红进行利润分配。利润分配不得超过累计可分配利润的范围，不得损害公司持续经营能力。

（2）在满足公司正常生产经营的资金需求且符合上述利润分配条件的前提下，坚持现金分红为主的原则。在公司有可分配利润且无重大投资计划或重大现金支出事项发生的情况下，公司每年现金分红不少于当年实现的可分配利润的10%，公司最近三年以现金方式累计分配的利润应不少于最近三年实现的年均可分配利润的30%；重大投资计划或重大现金支出事项指以下情形：①公司未来十二个月内拟对外投资、收购资产或者购买设备累计支出达到或超过公司最近一期经审计净资产的20%；②公司未来十二个月内拟对外投资、收购资产或者购买设备累计支出达到或超过公司最近一期经审计总资产的10%。

（3）公司董事会应当综合考虑所处行业特点、发展阶段、自身经营模式、盈利水平以及是否有重大资金支出安排等因素，区分下列情形，并按照公司章程规定的程序，提出差异化的现金分红政策：

1）公司发展阶段属成熟期且无重大资金支出安排的，进行利润分配时，现金分红在本次利润分配中所占比例最低应达到80%。

2）公司发展阶段属成熟期且有重大资金支出安排的，进行利润分配时，现金分红在本次利润分配中所占比例最低应达到40%。

3）公司发展阶段属成长期且有重大资金支出安排的，进行利润分配时，现金分红在本次利润分配中所占比例最低应达到20%。公司所处发展阶段由公司董事会根据具体情形确定。公司发展阶段不易区分但有重大资金支出安排的，可以按照前项规定处理。

（二）利润分配政策及现金分红政策的调整

公司对利润分配政策及现金分红政策进行调整的具体条件为：

（1）公司外部经营环境发生较大变化。

（2）公司自身经营状况发生较大变化。

（3）董事会有充分理由相信按照既定分红政策执行将对公司持续经营构成实质性不利影响的。公司调整利润分配政策及现金分红政策的，董事会应以保护股东权益为出发点，详细说明规划安排或进行调整的理由，并听取独立董事和公众投资者的意见。调整后的利润分配政策及现金分红政策不得违反中国证监会和证券交易所的有关规定。

（资料来源：2020 年 1 月 17 日山西蓝焰控股股份有限公司章程节选）

第四节　股票分割与股票回购

▶ 一、股票分割

（一）股票分割的概念

股票分割，又称股票拆细，是指将面额较高的股票分割成数股面额较低的股票的行为。例如，将原来的 1 股股票交换成 2 股股票。股票分割并不是某种分配股利的方式，但其所产生的效果与发放股票股利近似。通过股票分割，使流通在外的股票数量增加，每股面额降低，每股盈余下降，并由此使每股市场价格下降；而资产负债表中股东权益各账户（股本、资本公积、留存收益）的余额和比例都保持不变，公司价值和股东财富都维持不变。

（二）股票分割与发放股票股利的比较

发放股票股利和股票分割都是公司在不用任何融资的情况下增加股票发行数量的方法。所不同的是，发放股票股利是将公司的留存收益或未分配利润转为股本，虽不会引起股东权益总额的改变，但股东权益构成项目的比例将发生变化；而股票分割则是在降低股票面值的同时增加股票数量，股东权益总额及其构成项目的金额都不会发生任何变化。

【例 7-3】沿用【例 7-1】的数据，假设该公司现按 1 股换成 2 股的比例进行股票分割，则其分割前后的股东权益见表 7-2。

表 7-2　股票分割前后的公司股东权益　　　　　（单位：元）

项　目	分割前的股东权益	分割后的股东权益
普通股股本	400 000（面值 1 元，已发行 400 000 股）	400 000（面值 0.5 元，已发行 800 000 股）
盈余公积（含公益金）	800 000	800 000
资本公积	800 000	800 000
未分配利润	4 000 000	4 000 000
股东权益合计	6 000 000	6 000 000

股票分割前的每股收益为 2.2 元，股票分割后公司净利润不变，分割后的每股收益就变为 1.1 元（880 000/800 000）。如果某股东持有该公司 20 000 股，股票分割后，股东持

股数量增加至 40 000 股，如果市盈率不变，每股市场价格也会因此从 20 元下降到 10 元，股东持股价值在分割前后都是 400 000 元，保持不变。

从实践结果看，股票股利和股票分割非常类似，但是股票分割降低了股票面值，而发放股票股利不会改变股票面值。另外两者的会计处理也不同。有时两者的区分往往需要借助相关部门的规定加以辨别，如美国证券交易机构将发放 25% 以上的股票股利看作股票分割。

尽管股票分割与发放股票股利都能达到降低公司股价的目的。但一般地讲，只有在公司股价剧烈上涨且预期难以下降时，才采用股票分割的办法降低股价；而在公司股价上涨幅度不大时，往往通过发放股票股利将股价维持在理想的范围之内。我国股份有限公司发行的普通股一般面值为 1 元，较低的面值也不利于股票的分割。

（三）股票分割原因

关于股票分割的原因有很多种解释。最常见的观点是：股票分割能降低股票市场价格，便于股票交易。这种观点认为，相对于股价较高的股票，投资者会更愿意购买股价较低的股票。因此，股票分割增加了股票的流动性。实践中，公司实行股票分割的主要目的在于通过增加股票股数降低每股市场价格，从而吸引更多的投资者。因为若公司股票价格过高，交易不便，会影响公司股票的流通性，购买少量的股份，即需巨额的资金，因此，在每股市场价格过高时，将股票加以分割，降低其面值，增加股数，便能有效降低每股市场价格，从而满足中小投资者的入市欲望。

另一种常见的观点是：股票分割能通过一种难以解释的方式对股东价值产生正面影响，如会给投资者一种公司现金流量将会增长的印象。实践中，股票分割往往是成长中公司的行为，所以宣布股票分割后容易给人一种"公司正处于发展之中"的印象，这种有利信息将有利于公司的发展，并在短时间内提高股价。

对于股东来说，股票分割后，虽然持有股票的股数增加，但持股比例不变，持有股票的总价值不变。不过，只要股票分割后每股现金股利的下降幅度小于股票分割幅度，股东仍能多获现金股利。另外，股票分割向社会传递的有利信息及股价的降低都可能导致购买该股票的人数增加，反使其价格上升，进而增加股东财富。

与股票分割相反，在国外的公司实务中，也有将已发的股票进行合并的，这种做法被称为股票的反向分割。例如，将 10 000 股每股面值 10 元的股票，合并成 5 000 股每股面值为 20 元的股票。公司进行股票的反向分割，往往是因为股票的市场价格低于它所希望保持的价格，因此采取增加股票面值、同等比例减少股票股数的方法，以期股票的市场价格回升至一个合理的水平，但这类情况较少见。

▶▶ 二、股票回购

所谓股票回购，是指公司出资购回部分流通在外的普通股，使其成为库藏股或注销而退出流通。股票回购是公司通过减少股本来调整资本结构，以利于实现公司经营目标的财务行为。公司在股票回购完成后可以将所购回的股票注销，或作为库藏股保留，但不参与每股收益的计算和收益分配。不过应注意，公司持有的其他公司的股票、本公司未发行的股票以及本公司已发行后回到公司手中但已注销的股票，不属库藏股。

（一）股票回购的情形

股票回购是公司将资金返还给股东的一种方法。因此为了保护管理者和剩余股东的利益，股票回购受到严格的制约，我国法律在原则上不允许股票回购，但根据《公司法》规定，有下列情形之一的除外：

（1）减少公司注册资本。

（2）与持有本公司股份的其他公司合并。

（3）将股份用于员工持股计划或者股权激励。

（4）股东因对股东大会做出的公司合并、分立决议持异议，要求公司收购其股份的。

（5）将股份用于转换上市公司发行的可转换为股票的公司债券。

（6）上市公司为维护公司价值及股东权益所必需。

公司依照前述规定收购本公司股份后，属于第（1）项情形的，应当自收购之日起十日内注销；属于第（2）项、第（4）项情形的，应当在六个月内转让或者注销。公司依照其他三项规定收购的本公司股份，不得超过本公司已发行股份总额的10%，并应当在三年之内转让或者注销。另，属于第（3）项、第（5）项、第（6）项情形的，应当采取公开集中交易的方式；且上市公司以现金为对价，采取要约方式、集中竞价方式回购股份的，将被视同为现金分红。

（二）股票回购的动机

在股票回购实务中，上市公司为稳定公司股价或为稳定证券市场，常常在二级市场上回购本公司股票。股票回购主要基于下列目的。

1. 作为股利政策的一种手段，提升股票市值

企业管理当局通常把股票回购当作现金股利的一种替代，把股票回购称作资本收益型的现金股利。当公司有多余的现金，却没有有利可图的投资机会时，为了股东福利，公司可以把这笔资金分配给股东，分配方式可以是发放现金股利，也可以是股票回购。在没有个人所得税与交易成本的情况下，股票回购可以减少发行在外的股票数量，提高每股盈余水平，提升股票市值，股东可由此获得资本利得。从理论上讲，同样数量的现金用于发放现金股利与股票回购，股东取得的收益基本相同，因此股票回购也相当于是公司发放了现金股利。

【例7-4】某公司普通股、净利润等相关资料见表7-3，现公司拟用1 000 000元，按每股31元的价格回购股票。

表7-3 股票回购前后的普通股情况

项　　目	回　购　前	回　购　后
税后利润（元）	5 000 000.00	5 000 000.00
普通股流通数	1 000 000	967 742
每股收益（元）	5.00	5.17
每股市价（元）	30.00	31.00
市盈率	6	6

公司用 1 000 000 元按每股 31 元的价格回购股票。

回购数量 = 1 000 000/31 = 32 258（股）

流通在外的股票数量 = 1 000 000 − 32 258 = 967 742（股）

回购后的每股收益 = 5 000 000/967 742 = 5.17（元）

若市盈率仍为 6，则回购后的每股市价为 31 元。

如果公司用 1 000 000 元发放现金股利，则每股股利 = 1 000 000/1 000 000 = 1（元），因此普通股股东将有每股 30 元的股票和每股 1 元的现金股利，每股价值合计也为 31 元。

从这个例子可见，投资者不论是否将股票卖回给公司，股票回购前和回购后，普通股股东持有股票的每股价值是一致的，均为 31 元，即都能获得 1 元的利益，这 1 元要么是现金股利，要么是股票价格上涨而得到的资本利得。这也证实了从理论上讲，同样数量的现金用于发放现金股利与股票回购，股东取得的收益基本相同。

股票回购常被看作支付现金股利的一种替代方法。当存在个人所得税的情况下，公司通过股票回购向股东支付现金，股东就无须缴纳红利税。另外，由股票回购引起的股票价格上升而带来的资本利得税可以递延到股票出售后才缴纳，而现金股利所缴纳的红利税则需要发放当期缴纳。但是，现金股利毕竟是公司对股东的一种长期稳定的回报方式，用股票回购代替发放现金股利的方法不能经常采用，只有在公司拥有大量闲置现金的情况下才偶尔为之。

2. 优化资本结构

相比现金股利的发放可以减少股东权益、增加财务杠杆，股票回购对公司资本结构的影响更明显。无论是通过现金还是负债回购股份，都会改变公司的资本结构，提高财务杠杆率。在现金回购方式下，假定公司中长期负债规模不变，则伴随股票回购而来的是股权资本在公司资本结构中的比重下降，公司财务杠杆率提高；在用增加债务回购股份的情况下，一方面是公司中长期负债增加，另一方面是权益资本比重下降，公司财务杠杆增大。

3. 传递公司信息

股票回购对投资者来说是一个信号，虽然信号的方向似乎是模糊的。一方面可能是管理层承认其资金没有有利的用途，另一方面也可能是由于法律规定内部人员不能参与交易导致内幕信息不能及时释放到市场上。故当某公司宣布将以超出市场价格的溢价购回其股份时，不仅说明他们对公司未来的经营和发展抱有信心，也表明公司管理层认为公司普通股的价值被市场低估了，由此向市场传递了积极的信号，有助于稳定并提升股票价格，提振投资者信心。

4. 反收购

在反收购中，被收购的目标公司通常在股价已上升后实施股票回购，此举使得目标公司流动资金减少，财务状况恶化，相当于使用"焦土战术"降低了公司被作为收购目标的吸引力。需要注意的是，由于回购的股票无表决权，回购后进攻企业持股比例也会有所上升，因此目标公司须将回购股票再卖给稳定股东，才能起到反收购的作用。

5. 稳定公司股价

过低的股价会降低人们对公司的信心，使消费者对公司产品产生怀疑，削弱公司出售产品、开拓市场的能力，使公司难以从证券市场进一步融资，对公司经营造成不良影响。在这种情况下，公司回购股票以支撑股价，有利于使投资者重新关心公司的运营情况，恢复消费者对公司产品的信任，公司也有了进一步配股融资的可能。因此，公司在其股价过低时回购股票是维护公司形象的有力途径。此外，为使以市场价格发行的新股顺利被投资者吸收，上市公司也经常在二级市场进行股票回购，以稳定交易和提高股价。

6. 调节所有权结构

股票回购所形成的库藏股，可以用来交换被收购兼并公司的股票，也可用来满足认股权证持有人认购公司股票或可转换债券持有人转公司普通股的需要，还可以在执行管理层与员工股票期权时使用，避免发行新股而稀释股权，有助于提高投资者的回报，甚至还拓展了公司融资渠道。

7. 提高自由现金流收益

公司通过股票回购将现金间接分配给股东，可以使上市公司避免多余的自由现金流浪费在投资回报率较差的项目上，提高每股收益的同时，也减少可能的代理成本。

（三）股票回购的方式

股票回购的方式按照不同的标准主要有以下几种。

1. 按照股票回购的地点不同，可以分为场内公开收购和场外协议收购

场内公开收购是指公司把自己等同于任何潜在的投资者，委托证券公司按照公司股票当前市场价格代为回购。场外协议收购是指公司与某一类或某几类投资者通过协商，私下回购股票的一种方式。协商的内容包括价格与数量的确定，以及执行时间等。协议回购方式回购股票的价格通常低于当前市场价格，并且一次回购股票的数量较大，通常作为大宗交易在场外进行。很显然，这一种方式的缺点就在于透明度比较低。

2. 按照股票回购的对象不同，可以分为在资本市场上进行随机回购、向全体股东招标回购和向个别股东协商回购

在资本市场上随机回购的方式最为普遍，但往往受到监管机构的严格监控。在向全体股东招标回购的方式下，回购价格通常高于当时的股票价格，具体的回购工作一般要委托金融中介机构进行，成本费用较高。向个别股东协商回购由于不是面向全体股东，所以必须保持回购价格的公正合理，以免损害其他股东的利益。

3. 按照筹资方式不同，可分为举债回购、现金回购和混合回购

举债回购是指企业通过银行等金融机构借款的办法来回购本公司的股票，其目的是防御其他公司的恶意兼并与收购。现金回购是指企业利用剩余资金来回购本公司的股票。如果企业既动用剩余资金，又向银行等金融机构举债来回购本公司股票，则称之为混合回购。

4. 按照回购价格的确定方式不同，可以分为固定价格要约回购和荷兰式拍卖回购

固定价格要约回购是指企业在特定时间发出的以某一高出股票当前市场价格的价格水平回购既定数量股票的回购报价。为了在短时间内回购数量相对较多的股票，公司可以宣布固定价格回购要约。它的优点是赋予所有股东向公司出售其所持有股票的均等机会，而且通常情况下公司享有在回购数量不足时取消回购计划或延长要约有效期的权利。荷兰式拍卖回购首次出现于 1981 年 Tod 造船公司的股票回购交易中。此种方式的股票回购在回购价格确定方面给予公司更大的灵活性。在荷兰式拍卖的股票回购中，首先公司指定回购价格的范围（通常较宽）和计划回购的股票数量（可以上下限的形式表示）；而后股东进行投标，说明在公司指定的回购价格范围内愿意以某一特定价格水平出售股票的数量；公司汇总所有股东提交的价格和数量，确定此次股票回购的"价格-数量曲线"，并根据实际回购数量确定最终的回购价格。

【资料阅读】

内蒙古伊利实业集团股份有限公司（以下简称伊利股份）于 1993 创立，作为我国乳制品行业龙头企业，拥有规模最大、产品线最全的生产链，多年稳居全球乳业第一阵营，蝉联亚洲乳业第一。伊利股份于 1996 年登陆 A 股沪市主板市场，以 5.95 元/股的价格发行股票 1 715 万股，是我国第一支乳制品股票，伊利股份于 2002 年以 16.85 元/股的价格增发 4 896 万股，又于 2013 年以 18.51 元/股的价格增发 27 221.25 万股。2015 年，在股灾爆发的背景下，伊利股份宣布并完成股票回购，减少了注册资本。2019 年伊利股份再次进行股票回购，总回购金额达到 57.74 亿元，问鼎当年"回购王"。

伊利股份于 2019 年 4 月 8 日召开了第九届董事会临时会议，讨论并最终同意了《关于以集中竞价交易方式回购公司股份方案的议案》，并于 4 月 17 日正式披露了相关股份回购报告书，明确伊利股份采用公司自有资金进行流通股回购，以不超过 35 元/股，总回购数量不低于总股本的 2.5%，不高于 5% 的股份，实施股权激励计划。

2019 年 5 月 6 日，伊利股份通过集中竞价的方式完成了首次回购，首次回购股份数量为 1 546 669 股，总金额为 46 004 648.56 元人民币，并于 6 月 1 日、6 月 4 日、7 月 2 日、7 月 11 日披露了股票回购进展情况。

截至 7 月 24 日，公司已累计回购公司股份 182 920 025 股，占公司总股本 3.00%，成交均价为 31.67 元/股，成交最低价格为 29.02 元/股，成交最高价格为 33.80 元/股，已支付的总资金为 57.74 亿元人民币。7 月 25 日伊利股份召开第九届董事会临时会议，审议并通过《关于回购公司股份购买完成的议案》，至此此次股份回购方案执行完毕。本次回购后，伊利股份资产负债率水平仍保持在行业均值以上，其资本结构仍保持相对良好状态。

（资料来源：张媛媛、李萌，上市公司股票回购效应分析——以伊利股份回购为例，中国林业经济，2022（1），有改动）

【课后阅读】

华能国际高派现股利政策剖析

华能国际电力股份有限公司（以下简称"华能国际"）是我国最大的上市发电公司之一，是中国境内第一个实现在纽约、香港、上海三地上市的发电公司。该公司 2009 年到 2015 年股利分配情况见表 7-4。

表 7-4　华能国际 2009—2015 年股利分配

分红年度	股利分配方案	净利润（亿元）	现金股利总额（元）	股利支付率
2009	10 派 2.1（含税）	53.9	2 531 630 522	50.0%
2010	10 派 2（含税）	36.8	2 811 076 688	68.9%
2011	10 派 0.5（含税）	23.6	2 712 062 876	55.4%
2012	10 派 2.1（含税）	68.5	3 438 724 644	50.2%
2013	10 派 3.8（含税）	131	7 231 238 345	55.2%
2014	10 派 3.8（含税）	153	8 185 543 262	63.5%
2015	10 派 4.7（含税）	175	10 220 131 708	58.4%

从表 7-4 可以看出，华能国际的股利政策在 2009—2015 年具有连续性和稳定性，每年坚持发放现金股利并一直保持在 50% 以上的股利支付率。从曾经的历史数据看，华能国际除在 2003 年实施过股票股利和现金股利并存的混合股利政策外，其余历年都以现金股利为主。另外，即使在 2008 年面对全球金融危机企业净利润为负值的情况下，仍然坚持每 10 股派息 1 元，并且公司股利支付率保持在 50% 以上，这种现金股利政策在我国发电行业上市公司中也极为罕见。

评价：华能国际的分红政策一直备受业界关注，华能国际曾在 2010 年《第一财经日报》关于 A 股电力公司分红融资比的统计中排名第一。华能国际持续实施的高派现股利政策，对股东和企业双方都有好处：股东可以在公司分红后立即获得现金收益；企业则可以利用信号传递理论在市场及外部投资中树立良好的企业形象，吸引更多的投资资金，降低股东和管理者直接的代理成本。而且华能国际 2012 到 2014 年营业收入呈现连续增长趋势，每股收益从 0.42 元增长到 2015 年的 0.95 元，高质量的经营能力为企业发展带来了充足的资金和利润，为其实现高派现股利政策提供了后盾。然而"花无百日红"，从 2014 年起，公司的营业收入一直在走下坡路，2016 年年利润下跌至 107.86 亿元，同比下降 38.5%。

这种高派现股利政策加速了公司资金的外流，公司为了满足经营发展的需要，只能进行外部融资，华能国际外部融资的手段主要是通过投放短期债券以获得长期资金，这是电力行业的普遍选择，好处是可以降低企业税务成本，降低管理层压力，但过度依赖融资资产将导致企业破产风险增加，华能国际资产负债率 2012 年为 74.73%，2016 年约为 68.73%，远超一般上市公司资产负债率的 60%，处于电力行业上市公司中较高水平。华能国际负债率如此之高却仍然坚持发放现金股利，实在是一种冒险的做法。

（资料来源：豆丁网，华能国际高派现股利政策研究，石欢，https://www.docin.com/p-2563277289.html，有改动）

【本章小结】

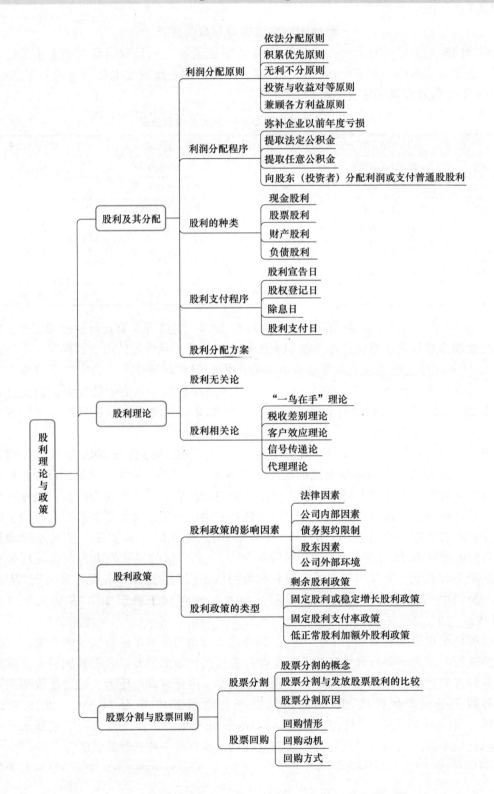

【课后习题】

一、思考题

1. 为什么在完全资本市场条件下，股利政策与股价无关？
2. 公司在确定股利分配政策时是否存在代理问题？如果存在，主要表现在哪些方面？
3. 你认为公司的股利政策是否必须保持稳定？
4. 影响股利政策的因素主要有哪些？
5. 采用股票股利的分配形式会对公司产生怎样的影响？

二、练习题

（一）单项选择题

1. 根据"一鸟在手"理论，公司的股利政策应采用（　　）。
   A. 低股利支付率　　　　　　　　　B. 不分配股利
   C. 用股票股利代替现金股利　　　　D. 高股利支付率

2. 下列各项股利理论中，认为股利政策不影响公司市场价值的是（　　）。
   A. 信号传递论　　　　　　　　　　B. 客户效应理论
   C. "一鸟在手"理论　　　　　　　　D. 股利无关理论

3. 公司采用固定股利或稳定增长股利政策发放股利的好处主要表现为（　　）。
   A. 降低资本成本　　　　　　　　　B. 维持或提升股价
   C. 提高支付能力　　　　　　　　　D. 实现资本保全

4. 甲公司是一家制造企业，当年取得的利润在下年分配。2021 年公司净利润 40 000 万元。2022 年分配现金股利 10 000 万元，预计 2022 年净利润 50 000 万元，如果甲公司采用固定股利支付率政策，则 2023 年甲公司分配现金股利的金额是（　　）万元。
   A. 10 000　　　　B. 12 500　　　　C. 16 667　　　　D. 20 000

5. 实施股票分割和发放股票股利产生的效果相似，他们都会（　　）。
   A. 降低股票每股面值　　　　　　　B. 减少股东权益总额
   C. 降低股票每股价格　　　　　　　D. 改变股东权益结构

6. 下列关于股票回购的说法中，不正确的是（　　）。
   A. 股票回购会影响每股收益
   B. 股票回购会影响股东权益的内部结构
   C. 股票回购会提高公司的资产负债率
   D. 股票回购会向市场传递出股价被高估的信号

7. 某公司原发行普通股 300 000 股，拟发放 10% 的股票股利，已知发放股票股利前的每股收益为 3.68 元，若盈余总额不变，发放股票股利后每股收益将变为（　　）元。
   A. 3.35　　　　B. 4.08　　　　C. 4.3　　　　D. 4.5

（二）计算题

1. 甲公司当年取得的利润在下年分配。2020 年甲公司净利润 8 000 万元。2021 年分配现金股利 2 000 万元，预计 2021 年净利润 10 000 万元。

（1）如果甲公司采用固定股利政策，计算 2021 年净利润的股利支付率。

（2）如果甲公司采用固定股利支付率政策，计算 2021 年净利润的股利支付率。

（3）如果甲公司采用低正常股利加额外股利政策，低正常股利为 1 000 万元，额外股利为 2021 年净利润扣除低正常股利后余额的 16%，计算 2021 年净利润的股利支付率。

2. 某公司成立于 2020 年 1 月 1 日，2020 年度实现的净利润为 1 100 万元，分配现金股利 550 万元，提取盈余公积 550 万元。2021 年实现的净利润为 1 000 万元（不考虑计提法定盈余公积的因素）。2022 年计划增加投资，所需金额为 700 万元。假定公司目标资本结构为自有资金占 60%，债务资金占 40%。

（1）在保持目标资本结构的前提下，计算 2022 年投资方案所需要的自有资金额和需要从外部借入的债务资金额。

（2）在不考虑目标资本结构的前提下，如果公司执行剩余股利政策，计算 2021 年应分配的现金股利。

（3）在不考虑目标资本结构的前提下，如果公司执行固定股利政策（假定流通在外的普通股股数不变），计算 2021 年应分配的现金股利。

（4）在不考虑目标资本结构的前提下，如果公司执行固定股利支付率政策，计算该公司的股利支付率和 2021 年应分配的现金股利。

3. 某公司 2021 年 12 月 31 日股本为 50 000 万元（面值 10 元，5 000 万股），资本公积为 34 000 万元，资本公积为 36 000 万元，未分配利润为 35 000 万元，股东权益合计 155 000 万元，目前该公司的股票价格为 60 元/股。在公司采用以下不同股利分配方案情况下，股东权益、股本数额以及股价会发生什么变化？

（1）每 10 股用资本公积转增 2 股、分派股票股利 3 股。

（2）为了增加公司股票的流动性，公司决定进行股票分割，1 股普通股分割为 2 股。

第八章

营运资金管理

【学习目标】

1. 了解营运资金的概念，理解营运资金的特点，明确营运资金管理的基本要求
2. 理解短期资产的持有政策
3. 了解企业持有现金的动机，理解现金管理的目标，掌握现金预算的编制方法和最佳现金持有量的确定方法，了解现金的日常管理方法
4. 理解应收账款管理的目标，掌握应收账款信用政策的决策方法，了解应收账款的日常控制方法
5. 理解存货的管理目标，掌握存货经济订货批量模型、再订货点和保险储备的确定；了解存货的日常控制方法
6. 了解短期筹资的概念，掌握短期筹资的政策，理解各种短期筹资方式的优缺点

【课程思政】

培养学生责任意识，让学生认识到企业的营运资金管理不能一味地追求效率，在追求企业自身经济利益最大化的同时，还应该兼顾供应商、客户、债权人等利益相关者的利益，承担企业社会责任，为企业的长远发展以及和谐社会的共建做出合理的决策。

【导入案例】

辽宁辉山乳业集团有限公司（以下简称辉山乳业）前身为 1951 年成立的辉山畜牧场，辉山乳业于 2013 年 9 月 27 日在香港证券交易所上市，首次公开发行额 13 亿美元，成为全球消费品行业中首次发行额前 10 名的公司。根据发行当日的股价和总股本计算，当日公司的市值已经达到约 400 亿港元，成为中国在境外上市乳业公司的前 3 名。截至 2016 年 9 月 30 日，辉山乳业 2016 年上半年已实现营业收入 25.16 亿元人民币，相比于 2015 年同期增长了 17.7%，销售毛利率达 22.58%，总资产达 340.90 亿元人民币，员工总数 12 136 人。然而在 2017 年 3 月 24 日，公司股价开始异常波动，当日开盘价为 2.81 港元/股，截至收盘时，股价已跌至 0.42 港元/股，跌幅达 85.00%，公司市值当日仅剩 56.60 亿港元。公司紧急停牌后，于 3 月 28 日发布"股票不寻常下跌"的公告，承认其资金链已断裂。究其原因主要在于：辉山乳业风险管理意识薄弱，过度依赖短期融资，企业将短期负债用于长期资产，期限错配。根据 2016 年 3 月 31 日披露的年报数据，公司到期的贸易应付款项及应付票据，至少有 24.76 亿元人民币，已经到期的银行贷款至少有 69.47 亿元人民币，已经到期的融资租赁款 1.83 亿元人民币，到期债务合计约 96.06 亿元人民币；而公司的现金及现金

等价物却只有 21.85 亿元人民币，而根据 2016 年 9 月 30 日的中期报告，企业半年的营业收入为 25.16 亿元人民币，假设全年营业收入为 50 亿元人民币，企业已经到期的债务也远大于目前拥有的现金及现金等价物余额及经营活动产生的现金流量。辉山乳业过度依赖短期融资的行为增加了流动性风险，将危机传导到公司的资金链，再加上公司非效率投资造成的盈利能力不足，最终逐渐导致了辉山乳业资金链断裂的后果。

（资料来源：孙永彩、蔡亮，期限错配下民营企业资金链断裂及防范研究——以辉山乳业为例，财会通讯，2021（8）：108-113，有改动）

第一节 营运资金管理概述

▶▶ 一、营运资金的概念

营运资金是指短期资产减去短期负债后的余额，它是企业用以维持基本生产经营所需要的资金。

企业资金一旦投入，其投入属性和占用属性便无法区分，因此，营运资金管理重在量的管理，主要解决两个方面的问题：一是如何确定短期资产的最佳持有量；二是如何筹集短期资金。

▶▶ 二、营运资金的特点

一般来说，营运资金具有以下四项主要特点。

（一）短期性

营运资金在生产经营过程中，从货币资金的形态开始，经过供、产、销的循环周转，最终又回到货币资金的形式，这个周转循环的过程时间较短，通常在一年（或超过一年的一个营业周期）内即可收回，因此，短期资产的变现能力较强，可以应付临时性的资金需求，同时还可以通过短期借款或商业信用的形式进行筹资。

（二）多样性

由于企业的生产经营是复杂多变的，因此，企业短期资产的形态也是多种多样的。无论在企业供、产、销的哪个阶段，短期资产总是以现金、原材料、在产品、产成品等占用形态同时并存。

（三）波动性

企业要在市场中生存，必将面临市场环境的不断变化，因此，企业生产经营的波动性导致企业短期资产以及营运资金规模的波动性。

（四）灵活性

短期资产的投资回收期短，其变现能力相对较强，而企业筹集短期资金的方式也相对较广，渠道较多，因此，营运资金在短时间内具有较强的灵活性。

三、营运资金管理的基本要求

完整的营运资金管理既包括对短期资产的管理又包括对短期负债的管理，同时还应考虑营运资金占用与营运资金来源的关系。企业应当持有适当数量的营运资金，以满足生产经营的需要，而且还要能保证按时按量偿还各种到期债务。

（一）合理确定并控制流动资金的需要量

企业流动资金的需要量与企业生产经营活动直接相关，不但取决于生产经营规模和流动资金的周转速度，同时也受市场及供、产、销情况的影响。企业应综合考虑各种因素，合理确定流动资金的需要量，既要保证企业经营的需要，又不能因安排过量而浪费。平时也应控制流动资金的占用，使其保持在预算计划的良性范围内。

（二）合理确定流动资金的来源及构成

企业应选择合适的筹资渠道及方式，力求以最小的代价谋取最大的经济利益；同时，企业还应正确处理短期资产与短期负债之间的比例关系，在提高偿债能力的同时减少短期资产的不必要闲置。

（三）加快资金周转，提高资金使用效率

当企业的经营规模一定时，流动资产周转的速度与流动资金需要量呈反方向变化。企业应加强内部责任管理，根据市场和自身条件适度加速存货周转、缩短应收账款的收款周期、延长应付账款的付款周期，以提高资金的使用效率，改进资金的利用效果。

第二节　短期资产管理

一、短期资产管理概述

（一）短期资产的概念及其特征

1. 短期资产的概念

短期资产，又称流动资产，是指可以在一年（或超过一年的一个营业周期）内变现或者耗用的资产，主要包括货币资金、交易性金融资产、应收款项、预付款项、存货等。

2. 短期资产的特征

相比各种长期资产，短期资产具有以下几个特征：

（1）周转速度快。短期资产通常会在一年（或超过一年的一个营业周期）内完成一次资金周转，而固定资产、无形资产等长期资产则需要经过一年以上的时间才能完成一次资金周转。

（2）变现能力强。短期资产中的现金、银行存款本身就可以随时用于支付和偿债，相比固定资产等长期资产，其他的短期资产如短期金融资产、存货、应收账款等也能在较短时间内变现。

（3）财务风险小。由于短期资产具有周转快、变现快的特点，企业持有一定数量的短期资产，可在一定程度上降低财务风险。但是，短期资产过多会影响企业的利润。因此，

企业在一定的生产周期内应将持有的短期资产数量维持在合理水平，既能保证生产经营的正常需要，又无积压和浪费。

（二）短期资产的持有政策

短期资产的持有政策，是企业在风险和收益之间进行权衡后确定的。企业短期资产持有量越高，企业支付能力和向顾客提供商品的能力就越强，企业风险就越小，但是，由于短期资产获取收益的能力低于长期资产，持有占总资产比重较高的短期资产将会导致企业的收益降低；而较低的短期资产的持有量，虽然会提高企业的盈利能力，但也会造成企业支付能力的下降，企业资产的流动性降低，企业的风险加大。因此，企业必须合理规划短期资产的持有量，在风险和收益之间做出正确的选择。

如图 8-1 所示，短期资产的持有政策有稳健型、适中型和激进型三种。

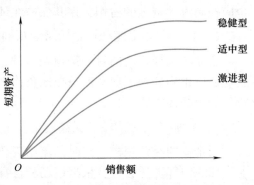

图 8-1　短期资产的持有政策

1. 稳健型

稳健型短期资产持有政策的出发点是为了维护企业的安全运营。在稳健型短期资产持有政策下，企业持有足够多的短期资产。除满足企业正常生产经营的现金需要外，还置存较多的应急资金，以预防企业临时性现金支付的需要；信用条件较为宽松，以满足企业销售的需要；对存货进行大量的投资，以保证生产和销售的需要，使企业生产和销售不受存货不足的限制。稳健型短期资产持有政策的结果是流动性很强但收益性不足。

2. 适中型

适中型短期资产持有政策的出发点是为了保持恰当的风险和收益水平。在适中型短期资产持有政策下，短期资产的持有量既不过高也不过低。现金恰好足够支付企业所需；存货刚好足够满足生产和销售；应收账款能够在流动性和收益性二者之间进行妥善的权衡。适中型的短期资产持有政策使企业能够保持一个较为恰当的收益与风险水平。但是，我们只能够从理论上将其视为较为理想的政策来作为企业确定短期资产数量的指导理念，实际中则难以通过量化模型准确地确定适中型政策下企业短期资产的持有水平。

3. 激进型

激进型短期资产持有政策的出发点是为了使企业获取最大的收益。在激进型短期资产持有政策下，企业持有短期资产的数量较低。除满足企业日常生产经营的需要外，企业一般不置存多余的现金；存货的置存量被压缩到最低，以释放存货占用的资金，节约资金占用的成本；应收账款的置存量也较低，以减少资金占用，避免由于应收账款置存量过大造成的机会成本和坏账费用的升高。激进型短期资产持有政策的结果是企业的风险和收益皆大。

企业采取何种短期资产持有政策取决于多方面因素的影响，主要影响因素有决策者意识、管理者能力、企业的资金面情况、市场的资金面情况、竞争能力等，企业短期资产的占用水平是由这些因素共同作用形成的结果，而且这些因素都是不断变化的。因此，在财务管理实践中，企业应当根据外部环境条件和自身的具体情况，采用科学的方法对未来进行合理的预测，确定一个对企业来说较为适当的短期资产持有量，使短期资产与短期负债尽量匹配。

二、现金管理

现金是企业流动性最强的资产，具有普遍的可接受性，广义的现金包括库存现金、银行存款、银行本票、银行汇票及短期有价证券等。

现金管理的目标就是要在保证企业正常生产经营的情况下，尽量降低现金的持有成本，提高资金使用效率，在资产的流动性和盈利能力之间做出选择以获取最大化的利润。

（一）企业持有现金的动机

企业持有现金的动机主要是为了满足交易性需要、预防性需要及投机性需要。

1. 交易性需要

交易性需要即应满足日常业务的现金支付需要，包括材料采购、支付工资、缴纳税费等。企业应保持适当的现金余额，以保证经营活动的安全性和连续性。

2. 预防性需要

预防性需要主要是指企业持有现金作为安全存量以应对发生意外时的款项支付。现金流量的不确定性越大，预防性现金数额就应越大；反之亦然。预防性现金余额并非一定都要持有现金，只要企业融资能力足够强，预防性现金余额则可以适度降低，同时也可以由随时能够变现的短期有价证券来补充。

3. 投机性需要

投机性需要是指企业持有现金用于有利可图的购买机会。例如，用于在适当时机购买廉价的原材料、低价购入有价证券等。

（二）现金预算的管理和编制

1. 现金预算的概念

现金预算是以现金管理的目标为指导，以业务预算和专门决策预算为依据进行编制，运用一定的方法对预算期内预计现金收入与预计现金支出的现金收支状况进行合理预计和测算，最终对为满足理想现金余额而进行筹资或归还借款等采取相应对策的活动。

2. 现金预算的作用

现金预算是企业加强现金管理，保证现金管理目标得以实现的一种有效控制手段。企业如何对未来现金的流入和流出进行有效设计和管理，怎样通过现金流时间线来确定现金缺口，并以此来防范现金持有量的过多或不足，最终保证最佳现金持有量水平的实现和保持尤为重要。现金预算在现金管理上的作用主要表现在以下几个方面：

（1）现金预算可以揭示现金过剩或短缺。企业资金管理部门通过现金预算的结果及时、灵活地安排资金，既能将暂时过剩的现金进行短期投资，以避免资金的闲置浪费，适度提高现金资产的盈利能力；又能在现金出现缺口时提前安排资金筹措，保证企业生产经营的顺利进行。

（2）现金预算可以在实际收支实现以前，提前了解经营计划的财务状况和经营成果，预测未来时期企业对到期债务的直接偿付能力。

（3）现金预算可以对其他财务计划提出改进建议。企业通过编制现金预算可以较为有效地预计未来现金流量，从而实现现金收支及其他相关财务计划的动态管理。

3. 现金预算的编制方法

现金预算管理是现金管理的核心环节，而现金预算的编制则是现金管理中一种重要的方法。现金预算的编制通常需要根据生产经营特点与管理要求而定，可按月、周或日为基础进行，也可按营业周期覆盖几个月至一年。预算的编制通常包括预计现金流入、预计现金流出、测算现金余缺、现金的筹措与运用四个部分。

（1）预计现金流入。

【例8-1】已知 ABC 公司生产甲产品，2022 年预计价格为每件 200 元。该公司 2022 年有关预测资料如下：各季度甲产品预计销售量分别为 1 000 件、1 500 件、2 000 件和 1 800 件；根据过去的收款经验，甲产品的现销比例为 60%，其余 40% 的款项将在下季度收回。假设 2021 年年末应收账款余额为 62 000 元。其 2022 年现金流入预测过程如表 8-1 和表 8-2 所示。

表 8-1　ABC 公司营业现金收入预算表

项　　目	第 一 季 度	第 二 季 度	第 三 季 度	第 四 季 度	全 年 合 计
预计销量（件）	1 000	1 500	2 000	1800	6 500
预计售价（元）	200	200	200	200	200
销售收入（元）	200 000	300 000	400 000	360 000	1 300 000
当期收款（元）	120 000	180 000	240 000	216 000	756 000
收回上期款项（元）	62 000	80 000	120 000	160 000	422 000
现金收入合计（元）	182 000	260 000	360 000	376 000	1 178 000

表 8-2　ABC 公司其他非营业现金收入预算表　　　　　　　　（单位：元）

项　　目	第 一 季 度	第 二 季 度	第 三 季 度	第 四 季 度	全 年 合 计
处置固定资产				5 000	5 000
现金股利收入		30 000			30 000
合计		30 000		5 000	35 000

企业主要的现金流入是销售商品和提供劳务收到的营业现金收入，既包括当期销售收到的现金（现销），也包括前期应收账款收回和预收账款等。其他现金流入包括资产处置、投资收入和长期融资等。

（2）预计现金流出。企业的现金流出主要包括：购买生产所需物资的现金支出，支付工资、缴纳税款和支付其他期间费用，资本性支出，偿付长期债务的本金和利息，支付股利等。

【例8-2】承【例8-1】，ABC 公司根据销售预算、生产预算、直接材料预算、直接人工预算、制造费用预算、销售费用预算、管理费用预算及有关存货库存要求和材料消耗定额的要求，预计 2022 年各季度采购金额分别为 53 000 元、81 800 元、97 400 元、92 800 元。每季度公司购买材料只需支付 50% 现金，余款在下季度付清。2021 年末应付账款余额为 23 500 元。其 2022 年现金流出预测过程如表 8-3 和表 8-4 所示。

表 8-3　ABC 公司材料采购现金支出预算表　　　　　　　　（单位：元）

项　目	第 一 季 度	第 二 季 度	第 三 季 度	第 四 季 度	全 年 合 计
预计材料采购额	53 000	81 800	97 400	92 800	325 000
当期付款	26 500	40 900	48 700	46 400	162 500
支付上期款项	23 500	26 500	40 900	48 700	139 600
现金支出合计	50 000	67 400	89 600	95 100	302 100

表 8-4　ABC 公司其他现金支出预算表　　　　　　　　（单位：元）

项　目	第 一 季 度	第 二 季 度	第 三 季 度	第 四 季 度	全 年 合 计
直接人工	21 000	31 000	39 600	36 400	128 000
制造费用	19 000	23 000	23 000	23 000	88 000
销售及管理费用	50 000	50 000	50 000	50 000	200 000
预缴所得税	30 000	30 000	30 000	30 000	120 000
现金股利		80 000		80 000	160 000
购买设备		90 000			90 000
现金支出合计	120 000	304 000	142 600	219 400	786 000

（3）测算现金余缺。现金流入量与现金流出量的差额就是现金净流量，现金净流量加期初现金余额等于期末现金余额。若期末现金余额大于企业要求的最低现金余额，则存在现金溢余，溢余的现金可以用来偿还长短期借款，适度用于短期投资等；若期末现金余额小于企业要求的最低现金余额，则现金不足，需要考虑资金的筹集。

【例 8-3】承【例 8-2】，ABC 公司最低需要保留的现金余额预计为 30 000 元，2021 年末现金余额为 50 000 元。若现金不足则需要向银行借款筹集短期资金，假设银行借款只能按照 1 000 的倍数进行借贷，年利率为 10%。计算该公司的现金的余缺，并编制 2022 年完整的现金收支预算表（见表 8-5）。

表 8-5　ABC 公司 2022 年现金收支预算表　　　　　　　　（单位：元）

项　目	第 一 季 度	第 二 季 度	第 三 季 度	第 四 季 度	全　年
期初现金余额	50 000	62 000	30 600	55 900	50 000
加：营业现金收入（表 8-1）	182 000	260 000	360 000	376 000	1 178 000
其他非营业现金收入（表 8-2）		30 000		5 000	35 000
现金收入合计	182 000	290 000	360 000	381 000	1 213 000
减：材料采购现金支出（表 8-3）	50 000	67 400	89 600	95 100	302 100
其他现金支出（表 8-4）	120 000	304 000	142 600	219 400	786 000
现金支出合计	170 000	371 400	232 200	314 500	1 088 100

（续）

项　目	第一季度	第二季度	第三季度	第四季度	全　年
现金余缺	62 000	−19 400	158 400	122 400	174 900
现金筹措与运用					
取得短期借款		50 000			50 000
归还短期借款			50 000		50 000
短期借款利息（年利10%）			2 500		2 500
短期投资			50 000	60 000	110 000
期末现金余额	62 000	30 600	55 900	62 400	62 400

注："期初现金余额"是在编制预算时预计的，下一季度的期初现金余额等于上一季度的期末现金余额，全年的期初现金余额指的是年初的现金余额。

（4）现金的筹措与运用。现金的筹措与运用是指对现金溢余的处置与对现金短缺的弥补。一方面，如果现金持有过多，容易导致资产收益能力的下降和机会成本的上升；另一方面，如果现金持有不足，又会影响正常的生产经营活动以及各种义务的履行，甚至还会导致财务危机。

通常，财务管理部门应对现金余缺与期末理想现金余额进行比较，并结合固定的利息支出数额以及其他的因素，来确定预算期内现金筹措或运用的数额。一般而言，临时性的现金溢余可以考虑用于归还短期借款或购买短期有价证券；如果这种溢余是长期性的，则可以偿还长期借款或进行长期有价证券投资。同样，若出现临时性的现金不足，则需要通过短期借款或出售短期有价证券等方式加以弥补。

（三）最佳现金持有量

企业在生产经营过程中为了满足交易性、预防性及投机性需要，必须留存一定数量的现金，但现金持有太多或太少对企业来说都是不利的，因此，需要确定恰当的现金持有量，即使有关成本之和最小的最佳现金持有量，它的确定主要通过成本分析模式、存货分析模式和随机模式三种方法。

1. 成本分析模式

成本分析模式是指通过分析企业持有现金的各种相关成本，寻找持有现金成本最低的现金持有量的一种方法。

一般而言，持有现金的成本主要包括机会成本、管理成本和短缺成本三种。各种成本与现金持有量之间的关系如图8-2所示：机会成本是指因留存现金而丧失的投资收益，现金留存越多，机会成本就会越大；管理成本是指企业因留存现金而发生的管理费用，如管理人员的工资支出、安全防盗设施的建造费用等，这种成本一般是固定的；短缺成本是指因留存现金的缺乏而给企业造成的损失，如缺乏现金购买原材料造成的停工损失、失去现金折扣等，现金留存越多，短缺成本越小。

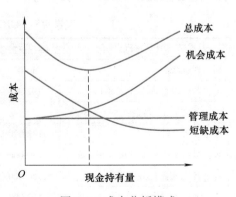

图8-2　成本分析模式

成本分析模式下最佳现金持有量的计算，可以通过编制现金持有成本分析表来确定，见表 8-6。

表 8-6　某企业现金持有成本分析表　　　　　　　　　　　　　　（单位：万元）

方　　案	甲	乙	丙	丁
现金持有量	30	40	50	60
机会成本	3	4	5	6
管理成本	1	1	1	1
短缺成本	2.5	1.2	0.75	0
总成本	6.5	6.2	6.75	7

比较上述各方案的总成本，乙方案的持有总成本最低为 6.2 万元，因此，40 万元为该企业的最佳现金持有量。

2. 存货分析模式

确定现金最佳持有量的存货分析模式来源于存货的经济订货批量模型。在这种分析模式中，假设企业的现金收入每隔一段时间发生一次，现金支出则是在一定时间内均匀发生的，在此期间，企业需要现金时可以通过出售有价证券获得，过程如图 8-3 所示：假设企业在 O 时点时持有最佳现金持有量 N 元，在 t_1 时点，企业的现金余额下降为 0，此时，企业通过出售价值 N 元的有价证券补充现金；在 t_2 时点，企业的现金余额又下降为 0，此时，企业再次通过出售价值 N 元的有价证券以补充现金持有量，这一过程不断重复。

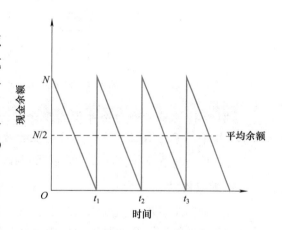

图 8-3　存货分析模式中的现金余额

存货分析模式下有两项相关成本：交易成本和机会成本。由于现金资产不具有收益性，因此企业为提高资产的收益率，通常只保留较低数额的现金，而将其他的现金投资于有价证券以获得收益。当企业需要现金时，只需变现有价证券即可。这时，企业持有现金的机会成本即放弃有价证券的投资收益，而交易成本则是有价证券变现时所付出的手续费等。所以，企业持有现金的总成本就是机会成本和交易成本之和。机会成本与有价证券收益率相关，同时也与持有现金的平均余额有关。交易成本则与交易次数成正比。存货分析模式下最佳现金持有量的计算，就是求使机会成本和交易成本之和最小的现金持有量。

企业持有现金的总成本 TC 为

$$TC = \frac{QK}{2} + \frac{TF}{Q} \tag{8-1}$$

式中　TC——所持有现金的总成本；

　　　Q——企业的现金持有量；

　　　K——持有现金的机会成本率；

T——企业全年所需现金总额；

F——有价证券每次的交易成本。

在式（8-1）中对 Q 求导，令导数等于 0，可得

$$Q = \sqrt{\frac{2TF}{K}} \tag{8-2}$$

此时，持有现金的总成本最小，$Q = \sqrt{2TF/K}$ 为最佳现金持有量，如图 8-4 所示。

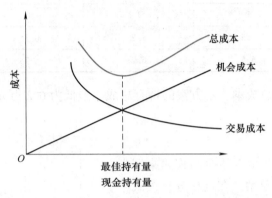

图 8-4　存货分析模式下最佳现金持有量的确定

【例 8-4】某企业预计全年所需现金约为 20 万元，有价证券每次交易成本为 100 元，证券市场年利率为 10%，请计算该企业的最佳现金持有量。

最佳现金持有量为：$Q = \sqrt{2 \times 200\,000 \times 100/10\%} = 20\,000$（元）

3. 随机模式

当现金需求量难以预测的情况下，假设现金需求量呈随机变动，可采用随机模式进行现金持有量的控制。企业可以根据历史经验数据，结合现实需要，测算出一个现金持有量的控制范围，制定出现金持有量的上限和下限，将现金持有量控制在上限和下限之间。

如图 8-5 所示，直线 H 为现金持有量的上限，直线 L 为现金持有量的下限，直线 R 为现金返回线，当现金持有量达到 A 点时，达到了现金控制的上限时，用现金购入有价证券，使现金持有量降低回到 R 的水平；当现金持有量降到 B 点，达到了现金控制的下限时，卖出有价证券，使现金持有量增加回到 R 的水平；若现金持有量在控制范围之内变动，则不进行调控。

现金持有量的上限 H 和返回线 R 可按下列公式计算：

$$R = \sqrt[3]{\frac{3b\sigma^2}{4i}} + L \tag{8-3}$$

$$H = 3R - 2L \tag{8-4}$$

式中　b——有价证券每次的交易成本；

i——有价证券的日利息率；

σ——每日现金余额波动的标准差。

现金持有量的下限 L 的确定，受到企业每日

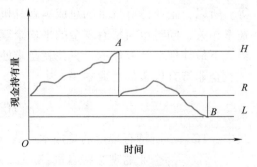

图 8-5　随机模式中的现金持有量

最低现金需要、管理人员风险承受倾向等因素的影响。

【例8-5】假定某公司有价证券的年利率为9%，每次交易成本为80元，公司认为任何时候其银行活期存款及现金余额均不能低于900元，又根据以往经验测算出现金余额波动的标准差为600元，请计算随机模式下现金持有量的返回线 R 和上限 H。

有价证券的日利率 = 9%/360 = 0.025%

$$R = \sqrt[3]{\frac{3b\sigma^2}{4i}} + L = \sqrt[3]{\frac{3 \times 80 \times 600^2}{4 \times 0.025\%}} + 900 = 5\,320.84 \text{（元）}$$

$$H = 3R - 2L = 3 \times 5\,320.84 - 2 \times 900 = 14\,162.52 \text{（元）}$$

（四）现金的日常管理

现金日常管理的主要目的就是要尽快收回现金，提高现金的使用效率，现金的日常管理方法主要包括以下四种。

1. 加速应收款的回收

企业需要实施恰当的收账政策，缩短应收账款的收账时间，加快应收账款的周转速度。

2. 推迟应付款的支付

企业在不影响自身信誉的前提下，应尽可能推迟应付款的支付期限，充分利用信用优惠政策。

3. 现金流量同步法

企业应尽量使现金流入与现金流出的发生时间趋于一致，以使其持有的交易性现金余额降到最低水平。

4. 使用现金浮游量

现金浮游量是指从企业开出支票，收款人收到支票并存入银行，至银行将款项划出企业账户的时间内的现金占用量。使用现金浮游量，可能会存在企业向银行开出支票要求从存款账户中提取款项的总金额超过其存款账户上结存金额的情况。因此，在使用现金浮游量时，应准确地估计其数额并控制好使用时间，以免发生银行存款的透支。

▶▶ 三、应收账款管理

（一）应收账款管理的目标和应收账款的成本

应收账款是企业对外赊销而产生的短期债权，是企业向客户提供的一项商业信用。与现销相比，赊销有利于扩大销售、降低存货库存，提高企业产品的市场占有率。但是，赊销期限越长、赊销金额越大，则企业占用在应收账款的资金就会越多，企业对置存的应收账款也相应地要付出必要的代价。因此，应收账款管理的主要目的，就是要在采用信用政策所增加的盈利和由此所产生的赊销风险而付出的成本之间进行合理的权衡。应收账款的成本主要包括机会成本、管理成本和坏账成本。

1. 机会成本

应收账款的机会成本是指企业的资金被应收账款占用而失去的潜在投资收益，这种投资收益的损失就形成了应收账款的机会成本。这一成本的大小通常与企业维持赊销业务所需要的资金数量及资金成本率有关。其计算公式为

$$应收账款的机会成本 = 应收账款占用资金 \times 资金成本率 \qquad (8\text{-}5)$$

2. 管理成本

应收账款的管理成本是指企业对应收账款进行管理而发生的开支，主要包括对客户的资信调查、应收账款专人管理、催收账款诉讼、差旅等所形成的费用。

3. 坏账成本

应收账款的坏账成本是指因某种原因导致应收账款不能收回，成为坏账而发生的损失。这一成本一般与应收账款的数量成正比。

（二）信用政策

应收账款的信用政策是指对应收账款的管理政策，是企业财务政策的重要组成部分，主要包括信用标准、信用条件和收账政策。

1. 信用标准

信用标准，是用来判定客户能否获得企业商业信用所应具备的基本条件，如客户达不到必需的信用标准，则不能采取赊购的方式与本企业交易。制定信用标准的定量依据是预计客户的信用等级和坏账损失率。严格的信用标准，可以减少坏账损失，减少应收账款的机会成本，但同时也会使销量减少，并影响企业的市场竞争力；宽松的信用标准，尽管可以增加销售，但相应地也会增加坏账风险和收账费用。为便于计算，本章内例题均假设一年一共 360 天。

【例 8-6】 西华公司在当前信用政策下的经营情况见表 8-7。

表 8-7　西华公司在当前信用政策下的经营情况

项　　目	数　　据
销售收入 s_0（元）	120 000
销售利润率 p'	20%
平均收现期 $\overline{C}_0$（天）	40
平均坏账损失率 $\overline{B}_0$	5%
应收账款占用资金的资金成本率 R_0	10%

西华公司准备对信用标准进行修订，提出两个方案，预计两个方案下销售收入和应收账款可能发生的变化见表 8-8。请为西华公司从中选择一个更合适的信用标准方案。

表 8-8　西华公司备选的两种信用标准

项　　目	方案 1（较严格的信用标准）	方案 2（较宽松的信用标准）
销售收入	减少 20 000 元	增加 30 000 元
收现期	销售收入减少部分的平均收现期为 65 天，剩余 100 000 元的平均收现期为 35 天	销售收入增加部分的平均收现期为 80 天，原 120 000 元的平均收现期仍为 40 天
坏账损失率	销售收入减少部分的坏账损失率为 10%，剩余 100 000 元的平均坏账损失率为 4%	销售收入增加部分的坏账损失率为 12%，原 120 000 元的平均坏账损失率仍为 5%

为了评价两种备选方案的优劣，现分别计算两个方案将产生的收益和成本，比较两个方案的净收益。

方案1：销售利润 $P_1 = (s_0 + \Delta s_1)p' = (120\,000 - 20\,000) \times 20\% = 20\,000$（元）

$$应收账款机会成本 I_1 = \left[(s_0 + \Delta s_1)\frac{\overline{C_1}}{360}\right]R_0$$

$$= (120\,000 - 20\,000) \times \frac{35}{360} \times 10\%$$

$$= 972.22（元）$$

坏账损失 $K_1 = (s_0 + \Delta s_1)\overline{B_1} = (120\,000 - 20\,000) \times 4\% = 4\,000$（元）

净收益 $= P_1 - I_1 - K_1 = 20\,000 - 972.22 - 4\,000 = 15\,027.78$（元）

方案2：销售利润 $P_2 = (s_0 + \Delta s_2)p' = (120\,000 + 30\,000) \times 20\% = 30\,000$（元）

$$应收账款机会成本 I_2 = \left[(s_0 + \Delta s_2)\frac{\overline{C_2}}{360}\right]R_0$$

$$= \left(120\,000 \times \frac{40}{360} + 30\,000 \times \frac{80}{360}\right) \times 10\%$$

$$= 2\,000（元）$$

坏账损失 $K_2 = (s_0 + \Delta s_2)\overline{B_2} = 120\,000 \times 5\% + 30\,000 \times 12\% = 9\,600$（元）

净收益 $= P_2 - I_2 - K_2 = 30\,000 - 2\,000 - 9\,600 = 18\,400$（元）

方案2的净收益大于方案1净收益，所以西华公司应选择方案2，采用较宽松的信用标准。

2. 信用条件

信用条件是指企业向顾客提供商业信用时要求对方支付赊购款项的条件，一般包括信用期限、折扣期限和现金折扣等。

信用期限是企业允许客户从购货到付清货款之间的最长付款时间。信用期限越长，对客户的吸引力就会越大，因此可以在一定程度上提高产品的销售量。但是，过长的信用期限可能会引起应收账款的机会成本、管理成本、坏账成本的增加。

折扣期限是为了缩短客户的实际付款时间、加速应收账款的周转速度、减少坏账损失，而提供给客户的可按销售收入的一定比率给予现金折扣的付款时间。

现金折扣是给在折扣期限内提前付款的客户给予的价格优惠。

信用条件的一般形式为"2/10，n/30"，这表示若客户在10天之内付款，可以享受2%的现金折扣；如客户不享受现金折扣，也必须在30天内付全款。这里信用期限为30天，折扣期限为10天，现金折扣率为2%。

【例8-7】假设西华公司全年赊销额为600万元，原赊销条件为"n/45"，应收账款平均收现期为60天，现为吸引客户早日付款，准备将赊销条件更改为"3/20，n/45"，结果将使应收账款平均收现期缩短到30天，估计会有50%的客户将享受现金折扣优惠，坏账损失率将由目前的0.2%降为0.1%，企业目前的投资收益率为20%，请问：是否应该更改折扣条件？

企业给予客户的现金折扣成本 = 600 × 3% × 50% = 9（万元）

加速应收账款周转而减少的机会成本 = (600/6 − 600/12) × 20% = 10（万元）

提前收款而减少的坏账损失 = 600 × (0.2% − 0.1%) = 0.6（万元）

增加的净收益 = 10 + 0.6 − 9 = 1.6（万元）

故应该更改折扣条件。

3. 收账政策

收账政策是指当客户违反信用条件拖欠甚至拒付账款时，企业所采取的收账策略与方法。一般包括监督应收账款回收情况、编制账龄分析表、提前准备应对坏账损失、制定恰当的催收方式、必要时提起诉讼等。

【例 8-8】 西华公司在不同收账政策条件下的有关资料见表 8-9。

表 8-9　西华公司在不同收账政策下的有关资料

项　　目	现行收账政策	建议收账政策
年收账费用（元）	20 000	30 000
应收账款平均收现期（天）	60	30
坏账损失率	5%	3%

西华公司当年销售额为 150 万元，全部为赊销，收账政策对销售收入的影响忽略不计，应收账款的资金成本率为 10%，现根据以上资料进行测算，结果见表 8-10。

表 8-10　西华公司不同收账政策的效果对比

序　　号	项　　目	现行收账政策	建议收账政策
1	年销售收入（元）	1 500 000	1 500 000
2	应收账款周转次数	6	12
3	应收账款平均占用额（元）	250 000	125 000
4	按建议收账政策节约的机会成本（元）		12 500
5	坏账损失（元）	75 000	45 000
6	按建议收账政策减少的坏账成本		30 000
7	按建议收账政策增加的收账费用		10 000
8	按建议收账政策可获收益		32 500

按建议收账政策可获收益 32 500 元，大于 0，所以应该采用建议收账政策。

（三）应收账款的日常控制

信用政策制定好后，企业要做好应收账款的日常控制工作，对赊销对象进行信用调查和信用评估，以确定是否同意顾客赊欠货款，应收账款产生后要适时对应收账款进行监控，当顾客违反信用条件时，还要做好应收账款的催收工作。

1. 企业的信用评估

企业的信用评估方法很多，这里主要介绍 5C 评估法。

5C 标准是用来判定客户能否获得企业商业信用所应具备的基本条件，5C 即评定顾客的品质（Character）、能力（Capacity）、资本（Capital）、抵押（Collateral）和条件（Conditions）。

品质，即客户的信誉，反映其主动履行偿债义务的可能性。一般根据客户过往的信用历史及信用参考资料来进行判断。

能力，即顾客的偿债能力，主要考虑其流动资产的数量和质量以及与流动负债之间的比例。

资本，即考察客户的经济实力和财务状况。

抵押，即分析客户不能如期偿债时所提供的抵押资产的情况，对不知底细或信用状况有争议的客户进行这项评估尤为重要。

条件，是指可能会影响客户偿债能力的社会经济环境。

通过以上五个方面的分析，可以基本上判断顾客的信用状况，为最后决定是否向客户提供商业信用做好准备。

2. 监控应收账款

对于已产生的应收账款，企业必须加强收账工作的管理，及时了解账款回收情况，根据客户偿付货款的不同情况做出相应的反应，企业日常可以通过账龄分析表、计算应收账款平均账龄来对已产生的应收账款进行监控。

（1）账龄分析表。账龄分析表是在把所有的应收账款按账龄分为几类后，显示每一类应收账款的总数额和所占比例的表格，可以反映尚未收回的应收账款的质量。通常，应收账款按账龄可以分为 0~30 天，30~60 天，60~90 天和 90 天以上几类。

【例 8-9】2021 年 12 月 31 日，西华公司将第四季度所有尚未收到的货款进行了汇总，见表 8-11，请根据表 8-11 编制西华公司的账龄分析表。

表 8-11　西华公司第四季度应收账款明细表

10 月		11 月		12 月	
销售日期	金额（元）	销售日期	金额（元）	销售日期	金额（元）
10 月 3 日	2 500	11 月 2 日	800	12 月 5 日	450
10 月 6 日	3 000	11 月 8 日	1 200	12 月 8 日	760
10 月 11 日	1 800	11 月 13 日	580	12 月 11 日	830
10 月 21 日	1 100	11 月 17 日	730	12 月 15 日	1 000
		11 月 22 日	1 300	12 月 20 日	1 200
				12 月 25 日	790
合计	8 400	合计	4 610	合计	5 030

12 月发生的应收账款账龄为 0~30 天，11 月发生的应收账款账龄为 30~60 天，10 月发生的应收账款账龄为 60~90 天，因此，西华公司的账龄分析表见表 8-12。

表 8-12　西华公司第四季度应收账款账龄分析表

账　龄	金额（元）	百分比
0~30 天	5 030	46.56%
30~60 天	4 610	25.56%
60~90 天	8 400	27.88%
90 天以上	0	
合计	18 040	100.00%

（2）应收账款平均账龄。除了账龄分析表外，还可以通过计算应收账款平均账龄来监控应收账款。应收账款平均账龄的计算有两种常见方法。

第一种方法是计算所有没有收回的应收账款的加权平均账龄，权重是每笔应收账款占应收账款总额的比重。

第二种方法是利用账龄分析表。这里假设账龄在 0~30 天的所有应收账款的平均账龄为 15 天，账龄在 30~60 天的所有应收账款的平均账龄为 45 天，账龄在 60~90 天的所有应收账款的平均账龄为 75 天。然后以每类应收账款占应收账款总额的比重为权重，计算 15 天、45 天和 75 天应收账款的加权平均数。

【例 8-10】根据表 8-12，计算西华公司应收账款的平均账龄。

应收账款平均账龄 = 15 × 46.56% + 45 × 25.56% + 75 × 27.88% = 39.4（天）

3. 催收拖欠款项

由于收取应收账款的各个步骤都要发生费用，因而收账政策还要在收账费用和所减少的坏账损失之间进行权衡，这一点在很大程度上要依靠企业管理人员的经验，也可根据应收账款总成本最小化的原理，通过对各收账方案成本大小的比较，确定收账方式。一般的收账方式是：对过期较短的客户，不宜过多打扰，以免失去该客户；对拖欠款项时间稍长的客户，可通过不见面的方式进行催款；对拖欠款项时间很长的顾客，则需当面催款、频繁催款。

对应收账款的催收要遵循几个原则：①应优先采用成本最低的收款手段；②早期的收款方式要友好，后期再逐渐严厉；③一旦继续收款所能收回的应收账款将小于继续收款所追加的成本，那么应停止向顾客追讨。

▶▶ **四、存货管理**

（一）存货管理的目标

存货是指企业在生产经营过程中为销售或耗用而储备的物资，主要包括企业的库存原材料、辅助材料、包装物、低值易耗品、半成品、产成品等。一般而言，存货在企业短期资产中所占比重较大且流动性相对较低，因此，存货管理水平与企业生产经营有着直接的联系，并最终会影响到企业的收益和风险。

存货管理的目标就是要在充分发挥存货作用的前提下，以最低的存货成本保障企业生产经营的顺利进行。

（二）存货的成本

企业储存一定数量的存货，必然会发生成本支出，这其中主要包含以下三种。

1. 取得成本

取得成本是指为取得某种存货而发生的支出，它由购置成本和订货成本构成。

购置成本是指存货的买价，它是存货单价与数量的乘积，即

$$购置成本 = UD \tag{8-6}$$

式中　U——单价；

　　　D——存货需要量。

订货成本是指企业对外采购存货而发生的费用，包括办公费、差旅费、通讯费等，订货成本包括固定的订货成本和变动的订货成本。固定的订货成本，如常设采购机构的基本开支等，与订货次数无关；变动的订货成本如差旅费、通信费等，与订货次数有关。

$$订货成本 = 固定订货成本 + 变动订货成本$$

$$= F_1 + \frac{D}{Q}K \tag{8-7}$$

式中　F_1——固定订货成本；

　　　D——存货需要量；

　　　Q——每次进货量；

　　　K——每次订货的变动成本。

2. 储存成本

储存成本是指为储存存货而发生的支出。这其中有一部分是固定性的，与储存存货数量的多少无关，如仓库折旧费、仓库员工的固定工资等；储存成本中另一部分是变动成本，与储存存货数量相关，如存货资金的应计利息、存货毁损损失、保险费用等。其计算公式为

$$储存成本 = 固定储存成本 + 变动储存成本$$

$$= F_2 + \frac{Q}{2}K_C \tag{8-8}$$

式中　F_2——固定储存成本；

　　　Q——每次进货量；

　　　K_C——单位变动储存成本。

3. 缺货成本

缺货成本是指由于存货供应不足而造成的损失，如停工损失、延迟发货的信誉损失及丧失销售的机会成本等。缺货成本随平均存货的减少而增加。

因此，存货总的储备成本应为

$$TC = TC_a + TC_C + TC_S \tag{8-9}$$

$$= UD + F_1 + \frac{D}{Q}K + F_2 + \frac{Q}{2}K_C + TC_S \tag{8-10}$$

式中　TC——存货总储备成本；

　　　TC_a——取得成本；

TC$_C$——储存成本；

TC$_S$——缺货成本。

（三）存货规划

存货规划的目的是在日常经营管理过程中，对存货的取得、管理、使用、周转进行合理的组织、调节与监督，在保证一定存货数量的基础上，使存货相关成本最小，效益最大。具体来说，存货的日常规划主要解决两个方面的问题：一是应当订购多少存货；二是应该在何时订货。

1. 经济订货批量模型

经济订货批量是指一定时期内使存货的相关总成本达到最小时的最优订货批量。经济订货批量模型的分析需要设立若干基本假设：

（1）企业能及时补充存货，企业现金充足、信用良好且市场供应充足。

（2）集中到货，而不是陆续入库。

（3）无缺货情况，即缺货成本为0。

（4）存货需求量稳定并能预测。

（5）存货单价不变。

（6）没有固定订货成本和固定储存成本。

在上述假设条件下，持有存货的成本主要包括购置成本、变动订货成本和变动储存成本。

在存货需求量稳定，存货单价不变的假设条件下，全年总购置成本不会随着每次订货数量的变化而变化；储存成本和订货成本之间呈负相关关系，订购量越多，企业储存的存货就越多，储存成本越高，但同时订货次数会减少，订货成本会降低，反之同理，存货成本与订货量之间的关系如图 8-6 所示。

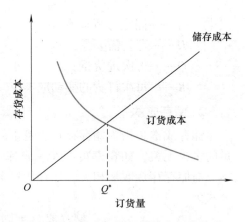

图 8-6 存货成本与订货量之间的关系

因此，基于前述假设条件下，在确定经济订货批量时，影响决策的相关成本就只有变动订货成本和变动储存成本，找到使这两种成本之和最小的订购批量即经济订货批量 Q^*。相关计算公式为

$$\text{与决策相关的总成本 TC} = \text{变动订货成本} + \text{变动储存成本}$$

$$= \frac{D}{Q}K + \frac{Q}{2}K_C \tag{8-11}$$

在式（8-11）中对 Q 求导，令导数等于 0，可得经济订货批量模型的最优解为

$$\text{经济订货批量 } Q^* = \sqrt{\frac{2KD}{K_C}} \tag{8-12}$$

将求得的 Q^* 带入式（8-11），可得

$$\text{存货最小相关总成本} = \sqrt{2KDK_C} \tag{8-13}$$

【**例 8-11**】西华公司全年耗用某种材料 6 400kg，该材料单价为 10 元，单位储存成本为 8 元，一次订货成本 25 元。

请计算：①经济订货批量；②存货最小相关总成本；③最佳订货次数；④最佳订货周期；⑤最佳存货资金占用额。

(1) 经济订货批量 $Q^* = \sqrt{\dfrac{2KD}{K_C}} = \sqrt{\dfrac{2 \times 6\ 400 \times 25}{8}} = 200$（kg）

(2) 存货最小相关总成本 $= \sqrt{2KDK_C} = \sqrt{2 \times 25 \times 6\ 400 \times 8} = 1\ 600$（元）

(3) 最佳订货次数 $= 6\ 400/200 = 32$（次）

(4) 最佳订货周期 $= 360/32 = 11.25$（天）

(5) 最佳存货资金占用额 $= 10 \times (200/2) = 1\ 000$（元）

2. 有数量折扣的情况

在上述基本的经济订货批量模型中，假设了存货采购单价不变，但事实上，现实中许多企业在销售时都会制定数量折扣政策，对大批量采购在价格上给予一定优惠。在这种情况下，做存货采购量的决策还需要考虑采购成本。若折扣零界点小于经济订货批量，则还是按经济订货批量采购；若折扣零界点大于经济订货批量，则需要分别计算包括采购成本在内的经济订货批量下的总成本和折扣零界点采购量下的总成本，选择两者中使总成本最低的采购量。

【例8-12】承【例8-11】，假设当一次性采购超过320kg时，可给予2%的数量折扣，请问每次订购产品应该按多大批量订购？

若按【例8-11】计算出的经济订货批量采购，由于200千克小于320kg，则不能享受现金折扣。

总成本 = 订货成本 + 储存成本 + 采购成本
$$= 1\ 600 + 6\ 400 \times 10$$
$$= 65\ 600 （元）$$

若按折扣零界点320千克采购，则可享受现金折扣。

总成本 = 订货成本 + 储存成本 + 采购成本
$$= \frac{6\ 400}{320} \times 25 + \frac{320}{2} \times 8 + 6\ 400 \times 10 \times (1 - 2\%)$$
$$= 62\ 580 （元）$$

按折扣零界点320kg采购的总成本更低，所以每次应该订购320kg。

3. 再订货点

为了保证生产和销售的正常进行，制造业企业必须在原材料用完之前订货，商品流通企业必须在商品售完之前订货。那么，到底应该在上一批存货还剩多少时开始订购呢？这就是再订货点的问题。再订货点就是订购下一批存货时现有存货的储存量，如图8-7所示。

再订货点的确定主要取决于两个因素：①平均每天的存货耗用量；②从发出订单到货物验收完毕入库所用的时间。再订货点的计算公式如下：

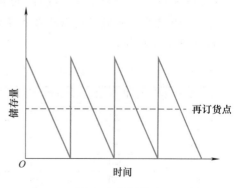

图8-7　再订货点

$$R = dt \qquad (8\text{-}14)$$

式中　R——再订货点；

　　　d——平均每天的存货耗用量；

　　　t——从发出订单到货物验收完毕入库所用的时间。

【例8-13】 西华公司每天正常耗用某原材料18kg，从发出订单到该原材料验收完毕入库所需的时间为10天，请计算再订货点。

再订货点 $R = dt = 18 \times 10 = 180$（kg）

4. 保险储备

在上述讨论中，假定了存货的供需稳定，每日需求量不变，交货时间也固定不变，没有缺货成本。但是，实际上每日需求量和交货时间都可能会发生变化。企业按照某一订货批量和再订货点发出订单后，如果需求增加或者送货延迟，就会发生缺货，造成缺货损失。为了防止由此造成的损失，企业还需要多储备一些存货以备不时之需，这些存货就被称为保险储备。保险储备量下的存货在正常情况下不动用，只有当存货过量使用或送货延迟时才动用。保险储备如图8-8所示。

保险储备的存在不会影响经济订货批量的计算，但会影响再订货点的确定。考虑保险储备情况下的再订货点计算公式为：

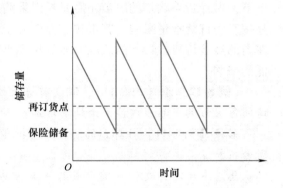

图8-8　保险储备

$$R = dt + S \qquad (8\text{-}15)$$

式中　R、d、t——释义同式（8-14）；

　　　S——保险储备。

【例8-14】 承【例8-13】，假设西华公司该材料的保险储备为200kg，请计算其再订货点。

再订货点 $R = dt + S = 18 \times 10 + 200 = 380$（kg）

建立保险储备，固然可以使企业避免缺货或供应中断造成的损失，降低缺货成本，但存货平均储备量加大却会使储存成本增加，研究保险储备的目的，就是要找出合理的保险储备量，使缺货成本和储存成本之和最小。

【例8-15】 继续用【例8-13】的条件，为避免可能的缺货成本，公司准备持有0～100kg保险储备，并对不同保险储备下的缺货成本进行了估算，见表8-13。请计算西华公司的最佳保险储备量。

表8-13　西华公司不同保险储备水平下存货成本

保险储备（kg）	再订货点（kg）	平均存货（kg）	订货成本（元）	储存成本（元）	缺货成本（元）	总成本（元）
0	180	100	800	800	600	2 200
20	200	120	800	960	300	2 060
40	220	140	800	1 120	100	2 020
60	240	160	800	1 280	80	2 160
80	260	180	800	1 440	60	2 300
100	280	200	800	1 600	0	2 400

以保险储备为 20kg 的数据为例，表 8-13 中各项目的计算方法如下：

再订货点 = 交货期需求 + 保险储备 = 180 + 20 = 200（kg）

$$平均存货 = \frac{1}{2} \times 经济批量 + 保险储备 = 100 + 20 = 120（kg）$$

订货成本 = 订购批数 × 单位订货成本 = 32 × 25 = 800（元）

储存成本 = 平均存货 × 单位储存成本 = 120 × 8 = 960（元）

缺货成本由公司根据相关资料估算。

总成本 = 订货成本 + 储存成本 + 缺货成本 = 800 + 960 + 300 = 2 060（元）

从表 8-13 可以看出，当保险储备为 0 时，预计缺货成本较大，但缺货成本随着保险储备的增加而减少。当保险储备增加所带来的缺货成本下降的幅度大于储存成本上升的幅度时，增加保险储备是有利的，可以降低总成本。但是超过一定限度后，保险储备增加所带来的储存成本增加幅度要大于缺货成本的减少，此时总成本会增加。通过逐步测试结果显示，西华公司的最优保险储备为 40kg，最佳再订货点为 220kg，此时总成本最小，为 2 020 元。

（四）存货的日常控制

由于企业存货繁多，数目巨大，如果对每一种存货都严加管理控制，必然造成一些不必要的人、财、物的浪费，因此为了避免这种状况的发生，可以对企业的存货进行 ABC 分类管理，将企业的存货按其金额大小及其对生产管理的重要性高低，划分为 A、B、C 三类，然后根据其重要性分别进行控制管理。

（1）A 类存货：品种少金额较大，其占用资金约占整个存货金额的 60%~80%，品种数量占整个存货品种数量的 5%~20%。此类存货应严格管理，科学确定经济订货批量。

（2）B 类存货：存货金额较大，存货的品种数量较多，介于 A 类、C 类存货之间。

（3）C 类存货：品种繁多金额较低，其占用资金约占整个存货金额的 5%~10%，而品种数量占整个存货品种数量的 50% 以上。对于 C 类存货不必严加控制，保持适当的管理与控制即可。

ABC 分类控制法便于企业生产管理人员关注存货管理的重点，可以保证存货管理的高效、有序。

第三节　短期筹资管理

▶▶ 一、短期筹资概述

（一）短期筹资的概念

短期筹资是指筹集在一年内（或者超过一年的一个营业周期内）到期的资金，通常是指短期负债筹资。

（二）短期筹资的特征

短期筹资通常具有以下四个特征。

1. 筹资速度快

一般来说，短期筹资的期限较短，债权人承担的风险相对较小，因此顾虑较少，不需要像长期筹资那样对筹资方进行全面、复杂的财务调查，因此短期筹资需求更容易被快速审核通过。

2. 筹资成本低

当筹资期限较短时，债权人所承担的利率风险相对较小，因此向筹资方索取的资金使用成本也相对较低。

3. 筹资风险高

短期筹资通常需要在短期内偿还，因此，筹资方需要在短期内准备足够的资金偿还债务，这对筹资方的资金营运和配置提出了较高的要求，如果筹资企业在资金到期时不能及时归还款项，就有陷入财务危机的可能。

4. 筹资弹性好

在筹集长期资金时，资金提供者出于资金安全方面的考虑通常会向筹资方提出较多的限制性条款或相关约束条件；而短期筹资的相关限制和约束相对较少，使得筹资方在资金的使用和配置上显得更加灵活、富有弹性。

▶▶ 二、短期筹资政策

短期筹资政策是确定短期资产与短期负债之间匹配关系的政策。

企业的短期资产按照用途可以分为临时性短期资产和永久性短期资产。临时性短期资产是指那些受季节性、周期性影响的短期资产，如季节性存货、销售和经营旺季的存货及应收账款；永久性短期资产则是指那些即使企业处于生产经营低谷也仍然要保留的、用于满足企业长期稳定需要的短期资产。

企业的短期负债按照债务的来源可以分为临时性短期负债和自然性短期负债。临时性负债是指为了满足企业临时性短期资金的需要而发生的负债，当企业对短期资产的需要回落到正常水平后，企业将不再需要这种临时性负债。自然性负债则是指企业在持续经营过程中由于结算关系形成的企业经常性的负债资本来源。

根据企业短期资产和短期负债的匹配关系，我们可以把企业的短期筹资政策分为以下三种类型。

1. 稳健型

稳健型短期筹资政策的出发点是为了维护企业的安全运营，降低企业到期不能偿还债务的财务风险。稳健型短期筹资政策的特点如图8-9所示。

在稳健型的短期筹资政策下，临时性短期负债只满足部分临时性短期资产的资金需求，另一部分临时性短期资产和永久性短期资产则由自然性短期负债、长期负债和权益资本作为资金来源。这种做法下由于临时性短期负债所占比重较小，企业无法偿还到期债务的可能性低，同时蒙受短期利率变动损失的风险也较低。然而，由于长期负债的成本高于短期负债，长期负债所占的比重大会导致企业需要承担较高的利息成本，从而降低了企业的收益。因此，稳健型短期筹资政策是一种风险性和收益性均较低的短期筹资政策。

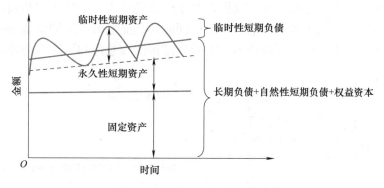

图 8-9 稳健型短期筹资政策

2. 适中型

适中型短期筹资政策的出发点是为了使资金的筹集与资产的使用所产生的现金流量相匹配，以降低企业到期不能偿还债务的风险和尽可能降低债务的资本成本，从而使企业的收益与风险适中。适中型短期筹资政策的特点如图 8-10 所示。

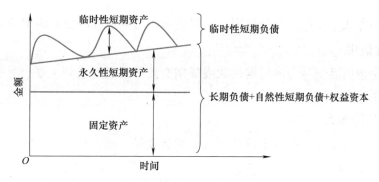

图 8-10 适中型短期筹资政策

在适中型的短期筹资政策下，临时性短期资产的资金需求，由临时性短期负债资金满足；永久性短期资产和固定资产等长期资产的资金需求，由自然性短期负债、长期负债和权益资本筹集资金满足。这种政策要求企业临时性短期负债的筹资计划严密，以实现现金流动与预期安排相一致。这种短期筹资政策的风险在于如果资产使用的寿命与负债不能完全配合，当资产创造的现金净流量低于债务水平时，企业将会发生到期无法偿还债务的困难。因此，适中型短期筹资政策是一种理想的、对企业资金使用有较高要求的短期筹资政策。但是，其揭示的原理可以作为企业筹资的一个指导理念。

3. 激进型

激进型短期筹资政策的出发点是为了最大限度地降低资本成本，增加企业的收益。激进型短期筹资政策的特点如图 8-11 所示。

在激进型的短期筹资政策下，临时性短期负债不仅要满足临时性短期资产的资金需要，还要满足部分永久性短期资产的资金需要。由于临时性短期负债的资本成本低，该政策下临时性短期负债的比重大，故企业的加权平均资本成本低。但是，临时性短期负债的使用期限短，企业为了满足永久性短期资产对于资金的需要，必然采取举新债还旧债的措施，从而加大企业筹资的困难和偿还的风险，同时还会面临由于短期负债利率的变动而增加企业资本成本的风险。因此，激进型短期筹资政策的收益性和风险性均较高。

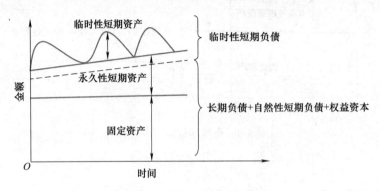

图 8-11 激进型短期筹资政策

三、短期筹资方式

短期筹资的方式主要包括商业信用、应付费用、短期借款和短期融资券等。

（一）商业信用

商业信用是指商品交易中的延期付款或延期交货所形成的借贷关系，是企业之间的一种直接信用关系。

1. 商业信用的形式

利用商业信用筹资主要有以下两种形式：赊购商品、预收货款。

2. 商业信用条件

信用条件是指销货人对付款时间和现金折扣所做的具体规定，如"2/10，1/20，n/30"，在这种条件下，买方若在折扣期内付款，则可获得短期的资金来源，并能得到现金折扣，若放弃现金折扣，则可在稍长时间内占用卖方的资金。如果卖方提供现金折扣，买方应尽量争取获得此项折扣，因为放弃现金折扣的机会成本很高。

放弃现金折扣的机会成本可按下式计算：

$$放弃现金折扣的资本成本率 = \frac{CD}{1 - CD} \cdot \frac{360}{N} \qquad (8\text{-}16)$$

式中 CD——现金折扣的百分比；

N——失去现金折扣后延期付款天数。

【例 8-16】假设某公司按"2/10，n/30"的信用条件购入价值 1 000 元的原材料，请计算该公司放弃现金折扣的机会成本。

$$放弃现金折扣的资本成本率 = \frac{CD}{1 - CD} \cdot \frac{360}{N} = \frac{2\%}{1 - 2\%} \times \frac{360}{30 - 10} = 36.73\%$$

从计算结果来看，放弃现金折扣的资本成本率很高，如果公司不能在放弃现金折扣的信用期间利用这笔资金获得报酬率高于这一成本率的报酬，那么就应该选择在折扣期内还款，享受现金折扣。

【例 8-17】 沿用【例 8-16】的资料，假设该公司除了上述的信用条件外，还面临另一家提供信用条件为"1/20，$n/50$"的供应商，试确定该公司应当选择哪家供应商。

如果公司在 20 天后 50 天内付款，放弃现金折扣的机会成本率如下：

$$放弃现金折扣的资本成本率 = \frac{CD}{1-CD} \cdot \frac{360}{N} = \frac{1\%}{1-1\%} \times \frac{360}{50-20} = 12.12\%$$

这一成本率低于上例中"2/10，$n/30$"的信用条件下的机会成本率，因此该公司应选择提供信用条件"1/20，$n/50$"的商家。

3. 商业信用筹资的优点

作为一种比较常用的短期筹资方式，利用商业信用筹资的优点主要包括以下三个方面：

（1）使用方便。商业信用与商品买卖同时进行，属于一种自发性筹资，一般不用进行专门的安排，也不需办理特定手续，使用比较方便。

（2）成本低。赊购延期付款一般没有利息费用，如果没有现金折扣，或公司不放弃现金折扣，则利用商业信用筹资没有实际成本。

（3）限制少。如果公司利用银行借款筹资，银行往往会对贷款的使用规定一些限制条件，利用商业信用筹资则限制较少。

4. 商业信用筹资的缺点

利用商业信用筹资也存在一定的不足，其主要缺点有：

（1）时间短。商业信用的时间一般较短，尤其是应付账款，如果拖欠，则有可能导致公司信用地位和信用等级下降。另外，如果公司享受了现金折扣，则被要求的付款时间会更短；而若放弃现金折扣，公司又会有较高的机会成本。

（2）容易造成公司之间的互相拖欠。在法制不健全的情况下，若公司缺乏信誉，容易造成公司之间相互拖欠，影响资金运转。

（二）应付费用

1. 应付费用的概念

应付费用是指企业在生产经营过程中发生的应付而未付的费用，主要包括应付职工薪酬、应交税费等。

这些应付费用一般是形成在先、支付在后，因此在支付之前可以为公司所用。通过应付费用所筹集的资金不用支付任何代价，因此应付费用是一种免费的短期筹资方式。

2. 应付费用的筹资额

为了准确把握应付费用所能产生的筹资规模，企业通常需要测算经营活动所产生的各种应付费用的总额。当前应付费用筹资额一般按照平均占用天数计算。平均占用天数，是指从应付费用产生之日起到实际支付之日止，平均占用的天数。

$$应付费用筹资额 = 平均每日发生额 \times 平均占用天数 \tag{8-17}$$

【例 8-18】 某公司 2022 年预计支付增值税 540 000 元，每月缴纳一次，请计算增值税的应付税金筹资额。

$$应付税金筹资额 = \frac{540\ 000}{360} \times \frac{30}{2} = 22\ 500（元）$$

（三）短期借款

短期借款是指企业向银行和其他非银行金融机构借入的期限在一年以内的借款。短期借款是企业常见的短期筹资方式。

1. 短期借款的类型

常见的短期借款类型主要有信用借款、担保借款和票据贴现。

（1）信用借款。信用借款是指不用保证人担保或没有财产作抵押，仅凭借款人的信用而取得的借款。信用借款一般由贷款人给予借款人一定的信用额度，具体来说主要包括以下两种形式：

1）信用额度。信用额度是商业银行与企业之间商定的，在未来一段时间内，银行能向企业提供无担保贷款的最高额度。但这种信用额度不具有法律约束力，银行没有必须给企业提供贷款的法律责任。

2）循环协议借款。循环协议借款是一种正式的信用额度借款，一般来说，企业需要为达成这种协议支付额外的费用，以便为企业提供资金成为银行的法定义务。

（2）担保借款。担保借款是指由一定的保证人担保或利用一定的财产作抵押或质押而取得的借款。具体来说，包括以下三种形式：保证借款、抵押借款、质押借款。

（3）票据贴现。票据贴现是指商业票据的持有人把未到期的商业票据转让给银行，并贴付一定利息以取得银行资金的一种借贷行为。

2. 短期借款的成本

短期借款成本可以用借款利率来表示。

（1）贴现利率。贴现利率的计息方式是指，银行在发放贷款的同时，先扣除贷款的贴现利息，因此，在以贴现利率的方式贷款时，借款人的借款实际利率会高于名义利率。

【例 8-19】 假如某公司以贴现方式借入一年期贷款 100 000 元，名义利率为 6%，请计算该笔贷款的实际利率是多少？

$$贴现贷款的实际利率 = \frac{100\ 000 \times 6\%}{100\ 000 - 100\ 000 \times 6\%} \times 100\% = 6.38\%$$

（2）附加利率。附加利率的计息方式是指企业分期偿还贷款，但银行还是按贷款总额和名义利率来收取利息。

【例 8-20】 某公司以分期付款方式借入 100 000 万元，名义利率为 6%，付款方式分 12 个月，每个月等额还款。请计算该笔贷款的实际利率是多少？

$$实际利率 = \frac{100\ 000 \times 6\%}{100\ 000/2} \times 100\% = 12\%$$

可见，在附加利率的计息方式下，公司实际承担的利率是相当高的。

3. 短期借款筹资的优缺点

（1）短期借款筹资的优点。一是筹资数额大，由于银行资金充足，能随时为企业提供较多的短期借款；二是具有较好的弹性，可在资金需要增加时借款，在资金需要减少时还款。

（2）短期借款筹资的缺点。一是成本高，与商业信用相比，短期借款成本比较高，而抵押借款需要支付管理和服务费用，成本更高；二是限制多，银行要在对企业的经营和财务状况进行调查以后才会决定是否发放贷款。

（四）短期融资券

短期融资券又称商业票据、短期债券，是由大型工商企业或金融企业发行的短期无担保本票，是一种新兴的短期资金筹集方式。

发行短期融资券的成本主要包括支付给投资者的利息、中介机构费用、发行登记费、兑付费等。

发行短期融资券筹资的优点包括：筹资成本低；筹资数额比较大；能提高企业的信誉。但同时发行短期融资券也有一定缺点，如发行条件比较严格且弹性比较小、风险比较大。

【课后阅读】

海天味业应收账款的案例

佛山市海天调味食品股份有限公司（以下简称"海天味业"）是我国调味品行业的优秀企业，专业的调味品生产和营销企业，历史悠久，是中华人民共和国商务部公布的首批"中华老字号"企业之一。目前生产的产品涵盖酱油、蚝油、酱、醋、料酒、调味汁、鸡精、鸡粉、腐乳、火锅底料等十几大系列百余品种，年产值过 200 亿元。海天产品不但畅销于国内市场，还销往全球 60 多个国家和地区。2021 年，中国品牌力指数（2021C-BPI）榜单发布，海天在调味品行业领域勇夺"四冠"，分别获得酱油、蚝油、酱料、食醋行业品牌排名第一的荣誉，其中酱油已蝉联 11 届榜首，展现了牢固的行业地位和对产品服务精益求精的追求。

查看海天味业的应收账款情况可以发现，其应收账款在 2010—2016 年间连续多年为 0，见表 8-14，这与大多数同行业其他企业的经营状况截然不同。即便是在应收账款不为 0 的年份里，其应收账款占营业收入的比例也是极低。

请思考以下两个问题：为什么海天味业会采取如此严格的应收账款政策？这种政策有什么样的优缺点？

表 8-14　海天味业 2010—2016 年应收账款基本情况　　　（单位：亿元）

	2010 年	2011 年	2012 年	2013 年	2014 年	2015 年	2016 年
应收账款	0	0	0	0	0	0	0
预收账款	7.23	7.85	16.49	17.36	20.22	11.19	18.09

（资料来源：穆林娟、贾英然，海天味业应收账款为 0 的背后，财务与会计，2018（1）：27-29，有改动）

【本章小结】

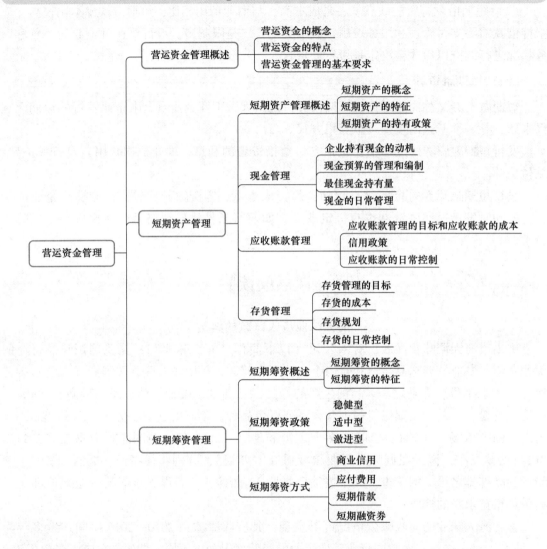

【课后习题】

一、思考题

1. 短期资产的持有政策主要包括哪些类型？短期筹资政策主要包括哪些类型？短期筹资政策与短期资产的持有政策该如何配合？

2. 企业为什么要持有现金？现金管理的内容包括哪些？

3. 应收账款管理的目标是什么？应收账款政策包括哪些内容？

4. 存货规划主要需要考虑哪些问题？

5. 对比分析商业信用、银行短期借款和短期融资券的特点及优缺点。

二、练习题

（一）单项选择题

1. 下列各项中属于短期资产的特点的是（　　）。

A. 占用时间短、周转快、易变现　　　　　B. 占用时间长、周转快、易变现

C. 占用时间短、周转慢、易变现　　　　　D. 占用时间长、周转快、不易变现

2. 下列现金成本中（　　）是一种与最佳现金持有量决策无关的成本。

A. 机会成本　　　　B. 交易成本　　　　C. 短缺成本　　　　D. 管理成本

3. 采用存货模式确定现金最佳余额，应考虑的成本因素是（　　）。

A. 机会成本和交易成本　　　　　　　　　B. 机会成本和短缺成本

C. 管理成本和短缺成本　　　　　　　　　D. 管理成本和交易成本

4. 企业信用政策的内容不包括（　　）。

A. 收账政策　　　　B. 信用标准　　　　C. 信用条件　　　　D. 数量折扣

5. A 公司按"3/10，$n/30$"的条件购买一批商品，价值 100 000 元。按照这个商业信用的条件，如果 A 公司决定放弃这笔现金折扣，在第 30 天付款，假设按单利计算，则 A 公司放弃现金折扣的机会成本是（　　）。

A. 8%　　　　　　B. 3.09%　　　　　　C. 62%　　　　　　D. 55.67%

6. 企业如果采用较积极的收账政策，可能会（　　）应收账款投资，（　　）坏账损失，（　　）收账成本。

A. 减少，减少，增加　　　　　　　　　　B. 增加，增加，减少

C. 增加，减少，减少　　　　　　　　　　D. 减少，增加，增加

7. 利用商业信用进行资金融通的最大缺点就是商业信用易造成公司互相拖欠和（　　）。

A. 风险大　　　　B. 成本高　　　　C. 时间短　　　　D. 收益小

8. 假定 A 公司向银行借入一笔借款额为 100 000 元，年利率为 8%，一年后到期以贴现利率计息的借款，则企业负担的实际利率为（　　）。

A. 8%　　　　　　B. 8.64%　　　　　　C. 8.7%　　　　　　D. 17.4%

9. A 公司借入年利率 7% 的贷款 200 000 元，分 12 个月等额偿还本息，则该借款的实际利率为（　　）。

A. 7%　　　　　　B. 7.5%　　　　　　C. 14%　　　　　　D.21%

10. （　　）反映了客户的经济实力与财务状况的优劣，是客户偿付债务的最终保证。

A. 信用品质　　　　B. 偿付能力　　　　C. 资本　　　　D. 抵押品

（二）多项选择题

1. 下列关于营运资金的说法中正确的有（　　）。

A. 营运资金有广义和狭义之分

B. 广义的营运资金是指在生产经营活动中的短期资产

C. 狭义的营运资金是指短期资产减去短期负债后的余额

D. 营运资金的管理既包括短期资产的管理，又包括短期负债的管理

2. 在现金管理中，下列说法正确的有（　　）。

A. 拥有足够的现金对于降低企业风险，增强企业资产的流动性和债务的可清偿性有着重要的意义

B. 企业持有现金的目的只是应付日常的业务活动

C. 一个希望尽可能减少风险的企业倾向于保留大量的现金余额，以满足其交易性需要和大部分预防性资金需要

D. 除了满足交易性需要、预防性需要和投机性需要外，许多公司持有现金是为了将其作为补偿性余额

3. 信用标准过高的可能结果包括（　　）。

A. 丧失很多销售机会
B. 降低违约风险
C. 扩大市场占有率
D. 减少坏账成本

4. 关于保险储备，下列说法中正确的有（　　）。

A. 保险储备是为防止存货使用量突增或交货期延误等不确定情况所持有的存货储备

B. 保险储备的存在会影响再订货点的确定

C. 保险储备的水平由企业预计的最大日消耗量和最长收货时间确定

D. 当保险储备增加所带来的缺货成本下降的幅度大于存货成本上升的幅度时，增加保险储备是有利的

5. 评估企业信用的 5C 评估法中的"5C"包括（　　）。

A. 品德
B. 能力
C. 资本
D. 情况

（三）计算题

1. A 公司现金收支状况比较稳定，预计全年需要现金 300 000 元，现金与有价证券的交易成本为每次 600 元，有价证券的年利率为 10%。一年按 360 天计算。

要求：

（1）计算最佳现金持有量。

（2）计算最佳现金持有量下的全年现金交易成本、全年现金持有机会成本及全年总成本。

2. 某公司目前的信用条件为 35 天付款，无现金折扣，平均收现期为 40 天，销售收入为 200 万元，预计明年销售利润率与今年相同，仍保持为 20%，现公司财务部门为扩大销售制定了两个方案。

方案一：信用条件为"2/10，n/20"，预计销售收入将增加 50 万元，所增加的销售额中，坏账损失率为 5%，客户获得现金折扣的比率为 60%，平均收现期为 15 天。

方案二：信用条件为"2/20，n/30"，预计销售收入将增加 60 万元，所增加的销售额中，坏账损失率为 5%，客户获得现金折扣的比率为 70%，平均收现期为 25 天。

如果应收账款的机会成本为 10%，请问该公司应该选择哪个方案？

3. 某企业存货成本相关资料如下：全年销量 100 万件，每件进货单价 4 元，每件储存成本为商品进货价格的 25%，每次订货成本为 50 元，所需安全储存量为 10 000 件，期初已有此储存量，交货时间为 5 天，平均日需要量为 100 件。

要求：计算经济订货批量、年订货次数、再订货点以及经济订货批量下的储存成本与订货成本的总和。

第九章

财务战略与全面预算

【学习目标】

1. 理解财务战略的分类和确立
2. 理解财务战略选择的依据
3. 掌握狭义财务预测的意义和方法
4. 理解全面预算体系、全面预算的作用和编制方法
5. 掌握营业预算的编制和财务预算的编制
6. 理解财务战略、财务预测和财务预算之间的联系

【课程思政】

在经济高速发展的过程中，企业时刻面临着危机，通过本章学习，引导学生利用财务战略的知识，为企业进行有效的战略分析，抓住战略发展的时机；强化预算管理与企业经营可持续增长是相辅相成的这一绿色经营理念，使学生理解预算管理是对企业资源的协调应用；通过企业预算管理方法的学习引导学生树立预算管理应从全局出发的观念，诚实守信、尊重客观事实，不做假账，引导学生形成认真、细致的工作态度。

【导入案例】

根据财务管理的原则和企业管理的准则，财务战略处于企业决策的核心位置。正确的财务战略可以增强企业财务竞争优势，提高企业绩效，营造公司利好氛围，影响股价变动；错误的财务战略，不仅会导致公司股价下跌，也可能会引起债权人等利益相关者的不满，有时也会引发公众的不信任。

1. 筹资战略

筹资战略更加注重企业筹集到的资金数量要维持正常生产经营活动和发展的需求，并确保具有稳定的资金来源。适合企业的筹资战略可以降低企业获得资金的成本和融资风险，不断提高企业竞争力。虽然华谊兄弟在筹资战略规划方面做得很好，但在实际执行中仍存在一些问题。由于公司的大规模扩张需要账面上充裕资金的支持，华谊兄弟采用发行债券的方式进行融资，自2016年以来，公司债券融资占总融资规模的10%~40%不等，尤其在2015年，该比例达到了33.32%。虽然公司债券的发行解决了资金需求的燃眉之急，但是同时公司要承担较大的财务费用，这在一定程度上缩减了盈利空间。

2. 投资战略

投资战略主要是解决企业战略期间内投资的目标、原则、规模和方式等重大问

题，它把资金紧密地整合到公司的整体战略中去，并要求企业合理地分配资金以实现企业的战略目标。华谊兄弟近几年在实景娱乐和互联网领域的扩张，随着大量的资金投入，也面临着很大的风险。对于新领域的尝试，无论是互联网娱乐，还是实景娱乐，都只不过是影视娱乐产业链的延伸，也就是基于影视娱乐内容的 IP 在不同梯次和层次的平台（如视频、游戏，主题公园等）上的套现而已。但影视娱乐作为其绝对的前端、支点和放大器，依旧不可或缺，在投资过程中真正考验的却是其略显疲态的持续原创能力。

通过分析华谊兄弟这几年的财务战略可以发现，华谊兄弟虽然开创了中国电影商业化的先河，其提出的"去电影化"的 IP 拓展产业链更是中国电影行业商业模式的开端，但华谊兄弟忘记了"无源之水"的道理。优秀财务战略的目标才是华谊兄弟的发展之本，将财务战略放在影视娱乐板块才是华谊兄弟最强的发力机。

(资料来源：邹怡晨、何川、汪洋，基于财务战略视角的企业发展研究——以华谊公司为例，中国市场，2019（26），有改动)

第一节　财务战略

一、财务战略的概述

财务战略是指企业为实现总体战略目标，对维持和扩大生产经营活动所需资金的筹集、使用和分配所做出的长远性的谋划与方略。它是根据公司总体战略制定的，是总体战略在财务领域的具体落实。财务战略为企业总体战略提供资金支持，它的主要目标是通过财务管理活动提高企业经营活动所创造的价值。

财务战略的思想不断植根于企业实践，财务管理也不再仅是对已发生的资金运动进行管理和控制，更重要的还包括对未来的资金运动做出决策、规划和控制。

1. 财务战略的内容类型

财务战略按照财务管理的内容可分为投资战略、筹资战略、营运战略、股利分配战略。

（1）投资战略。投资战略（Investment Strategy）是涉及企业长期、重大投资方向的战略性筹划。企业投资行业、投资企业、投资项目等战略性筹划，属于投资战略。

（2）筹资战略。筹资战略（Financing Strategy）是涉及企业重大筹资方向的战略性筹划。企业首次发行股票、增资发行股票、发行大笔债券、与银行建立长期合作关系等战略性筹划，属于筹资战略。

（3）营运战略。营运战略（Operating Strategy）是涉及企业营运资本的战略性筹划。企业营运资本策略、与重要供应商和客户建立长期商业信用关系等战略性筹划，属于营运战略。

（4）股利分配战略。股利分配战略（Dividend Strategy）是涉及企业长期、重大分配方向的战略性筹划。企业留用利润方案、股利政策的长期安排等战略性筹划，属于股利分配战略。

2. 财务战略的综合类型

财务战略是企业总体战略在财务领域的具体落实，财务战略围绕着总体战略确定的战略目标展开，因此，结合总体战略的不同类型，财务战略可分为快速扩张型、稳健发展型、防御收缩型三种基本类型。

（1）快速扩张型财务战略。快速扩张型财务战略是指为配合企业一体化战略和多元化战略而展开，以实现企业资产规模快速扩张为目的的一种财务战略。快速扩张型财务战略一般会表现出高负债、低收益、少分配的财务特征，它的优点是，通过增加财务资金投入，扩大企业规模，可以显著增加企业利润来源，为企业创造更多价值；它的风险是，一旦投资失误，高负债形成的高财务杠杆会使企业陷入财务危机，甚至面临破产清算的风险。

（2）稳健发展型财务战略。稳健发展型财务战略是指为配合公司实施对现有产品或服务的市场开发或市场渗透战略而展开，以实现公司财务业绩稳定增长和资产规模平稳扩张为目的的一种财务战略。实施稳健发展型财务战略的企业一般表现出适度负债、高收益、适度分配的财务特征。它的优点是，适度负债使得企业财务风险较低，因此，它兼具战略防御和战略进攻的特点；它的风险是，过度谨慎的财务投资决策，有可能使企业错过一些发展机会，对公司未来盈利能力和现金流量产生不利影响。

（3）防御收缩型财务战略。防御收缩型财务战略是指为配合公司收缩战略而展开，以预防出现财务危机和求得生存以实现新的发展为目的的一种财务战略。采用防御收缩型财务战略的企业一般会表现出低负债、低收益、高分配的财务特征。它的优点是，可以使公司保持稳健的财务状况，降低财务风险，实现平稳过渡；它的缺点是，可能会使企业失去部分市场。

二、财务战略的确立

财务战略的确立主要涉及三个方面战略内容的确立，分别是筹资战略，投资战略，以及股利分配战略。

（一）筹资战略

筹资方式各有特色，也各有利弊，一些筹资方式还存在相互制约的关系。企业在制定筹资战略时，需要以最优资本结构为目标，权衡各种筹资方式的优势利弊，制定出理想的筹资方案，提高企业筹资能力。

1. 对债务筹资与股权筹资的权衡

按照筹资优序理论，企业在选择筹资方式时，应首先使用内部筹资，其次是外部筹资，即债务筹资和股权筹资。一般情况下，内部筹资的额度是有限的，企业会通过外部筹资获得更多的资金。由于债务筹资成本低于股权筹资成本，因此，企业通过外部筹资时应首选债务筹资，最后才是采用股权筹资。

从理论上而言，企业应该无限制地进行举债经营，才能实现资本成本最低、企业价值最大的目标。但是，由于无论企业的经营状况如何，企业都必须支付利息，随着企业负债比例的上升，企业支付利息的压力也越来越大，一旦企业无力支付利息，则将陷入破产境地。因此，即使企业处于快速发展期也不会选择无限制的举债。同时，高负债率对企业盈利的稳定性要求非常高，一旦企业盈利出现较大波动，债权人的利益就无法得到保证。因此，从债权人的角度出发，为了保证自己的利益，债权人也不会无限制地向企业提供借款。

股权筹资没有支付利息的压力，通过股权筹资的比例越高，企业的财务风险越低，而低风险往往与低回报相联系，股权投资者具有较高的风险偏好，低风险的投资项目往往难以吸引股东投资，因此，从客观条件来看，企业难以在资本市场上无限制地进行股权筹资。同时，从主观条件来看，股权筹资成本相对较高，企业也不会选择无限制地进行股权筹资。

根据最优资本结构理论，企业在筹资过程中不可能只使用债务筹资或股权筹资，而是同时使用这两种筹资方式，并且，股权筹资与债务筹资应当形成相互制衡的关系，过分偏重任何一种筹资方式都会影响公司经营的稳定和市场价值的提升。因此，企业在进行筹资决策时，应当权衡利弊，确定这二者在企业筹资中所占的比例，以最优资本结构为目标，做出最佳的筹资战略决策。

2. 对股利支付的权衡

企业在做出股利支付决策时会面临两难的境地。一方面，企业如果向股东分配较多的股利，那么企业留存的利润就较少，进行内部筹资的空间相应缩小；另一方面，企业如果向股东分配较少的股利，虽然有利于保留较多的留存收益，满足内部筹资的需求，做出稳健的筹资计划，但是，较低的股利支付水平，不利于维持股东对企业的信心，有可能导致股价出现较大的波动，从而影响企业价值的实现。从理论上讲，股利支付水平与留存利润之间应该是比较稳定的关系，让利润的波动同时反映到股利支付和留存收益上。然而，实际上企业经常会选择平稳增长的股利支付政策，以维持股价的稳定。如果股利支付是稳定的，那么利润的波动就完全反映在留存利润上，不稳定的留存利润不利于企业做出精准的战略决策。因此，企业需要根据总体战略的需要，权衡利弊，做出最优的股利支付决策。

（二）投资战略

企业投资战略是指根据企业总体战略目标，为维持和扩大生产经营规模，对资金投资方向、投资规模、投资形式等投资行为所做的全局性谋划。投资是指对企业资金的运用，投资战略就是通过对投资活动进行谋划来提高企业资金运用效果，增加企业资本的回报率，最终实现企业价值的增长。

1. 投资战略的类型

按照投资规模、投资方式、资金投向、投资资金密度等不同的分类标准，可以把企业投资战略划分为不同的类型。

（1）按照企业投资规模，可以将投资战略分为稳定型投资战略、增长型投资战略、紧缩型投资战略和组合型投资战略。

稳定型投资战略是一种维持现状的战略，它主要配合企业稳定战略和转向战略展开，即在外部环境短期内无重大变化的情况下，将现有战略继续进行下去，有效地利用现有的资金和条件，继续保持现有市场，维持现有投资水平，通过降低成本和改善企业现金流量，尽可能多地获取现有产品的利润。增长型投资战略是一种不断扩大现有投资规模的战略。增长型投资战略是以企业的发展战略为指导，将企业的资源用于开发新产品，开拓新市场，采用新的生产方式和管理方式来扩大企业的产销规模，增强企业的竞争实力。紧缩型投资战略是一种收缩现有投资规模的战略，采用这种投资战略的企业通常会从现有经营领域抽出资金，缩小经营范围，撤出某些经营领域，减少生产经营的产品种类。这种战略多用于经济不景气、企业内部存在重大问题、财务状况恶化、政府对某种产品开始限制等情况。组合型投资战略是指在企业的实际工作中，在一定时期内，会同时采取稳定型、增长型、紧缩型等几种投资战略，尤其对从事多元化业务的企业，往往会在同一时期，针对不同业务单元在市场中的竞争优势，采取不同的投资战略。

（2）按照投资方式可以将企业投资战略分为直接投资战略和间接投资战略。

直接投资是指企业将资金投放于形成生产经营能力的实体性资产，直接谋取经营利润的企业投资。直接投资战略需要以企业的生产经营规划和资金需要量预测为基础，继而确定企业需要直接投资的时间、规模、类别以及相关资产的产出量、盈利能力等，以满足企业财务战略管理的需要。间接投资是指企业通过购买证券、融出资金或者发放贷款等方式将资本投入其他企业，以获得投资收益为主要目的的一种投资方式。间接投资战略的核心是如何在风险可控的情况下确定投资的时机、金额、期限等，尤其是投资策略的选择和投资组合规划。

（3）根据企业投资资金密度可以将企业投资战略分为集中化投资战略与多元化投资战略。

集中化投资战略是指企业集中全部资源，以较快的增长速度来提高现有产品或服务的销售额、利润额或市场占有率的投资战略。采用这种战略的企业要能保证战略实施所需要的大量资金，保证资本的融通并加快资本的运营速度，保持一定的资本弹性，以应对外部环境变化带来的巨大风险。多元化投资战略是指将投资分散投放于不同的生产经营领域或不同的产品或服务上，以获得更多的利润来源的投资战略。

（4）根据资金投向可以将企业投资战略分为资金密集型投资战略、技术密集型投资战略和劳动密集型投资战略三种类型。

资金密集型投资战略是指在战略期内，企业确定的投资方向需要投入大量的资金，例如，扩建厂房、购买生产设备、开拓新的市场、收购其他企业以扩大规模等。技术密集型投资战略是指在战略期内，企业确定的投资方向需要大量的技术投入，例如，对原产品的改进，新产品或服务开发，新技术开发等，通过资金的运用，实现企业的技术战略目标。劳动密集型投资战略是指在战略期内，企业需要将资金投放于有助于增加企业劳动力以及提高劳动力工作效率方面，例如，招聘和培训员工，增加劳动者福利等。一般而言，伴随社会生产力的发展和企业的不断成长壮大，企业通常要经历由劳动密集型到资金密集型，再到技术密集型的投资战略转移。

2. 投资战略的选择

投资战略的选择应考虑企业的投资方式、投资时机、投资规模与投资期限，确保投资规模与企业发展需要相适应，投资方式与企业风险管理能力相协调。

（1）投资方式的选择。投资方式的选择主要是指企业对直接投资和间接投资的选择，以及对直接投资的具体战略和间接投资具体战略的选择。在直接投资中，企业通过取得对实体经济的控制权进行投资，以获得经营利润为主要目标。为实现该目标，可将直接投资战略进一步分为提高规模效益的投资战略、提高技术进步效益的投资战略、提高资源配置效率的投资战略以及盘活资产存量的投资战略。在间接投资中，企业主要以购买证券的方式进行投资，以获取投资收益为主要目标。为实现这一目标，需要对证券投资标的、投资期限、投资规模、投资组合等进行选择。

（2）投资时机的选择。投资时机选择是投资战略的重要内容之一。投资时机的选择是投资战略的基本问题，企业应选择什么时机进行投资取决于三方面的因素：其一是投资战略的总体规划，投资战略一般分为近期、中期、远期的投资规划；其二是生产计划的进度，从投资到获得收益需要一个过程，其中生产计划进度决定了这个过程的长短，生产计划进度规定了不同时期各种资源的投入量，因而决定了投资时机；其三是要素市场价格的波动，市场价格的波动决定其资源的投向和规模，市场价格的波动会形成特殊的投资时机。

（3）投资规模的选择。投资规模的合理选择与确定可以减少企业的投资风险，确保企业的投资效益，它是企业投资战略选择中的重要内容。在生产经营中，企业物质技术条件、社会需求及经济效益是影响企业投资规模的主要因素。

（4）投资期限的选择。根据投资期限的不同可以将投资战略分为长期投资战略、短期投资战略及投资组合战略。长期投资战略是指对企业长期资本投放所做的合理性谋划，涉及企业生产经营全面性决策问题，其最终目的是提高企业总体经营能力和盈利能力。长期投资战略的内容包括固定资产投资战略和长期对外投资战略。短期投资战略是指对企业短期资本投放所做的合理性谋划，包括现金持有战略、存货战略、交易性金融资产投资战略等。投资组合战略是指长期投资与短期投资结构优化战略。影响投资组合战略的因素包括盈利能力、经营风险、经营规模和产业性质等。

3. 投资战略的确立及实施过程

一般来讲，投资战略的制定和实施基本按照如下过程展开：

（1）分析企业总体战略要求，明确投资战略的目标和原则。在制定投资战略时，需要对企业总体战略进行分析，使资金投放不偏离企业总体战略所确定方向和目标，提高投资战略实施效果。

（2）对企业投资环境进行分析。战略的制定与实施对外界环境的敏感性极高，因此，在制定投资战略之前需要明确企业总体战略对投资环境的要求，在分析产业前景及市场竞争特点的基础上寻找投资机会和时机，降低投资风险。

（3）制订和选择投资战略方案。企业要根据战略目标的要求，制订可行的投资战略方案。投资方案的制订主要包括对投资类型、投资时机、投资规模进行设计，还要对投资过程的控制方式以及对投资结果的评价方式进行设计。

（4）投资战略的实施和控制。一方面，要建立与投资战略对应的组织结构，合理配置企业内部资源；另一方面，要将投资战略任务进行分解，具体到每一个部门和环节，确保战略任务的可操作性。

（5）评估投资战略的实施效果。依据投资战略设定的目标和要求，选择一定的评价方法和标准，对投资战略的实施效果进行评估，包括阶段性评估和最终评估。

（三）股利分配战略

1. 股利分配战略概述

收益分配战略是指以战略的眼光确定企业收益留存与分配的比例，以保证企业债权人、员工、国家和股东的长远利益，主要包括企业收益分配战略和股利分配战略。这里我们主要关注股利分配战略。

（1）股利分配战略的内涵。股利分配战略是指依据企业战略的要求和内外环境状况，对股利分配所进行的全局性和长期性谋划。股利分配战略的目标是既促进公司长远发展、保障股东权益，又稳定股价、保证公司股价在较长时期内基本稳定。

（2）股利分配战略的原则。企业的收益分配应遵循既有利于股东又有利于企业的原则。股利分配战略的制定应当以投资战略和筹资战略为主要依据，同时兼顾稳定股价的目标，使其为企业整体战略服务。

2. 股利分配战略的内容

股利分配战略的内容主要包括以下三个方面：

（1）股利支付率。股利支付率的高低往往受到企业内部筹资需求的影响，当企业内部筹资需求较高时，可用于分配的盈余就比较少，股利支付率相应较低。

（2）股利的稳定性。维持股价稳定是股利分配战略的主要目标，而稳定的股利分配有利于维持股价的稳定。股利分配的稳定性包括是否发放股利以及股利发放数额两个方面，企业主要通过股利政策的选择来影响股利的稳定性。

（3）向外界传递的信息内容。股利是管理当局向外界传递其掌握的内部信息的一种手段，管理者会利用股利政策来传递有关公司未来前景的信息。当公司支付的股利水平上升时，公司的股价会上升，因此在制定股利支付战略时，企业应考虑股利政策可能向投资者传递的信息，充分利用它的信号传递作用实现企业价值最大化，同时应尽量避免信号传递所带来的风险。

3. 股利分配战略的影响因素

企业选择股利分配战略必须首先分析股利分配的制约和影响因素，如法律环境、经济环境等外部因素，以及现金流量、筹资能力、投资机会、股利分配的惯性等内部因素。

另外，股利分配战略还受到企业总体战略选择的影响。对于选择一体化或多元化发展战略的公司而言，企业发展需要大量的资金投入，这直接影响了可用于分配股利的现金流量；而对于选择稳定型战略的公司，股利分配往往较为稳定，且股利发放水平也较高；对于采用收缩型战略的公司，虽然这类公司在竞争中处于不利地位，但是从维持投资者信心的角度出发，公司有强烈的动机维持较高的股利分配。

▶▶ 三、财务战略的选择

企业的财务战略要适应内外部环境的变化，在进行财务战略选择时，企业具有防范未来风险的意识，着眼于未来长期稳定的发展。因此，企业财务战略的选择必须考虑经济周期的波动情况、企业发展阶段和企业增长方式，并及时进行调整，以保持旺盛的生命力。

（一）财务战略的选择必须与宏观经济周期相适应

从企业财务的角度看，经济的周期性波动要求企业顺应经济周期的过程和阶段，财务战略的选择和实施要与经济运行周期相配合。在经济复苏阶段适宜采取扩张型财务战略，增加厂房设备，增加存货，开发新产品，增加劳动力等；在经济繁荣阶段适宜先采取扩张型财务战略，再转为稳健型财务战略，包括提高产品价格、开展营销策划、增加劳动力等；在经济衰退阶段应采取防御型财务战略，停止扩张，出售多余的厂房设备，停产无利润的产品等；经济萧条阶段应采取防御型和收缩型财务战略。

（二）财务战略的选择必须与企业经济增长方式相适应

当企业经济增长的方式发生由粗放型增长向集约型增长、由数量型增长向质量型增长的根本转变时，财务战略需要从两个方面进行调整。一方面，调整企业投资战略，加大基础项目的投资力度，实现基础项目相对于经济增长的超前发展；另一方面，加大财务制度创新力度，通过建立与现代企业制度相适应的现代企业财务制度，强化集约经营与技术创新的行为取向，从企业内部抑制掠夺性经营的冲动，使企业经营集约化、高效率得以实现。

（三）财务战略的选择必须与企业发展阶段相适应

企业应当分析自身所处的发展阶段，采取相应的财务战略。

1. 初创期企业的财务战略选择

处于初创期的企业按照经营风险与财务风险反向搭配的要求，应更多地关注企业的经营风险，承担较小的财务风险。从筹资战略看，企业初创期适宜采取股权筹资战略，建立牢固的财务基础，以保证企业的生存和未来的成长。从投资战略看，企业初创期适宜采取集中化投资战略，如主攻某个特定的顾客群、重点投资于特定目标，以更高的效率为某一狭窄的战略对象服务，这样有利于最大限度发挥企业的能力，发挥资金效益，使企业获得稳定的发展。从股利分配战略看，企业出于稳健考虑需要进行大量积累，因此适宜采取不分配或少分配利润的股利分配战略。若非派发股利不可，也应主要考虑发放股票股利。

因此，此阶段企业财务战略主要表现为低负债、低收益、低分配的特征。

2. 成长期企业的财务战略选择

处于成长期的企业，其经营风险比初创期有所下降，在此阶段企业需要投入大量的资金，进一步扩大企业规模，占据更多的市场份额。从筹资战略看，企业应采取以股权筹资为主、债务筹资为辅的战略方针。资金不足的矛盾要通过以下途径解决：一是追加股东股权资本；二是提高税后收益留存比率。同时，债务规模必须适度，必须与企业的发展速度相协调，避免形成"双高"的风险结构。从投资战略看，企业成长期适宜采取一体化投资战略，即通过企业外部扩张或自身扩展等途径获得发展，以延长企业的价值链或扩大企业的规模，培育企业的核心竞争力。从股利分配战略看，企业应采取低股利分配战略，在支付方式上也宜以股票股利为主导。

因此，此阶段的财务战略一般会表现出高负债、低收益、低分配的特征。

3. 成熟期企业的财务战略选择

在企业的成熟期，为了避免行业进入成熟阶段后对企业发展速度的制约，企业一般会采取较积极的财务战略。从筹资战略看，只要债务筹资带来的财务风险不会使总体风险剧幅上升，企业能够保持一个相对合理的资本结构，债务筹资就会为企业带来财务杠杆利益，增加股东回报。从投资战略看，企业可采取适度多元化投资战略，即将企业集聚的力量通过多种途径加以释放，以实现企业的持续成长。从股利分配战略看，成熟期企业可以采取稳健的高股利分配政策，提高股利支付率，并且以发放现金股利的方式为主。

因此，此阶段的财务战略一般会表现出高负债、高收益、中等分配的特征。

4. 衰退期企业的财务战略选择

在步入衰退期后，企业在该阶段一般应采取防御收缩型财务战略。从筹资战略看，企业衰退期仍可继续保持较高的负债率，而不必调整其激进型的资本结构。从投资战略看，企业衰退期可考虑实施并购重组或退出战略。从股利分配战略看，企业仍可采取高现金股利支付的股利分配战略。

因此，此阶段的财务战略一般会表现出高负债、低收益、高分配的特征。

综上所述，企业在不同生命周期财务战略选择的特点见表9-1。

表 9-1　企业不同生命周期财务战略选择的特点

风险与战略	生命周期			
	初　创　期	成　长　期	成　熟　期	衰　退　期
经营风险	非常高	高	中等	低
财务风险	非常低	低	中等	高
筹资战略	股权	股权+债务	保留盈余+债务	债务
投资战略	集中化投资	一体化投资	多元化投资	并购重组
股利分配战略	低股利	低股利或股票股利	稳定的股利政策	高股利

第二节　财务预测

财务预测是根据历史财务活动，考虑未来的发展趋势和财务目标，运用数理统计等科学的方法，对企业未来财务活动和财务结果所进行的科学预计和测算。狭义的财务预测仅指估计公司未来的融资需求，广义的财务预测包括筹资预测、投资预测、利润预测等。本节讨论的财务预测主要是狭义的财务预测。

一、财务预测的意义

财务预测是筹资计划的前提。公司要对外提供产品和服务，必须要有一定的资产。当销售规模增加时，为取得扩大销售所需增加的资产，公司需要筹措资金，这部分资金既可能来自留存收益，也可能来自外部筹资。若公司对外筹资，则需要寻找资金提供者，向其做出还本付息的承诺或提供盈利前景，使之相信其投资安全并且可以获利，这个过程往往需要较长时间。因此，公司需要预先知道自己的财务需求，提前安排筹资计划，否则就可能产生资金周转问题。

财务预测有助于改善投资决策。根据销售前景估计出的融资需求不一定总能得到满足，因此，就需要根据可能筹措到的资金来安排销售增长以及有关投资项目，使投资决策建立在可行的基础上。

预测有助于提高企业的应变能力。尽管财务预测与其他预测一样都不可能很准确，但预测给人们展现了未来的各种可能，促使人们制订出相应的应急计划。预测和计划是超前思考的过程，其结果并非仅仅是一个筹资需求额，还包括对未来各种可能前景的认识和预判。因此，预测可以提高公司对不确定事件的应急反应能力，防范风险可能带来的损失，增加有利机会带来的收益。

▶▶ 二、财务预测的方法

企业在筹资之前，应当采用一定的方法预测资金需要量，只有这样，才能保证筹集的资金既能满足企业生产经营需要，又不会造成太多的闲置浪费。具体来说，估计公司未来资金需要量的财务预测方法通常有销售百分比法、线性回归分析法、因素分析法、定性预测法等。

（一）销售百分比法

销售百分比法是假设资产、负债和费用等项目与销售收入存在稳定的百分比关系，根据预计销售额和相应的百分比对未来的资产、负债和所有者权益的变化量进行预测，然后利用会计等式确定公司未来的资金需求，进而确定外部筹资需要量的一种方法。

该方法的理论依据是，随着企业销售规模的扩大，通常要相应增加一定数量的流动资产；如果销售规模增加幅度较大，还必须增加长期资产。因此，为满足扩大销售所需增加的资产，企业需要进行资金的筹措。这些资金，一部分来自随销售收入同比例增加的流动负债，还有一部分来自预测期内的留存收益，剩余的部分则需要通过外部筹资取得。

由此，销售百分比法是将反映生产经营规模的销售因素与反映资金占用的资产因素连接起来，根据销售与资产之间的数量比例关系来预计企业的外部筹资需要量。

【例9-1】大华公司20×2年的销售收入为3 000万元，净利润为156万元，公司资产已达最大产能。20×3年预计销售收入4 000万元，假设20×3年计划销售净利率与20×2年实际销售净利率相同，股利支付率预计为30%。根据过去的经验，该公司20×3年至少要保留25万元的货币资金。该公司20×2年简易资产负债表及各报表项目见表9-2，试预测20×3年大华公司需从外界筹集多少资金？

表9-2　大华公司简易资产负债表

编制单位：大华公司　　　　　　　20×2年12月31日　　　　　　　（单位：万元）

资　产	年末余额	负债及股东权益	年末余额
流动资产：		流动负债：	
货币资金	40	短期借款	50
交易性金融资产	6	应付票据	7
应收票据	10	应付账款	118
应收账款	434	预收账款	8
预付账款	20	应付职工薪酬	3
其他应收款	15	应交税费	5

（续）

资　产	年末余额	负债及股东权益	年末余额
存货	116	其他应付款	54
一年内到期的流动资产	48	预计负债	2
其他流动资产	9	一年内到期的非流动负债	48
流动资产合计	698	其他流动负债	2
		流动负债合计	297
		非流动负债：	
		长期借款	450
		应付债券	240
		长期应付款	56
非流动资产：		非流动负债合计	746
长期股权投资	28	负债合计	1 043
固定资产	1 242	股东权益：	
在建工程	18	股本	100
无形资产	5	资本公积	10
长期待摊费用	5	盈余公积	95
其他非流动资产	2	未分配利润	750
非流动资产合计	1 300	股东权益合计	955
资产合计	1 998	负债及股东权益合计	1 998

1. 确定资产和负债项目的销售百分比

通常，资产是销售收入的函数，根据基期的历史数据或者根据历史的平均数据可以分析出该函数关系。根据预计销售收入以及资产与销售收入的函数，可以预测为达到该预计销售收入所需资产的数额。大部分负债也是销售收入的函数，亦可以通过销售收入预测负债的增长额，这种增长额可以减少企业外部融资的数额。其计算公式为

各项目的销售百分比 = 基期经营资产（经营负责）÷ 基期销售额　　　　（9-1）

需要注意的是，并非所有的资产和负债都是销售收入的函数。这里的资产和负债的销售百分比是指随销售变化的大部分经营资产和大部分经营负债的销售百分比。因此在计算各项目的销售百分比时，首先要区分经营资产和金融资产，同时也要区分经营负债和金融负债。

经营资产是指用于生产经营活动的资产，是为销售商品或提供劳务所涉及的资产。资产负债表中大部分资产都是经营资产，包括应收类资产、存货、固定资产、长期权益性投资等。

金融资产是指能够取得利息收入，没有被用于生产经营的资产。这类资产主要是利用经营活动多余的资金进行投资而涉及的资产。通常，经营资产和金融资产的主要区分标志是有无利息，如果能取得利息则列为金融资产。比如，短期权益性投资是暂时利用多余现金进行投资的手段，应列为金融资产；应收优先股股利、应收带息票据、长短期债权投资、应收利息等也应视为金融资产；而现金是否视为金融资产，则需根据企业对现金的使

用范围或目的进行具体分析判断。

经营负债是指在生产经营中销售商品或提供劳务所形成的短期和长期无息负债。金融负债是企业筹资活动形成的有息负债。划分金融负债和经营负债的一般标准是有无利息要求。其中，应付项目的大部分是无息的，属于经营负债；而长短期借款、应付债券、交易性金融负债、应付带息票据、应付利息、长期应付款（融资租赁）、应付优先股股利等则属于金融负债。

由此，净经营资产 = 经营资产 – 经营负债。

根据 20×2 年销售收入（3 000 万元）计算的各项经营资产和经营负债的销售百分比，见表 9-3。

表 9-3　净经营资产预计情况

资　产	20×2 年实际（万元）	销售百分比（%）	20×3 年预测（万元）	负债及股东权益	20×2 年实际（万元）	销售百分比	20×3 年预测（万元）
应收票据	10	0.33	13	应付票据	7	0.23%	9
应收账款	434	14.47	579	应付账款	118	3.93%	157
预付账款	20	0.67	27	预收账款	8	0.27%	11
其他应收款	15	0.50	20	应付职工薪酬	3	0.10%	4
存货	116	3.87	155	应交税费	5	0.17%	7
一年内到期的非流动资产	48	1.60	64	其他应付款	54	1.80%	72
其他流动资产	9	0.30	12	预计负债	2	0.07%	3
长期股权投资	28	0.93	37	一年内到期的非流动负债	48	1.60%	64
固定资产	1 242	41.40	1 656	其他流动负债	2	0.07%	3
在建工程	18	0.60	24	长期应付款	56	1.87%	75
无形资产	5	0.17	7	经营负债合计	303	10.11%	405
长期待摊费用	5	0.17	7				
其他非流动资产	2	0.07	3				
经营资产合计	1 952	65.08	2 604				

基期净经营资产 = 1 952 – 303 = 1 649（万元）
预计净经营资产 = 2 604 – 405 = 2 199（万元）

2. 计算各项经营资产和经营负债的预计情况

$$预计各项经营资产（经营负债）= 预计销售收入 × 各项目销售百分比 \qquad (9-2)$$

根据 20×3 年预计销售收入（4 000 万元）和各项目销售百分比计算的各项经营资产和经营负债的预计情况，见表 9-3 中的 "20×3 年预测" 部分。根据净经营资产的预计情况，可以得到该公司 20×3 年的资金总需求如下：

资金总需求 = 预计净经营资产 – 基期净经营资产
= 2 199 – 1 649 = 550（万元）

该公司 20×3 年的资金总需求为 550 万元，如何筹集该资金取决于公司的筹资政策。

通常，销售增长引起的资本需求增加可以通过四种途径筹资来满足，按照公司筹资的优先顺序排列如下：①动用现存的金融资产；②增加留存收益；③增加外部金融负债；④增加股本。

3. 确定预计可以动用的金融资产

根据表9-2可知，该公司20×2年年底的金融资产为货币资金和交易性金融资产，共计46万元，由于该公司过去的经验是至少保留25万元的货币资金以备各种意外支付，因此：

可动用的金融资产 = 46 - 25 = 21（万元）

尚需筹集资金 = 550 - 21 = 529（万元）

4. 计算预计增加的留存收益

留存收益是公司内部的筹资来源。只要公司有盈利并且盈利没有全部用于支付股利，留存收益就会使股东权益增长，可以用来满足企业全部或部分筹资需求。

留存收益的增加 = 预计销售额 × 计划销售净利率 × 留存比例

= 预计销售额 × 计划销售净利率 × （1 - 股利支付率）

= 4 000 × （156/3 000 × 100%） × （1 - 30%） = 145.60（万元）

这种计算方法隐含了一个假设，即计划销售净利率可以涵盖增加的借款利息。

5. 确定外部筹资需要量

外部筹资需要量 = 550 - 21 - 145.60 = 383.40（万元）

需要的外部筹资额，可以通过增加借款或增发普通股筹集，但由此会涉及资本结构管理问题。通常在目标资本结构允许时企业会优先使用债务筹资；如果不宜再增加借款，则再考虑采用股权筹资。

为简便起见，除了通过编制预计的资产负债表来预测外部筹资需要量外，也可用预测模型进行预测，预测模型如下：

$$外部筹资需要量 = \frac{A}{S_1}\Delta S - \frac{B}{S_1}\Delta S - P(1-E)S_2 - F \tag{9-3}$$

式中　A——随销售变化的资产（经营资产）；

B——随销售变化的负债（经营负债）；

S_1——基期销售额；

S_2——预测期销售额；

ΔS——销售增加额；

P——销售净利率；

E——股利支付比率；

F——可以动用的金融资产数额。

【例9-2】根据【例9-1】大华公司的资料，利用预测模型预测20×3年大华公司外部筹资需要量。

预计外部筹资需要量 $= \dfrac{1\ 952}{3\ 000} \times 1\ 000 - \dfrac{303}{3\ 000} \times 1\ 000$

$- 5.2\% \times (1 - 30\%) \times 4\ 000 - (46 - 25)$

$= 383.07$（万元）

运用模型计算出的数值和前面编制资产负债表的计算结果略有差异，但这只是计算问题而已，不影响预测的结果和作用。

销售百分比法是一种比较简单、粗略的预测方法。它的优点是能为筹资管理提供短期预计的财务报表以适应外部筹资的需要，且使用简便。但同时它也存在一定缺点，首先该方法假设各项经营资产和经营负债与销售额保持稳定的百分比关系，可能与事实不符；其次该方法假设计划销售净利率可以涵盖借款利息的增加，也不一定合理。

（二）线性回归分析法

线性回归分析法是指根据资金需要量与销售量（收入）之间的线性关系建立数学模型，然后根据历史有关资料，用回归方程预测资金需要量的方法。采用这一方法，根据资金与销售量之间的线性关系不同，可分为不变资金和变动资金。不变资金是指在一定的经营规模内，不随销售量增减而变动的资金，它主要包括为维持生产经营所需要的最低数额的货币资金、原材料的保险储备，必要的产成品或商品储备，以及厂房、机器设备等固定资产占用的资金。变动资金是指随销售量增减而成正比例变动的资金，它主要包括最低储备以外的货币资金、存货和应收账款占用的资金等。采用线性回归分析法预测资金需要量的线性回归模型如式（9-4）所示。

$$y = a + bx \qquad\qquad (9\text{-}4)$$

式中　y——资金需要量；

　　　a——不变资金量；

　　　b——单位销售量所需要的变动资金规模；

　　　x——销售量。

根据线性回归模型及相关 n 期的历史数据，即可建立回归直线的联立方程组如下：

$$\begin{cases} \sum y = na + b \sum x \\ \sum xy = a \sum x + b \sum x^2 \end{cases} \qquad\qquad (9\text{-}5)$$

通过联立方程组预测不变资金和单位销售量需要的变动资金，然后根据预测销售量，建立线性回归模型预测资金需要量。

【例9-3】某公司 20×1—20×4 年销售量与资金需要量见表9-4，20×5 年预计销售量 200 万件，试计算 20×5 年的资金需要量。

表 9-4　销售量与资金需要量

项　目	20×1 年	20×2 年	20×3 年	20×4 年
销售量 x（万件）	120	160	140	180
资金需要量 y（万元）	725	915	840	990

（1）根据上列资料编制销售量与资金需要量回归分析表见表9-5。

表 9-5　销售量与资金需要量回归分析表

年　度	销售量 x	资金需要量 y	xy	x^2
2001 年	120	725	87 000	14 400
2002 年	160	915	146 400	25 600

（续）

年　　度	销售量 x	资金需要量 y	xy	x^2
2003 年	140	840	117 600	19 600
2004 年	180	990	178 200	32 400
$n=4$	$\sum x = 600$	$\sum y = 3\,470$	$\sum xy = 529\,200$	$\sum x^2 = 92\,000$

（2）将回归分析表中的计算结果代入联立方程可得联立式如下：

$$\begin{cases} 3\,470 = 4a + 600b \\ 529\,200 = 600a + 92\,000b \end{cases}$$

解方程组求得 $a = 215$，$b = 4.35$。

（3）将 a、b 代入 $y = a + bx$，得到线性回归模型 $y = 215 + 4.35x$。

（4）将 20×5 年预计销售量 200 万件，代入线性回归模型，即可预测出 20×5 年资金需求量，如下：

$$y = 215 + 4.35 \times 200 = 1\,085 （万元）$$

运用线性回归法必须注意以下几个问题：

（1）资金需要量与销售量之间的线性关系假定应符合实际情况。

（2）确定 a、b 的数值应利用预测年度前连续若干年的历史资料，一般要有三年以上的资料。

（3）应考虑价格等因素的变动情况。

（三）因素分析法

因素分析法是以有关资金项目上年度的实际平均占用量为基础，根据预测年度的经营任务和加速资金周转的要求进行分析调整，进而预测资金需要量的一种方法。这种方法计算比较简单，容易掌握，但预测的结果不太精确。它通常适用于品种繁杂、资金量较小、价格较低的资金项目预测。

采用这种方法时，首先应在上年度资金实际平均占用量的基础上，剔除其中积压及不合理占用的部分，然后根据预测期的生产经营任务和加速资金周转的要求进行测算。

因素分析法的基本模型是

资金需要量 =（上年度资金实际平均占用量 − 不合理平均占用量）×（1 ± 预测年度销售增减率）×（1 ± 预测年度资本周转速度变动率）　　　　　　　　　　　　　　（9-6）

【例 9-4】某企业上年度资金实际平均占用量为 1 500 万元，其中不合理平均占用量为 100 万元，预计本年度销售增长 8%，资金周转速度加快 2%，请预测本年度资金需要量是多少？

本年度资金需要量 =（1 500 − 100）×（1 + 8%）×（1 − 2%）= 1 481.76（万元）

（四）定性预测法

定性预测法是指利用直观的资料，依靠个人的经验和判断能力，通过主观分析预测未来资金需要量的方法。这种方法通常是在企业缺乏完备、准确的历史资料的情况下采用。其预测过程为：首先由熟悉财务过程和生产经营情况的专家，根据过去所积累的经验进行分析判断，提出预测的初步意见；然后通过召开座谈会或发出调查表格等形式，对上述初步意见进行修正补充。如此过程循环进行一次或数次，得出预测的最终结果。

资金的预测除了通过上述我们介绍的方法外，还可以通过编制现金预算或者使用计算机等方式进行。

第三节　全面预算

▶ 一、全面预算概述

全面预算是通过对企业内外部环境的分析，在预测与决策的基础上，调配相应的资源，对企业未来一定时期内的经营和财务活动做出一系列具体计划。预算以战略规划目标为导向，它既是决策的具体化，又是控制经营和财务活动的依据。预算是计划的数字化、表格化、明细化的表达。全面预算体现了预算全员、全过程、全部门的特征。

（一）全面预算体系

全面预算体系是由资本预算、经营预算和财务预算等一系列预算构成的体系，各项具体预算之间相互联系、关系明了。以制造业企业为例，图 9-1 勾画了全面预算体系中各项预算之间的关系。

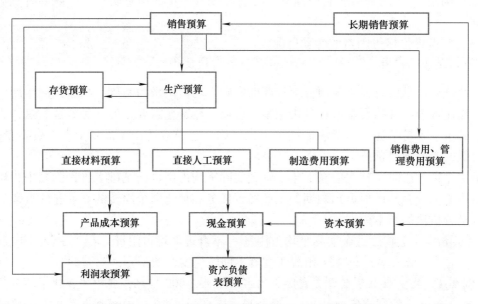

图 9-1　制造业企业的全面预算体系中各项预算之间的关系

企业应根据长期市场预测和生产能力，编制长期销售预算，以此为基础，确定本年度的销售预算，并根据企业销售增长和新业务对资产的需求确定资本预算。销售预算是年度预算编制的起点，企业在销售预算的基础上根据"以销定产"的原则确定生产预算，同时确定所需要的销售费用。生产预算的编制，除了考虑计划销售量外，还要考虑期初存货和期末存货。生产预算可以确定直接材料、直接人工和制造费用预算。产品成本预算和现金预算是有关预算的汇总。利润表预算和资产负债表预算是全部预算的综合。

全面预算按其涉及的预算期间长短可以分为长期预算和短期预算。长期预算包括长期销售预算和资本预算，有时还包括长期资本筹措预算和研究与开发预算。短期预算是指年度预算，或者时间更短的季度或月度预算，如直接材料预算、现金预算等。通常，长期和短期预算的划分以一年为界限，有时也称二至三年期的预算为中期预算。

全面预算按其涉及的内容可以分为专门预算和综合预算。专门预算是指反映企业某一方面经济活动的预算，如直接材料预算、制造费用预算。综合预算是指资产负债表预算和利润表预算，它们反映了企业的总体状况，是各种专门预算的综合。

全面预算按其涉及的业务活动领域分为资本预算、营业预算和财务预算。营业预算又称经营预算，是关于采购、生产、销售业务的预算，包括销售预算、生产预算、成本预算等。财务预算是关于利润、现金和财务状况的预算，包括利润表预算、现金预算和资产负债表预算等。

本节主要讨论全面预算中的营业预算和财务预算。

（二）全面预算的作用

全面预算的作用主要表现在以下四个方面：

1. 明确工作目标

预算是企业各级、各部门工作的具体奋斗目标、协调工具、控制标准、考核依据，在经营管理中发挥着重大作用。

企业的目标是多重的，不能用唯一的数量指标来表达，除了以盈利为主要目标外，也要考虑社会的其他限制。因此，企业需要通过预算来分门别类、有层次地表达各种目标。企业的总目标，通过预算被分解成各级、各部门的具体目标，各级、各部门根据预算安排各自的活动，如果他们都完成了自己的具体目标，企业的总目标也就有了保障。

2. 协调部门关系

企业内部各级、各部门必须协调一致，才能最大限度地实现企业的总目标。企业各级、各部门因其职责不同，往往会出现互相冲突的现象。例如，企业的销售、生产、财务等各部门可以分别编出对自己来说是最好的计划，而该计划在其他部门不一定能行得通。销售部门根据市场预测，提出一个庞大的销售计划，但生产部门可能没有那么大的生产能力；生产部门可以编制一个充分发挥生产能力的计划，但销售部门却可能无力将这些产品销售出去；销售和生产部门都认为应当扩大生产能力，但财务部门可能无法筹集到必要的资金。全面预算具有高度的综合性，经过综合平衡以后，可以体现解决各级、各部门冲突的最佳办法，使各级、各部门的工作在此基础上协调起来。

3. 控制日常活动

预算一经确定，就进入了实施阶段，管理工作的重心转移到控制过程，即设法使经济活动按计划进行。控制过程包括经济活动状态的计量、实际状态和标准的比较、两者差异的确定和分析，以及采取措施调整经济活动等。预算是控制经济活动的依据和衡量其合理性的标准，当实际状态和预算有了较大差异时，要查明原因并采取措施。

4. 考核业绩标准

现代化生产是共同劳动的过程，这个过程不能没有责任制度，而有效的责任制度离不开考核。通过考核，对每个人的工作进行评价，并据此实行奖惩和人事任免，可以促使人们更好地工作。考核与不考核是大不一样的，当管理人员知道将根据他们的工作实绩来评价其能力并实行奖惩时，他们将会更努力地工作。当然，考核时也不能只看预算是否被完全执行了，某些情况下未按预算执行反而可能是有利的，如销售费用的增加可能对企业总体有利，而年终突击花钱，虽未超过预算，但也不是一种好的现象。

为使全面预算发挥上述作用，除了要编制一个高质量的预算计划外，还应制定合理的预算管理制度，包括预算编制程序、修改预算的办法、预算执行情况的分析方法和预算完成情况的奖惩办法等。

（三）全面预算的编制程序

全面预算的编制涉及企业经营管理的各个部门，只有执行人参与预算的编制，才能使预算成为他们自愿努力完成的目标，而不是外界强加于他们的枷锁。

全面预算的编制程序如下：

（1）企业决策机构根据长期规划，利用本量利分析等工具，提出企业一定时期内的总目标，并下达规划指标。

（2）基层成本控制人员自行起草、编制预算，使预算能较为可靠、较为符合实际。

（3）各部门汇总部门预算，并初步协调本部门预算，编制出销售、生产、财务等专门预算。

（4）预算委员会审查、平衡各部门预算，汇总出公司的总预算。

（5）经过总经理批准，审议机构通过或者驳回修改预算。

（6）将主要预算指标报告给董事会或上级主管单位，经审核通过或者驳回修改。

（7）将批准后的预算下达给各部门执行。

二、全面预算的编制方法

企业全面预算的构成内容比较复杂，编制预算需要采用适当的方法。常用的预算方法主要包括增量预算法与零基预算法、固定预算法与弹性预算法、定期预算法与滚动预算法。

（一）增量预算法与零基预算法

按编制基础的不同，预算的编制方法可分为增量预算法和零基预算法两种。

1. 增量预算法

增量预算法又称调整预算法，是指以历史期实际经济活动及其预算为基础，结合预算期经济活动及相关影响因素的变动情况，通过调整历史期经济活动项目及金额形成预算的预算编制方法。

增量预算法的前提条件是：①现有的业务活动是企业所必需的；②原有的各项业务都是合理的。

增量预算法的缺点是当预算期经济活动及相关影响因素发生变化时，预算数额会受到基期不合理因素的干扰，可能导致预算的不准确，不利于调动各部门达成预算目标的积极性。

2. 零基预算法

零基预算法是指企业不以历史期经济活动及其预算为基础，以零为起点，从实际需要出发分析预算期经济活动的合理性，经综合权衡后形成预算的预算编制方法。在采用零基预算法编制费用预算时，通常不考虑以往期间的费用项目和费用数额，只需要根据预算期的需要和可能分析费用项目和费用数额的合理性。运用零基预算法编制费用预算的具体步骤如下：

（1）根据企业预算期利润目标、销售目标和生产指标等，分析预算期各费用项目，并预测费用水平。

（2）拟订预算期各费用项目的预算方案，权衡轻重缓急，划分费用支出的优先等级并排列先后顺序。

（3）根据企业预算期内预算费用控制总额的目标，按照费用支出的优先等级及顺序，分解落实相应的费用控制目标，编制相应的费用预算。

采用零基预算法编制费用预算的优点是不受前期费用项目和费用水平的制约，能够调动各部门降低费用的积极性，但其缺点是编制工作量大。

零基预算法适用于企业各项预算的编制，特别是不经常发生的预算项目或预算编制基础变化较大的预算项目。

（二）固定预算法与弹性预算法

按编制预算时所参考的业务数量的不同，预算的编制方法可分为固定预算法和弹性预算法两种。

1. 固定预算法

固定预算法又称静态预算法，是指在编制预算时，只以预算期内正常、可实现的某一固定的业务量（如生产量、销售量等）水平为唯一基础来编制预算的方法。固定预算法存在适应性差和可比性差的缺点，一般适用于经营业务稳定，产品生产量、销量稳定，能准确预测产品需求及产品成本的企业，也可用于编制固定费用预算。

2. 弹性预算法

弹性预算法又称动态预算法，是指在成本性态分析的基础上，依据业务量、成本和利润之间的联动关系，按照预算期内一系列相关的业务量（如生产量、销售量、工时等）水平计算其相应预算项目所消耗资源的预算编制方法。

理论上，该方法适用于编制全面预算中所有与业务量有关的预算，但实务中主要用于编制成本费用预算和利润预算，尤其是成本费用预算。

编制弹性预算，要选用一个最能代表企业生产经营活动水平的业务量计量单位。例如，以手工操作为主的车间，就应选用人工工时；制造单一产品或零件的部门，可以选用产品数量；修理部门可以选用直接修理工时等。

弹性预算法所采用的业务量范围，视企业或部门的业务量变化情况而定，但必须使实际业务量落在相关的业务量范围之内。一般来说，业务量范围可定在正常生产能力的70%～110%之间，或以历史上最高业务量和最低业务量为其上下限。弹性预算法编制预算的准确性，在很大程度上取决于成本性态分析的可靠性。

与按特定业务量水平编制的固定预算相比，弹性预算有两个显著特点：①弹性预算是按一系列业务量水平编制的，扩大了预算的适用范围；②弹性预算是按成本性态分类列示的，在预算执行中可以计算一定实际业务量的预算成本，以便进行预算执行的评价和考核。

运用弹性预算法编制预算的基本步骤如下：

（1）选择业务量的计量单位。

（2）确定适用的业务量范围。

（3）逐项研究并确定各项成本和业务量之间的数量关系，即分析成本性态（习性）。

（4）计算各项预算成本，并用一定的方式来表达。

（三）定期预算法与滚动预算法

按预算期间不同，预算的编制方法可分为定期预算法和滚动预算法两种。

1. 定期预算法

定期预算法是以固定不变的会计期间（如年度、季度、月份）作为预算期间编制预算的方法。采用定期预算法编制预算，可以保证预算期间与会计期间在时间上相匹配，有利于企业依据会计报告的数据与预算进行比较，考核和评价预算的执行结果；但不利于前后各个期间的预算衔接，预算管理也不能适应连续不断的业务活动过程。

2. 滚动预算法

滚动预算法又称连续预算法或永续预算法，是指在上期预算完成情况的基础上，调整和编制下期预算，并将预算期间逐期连续向后滚动推移，使预算期间保持一定的时间跨度。滚动预算法体现了持续改善的思想。

采用滚动预算法编制预算，按照滚动的时间单位不同可分为逐月滚动、逐季滚动和混合滚动。

（1）逐月滚动方式。逐月滚动方式是指在预算编制过程中，以月份为预算的编制和滚动单位，每个月调整一次预算的方法。

例如，在 20×2 年 1 月至 12 月的预算执行过程中，需要在 1 月末根据当月预算的执行情况，修订 2 月至 12 月的预算，同时补充 20×3 年 1 月的预算；到 2 月末时，可根据当月预算的执行情况，修订 3 月至 20×3 年 1 月的预算，同时补充 20×3 年 2 月的预算；以此类推。

逐月滚动预算方式示意图如图 9-2 所示。

按照逐月滚动方式编制的预算比较精确，但工作量较大。

（2）逐季滚动方式。逐季滚动方式是指在预算编制过程中，以季度为预算的编制和滚动单位，每个季度调整一次预算的方法。

逐季滚动编制的预算比逐月滚动的工作量小，但精确度较差。

（3）混合滚动方式。混合滚动方式是指在预算编制过程中，同时以月份和季度作为预算的编制和滚动单位的方法。这种预算方法的理论依据是：人们对未来的了解程度具有对近期的预计把握较大，对远期的预计把握较小的特征。混合滚动预算方式示意图如图 9-3 所示。

运用滚动预算法编制预算，能够保持预算的持续性，有利于企业结合短期目标和长期目标考虑未来业务活动；随时间的推进对预算不断加以调整和修订，能使预算情况与实际情况更加接近，有利于充分发挥预算的指导和控制作用。

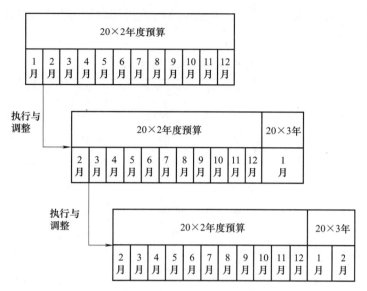

图 9-2 逐月滚动预算方式示意图

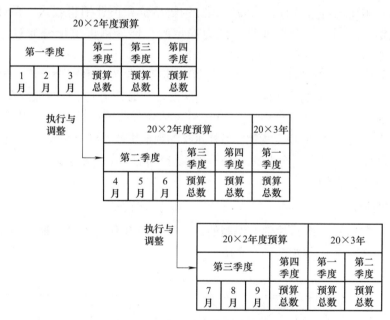

图 9-3 混合滚动预算方式示意图

三、营业预算的编制

营业预算是企业日常经营活动的预算，企业的经营活动涉及供、产、销等各个环节及其业务。营业预算包括销售预算、生产预算、直接材料预算、直接人工预算、制造费用预算、产品成本预算、销售费用和管理费用预算等。

（一）销售预算

销售预算是整个预算编制的起点，其他预算的编制都以销售预算为基础。表9-6为甲公司的销售预算。

表9-6　甲公司的销售预算

项　目	第一季度	第二季度	第三季度	第四季度	全　年
预计销售量（件）	200	300	250	200	950
预计销售单价（元）	2 000	2 000	2 000	2 000	2 000
预计销售收入（元）	400 000	600 000	500 000	400 000	1 900 000
上年应收账款（元）	6 200				6 200
预计收到第一季度货款（元）	240 000	160 000			400 000
预计收到第二季度货款（元）		360 000	240 000		600 000
预计收到第三季度货款（元）			300 000	200 000	500 000
预计收到第四季度货款（元）				240 000	240 000
预计现金收入合计（元）	246 200	520 000	540 000	440 000	1 746 200

销售预算的主要内容是预计销售量、预计销售单价和预计销售收入。预计销售量是根据市场预测或销货合同并结合企业生产能力确定的。预计销售单价是通过定价决策确定的。预计销售收入是两者的乘积，通过计算得出。

销售预算中通常还包括预计现金收入的计算，其目的是为编制现金预算提供必要的资料。以第一季度为例，第一季度的预计现金收入包括两部分，部分是上年应收账款在本年第一季度收到的货款，另一部分是本季度销售收入中可能收到货款的部分。本例中，假设每季度的销售收入在本季度可以收到60%的现金货款，另外40%的现金货款要到下季度才能收到。

销售预算通常要分品种、分月份、分季度、分销售区域、分推销员来编制。上例是一个简例，仅划分了季度销售。

（二）生产预算

生产预算是在销售预算的基础上编制的，其主要内容有销售量、期初和期末产成品存货、生产量。表9-7为甲公司的生产预算。

表9-7　甲公司的生产预算　　　　　　　　　　（单位：件）

项　目	第一季度	第二季度	第三季度	第四季度	全　年
预计销售量	200	300	250	200	950
加：预计期末产成品存货	15	20	18	20	20
合计	215	320	268	220	970
减：预计期初产成品存货	10	15	20	18	10
预计生产量	205	305	248	202	960

通常，生产和销售往往不能"同步同量"，因此企业需要设置一定的产成品存货，以保证能在发生意外需求时按时供货，并可均衡生产，节省赶工的额外支出。期末产成品存货数量通常按下期销售量的一定百分比确定，本例按期预计销售10%安排预计期末产成品存货。本例中的年初产成品存货是编制预算时预计的，年末产成品存货是根据长期销售趋势确定的，假设年初有产成品存货10件，年末留存20件。产成品存货预算也可单独编制。

甲公司生产预算中的预计销售量来自甲公司的销售预算，其他数据经过计算，结果在表9-7中列示，计算方法如下：

预计期末产成品存货 = 下季度预计销售量 × 10%

预计期初产成品存货 = 上季度预计期末产成品存货

预计生产量 = （预计销售量 + 预计期末产成品存货）− 预计期初产成品存货

生产预算在实际编制时是比较复杂的，生产量受到生产能力的限制，产成品存货数量受到仓库容量的限制，企业只能在此范围内来安排产成品存货数量和各期生产量。此外，有的季度可能销量很大，需要用赶工方法增产，则为此要多付加班费；而如果提前在淡季生产，又会因增加产成品存货而多付资金利息。因此，企业要权衡两者得失，选择成本最低的方案编制生产预算。

（三）直接材料预算

直接材料预算，是以生产预算为基础编制的，编制时同时要考虑材料存货水平。

表9-8是甲公司的直接材料预算。其主要内容有直接材料的单位产品材料用量、预计生产需用量、预计期初和期末材料存量等。预计生产量的数据来自生产预算，单位产品材料用量的数据来自标准成本资料或消耗定额资料，预计生产需用量是上述两项的乘积。年初和年末的预计材料存量，是根据当前情况和长期销售预测估计的。各季度预计期末材料存量是根据下季度预计生产需用量的一定百分比确定的，本例中该百分比为20%。各季度预计期初材料存量是上季度的预计期末材料存量。本例假设年初原材料存货300kg，年末留存400kg。各季度预计材料采购量按照预计材料采购量 =（预计生产需用量 + 预计期末材料存量）− 预计期初材料存量计算确定。

表 9-8　甲公司的直接材料预算

项　　目	第一季度	第二季度	第三季度	第四季度	全　年
预计生产量（件）	205	305	248	202	960
单位产品材料用量（kg/件）	10	10	10	10	10
预计生产需用量/kg	2 050	3 050	2 480	2 020	9 600
加：预计期末材料存量/kg	310	396	364	400	400
合计	2 360	3 446	2 844	2 420	10 000
减：预计期初材料存量/kg	300	310	396	364	300
预计材料采购量/kg	2 060	3 136	2 448	2 056	9 700
材料采购单价（元/kg）	10	10	10	10	10

（续）

项　　目	第 一 季 度	第 二 季 度	第 三 季 度	第 四 季 度	全　　年
预计采购金额（元）	20 600	31 360	24 480	20 560	97 000
上年应付账款（元）	5 000				5 000
预计支付第一季度采购货款（元）	10 300	10 300			20 600
预计支付第二季度采购货款（元）		15 680	15 680		31 360
预计支付第三季度采购货款（元）			12 240	12 240	24 480
预计支付第四季度采购货款（元）				10 280	10 280
预计现金支出合计（元）	15 300	25 980	27 920	22 520	91 720

为了便于以后编制现金预算，通常要预计各季度材料采购的现金支出。每个季度的预计现金支出包括偿还上期应付账款和本期应支付的采购货款。本例假设采购材料的货款有50%在本季度内付清，另外50%在下季度付清。如果材料品种很多，则需要单独编制材料存货预算。

（四）直接人工预算

直接人工预算也是以生产预算为基础编制的。其主要内容有预计生产量、单位产品工时、人工总工时、每小时人工成本和人工总成本。预计生产量的数据来自生产预算。单位产品工时和每小时人工成本的数据，按照标准成本法确定。人工总工时和人工总成本是通过计算得到的。甲公司的直接人工预算见表9-9。由于工资都需要使用现金支付，所以，不需另外预计现金支出，可直接汇入现金预算。

表 9-9　甲公司的直接人工预算

项　　目	第 一 季 度	第 二 季 度	第 三 季 度	第 四 季 度	全　　年
预计生产量（件）	205	305	248	202	960
单位产品工时（h/件）	10	10	10	10	10
人工总工时/h	2 050	3 050	2 480	2 020	9 600
每小时人工成本（元/h）	50	50	50	50	50
人工总成本（元）	102 500	152 500	124 000	101 000	480 000

（五）制造费用预算

制造费用预算通常分为变动制造费用和固定制造费用两部分进行预算编制。变动制造费用以生产预算为基础来编制。如果有完善的标准成本资料，用单位产品的标准成本与预计生产量相乘，即可得到相应的预算金额；如果没有标准成本资料，就需要逐项预计计划产量需要的各项制造费用。固定制造费用需要逐项进行预计，通常与本期产量无关，按每季度实际需要的支付额预计，然后求出全年数。表9-10为甲公司的制造费用预算。

表 9-10 甲公司的制造费用预算 （单位：元）

项 目	第一季度	第二季度	第三季度	第四季度	全 年
变动制造费用：					
间接人工（10 元/件）	2 050	3 050	2 480	2 020	9 600
间接材料（5 元/件）	1 025	1 525	1 240	1 010	4 800
修理费（2 元/件）	410	610	496	404	1 920
水电费（1 元/件）	205	305	248	202	960
小计	3 690	5 490	4 464	3 636	17 280
固定制造费用：					
修理费	5 000	4 500	5 000	5 500	20 000
折旧	2 000	2 000	2 000	2 000	8 000
管理人员工资	1 000	1 000	1 000	1 000	4 000
保险费	275	285	310	330	1 200
税费	100	100	100	100	400
小计	8 375	7 885	8 410	8 930	33 600
制造费用合计	12 065	13 375	12 874	12 566	50 880
减：折旧	2 000	2 000	2 000	2 000	8 000
预计现金支出	10 065	11 375	10 874	10 566	42 880

为了便于以后编制产品成本预算，需要根据直接人工预算中的人工总工时分别计算变动制造费用和固定制造费用的小时费用率，即分配率。计算过程如下：

变动制造费用分配率 = 17 280/9 600 = 1.8（元/h）

固定制造费用分配率 = 33 600/9 600 = 3.5（元/h）

为了便于以后编制现金预算，需要预计制造费用的现金支出。制造费用中，除折旧费外都须支付现金，所以，每个季度制造费用合计数额扣除折旧费后，即可得出制造费用的预计现金支出。

（六）产品成本预算

产品成本预算，是销售预算、生产预算、直接材料预算、直接人工预算、制造费用预算的汇总。其主要内容是产品的单位成本和总成本。单位产品成本的有关数据，来自前述三个预算。全年预计生产量960件、预计期末产成品存货量20件来自生产预算，全年预计销售量950件来自销售预算。生产成本、存货成本和销货成本等数据，根据单位成本和有关数据计算得出。表9-11为甲公司在完全成本法下的产品成本预算。

（七）销售费用和管理费用预算

销售费用预算，是指为了按销售预算实现销售目标所需安排的费用预算。它以销售预算为基础，分析销售收入、销售利润和销售费用之间的关系，力求销售费用能够得到最有效的使用。在安排销售费用时，要利用本量利分析方法，使费用的支出获取更多的收益。

在草拟销售费用预算时，要对过去的销售费用进行分析，考察过去销售费用支出的必要性和效果。销售费用预算应和销售预算相配合，按品种、地区、用途分别确定具体预算数额。

表 9-11 甲公司的产品成本预算

项 目	单位产品成本			期初存货（元）	生产成本（元）	期末存货（元）	销货成本（元）
	投入项目单位成本（元/kg 或元/h）	投入量	投入项目成本（元）				
直接材料	10.00	10kg	100.00	1 000.00	96 000.00	2 000.00	95 000.00
直接人工	50.00	10h	500.00	5 000.00	480 000.00	10 000.00	475 000.00
变动制造费用	1.80	10h	18.00	180.00	17 280.00	360.00	17 100.00
固定制造费用	3.50	10h	35.00	350.00	33 600.00	700.00	33 250.00
合计			653.00	6 530.00	626 880.00	13 060.00	620 350.00

注：假设期初存货 10 件，单位成本也为 653 元。

管理费用是企业管理业务所必需的费用。随着企业规模的扩大，企业管理职能日益重要，其费用也相应增加。在编制管理费用预算时，要分析企业的业务水平和一般经济状况，务必做到费用合理化。管理费用多属于固定成本，所以，一般是以过去的实际开支为基础，按预算期的可预见变化予以调整。管理费用预算必须充分考察每种费用是否必要，以便提高费用的合理性和有效性。表 9-12 为甲公司全年的销售费用和管理费用预算。

表 9-12 甲公司全年的销售费用和管理费用预算   （单位：元）

项 目	金 额
销售费用：	
销售人员工资	200 000.00
广告费	55 000.00
包装、运输费	15 000.00
保管费	100 000.00
销售费用小计	370 000.00
管理费用：	
管理人员薪金	100 000.00
福利费	50 000.00
保险费	30 000.00
办公费	50 000.00
管理费用小计	230 000.00
销售费用和管理费用合计	600 000.00
每季度预计现金支出	150 000.00

▶▶ 四、财务预算的编制

财务预算是企业的综合性预算，包括现金预算、利润表预算和资产负债表预算。

（一）现金预算

现金预算由四部分组成：可供使用现金、现金支出、现金多余或不足、现金的筹措和运用，甲公司的现金预算见表9-13。

表 9-13　甲公司的现金预算　　　　　　　　　（单位：元）

项　　目	第 一 季 度	第 二 季 度	第 三 季 度	第 四 季 度	全　　年
期初现金余额	80 000	8 335	8 480	153 686	80 000
加：销货现金收入（表9-6）	246 200	520 000	540 000	440 000	1 7462 00
可供使用现金	326 200	528 335	548 480	593 686	1 826 200
减：各项支出					
直接材料（表9-8）	15 300	25 980	27 920	22 520	91 720
直接人工（表9-9）	102 500	152 500	124 000	101 000	480 000
制造费用（表9-10）	10 065	11 375	10 874	10 566	42 880
销售费用和管理费用（表9-12）	150 000	150 000	150 000	150 000	600 000
所得税费用	40 000	40 000	40 000	40 000	160 000
购买设备支出		100 000			100 000
支付现金股利		80 000		80 000	160 000
现金支出合计	317 865	559 855	352 794	404 086	1 634 600
现金多余或不足	8 335	−31 520	195 686	189 600	191 600
向银行借款		40 000			40 000
还银行借款			40 000		40 000
短期借款利息（年利率10%）			2 000		2 000
长期借款利息（年利率12%）				1 080	1 080
期末现金余额	8 335	8 480	153 686	188 520	188 520

可供使用现金包括期初现金余额和预算期内的现金收入，销货取得的现金收入是其主要来源。本例中期初现金余额是在编制预算时预计的，销货现金收入的数据来自销售预算，可供使用现金是期初现金余额与销货现金收入之和。

现金支出包括预算期的各项现金支出。直接材料、直接人工、制造费用、销售费用和管理费用的数据分别来自前述有关预算。此外，所得税费用、购买设备支出、支付现金股利分配等都属于现金支出，有关的数据分别来自另行编制的专门预算。

现金多余或不足是可供使用现金与现金支出合计的差额。若差额大于企业需保留的最低现金余额，则说明现金有多余，可用于偿还过去向银行取得的借款，或者用于短期投资；若差额小于企业需保留的最低现金余额，则说明现金不足，要向银行取得新的借款。本例中，假设该企业需要保留的最低现金余额为 6 000 元，不足此数时需要向银行借款，银行借款的要求是借款金额必须为 1 000 元的整数倍。那么，根据表 9-13 可以看出，甲公司只有第二季度需要向银行借款，第二季度借款额的计算过程如下：

借款额 = 最低现金余额 + 现金不足额

　　　 = 8 000 + 31 520

　　　 = 39 520（元）

　　　 ≈ 40 000（元）

第三季度现金多余，则多余的现金可用于偿还银行借款。一般按"期初借入，期末归还，利随本清"的原则来预计借款利息，故本例中该笔借款期限为 6 个月，假设年利率为 10%，则应计利息为 2 000 元。

此外，还应将长期借款利息纳入现金预算。本例中，假设甲公司长期借款余额为 9 000 元，年利率为 12%，则预计在第四季度支付的长期借款利息为 1 080 元。企业需确保还款后，仍能够保持最低现金余额，否则，就只能归还部分借款本金。

现金预算的编制，以各项营业预算和资本预算为基础，反映了各预算期的现金收入和现金支出。其目的在于使企业能够在现金不足时筹措现金，在现金多余时及时通过偿还债务、支付利息或投资证券的方式处理现金余额，并且提供现金收支的控制限额，发挥现金管理的作用。

（二）利润表预算

利润表预算和资产负债表预算是企业进行财务管理的重要工具。财务报表预算的作用与实际的财务报表不同，所有企业都要编报实际的财务报表，这是有关法规的强制性规定，其主要目的是向报表信息外部使用者提供财务信息。当然，这并不表示实际的财务报表对企业财务管理没有价值。而财务报表预算则主要为企业财务管理和绩效管理服务，是控制企业成本费用、调配现金、实现利润目标的重要手段。

表 9-14 是甲公司的利润表预算，它是根据上述各有关预算编制的。

表 9-14　利润表预算　　　　　　　　　　（单位：元）

项　　目	金　　额
销售收入（表 9-6）	1 900 000
销货成本（表 9-11）	620 350
毛利	1 279 650
销售费用和管理费用（表 9-12）	600 000
借款利息（表 9-13）	3 080
利润总额	676 570
所得税费用（表 9-13）	160 000
净利润	516 570

其中，销售收入数据，取自销售收入预算；销货成本数据，取自产品成本预算；毛利是销售收入与销售成本的差额；销售费用和管理费用数据，取自销售费用和管理费用预算；借款利息数据，取自现金预算。

另外，所得税费用是在进行利润预测时估计得到的，并已列入现金预算。由于有诸多纳税调整事项的存在，所得税费用通常不是根据利润表预算中的利润总额和所得税税率计算出来的。此外，从预算编制程序上看，如果根据利润表预算中的利润总额和所得税税率重新计算所得税费用，就需要修改现金预算，从而会引起借款计划的修订，改变借款利息，最终又会导致利润总额的改变，陷入数据修改的循环。

利润表预算与实际利润表的内容、格式相同，只不过数据是对未来预算期的预测。它是在销售、生产、产品成本、销售费用和管理费用、现金支出等预算的基础上加以编制的。通过编制利润表预算可以了解企业预期的盈利水平。如果编制利润表预算得到的预算利润与最初编制方针中的目标利润有较大的不一致，就需要调整部门预算，设法使预算利润达到目标，或者经企业领导同意后修改目标利润。

（三）资产负债表预算

资产负债表预算反映了预算期末的财务状况。该预算是利用预算期期初预计的资产负债表，根据营业和财务预算的有关数据加以调整编制的。表 9-15 为甲公司的资产负债表预算。

表 9-15　甲公司的资产负债表预算　　　　　　（单位：元）

资　产			负债和所有者权益		
项　目	年　初	年　末	项　目	年　初	年　末
现金（表 9-13）	80 000.00	188 520.00	应付账款（表 9-8）	5 000.00	10 280.00
应收账款（表 9-6）	6 200.00	160 000.00	长期借款	9 000.00	9 000.00
直接材料（表 9-8）	3 000.00	4 000.00	普通股	20 000.00	20 000.00
产成品（表 9-11）	6 530.00	13 060.00	未分配利润	92 730.00	449 300.00
固定资产	31 000.00	123 000.00			
资产总额	126 730.00	488 580.00	负债和股东权益总额	126 730.00	488 580.00

大部分项目的数据来源已注明在表中。普通股、长期借款的数额在本年度没有变化。根据表 9-14 中的净利润和表 9-13 中的支付现金股利，年末未分配利润的计算过程如下：

年末未分配利润 = 年初未分配利润 + 本期净利润 - 本期股利

$$= 92\ 730 + 516\ 570 - 160\ 000$$

$$= 449\ 300\ （元）$$

年末应收账款是根据表 9-6 中的第四季度预计销售收入和收现率 60% 计算的。

年末应收账款 = 第四季度预计销售收入 ×（1 - 收现率）

$$= 400\ 000 ×（1 - 60\%）$$

$$= 160\ 000\ （元）$$

年末应付账款是根据表 9-8 中的第四季度预计采购金额和付现率计算的。

年末应付账款＝第四季度预计采购金额 ×（1 - 付现率）

$$= 20\ 560 \times (1 - 50\%)$$

$$= 10\ 280（元）$$

编制资产负债表预算的目的，在于判断预算所反映的财务状况的稳定性和流动性。如果通过资产负债表预算的分析，发现某些财务比率不佳，则在必要时可修改有关预算，以改善企业未来的财务状况。

▶ 五、预算的执行与考核

预算编制完成后，应按照相关法律法规及企业章程的规定报经企业预算管理决策机构审议批准，以正式文件形式下达执行。预算审批包括预算内审批、超预算审批、预算外审批等。预算内审批事项，应简化流程，提高效率；超预算审批事项，应执行额外的审批流程；预算外审批事项，应严格控制，防范风险。

（一）预算的执行

企业预算一经批复下达，各预算执行单位就必须认真组织实施，将预算指标层层分解，落实到内部各部门、各环节和各岗位，形成全方位的预算执行责任体系。

预算执行一般按照预算控制、预算调整等程序进行。

（二）预算的分析与考核

企业应当建立预算分析制度，由预算管理委员会定期召开预算执行分析会议，全面掌握预算的执行情况，研究、解决预算执行中存在的问题，纠正预算的执行偏差。

预算考核主要对预算中的定量指标进行考核，是企业绩效考核的重要组成部分。企业应建立健全预算考核制度，并将预算考核结果纳入绩效考核体系，切实做到有奖有惩、奖惩分明。预算考核主体和考核对象的界定应坚持上级考核下级、逐级考核、预算执行与预算考核职务相分离的原则。

【课后阅读】

康师傅：衰退期的财务战略选择

一、案例概况

近年来方便面食品行业面临着内忧外患的处境，主要表现为以下几个方面：第一，国内经济增长放缓呈现新常态，食品市场面临结构调整，人们消费增长动力不足；第二，国内的方便面食品行业既受到外卖市场的冲击，又面临着日、韩、新加坡等国的"洋方便面"纷纷进入国内，分割方便面市场的局面；第三，消费需求的改变，随着健康和营养成为人们在饮食方面的关注点，人们对方便面的需求大幅降低；第四，产品创新力度不足，原材料价格上涨，销售量下降，进一步降低了方便面食品行业的整体盈利能力。综合看来传统方便面食品行业已经处于衰退期。康师傅虽为方便面食品行业的巨头，但是其税后盈利每年都呈下降趋势。近几年来方便面市场不断萎缩，为了实现在衰退期的稳健转型，康师傅的财务战略也呈现出防御收缩的特征。

二、康师傅财务战略的具体分析

1. 缩减产出规模与转移高价市场兼顾

方便面作为康师傅的主营业务之一，其消费市场逐年萎缩，消费者需求持续下降，为应对方便面行业的衰退，康师傅采取的业务投资战略主要有两种。一是缩减经营规模，减少产出，具体表现在：康师傅的员工数量从 2012 年到 2015 年减少了 9 797 人，降幅达 12%，仓库减少了 22 家，与此对应的是存货连续三年下降，从 2013 年的 4.81 亿美元减少到 2015 年的 3.26 亿美元。此外，在 2017 年 1 月 1 日康师傅宣布其台湾康师傅业务的结束。二是将业务重点转移到高端市场面。面对方便面市场衰退的现状，康师傅开始推出高价方便面，来延长退出方便面市场的时间。在投入 3 亿元人民币以上推出"爱鲜大餐"后，近两年又陆续推出了"黑白胡椒""汤大师"等定价在人民币 5 元左右的高价面。康师傅的这种业务投资战略，呈现出衰退期企业投资战略的特征：缩减经营规模，转移经营方向。

2. 依靠负债尤其短期负债筹集资金

康师傅应对衰退期资金需求的做法是依靠债务融资，尤其是短期负债，来满足资金缺口。从表 9-16 来看，康师傅自从 2012 年盈利开始下降以来，短期借款从 2012 年的约 5 亿美元增加到 2015 年的 11.23 亿美元，长期借款从 9.85 亿美元增加到 13.26 亿美元。这表明康师傅在衰退期的资金缺口有一大部分是通过短期负债来解决的，这一点也可以从其流动比率和利息费用的变动反映出来。流动比率用来评价企业的短期偿债能力，一般认为流动比率在 2 左右时，企业短期偿债能力较强。从表 9-17 来看，康师傅的流动比率只有 0.6 左右，这也说明康师傅的短期偿债能力很差，利息费用逐年增加，使偿还负债的压力一直很大，因此康师傅的短期财务风险也在逐渐增加。

表 9-16 康师傅的负债规模 （单位：百万美元）

项 目	2012 年	2013 年	2014 年	2015 年
短期借款	499.71	1016.64	1382.03	1123.20
长期借款	984.76	659.64	1246.72	1326.37

表 9-17 康师傅的流动比率和利息费用

项 目	2013 年	2014 年	2015 年
流动比率	0.66	0.64	0.68
利息费用（百万美元）	37.35	47.15	61.84

面对行业整体下行的趋势，康师傅的财务战略无论是投资战略，筹资战略还是利润分配战略都呈现了防御收缩的特征，符合衰退期的客观周期规律。

（资料来源：蔺娜娜、胡燕，基于衰退期的企业财务战略分析——以"康师傅"为例，商业会计，2017（24），有改动）

【本章小结】

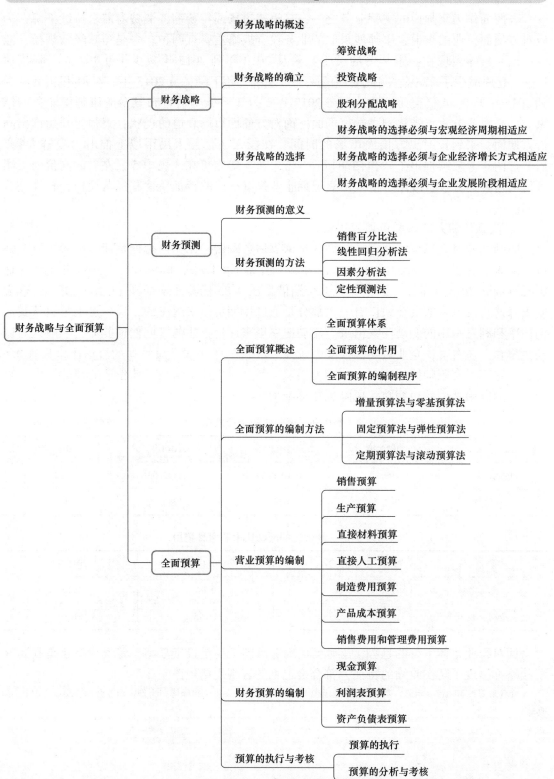

财务战略与全面预算
- 财务战略
  - 财务战略的概述
  - 财务战略的确立
    - 筹资战略
    - 投资战略
    - 股利分配战略
  - 财务战略的选择
    - 财务战略的选择必须与宏观经济周期相适应
    - 财务战略的选择必须与企业经济增长方式相适应
    - 财务战略的选择必须与企业发展阶段相适应
- 财务预测
  - 财务预测的意义
  - 财务预测的方法
    - 销售百分比法
    - 线性回归分析法
    - 因素分析法
    - 定性预测法
- 全面预算
  - 全面预算概述
    - 全面预算体系
    - 全面预算的作用
    - 全面预算的编制程序
  - 全面预算的编制方法
    - 增量预算法与零基预算法
    - 固定预算法与弹性预算法
    - 定期预算法与滚动预算法
  - 营业预算的编制
    - 销售预算
    - 生产预算
    - 直接材料预算
    - 直接人工预算
    - 制造费用预算
    - 产品成本预算
    - 销售费用和管理费用预算
  - 财务预算的编制
    - 现金预算
    - 利润表预算
    - 资产负债表预算
  - 预算的执行与考核
    - 预算的执行
    - 预算的分析与考核

【课后习题】

一、思考题

1. 企业在不同的发展阶段,应分别选择什么样的财务战略?
2. 试说明财务预测的销售百分比法的原理和优缺点。
3. 全面预算的编制程序是什么?
4. 全面预算体系包括哪些内容?
5. 营业预算包括哪些内容?
6. 财务预算包括哪些内容? 各类预算如何编制?

二、练习题

(一) 单项选择题

1. 短期借款较多,流动比率降低,这对一个企业来说一般属于 ( )。

A. 优势   B. 劣势   C. 机会   D. 威胁

2. 在初创期的企业,股利政策一般 ( )。

A. 采用非现金股利政策   B. 可以考虑适当的现金股利政策

C. 采用高股利分配政策   D. 采用高现金股利政策

3. 关于不同发展阶段的财务战略,下列说法中不正确的是 ( )。

A. 初创期应尽量使用权益筹资,应寻找从事高风险投资、要求高回报的投资人

B. 在扩张期,由于经营风险降低,企业可以大量增加负债比例,以获得杠杆利益

C. 在稳定期,企业的投资人主要是大众投资者,公司多余的现金应该返还给股东

D. 在衰退期,企业应该进一步提高债务筹资比例

4. 某公司上一年的销售收入为 2 000 万元,若预计下一年通货膨胀率为 5%,销售量增长 10%,所确定的外部筹资额占销售增长的百分比为 20%,则相应外部应追加的资金为 ( ) 万元。

A. 62   B. 60   C. 25   D. 75

5. 某公司上年度资金实际平均占用量为 1 500 万元,其中不合理占用的部分为 100 万元,预计本年度销售增长 20%,资金周转速度加快 1%,则预计本年度资金需要量为 ( ) 万元。

A. 1 663.2   B. 16 968   C. 1 900.8   D. 1 939.2

6. 企业按弹性预算法编制费用预算,预算直接人工工时为 5 万 h,变动成本为 50 万元,固定成本为 30 万元,总成本费用为 80 万元;如果预算直接人工工时达到 7 万 h,则总成本费用为 ( ) 万元。

A. 80   B. 70   C. 100   D. 110

7. 能够将预算期间与会计间相对应的预算编制方法是 ( )。

A. 定期预算法   B. 滚动预算法   C. 固定预算法   D. 增量预算法

8. 甲企业采取的收账政策为本月销售的货款本月收回 50%,下月收回 30%,下下月再收回 20%,未收回的部分在"应收账款"科目进行核算。已知该公司 3 月初的应收账款

余额为 19 万元，其中包含 1 月份发生的销售收入未收回的部分 4 万元，3 月份发生的销售收入为 25 万元，则在 4 月初的时候，该公司应收账款的余额为（　　）万元。

  A. 27.5   B. 18.5   C. 21.5   D. 22.5

  9. 东大公司销售的电子产品得到了消费者的广泛认可，由于该产品在市场上供不应求，公司现决定追加投资一项专业设备来扩大生产量，购置该固定资产的预算属于（　　）。

  A. 业务预算   B. 专门决策预算   C. 财务预算   D. 短期预算

  10. 某企业正在编制第四季度的材料采购预算，预计直接材料的期初存量为 1 000kg，第四季度预计生产需用量为 3 500kg，期末存量为 800kg；材料采购单价为 25 元/kg，材料采购货款有 30% 当季度付清，其余 70% 在下季度付清。该企业第四季度采购材料形成的应付账款期末余额预计为（　　）元。

  A. 3 300   B. 24 750   C. 57 750   D. 82 500

  11. 在直接人工预算中，预计生产量的数据来源于（　　）。

  A. 生产预算   B. 制造费用预算   C. 销售预算   D. 直接材料预算

（二）计算与分析题

  1. 大地公司 20×1—20×5 年的产品销售量和资金需要总额见表 9-18。假定该公司 20×6 年预计产品销售量为 8.5 万件。

表 9-18　大地公司产品销售量与资金需要总额的历史资料

年　度	产品销售量 x（万件）	资金需要总额 y（万元）
20×1 年	6.00	650.00
20×2 年	5.00	550.00
20×3 年	5.50	600.00
20×4 年	6.50	700.00
20×5 年	7.00	750.00

  要求：预测大地公司 20×6 年资金需要总额。

  2. 甲企业 20×2 年实际利润表中的主要项目与营业收入的比例见表 9-19，企业所得税税率为 25%。实际资产负债表及其相关项目的销售百分比见表 9-20。该企业 20×3 年预计营业收入为 120 000 万元，企业税后利润的留用比例为 60%。

  要求：

  （1）试填写表 9-19 该企业 20×3 年预计利润表（简化）的数据，并预测留用利润。

  （2）试填写表 9-20 该企业 20×3 年预计资产负债表（简化）的数据，并预测外部筹资额。

表 9-19　20×3 年预计利润表（简化）

项　目	20×2 年实际数（万元）	占营业收入的比例	20×3 年预计数（万元）
营业收入	100 000.00	100.00%	
减：营业成本	75 000.00	75.00%	

（续）

项　　目	20×2年实际数（万元）	占营业收入的比例	20×3年预计数（万元）
销售费用	10 000.00	10.00%	
管理费用	5 000.00	5.00%	
财务费用	1 500.00	1.50%	
营业利润	8 500.00	8.50%	
加：营业外收入	5 000.00		
减：营业外支出	4 500.00		
利润总额	9 000.00	9.00%	
减：所得税费用	2 250.00		
净利润	6 750.00		

表 9-20　20×3 年预计资产负债表（简化）

项　　目	20×2年实际数（万元）	20×2年销售百分比	20×3预计数（万元）
资产：			
货币资金	12 000.00	12.00%	
应收票据			
应收账款	15 500.00	15.50%	
存货	5 000.00	5.00%	
其他流动资产	300.00		
固定资产	4 000.00		
资产总计	38 800.00	38.80%	
负债及股东权益			
应付票据			
应付账款	4 000.00	4.00%	
其他流动负债	1 050.00	1.05%	
非流动负债	1 000.00		
负债合计	6 050.00	6.05%	
股本	28 000.00		
未分配利润	4 750.00		
股东权益合计	32 750.00		
追加外部筹资额			
负债及股东权益总计	38 800.00		

3. 甲公司计划本年只生产一种产品，有关资料如下：

（1）每季的产品销售货款有 60% 于当期收到现金，有 40% 于下个季度收到现金，未收到的货款通过应收账款核算，预计第一季度末的应收账款为 3 800 万元，第二季度的销售收入为 8 000 万元，第三季度的销售收入为 12 000 万元。产品售价为 1 000 元/件。

（2）每一季度末的库存产品数量等于下一季度销售量的 20%。单位产品材料定额耗用量为5kg，第二季度末的材料结存量为 8 400kg，第二季度初的材料结存量为 6 400kg，材料单价为 10 元/kg。

（3）材料采购货款在采购当季度支付 80%，剩余的 20% 在下季度支付，未支付的采购货款通过应付账款核算，第一季度末的应付账款为 100 万元。

要求：

1）确定第一季度的销售收入。

2）确定第一季度销售的现金收入合计。

3）确定第二季度的预计生产量。

4）确定第二季度的预计材料采购量。

5）确定第一季度采购的现金支出合计。

第十章

财务分析

【学习目标】

1. 认识并了解财务分析的目的、内容、信息来源、评价标准及方法

2. 掌握财务分析中四大能力分析的关键指标，重点掌握比率分析法在偿债能力分析、营运能力分析、盈利能力分析中的应用

3. 掌握财务综合分析的方法及其应用

【课程思政】

在学习掌握财务分析的方法并将其应用于四大能力分析及财务综合分析的基础上，培养学生正确的人生价值观。引导学生明白财务报表的编制必须保证真实、合理、完整、正确、及时，才能使报表融入客观公正、坚持准则的信息；通过财务分析，理解报表所蕴含的哲学思想，使学生树立务实求真、与时俱进和服务大局的思想认识。

【导入案例】

国内市场上曾发生过这样一个并购案，上市公司 A 收购非上市公司 B 的控股权。B 公司的净资产总额为 1.2 亿元，当年的净利润为 0.3 亿元。A 公司聘请的资产评估师运用成本法评估 B 公司的净资产价值为 1.6 亿元，用权益法评估 B 公司的净资产价值为 3 亿元。最终双方确定的 B 公司净资产价值为 3.6 亿元。在这个案例中，出现了几个与财务报表、企业价值评估有关的术语，如净资产、净利润、成本法、权益法等。试问：

1. 并购企业，是购买企业的总资产还是净资产？并购价格的确定应考虑哪些因素？

2. 如果让你参与并购谈判，你应该关注企业财务报表的哪些项目？不进行财务报表分析行不行？

3. 在企业并购中，应如何确保各利益相关者之间的和谐性和公平性？

(资料来源：张新民、钱爱民，财务报表分析 (第三版)，北京：中国人民大学出版社，2014，有改动)

第一节　财务分析概述

▶▶ 一、财务分析的概念

财务分析是指以企业财务报告及其他相关资料为主要依据，运用一定的分析方法和技

术对企业的财务状况和经营成果进行评价和剖析的过程，它能够反映企业在运营过程中的利弊得失和发展趋势，从而为改进企业财务管理工作和优化经济决策提供重要的财务信息。

二、财务分析的目的

财务分析的主要依据是企业财务报告，而财务报告的使用者包括管理者、投资者、债权人、政府及其他行政管理机构、职工及其他关联单位等，不同的主体进行财务分析的目的有所不同，所关心的问题也是不同的，因此也就形成了不同的财务分析目的或研究目标。

（一）企业管理者的分析目的

企业管理者承担着企业资产经营管理的责任，他们既要使资产保值，又要为投资者赚取尽可能多的利润，因此，他们在进行财务分析时既要了解企业资产的运营状况、计划、成本、财务的完成情况，企业整体的盈利能力等，又要通过财务分析综合确定各部门的工作业绩和经营责任的完成情况，提高经营管理水平。

（二）企业投资者的分析目的

企业投资者向企业投入资本是为了得到期望的收益，获得较高的投资回报率，因此，通过财务分析，他们可以全面考察公司的经营状况、盈利能力以及未来发展趋势，在保证投资资本安全性的同时，更有效地预测投资风险和投资报酬。同时，企业的权益结构和偿债能力等，也被企业投资者所关注，因为通过财务分析，企业投资者可以评价企业经营者的经营业绩与经营责任的履行情况，发现经营管理过程中存在的问题，从而行使股东权利，为企业的未来发展指明方向。

（三）企业债权人的分析目的

企业债权人除了向公司提供商品与劳务的各类供应商，还包括向企业提供贷款业务的金融保险机构以及购买公司债券的单位和个人等。他们进行财务分析的目的在于分析、判断公司是否能够及时、足额地清偿债务，以维护其债权的安全性、流动性和收益性。另外，企业债权人通过财务分析还可以将企业的偿债能力与盈利能力相结合进行评估，以决定是否继续借贷并确定借贷条件等。

（四）政府及其他行政管理机构的分析目的

政府及其他行政管理机构包括财政、税收等部门，主要关心企业的盈利和长远发展能力，履行监管职责，进行财务分析的目的是保证国家宏观政策、行政法规及行业制度的落实与执行，同时也要保证国家财政收入的及时、足额上缴等。

（五）职工及其他关联单位的分析目的

职工及其他关联单位进行财务分析的目的主要是了解企业的盈利能力和长远发展能力、企业的信用和竞争能力以及企业的财务状况等信息，以保障自身的权益。

三、财务分析的内容

企业的财务活动是一个有机的动态系统，与此相适应，财务分析的内容也因内外部的不同分析主体而随之扩展。财务分析的主要内容由会计报表的分析、企业四大能力分析和财务综合分析等组成。

（一）会计报表的分析

企业的会计报表分析主要包括对资产负债表、利润表和现金流量表的质量、结构和趋势的分析。

1. 会计报表质量分析

企业的资产负债表、利润表和现金流量表涵盖了企业六个会计要素和现金流量的状况，会计报表的质量分析就是对企业的财务状况质量、经营成果质量和现金流量质量进行分析，关注报表中的数据与企业现实经济状况的吻合程度、不同期间数据的稳定性、不同企业数据总体的分布状况等。

2. 会计报表结构分析

会计报表结构是指报表各内容之间的相互关系。通过会计报表结构分析，可以从整体上了解企业财务状况的组成、利润形成的过程和现金流量的来源，深入探究企业财务结构的具体构成因素及原因，有利于更准确地评价企业的财务能力。

3. 会计报表趋势分析

会计报表趋势分析是依据企业在连续期间内的会计报表，以某一年或某一期间（基期）的数据为基础，计算其他期间各项目相对基期同一项目的变动状况，观察该项目数据的变化趋势，揭示企业各个期间经济行为的性质和发展方向。

（二）企业四大能力分析

1. 偿债能力分析

负债经营是一种重要的企业经营方式，一方面企业可以通过负债经营获得财务杠杆利益，提高净资产收益率，但另一方面，企业也面临着是否能及时、足额偿还债务的财务风险。因此，偿债能力分析自然成为企业财务分析中一项最基本也是最重要的内容。

2. 营运能力分析

企业营运能力分析主要是通过分析企业资产的分布情况和周转情况，以判断公司资产的运营状况并测算公司未来的资金需求量。通过营运能力分析，可以发现企业资产利用效率的不足，挖掘资产潜力。

3. 盈利能力分析

盈利能力是企业赚取利润的能力，盈利能力分析是通过分析企业利润目标的完成情况和不同年度盈利水平的变动情况，预测企业的盈利前景。

4. 发展能力分析

企业发展的内涵是企业价值的增长，是企业通过生产经营，不断扩大积累而形成的发展潜能。发展能力分析是对企业进行全方位、多角度评价的过程。

（三）财务综合分析

财务综合分析是对上述四大能力之间的相关关系进行解释，全方位地综合评价企业的整体运营状况、盈利能力和现金流量等，以揭示企业财务活动优劣，找出改进财务工作的有效方法，实现企业价值的最大化。财务综合分析采用的具体方法有杜邦分析法、沃尔评分法等。

▶ 四、财务分析的信息来源

财务分析的信息来源主要包括企业的财务信息和非财务信息。

（一）企业财务信息

财务分析的信息来源主要是企业的财务信息，有对内、对外两种。

1. 对外的财务信息

对外的财务信息主要包括公司基本情况介绍、股本变动、股东情况、公司治理结构、股东大会情况、董事会和监事会报告、重要事项、基本会计报表（会计报表主表、附表）、会计报表附注等。其中，基本会计报表中的会计报表主表有资产负债表、利润表和现金流量表，附表则包括股东权益增减变动表、减值准备表等。这些会计报表从不同角度、多方面地反映了企业的财务状况、经营成果和现金流量情况。

2. 对内的财务信息

对内的财务信息主要包括企业内部管理报表及其他相关资料。

（二）企业非财务信息

财务分析的信息来源除了企业的财务信息以外，还有非财务信息，非财务信息包括企业所处的行业背景、企业的竞争策略等。

▶ 五、财务分析的评价标准

财务分析的评价标准是在一定的评价目标下，人为设定的划分评价对象优劣的财务标准。财务分析的评价标准并不是唯一的，采用不同的标准会使得同一分析对象得到不同的分析结论。在选择评价标准时，应当注意分析目的，并结合企业的实际情况，选择恰当的分析评价标准。

一般来说，财务分析的评价标准有经验标准、行业标准、历史标准和目标标准。

1. 经验标准

经验标准是依据大量、长期的日常观察和实践形成的标准，该标准的形成一般没有理论支撑，只是简单地根据事实现象归纳的结果。使用经验标准一般要注意：第一，任何经验标准都仅在某一行业内适用，对其他行业则不一定适用，例如，制造业的资产负债率在40%~60%之间是合适的，但是对于金融企业这一标准就完全不合适；第二，任何经验标准都仅在某一时间段内成立，随着经济环境的改变和技术变革，经验标准也会随之改变。

2. 行业标准

行业标准是指行业内所有企业某个相同财务指标的平均水平或者是较优水平。行业标准的优点是便于同行业企业之间的比较，通过比较可以体现企业在本行业内所处的地位，如果很优秀的话，基本可以说明该企业具有较强的竞争能力。但要注意的是：第一，很难找到两个经营业务完全一致的企业，例如，在某个行业内，企业的主营业务相同，但是不同的企业还有不同的其他业务，这些其他业务会影响企业的财务指标，使其相互之间的可比性下降；第二，即使行业内企业的经营业务相同，也可能存在会计处理方法上的不同，为此，在使用行业标准时需要考虑不同企业间的会计政策差异。

3. 历史标准

历史标准是指本企业在过去某段时间内分析指标的实际值，根据分析需要，历史标准既可以选择历史平均值，也可以选择历史最佳值。历史标准反映了本企业在时间序列上的情况，由于是与自身历史状况相比，所以可比性强。但要注意：第一，即使分析的结果是企业当前指标优于历史标准，也不能说明企业在行业内所处的地位，因为在企业进步的同时，可能行业内的其他企业取得了更大的发展，反而降低了本企业在行业内的竞争力；第二，当企业发生经营业务上的重组和变更时，历史标准的可比性就会严重下降，原有的财务数据已经不能为今所用；第三，新成立的企业没有历史标准可用。

4. 目标标准

目标标准是指财务人员综合历史财务数据和现实经济状况提出的理想标准，在财务分析实践中，一般使用财务预算作为目标标准，因为财务预算是企业综合内部各个部门意见后制订的可行计划。但是企业预算作为内部信息不对外公布，外部财务人员无法取得和使用；同时，企业预算带有一定的主观因素，且很难随着经济环境的变动而调整，其客观性和可靠性可能存在一定问题。因此，目标标准一般是企业内部分析人员在评价考核中使用的评价标准。

以上四种财务分析的评价标准各有不同的优缺点，在实践中应该根据企业的实际情况选择使用。

六、财务分析的方法

企业进行财务分析时需要运用一定的分析方法，主要包括比较分析法、比率分析法和因素分析法等。

（一）比较分析法

比较分析法是财务分析中最常用的分析方法之一，是指从数量上对同一财务指标在不同期间、不同企业或实际数与预算数之间进行比较的一种分析方法。比较分析法的主要作用在于揭示财务活动中的数量关系和数量差距，从中发现问题，为进一步分析、判断、评价、决策指明方向。

比较分析法一般有以下三种形式：

（1）本期数与往年同期数相比较。对比方式主要包括增减变动数量和增减变动率，计算公式分别见式（10-1）和式（10-2）。

$$增减变动数量 = 本期数 - 往年同期数 \qquad (10-1)$$

$$增减变动率 = \frac{增减变动数量}{往年同期数} \times 100\% \qquad (10-2)$$

（2）本期实际完成数与预期目标相比较。将本期的实际完成数与预期目标、计划指标、定额指标或标准值的比较。

（3）本期实际指标与同行业或同类公司同类指标相比较。将本期的实际指标与国内外同类公司的平均水平、先进水平的比较。

在具体运用比较分析法时，应当注意所利用的财务指标的可比性，这种可比性主要体现在：

（1）财务指标的性质相同。相互对比的指标所代表的财务活动的规模应基本相同，不同类型的企业，其财务指标不可比。

（2）财务指标的范围一致。相比较的财务指标所反映的内容应基本相同，例如，将不同期间的产品成本进行比较，其成本所涉及的内容应基本一致。

（3）财务指标的时间相同。所比较的财务指标所反映的时间长度应是相当的，一般采用年度或月份指标进行比较。

（4）财务指标的计算方法、计算标准、计算口径基本相同。如果所比较的指标不可比，应当做适当的调整，以消除不可比因素。

【资料阅读】

比较财务报表与比较百分比财务报表

比较财务报表是将企业连续几期财务数据共同列示的财务报表，分析比较财务报表中各个项目增减变化的幅度及其变化原因，可以判断企业财务状况的发展趋势。比较财务报表分析是一种水平分析，比较财务报表列示的期数越多，分析结果的可靠性就越高。但是，在分析比较财务报表时，必须考虑各期数据的可比性，某些特殊原因（如会计政策的变化）会导致某一时期的某项财务数据变化较大，从而使各期数据缺乏可比性。因此，在分析过程中应排除不可比的因素，使各期财务数据具有可比性。

比较百分比财务报表是在比较财务报表的基础上发展而来的，是将财务报表中的各项数据用百分比来表示。比较财务报表是比较各期报表中的数据，比较百分比财务报表则是比较各项目百分比的变化，以此来判断企业财务状况的发展趋势。因此，采用比较百分比财务报表进行分析比前者更直观地反映了企业的发展趋势。比较百分比财务报表既可用于同一企业不同时期财务状况的纵向比较，也可用于不同企业之间或同行业平均数之间的横向比较。

（二）比率分析法

比率分析法是财务分析中使用最普遍的分析方法之一，它是利用指标间的相互关系，通过计算财务数据的比率，并将其与各种标准进行比较，从而分析判断企业的经营状况和财务状况的一种分析方法。相对于比较分析法中绝对数额的比较，这种分析方法以比值或百分比的形式来反映财务报表中各会计科目之间的相互联系，扩大了比较范围，将不可比的指标变为可比指标，深入揭示了企业财务活动的内在联系与矛盾。

1. 比率分析法的分类

根据分析的不同内容和要求，比率分析法主要分为相关比率分析和结构比率分析。

（1）相关比率分析。相关比率分析是根据经济活动之间客观存在的相互关系，将两个性质不同但又相关的指标加以对比，求出比率，从而从经济活动的客观联系中认识企业的生产经营状况。

（2）结构比率分析。结构比率是指某项财务指标占总体的百分比，计算公式如下：

$$构成比率 = \frac{某项指标值}{总体值} \times 100\% \tag{10-3}$$

结构比率反映了个体与整体的相互关系，如固定资产占全部资产的比例，应收账款占流动资产的比例等。结构比率分析在企业财务报表的分析中又被称作垂直分析。

2. 采用比率分析法的注意事项

尽管比率分析法能够有效地分析企业的营运能力和财务状况，但在具体应用时仍需特别注意以下几点。

（1）比率分析法不能单纯地、机械地分析，在分析比较某些特定比率时，应结合各个企业的特定经营管理状况、所在地区的经济环境等其他相关因素考虑，避免产生误导。例如，通货膨胀会严重歪曲企业的资产负债表，特别是按历史成本计账时，其账面价值和实际数据相去甚远，同时，通货膨胀对存货成本和折旧费用等也会产生影响，从而影响利润的真实性；再如，季节性因素将影响商品流通类企业，这类企业在节假日前、后编制的财务报表，其存货周转率、产品销售利润率等指标的数值可能会大相径庭。

（2）比率分析法没有唯一正确的值，因此不能片面地判断比率的好与坏、高与低，应注意与分析角度及企业竞争战略的结合。例如，流动比率较高，对短期债权人来说是积极的，因为这表明了企业流动状况良好，短期偿债能力较强；但对企业股东来说，却反映了公司资产运用策略的保守。同样，固定资产周转速度快可能说明企业的资产利用率较高，但也可能说明公司资金不足，无法购买足够的机器设备。

（3）很多多元化经营的企业由于受到其多元化投资战略的影响，事业性质复杂、行业分布较广，其财务比率的内涵无法通过比较来说明，更无法进行行业间的比较分析，因此，在进行比率分析时，应注意选择企业主要经营活动的财务数据或主要行业的财务数据，并与行业标准进行比较。

（4）不同企业使用不同的会计计量方法，可能会使财务指标的计算大不相同。例如，不同的存货计价方法、不同的折旧方法、不同的对外投资核算方法都会对财务指标的计算产生影响，增加企业间比较分析的难度。

（5）当企业的一部分财务指标良好，而另一部分财务指标很差时，很难准确地判断该企业的情况究竟是好是坏，因此应全面考察企业经营、管理、财务等具体状况再做出判断。

（6）在财务分析中，比率分析法通常应与比较分析法相结合，以便更充分、全面、深入地揭示企业的财务状况、经营成果及未来变动趋势。

使用比率分析法时，可以通过三种评价方法来有效地判断公司的健康状况：第一，将比率与经验标准进行比较；第二，将比率与行业水平进行比较；第三，考虑比率在时间上的变化。上述三种评价方法中，考虑比率在时间上的变化是最有效的一种，因为只有对某一企业的相关数据做长时间的跟踪调查分析，找出其变化规律，同时注意将各期数据相互对照检视有无重大差异，找出重大差异的成因并进行解释，才能更全面、恰当地评价财务指标的好坏，从而准确地判断企业的财务状况、经营成果，特别是未来的发展趋势。

（三）因素分析法

因素分析法是通过分析影响财务指标的各项因素，并计算其对指标的影响程度来说明财务指标变动的主要原因的一种分析方法。某些综合性的财务指标，往往受多种因素的影响，因此在进行财务分析时，通常需要将这些综合指标层层分解，以确定关键控制环节并明确划分责任。由于构成综合指标的各因素之间相互联系的复杂性不同，因此可以用因素分析法来确定这些相互联系的因素对某项综合指标的影响程度。因素分析法一般可分为四个步骤：第一步，确定分析对象，即某项指标；第二步，确定分析对象的影响因素，即由哪几个因素构成；第三步，确定分析对象与其影响因素之间的关系，建立函数关系式；第四步，按照一定顺序依次替换各个因素变量，计算各个因素对分析对象的影响数额。

如果各项因素与某项指标的关系为加或减的关系，可采用因素列举法。例如，某财务指标 x，由 a 和 b 两个因素构成，x 与 a、b 之间的关系为 $x = a + b$；该指标实际数与计划数的差异为 y。设计划数为 $x_0 = a_0 + b_0$，本期实际数为 $x_1 = a_1 + b_1$。

本期实际数与计划数的差异 $y = x_1 - x_0$，则 a 和 b 两因素对指标 x 的影响程度分别为：$a_1 - a_0$ 和 $b_1 - b_0$。

如果各项因素与某项指标的关系为乘或除的关系，可采用连环替代法。连环替代法是根据指标构成因素的顺序逐次替代计算，以确定各因素对指标影响程度的方法。

例如，某项指标 p 由 a、b 和 c 三个因素的乘积构成，则其计划数为 $p_0 = a_0 b_0 c_0$，实际数为 $p_1 = a_1 b_1 c_1$。

设实际数 p_1 与计划数 p_0 的差异为 $D = p_1 - p_0$，运用连环替代法，则影响因素 a、b、c 各自的影响程度计算如下：

a 因素的影响程度 $d_1 = (a_1 - a_0) b_0 c_0$；$b$ 因素的影响程度 $d_2 = a_1 (b_1 - b_0) c_0$；$c$ 因素的影响程度 $d_3 = a_1 b_1 (c_1 - c_0)$；实际数与计划数的差异 $D = p_1 - p_0 = d_1 + d_2 + d_3$。

在实际工作中，财务分析往往是以上三种基本分析方法的结合运用。这三种分析方法互相结合、互相补充、互相印证，才能较为全面和深入地了解企业的财务状况、经营和管理情况，以及未来发展的情况，为进行各种经济决策提供可靠的依据。

▶▶ 七、财务分析应注意的问题

财务分析工作错综复杂，对财务管理人员的素质要求很高，对一些财务问题的理解和认识，往往因人的素质不同而得出不同的结论。因此，分析时应注意以下问题。

（一）企业内部人员在分析时应注意的问题

1. 要注意对会计报表的理解

企业在进行内部的财务分析时，不能简单依靠公开发表的会计报表，因为公开发表的会计报表需按公认的会计准则和财务通则提供数据，有些数据经调整后不能直接、全面地反映企业的现实情况。而且，会计报表的数据只能反映企业过去的情况，不能预测未来，这就要求企业内部人员在进行财务分析时应将内部直接数据和企业未来计划或预测数据与公开的会计报表相结合，全面理解会计报表。

2. 要注意数据的可靠性

企业的财务分析必须建立在拥有比较健全的会计制度和财务管理组织机构的基础上。

这样，才能为分析提供比较可靠的数据，否则，提供的数据不充分、不准确，会使所进行的会计报表分析出现判断错误和决策失误。

3. 要注意正确使用分析的评价标准

在财务分析过程中不仅要以本企业的历史情况作为分析的评价标准，还应以同行业的情况和本地区的平均水平作为评价标准。注意不要以几个简单的数字或比率做出武断的评价。

（二）企业外部人员在分析时应注意的问题

1. 要估计企业提供信息的准确性

由于外部人员只能根据企业提供的会计报表进行分析，因此，应仔细检查提供的会计报表的各指标、项目是否准确，确定会计报表无弄虚作假的情况后方能作为分析的依据。此外，对于账簿体系和会计报表不够完善的企业，首先应对其提供的信息的准确性加以估计和判断，然后在此基础上再进行分析。

2. 不能只注重定量分析，要对有关定性分析的结论给予充分的考虑

财务分析只能反映企业已发生的经济活动和经营业绩，不能直接反映产品的质量、设备性能、职工工作态度等定性情况。因此，在分析时应对上述因素给予充分的考虑。

3. 应注意选择适宜的分析方法

在财务分析过程中，应根据企业的生产经营类别、生产规模、分析目的和问题的重点，恰当地选用适宜的分析方法。在进行分析时，还应确定一个分析顺序，逐步分析，揭示主要的问题。

4. 要注意对财务比率的评价

财务分析的重点不是计算财务比率，而是将财务比率作为暴露企业问题的线索。要对计算出的各种财务比率进行加工整理和综合分析，如有不正常情况，应进一步核实，查找原因。

第二节 偿债能力分析

▶▶ 一、偿债能力的含义与种类

偿债能力是指企业对债务清偿的承受能力或保障程度。偿债能力是企业经营者、债权人及投资者都非常关注的能力，进行偿债能力分析时，不但要关注企业的流动性，还要关注企业的可持续性，特别应关注企业产生现金流量的能力。

企业的债务一般按到期时间分为短期债务和长期债务，偿债能力分析也由此分为短期偿债能力分析和长期偿债能力分析。

▶▶ 二、短期偿债能力分析

短期偿债能力是指企业偿还流动负债的能力，或者说是指企业在短期债务（一年或一个营业周期）到期时可以变现为现金用于偿还流动负债的能力。因此，短期偿债能力分析也被称为企业流动性分析。短期偿债能力不仅是企业经营者所关心的问题，也是企业债权人、投资者等所关心的重要问题。

首先，对企业经营者来说，企业能否及时偿付到期的流动负债，是反映企业财务状况安全性的重要标准；其次，对债权人来说，只有企业具备充分的偿还能力，才能保障其债权的安全；最后，对投资者来说，如果公司的短期偿债能力发生问题，就会牵制企业管理人员花费大量的精力去筹措资金、偿还债务，也会增加企业筹资的难度，或加大临时性紧急筹资的成本，影响企业的盈利能力。

企业短期偿债能力的衡量指标主要有营运资金、流动比率、速动比率、现金比率和现金流量比率。

（一）营运资金

1. 营运资金的含义

营运资金是指流动资产超过流动负债的部分，是反映短期偿债能力的一项基本指标。其计算公式如下：

$$营运资金 = 流动资产 - 流动负债 \tag{10-4}$$

一般而言，营运资金越多偿债越有保障，当流动资产大于流动负债时，营运资金为正，说明企业财务状况稳定，不能偿债的风险较小；反之，当流动资产小于流动负债时，营运资金为负，此时，企业部分非流动资产以流动负债作为资金来源，企业不能偿债的风险很大。因此，企业必须保持正的营运资金，以避免流动负债的偿付风险。

另外，营运资金还有一种计算公式，其推导过程如下：

$$
\begin{aligned}
营运资金 &= 流动资产 - 流动负债 \\
&= （总资产 - 非流动资产）-（总资产 - 所有者权益 - 非流动负债）\\
&= （股东权益 + 非流动负债）- 非流动资产 \\
&= 长期资本 - 长期资产
\end{aligned}
\tag{10-5}
$$

当流动资产小于流动负债时，营运资金为负数，表明长期资本小于长期资产，部分长期资产由流动负债提供资金来源。由于流动负债需要在一年内偿还，而长期资产在一年内不能变现，企业偿债所需现金不足，就必须设法另外筹资，否则会导致财务状况不稳定。

2. 营运资金分析

当营运资金短缺时，企业为了维持正常的经营和信用水平会进行借款，从而影响利息和股利的支付能力；然而，由于流动资产与长期资产相比获利性差，过多持有营运资金意味着流动负债少而流动资产多，不利于企业提高盈利能力，而且，除了短期借款以外的流动负债通常不需要支付利息，流动负债过少说明企业利用无息负债扩大经营规模的能力较差。因此，企业应保持适当的营运资金规模。

【例 10-1】TW 公司 2019 年 12 月 31 日资产负债表、利润表和现金流量表见表 10-1、表 10-2、表 10-3。根据表 10-1 中有关数据，可计算出该公司本年年末和上年年末营运资金：

上年年末营运资金 = 5 285.61 - 2 348.79 = 2 936.82（万元）

本年年末营运资金 = 7 459.83 - 2 356.09 = 5 103.74（万元）

表 10-1　资产负债表

| 编制单位：TW 公司 | 2019 年 12 月 31 日 | （单位：万元） |

项　目	期 末 余 额	期 初 余 额
流动资产：		
货币资金	4 445.96	1 898.84
以公允价值计量且其变动计入当期损益的金融资产		
衍生金融资产		
应收票据	4.30	4.84
应收账款	103.28	160.18
预付账款	344.70	789.84
其他应收款	116.21	94.19
存货	2 443.84	2 335.01
持有待售资产		
一年内到期的非流动资产	1.54	2.72
其他流动资产		
流动资产合计	7 459.83	5 285.61
非流动资产：		
可供出售金融资产		
持有至到期投资		
长期应收款		
长期股权投资	0.50	0.50
投资性房地产		
固定资产	3 845.54	3 648.34
在建工程	83.52	24.69
生产性生物资产		
油气资产		
工程物资	135.51	3.54
无形资产	51.49	45.70
开发支出		
商誉		
长期待摊费用	12.23	19.37
递延所得税资产		
其他非流动资产		
非流动资产合计	3 993.29	3 742.14
资产总计	11 453.12	9 027.76
流动负债：		
短期借款		1 100.00
以公允价值计量且其变动计入当期损益的金融负债		

（续）

项　目	期　末　余　额	期　初　余　额
衍生金融负债		
应付票据及应付账款	897.20	714.02
预收款项	397.24	163.64
应付职工薪酬	104.85	82.91
应交税费	131.49	41.35
应付股利	31.75	2.45
其他应付款	386.16	237.08
持有待售负债		
一年内到期的非流动负债	400.00	
其他流动负债	7.40	7.33
流动负债合计	2 356.09	2 348.79
非流动负债：		
长期借款	2 500.00	3 800.00
应付债券		
长期应付款		
预计负债		
递延收益		
递延所得税负债		
其他非流动负债		
非流动负债合计	2 500.00	3 800.00
负债合计	4 856.09	6 148.79
少数股东权益	202.33	189.46
所有者权益（或股东权益）：		
股本	1 718.80	1 118.80
资本公积	3 639.29	0.96
盈余公积	404.78	266.96
未分配利润	631.83	1 302.79
所有者权益合计	6 394.69	2 689.51
负债及所有者权益合计	11 453.12	9 027.76

表 10-2　利润表

编制单位：TW 公司　　　　　　　　　2019 年度　　　　　　　　　（单位：万元）

项　目	本　期　金　额	上　期　金　额
一、营业收入	26 286.12	16 985.67
减：营业成本	23 765.81	15 102.08
税金及附加	1.48	0.05

（续）

项　目	本 期 金 额	上 期 金 额
销售费用	622.09	496.17
管理费用	840.21	606.47
研发费用		
财务费用	170.25	244.89
资产减值损失		
加：其他收益		
投资收益（损失以"−"填列）		0.12
公允价值变动收益（亏损以"−"填列）		
资产处置收益（亏损以"−"填列）	53.11	44.18
二、营业利润（亏损以"−"填列）	939.39	580.31
加：营业外收入	13.26	7.27
减：营业外支出	27.50	13.34
三、利润总额（亏损总额以"−"填列）	925.16	574.24
减：所得税费用	202.59	133.34
少数股东本期收益	25.03	8.46
四、净利润（亏损以"−"填列）	697.53	432.44
五、每股收益		
（一）基本每股收益		
（二）稀释每股收益		

表 10-3　现金流量表

编制单位：TW 公司　　　　　　　　2019 年度　　　　　　　　（单位：万元）

项　目	本 期 金 额	上 期 金 额
一、经营活动产生的现金流量：		
销售商品、提供劳务收到的现金	26 814.76	17 166.51
收到的税费返还		
收到的其他与经营活动有关的现金	10.36	6.73
现金流入小计	26 825.11	17 173.25
购入商品、接受劳务支付的现金	22 697.06	16 295.12
支付给职工以及为职工支付的现金	766.69	589.66
支付的各项税费	238.49	234.84
支付的其他与经营活动有关的现金	661.24	562.21
现金流出小计	24 363.48	17 681.83
经营活动产生的现金流量净额	2 461.64	−508.58
二、投资活动产生的现金流量		
收回投资所收到的现金		25

（续）

项　目	本期金额	上期金额
取得投资收益所收到的现金		0.12
处置固定资产、无形资产和其他长期资产而收到的现金净额	3.91	12.06
收到的其他与投资活动有关的现金		
现金流入小计	3.91	37.18
购置固定资产、无形资产和其他长期资产所支付的现金	783.84	846.51
投资所支付的现金		25.00
支付的其他与投资活动有关的现金		
现金流出小计	783.84	871.51
投资活动产生的现金流量净额	−779.93	−834.33
三、筹资活动产生的现金流量		
吸收投资所收到的现金	4 268.33	23.00
取得借款收到的现金	5 020.00	11 688.00
收到的其他与筹资活动有关的现金	70.10	30.97
现金流入小计	9 358.42	11 741.97
偿还债务所支付的现金	7 020.00	9 364.00
分配股利、利润或偿付利息所支付的现金	1 468.70	272.72
支付的其他与筹资活动有关的现金	4.30	3.14
现金流出小计	8 493.01	9 639.86
筹资活动产生的现金净额	865.41	2 102.11
四、汇率变动对现金及现金等价物的影响		
五、现金及现金等价物净增加额	2 547.12	759.19
加：期初现金及现金等价物余额		
六、期末现金及现金等价物余额		

应注意的是，由于营运资金是计算短期偿债能力的绝对数指标，如果企业之间规模相差很大，则使用绝对数相比的意义有限。因此，实务中更多是通过债务的存量比率来评价企业短期偿债能力。

（二）流动比率

1. 流动比率的含义

流动比率是流动资产除以流动负债的比值。它表示企业每1元流动负债有多少流动资产作为偿还的保障，它是反映企业流动资产能否迅速变现偿还到期流动负债的最佳指标。其计算公式如下：

$$流动比率 = \frac{流动资产}{流动负债} \tag{10-6}$$

一般而言，企业的流动资产所占比例越高，其流动性越强，偿债能力也越强。流动比率是相对数，不受企业不同规模的影响，更适合企业之间以及本企业不同历史时期的比较。

2. 流动比率分析

一般情况下，流动比率越高，企业偿还短期债务的能力越强，但并不是流动比率越高越好。因为，流动比率过高表明企业流动资产占用的资金较多，流动资产周转速度较慢，流动资产的盈利性较差，例如可能发生了存货积压滞销、应收账款增加，也可能是有较多货币资金闲置。

在会计实务工作中，一般认为流动比率为 2 比较合适。然而，有些公司流动比率虽然超过 2，其财务状况也并不一定良好，这可能是由于存货积压过多或应收账款增加且难以收回；反过来，有些公司流动比率虽然未达到 2，但财务状况却良好，这可能是由于公司加快了存货及应收账款的周转速度从而减少了流动资产的占用。

【例 10-2】根据 2019 年 TW 公司资产负债表（表 10-1）中有关数据，可计算出该公司本年年末和上年年末的流动比率如下：

$$上年年末流动比率 = \frac{5\ 285.61}{348.79} = 2.25$$

$$本年年末流动比率 = \frac{7\ 459.83}{2\ 356.09} = 3.17$$

从上述计算可以看出，TW 公司流动比率本年末比上年有所增长，且数值均高于一般公认标准 2，表明该公司短期偿债能力良好。已知 2019 年同行业流动比率的平均值为 1.8，则 TW 公司 2019 年流动比率较之同行业平均的流动比率也明显处于优势地位。

运用流动比率指标分析、评价企业的短期偿债能力，应注意以下几个问题：

（1）衡量流动比率，应根据不同企业、不同行业及不同地区经济发展水平的不同而异，即使同一公司在不同的经营时期、不同的经营决策指导下，流动比率评价标准也不尽相同。例如，制造性行业由于产品生产周期较长，且存货品种繁多，需要大量存货储备，因此流动比率较高；而商业企业销售商品大部分是通过现金交易，其应收账款和存货相对较少，绝大部分负债可能来自于赊购债务，所以流动比率可能会很低；但这些都不能体现企业短期偿债能力是强或是弱。

（2）流动比率应结合行业平均值进行比较分析，以判断企业流动比率的合理性。流动比率与行业平均值保持严格的一致性并不足以表明企业短期偿债能力的强弱，但如果过度地偏离行业平均值，即使是向上偏离，也应予以关注，因为流动资产的回报率通常低于长期资产，因此，流动资产过多的公司可能并不值得投资。

（3）对企业短期偿债能力的判断必须结合其他有关因素。因为流动资产中包括一些流动性较差的项目，可能会出现有些公司流动比率很高，但实际资产流动性很差、偿债能力不足的状况；或者有些流动比率较低的企业，可能有大量充裕的现金、随时能变现的有价证券或具有相当强的融资能力等，则其实际的短期偿债能力并不弱。因此，单纯用流动比率判断短期偿债能力是不全面的，还应充分考虑其他各种相关因素如流动资产的结构、流动负债的结构、企业对风险的承受能力、企业的临时融资能力等。

（4）注意人为因素对流动比率指标的影响。通常，公司可以利用"窗饰"来美化财务报表。例如，A 公司在 2018 年 12 月借入一笔两年期贷款，在持有一段时间贷款资金后，于 2019 年 1 月提前偿还这笔贷款，这就提高了该公司 2018 年 12 月 31 日资产负债表的流动性，起到所谓的"窗饰"作用。因此，对企业短期偿债能力进行分析时，应注意联系流动资产和流动负债的变动情况及原因，对企业偿债能力的真实性做出判断。

（三）速动比率

1. 速动比率的含义

速动比率是指速动资产与流动负债的比率。一般来说，速动资产是指在较短时间内能够变现的资产，主要包括货币资金、以公允价值计量且其变动计入当期损益的金融资产和各种应收款项，其余的流动资产，包括存货、预付款项、一年内到期的非流动资产和其他流动资产等，属于非速动资产。速动比率的计算公式如下：

$$速动比率 = \frac{速动资产}{流动负债} \tag{10-7}$$

在计算速动资产时，之所以要从流动资产中扣除存货，是因为：

（1）流动资产中存货的变现能力较差且不稳定，它通常要经过销售才能转变为现金，当存货出现滞销时，其变现能力就更成问题。

（2）部分存货需要抵押给债权人。

（3）存货估价存在成本与合理市价相差悬殊的问题。

（4）当流动性出现问题时，存货最容易产生损失。

2. 速动比率分析

与流动比率相比，速动比率更能反映企业偿还流动负债的安全性和稳定性，在会计实务工作中，一般认为速动比率为1是合适的。在进行财务分析时，速动比率多少为合适，应根据企业的性质、所处的行业以及其他因素进行综合判断。运用速动比率分析时，应将速动比率数值与不同时期数值、企业计划指标、行业平均值进行比较，并进一步结合速动资产、流动负债的项目结构变动，分析企业实际偿债能力变动情况。

【例10-3】根据2019年TW公司资产负债表（表10-1）中有关数据，可计算出TW公司本年年末和上年年末的速动资产及速动比率如下：

上年年末速动资产 = 1 898.84 + 4.84 + 160.18 + 94.19 = 2 158.05（万元）

本年年末速动资产 = 4 445.96 + 4.30 + 103.28 + 116.21 = 4 669.88（万元）

$$上年年末速动比率 = \frac{2\,158.05}{2\,348.79} = 0.92$$

$$本年年末速动比率 = \frac{4\,669.88}{2\,356.09} = 1.98$$

从上述计算可以看出，TW公司速动比率本年末较上年末有所增加，短期偿债能力增强，已知2019年同行业速动比率平均值为0.9，则TW公司2019年末速动比率高于一般公认标准1，且远高于同行业平均的速动比率。通过进一步分析可以看出，TW公司的速动资产中应收账款比重很高（分别占72%和81%），而应收账款不一定能按时收回，所以，为判断公司的偿债能力还必须进一步分析下一个重要指标——现金比率。

实际上，速动比率的质量还应结合公司的应收账款周转速度等一起进行分析，当应收账款在速动资产中占主要的部分时，如果企业的应收账款大量是无法收回的坏账，那么，再大的速动比率也是没有意义的。另外，分析速动比率时，还应关注公司偿还流动负债所需的现金是否能及时、足额地获得。

(四) 现金比率

1. 现金比率的含义

现金比率是企业现金类资产与流动负债的比率，反映了企业直接偿付的能力。现金类资产包括企业所拥有的货币资金及交易性金融资产。现金比率的计算公式如下：

$$现金比率 = \frac{货币资金 + 交易性金融资产}{流动负债} \qquad (10-8)$$

2. 现金比率的分析

现金比率是反映企业直接支付能力的指标，在流动资产中，现金及交易性金融资产的流动性最强，因此，较之流动比率和速动比率，以现金比率来衡量企业短期偿债能力更为有效。现金比率越高，企业的短期偿债能力就越强；反之则越弱。但是，并不是现金比率越高越好，这主要是因为现金类资产的盈利性水平较低，现金比率过高，则可能意味着企业现金类资产使用效率过低，企业资产未能得到充分的运用。

【例 10-4】根据 2019 年 TW 公司资产负债表（表 10-1）中有关数据，可计算出 TW 公司本年年末和上年年末的现金比率如下：

$$上年年末现金比率 = \frac{1\ 898.84}{2\ 348.79} = 0.81$$

$$本年年末现金比率 = \frac{4\ 445.96}{2\ 356.09} = 1.89$$

已知 2019 年同行业现金比率平均值为 0.42，则从上述计算结果可以看出，TW 公司 2019 年年末的现金比率比上年末增长很多，且远远高于同行业平均值，这说明该公司短期偿债能力很强。

(五) 现金流量比率

1. 现金流量比率的含义

现金流量比率是企业经营活动所产生的现金净流量与流动负债的比率，它反映了某个会计期间内以经营活动所产生的现金净流量偿付企业流动负债的倍数，其计算公式如下：

$$现金流量比率 = \frac{经营活动现金净流量}{流动负债} \qquad (10-9)$$

2. 现金流量比率的分析

现金流量比率表示每 1 元的流动负债有多少经营活动现金净流量作为偿还保障，该比率越高，企业偿债能力就越强。

【例 10-5】根据 2019 年 TW 公司资产负债表（表 10-1）和现金流量表（表 10-3）中有关数据，可计算出 TW 公司本年年末和上年年末的现金流量比率如下：

$$上年年末现金流量比率 = \frac{-508.58}{2\ 348.79} = -0.22$$

$$本年年末现金流量比率 = \frac{2\ 461.64}{2\ 356.09} = 1.04$$

已知 2019 年同行业现金流量比率平均值为 0.15，则从上述计算结果可以看出，TW 公司上年经营活动带来的是现金净流出，根本无法保证债务的偿还，而本年每 1 元的流动负债有 1.04 元经营活动现金净流量作为保障，显然，公司 2019 年经营活动现金净流量的大幅增长充分保证了短期债务的偿还，而同年同行业每 1 元的流动负债仅有 0.15 元经营活动现金净流量进行保障，说明该公司的偿债能力远远高于同行业的平均水平。

三、长期偿债能力分析

长期偿债能力是指企业偿还长期负债的能力。企业的长期负债包括长期借款、应付债券、长期应付款等。

为了全面评价企业的偿债能力和财务风险，企业不但要分析短期偿债能力，还要分析长期偿债能力。由于企业的长期负债具有债务金额大、期限长、到期还本付息等特点，企业不可能以流动性资产来偿还长期负债。一般而言，企业应保持合理的资本结构，以获得最大的财务杠杆利益，同时，企业的获利能力对企业长期负债的偿还尤为重要，企业获利能力越强，长期偿债能力就越强；反之，则越弱。

为了能有效地分析公司偿债能力是否恶化、有无改变财务结构的需要等，一般而言，用来评价企业长期偿债能力的财务指标主要有：资产负债率、产权比率、利息保障倍数等。

（一）资产负债率

1. 资产负债率的含义

资产负债率是负债总额与资产总额的比值，表示每 1 元的企业资产对企业全部负债的保障程度。它反映了在企业总资产中有多少比例的资金是通过负债的形式进行筹集的，同时也反映了企业资本结构的状况及财务风险的大小。其计算公式如下：

$$资产负债率 = \frac{负债总额}{资产总额} \times 100\% \qquad (10\text{-}10)$$

2. 资产负债率的分析

对企业来说，资产负债率一般不应超过 50%，警戒线为 60%，但不同的分析主体对资产负债率有不同的期望值。

（1）从债权人的角度看，如果企业的资产负债率较高，则相对于股东而言，债权人将承担更多的风险，甚至会面临无法收回本金的状况。因此，他们期望资产负债率越低越好，这就意味着企业资产对负债的保障程度较高，债权人承担的借贷风险就较小。

（2）从股东的角度看，他们希望通过负债筹资来获得较高的财务杠杆利益，因此，只要投资报酬率大于负债利率，激进性的企业会认为该比率越高越好，而保守性的企业则会慎重选择合适的资产负债率。

（3）从经营者的角度来看，企业管理当局会在生产经营的各个阶段，根据经营策略和财务决策的需要，在充分保障债务安全的前提下，适度追求合理的资产负债率，即最佳的资本结构，以提高企业资金的使用效率，使企业能长期稳定地发展。

无论哪个分析主体，都不能单纯地判断资产负债率过高或过低，企业负债经营最终将面临偿债的风险，因此，应该更多地关注债务所需现金的支付能力。

【例10-6】根据2019年TW公司资产负债表（表10-1）中有关数据，可计算出TW公司的资产负债率如下：

$$上年年末资产负债率 = \frac{6\,148.79}{9\,027.76} \times 100\% = 68.11\%$$

$$本年年末资产负债率 = \frac{4\,856.09}{11\,453.12} \times 100\% = 42.40\%$$

通过计算发现，TW公司上年的资产负债率偏高，超过警戒线60%的经验标准，公司债务负担较重，考虑公司的获利能力，可能是公司充分利用财务杠杆的作用，但仍需做进一步的分析；本年资产负债率相对于上年有所降低且数值保持在正常范围内，已知2019年同行业资产负债率平均值为42.43%，说明公司财务风险降低，偿债能力增强，与同行业平均长期偿债能力基本相当。

（二）产权比率

1. 产权比率的含义

产权比率是负债总额与所有者权益之间的比值，又称负债与股东权益比率。它反映了债权人及股东对企业资本的相对贡献，这种比例关系反映了企业的基本资本结构，合理的资本结构将为企业带来一定的财务杠杆作用。其计算公式如下：

$$产权比率 = \frac{负债总额}{股东权益} \tag{10-11}$$

2. 产权比率的分析

产权比率反映了股东权益对债权人投入资本的保障程度，产权比率越高，企业的获利能力越强，但同时也会带来较大的财务风险。不同经济时期企业所有者对产权比率有不同的期望值：在经济繁荣时期，企业多借债可以获得更多利润；在经济衰退时期，企业少借债可以减少利息负担和财务风险。

【例10-7】根据2019年TW公司资产负债表（表10-1）中有关数据，可计算出TW公司上年年末和本年年末的产权比率如下：

$$上年年末产权比率 = \frac{6\,148.79}{2\,878.97} \times 100\% = 213.58\%$$

$$本年年末产权比率 = \frac{4\,856.09}{6\,597.02} \times 100\% = 73.61\%$$

已知2019年同行业产权比率平均值为73.71%，上述计算表明，TW公司本年年末和上年年末的产权比率都处于较高的位置，同资产负债率的计算结果基本相符，尤其是上年产权比率表示每1元的股东权益要承担2倍多的债务负担，资本结构中债权资本的比例较大，使公司面临较大的财务风险，从而导致长期偿债能力较低。

（三）利息保障倍数

1. 利息保障倍数的含义

利息保障倍数是一定时期的息税前利润与利息费用的比值，反映企业偿还负债利息的能力，其计算公式如下：

$$利息保障倍数 = \frac{息税前利润}{利息费用} \tag{10-12}$$

式中 息税前利润——损益表中未扣除利息费用和所得税之前的利润，它可以用"净利润 + 所得税 + 利息费用"来进行计算；

利息费用——本期发生的全部应计利息，这不仅包括财务费用中的利息费用，还包括已计入固定资产价值的资本化利息支出。

2. 利息保障倍数的分析

相对于资产负债率是从资产对负债偿还保障的角度来考虑企业的长期偿债能力，利息保障倍数则是从企业盈利能力的角度来考察企业偿付债务利息的能力，即确定企业的营业利润是否足够支付债务成本。利息保障倍数越大，则企业支付债务利息的能力就越强，不能偿还债务的风险也越小；反之，企业偿债能力就越弱。若利息保障倍数等于1，则企业所赚取的利润刚好仅够支付利息费用；若小于1，则意味着企业实现的利润根本无法承担企业负债经营所产生的利息支出，更不用说偿还债务本金。

为了充分说明企业偿付利息能力的稳定性，有必要计算企业若干年的利息保障倍数；同时，也可以在同一年度就不同行业、不同公司之间的利息保障倍数进行比较，以评价本公司的偿债能力在不同行业、不同公司之间所处的位置。

需要注意的是，利息保障倍数是在假定企业能通过新的贷款偿还旧的贷款，即不断使到期债务得到展期的基础上进行的分析，但实际情况并不一定如此，企业的财务负担不仅仅是利息费用，它还有可能面临借不到贷款的情况；同时，如果企业可以方便地获取现金或有相对较多的易于变现的资产，那么即使当企业经营利润不足以应付财务负担时，也可以便捷地从多种渠道获取所需的现金来解决此类问题。

【例10-8】根据2019年TW公司利润表（表10-2）中有关数据，假定表中财务费用全部为利息费用，且当年无资本化的利息支出，则可计算出TW公司上年和本年的利息保障倍数如下：

$$上年利息保障倍数 = \frac{574.24 + 244.89}{244.89} = 3.34$$

$$本年利息保障倍数 = \frac{925.16 + 170.25}{170.25} = 6.43$$

从以上计算可以看出，TW公司的利息保障倍数较高，公司偿付债务利息的能力较强，公司有较强的偿还债务本金的能力。

（四）现金流量利息保障倍数

1. 现金流量利息保障倍数的含义

现金流量利息保障倍数是指经营现金净流量与利息费用的比值，反映了经营现金净流量偿付利息费用的能力。其计算公式如下：

$$现金流量利息保障倍数 = \frac{经营活动现金净流量}{利息费用} \tag{10-13}$$

2. 现金流量利息保障倍数的分析

现金流量利息保障倍数比利息保障倍数更准确地反映了企业实际支付利息费用的能

力，可靠性与适用性都更强于后者。

【例 10-9】根据 2019 年 TW 公司利润表（表 10-2）和现金流量表（表 10-3）中有关数据，可以计算出 TW 公司上年和本年的现金流量利息保障倍数：

$$上年现金流量利息保障倍数 = \frac{-508.58}{244.89} = -2.08$$

$$本年现金流量利息保障倍数 = \frac{2\,461.64}{170.25} = 14.46$$

（五）现金流量债务比

1. 现金流量债务比的含义

现金流量债务比是指经营活动所产生的现金净流量与企业全部债务的比率，反映了企业经营活动净现金流对所有债务的保障程度。其计算公式如下：

$$现金流量债务比 = \frac{经营活动现金净流量}{债务总额} \tag{10-14}$$

一般来讲，该比率中的债务总额采用期末数而非平均数，因为实际需要偿还的是期末金额，而非平均额。

2. 现金流量债务比的分析

该比率表明企业用经营活动现金净流量偿付全部债务的能力，现金流量债务比越高，企业经营活动现金净流量的偿债能力就越强。

【例 10-10】根据 2019 年 TW 公司资产负债表（表 10-1）和现金流量表（表 10-3）中有关数据，可以计算出 TW 公司上年年末和本年年末的现金流量债务比如下：

$$上年年末现金流量债务比 = \frac{-508.58}{6\,148.79} = -0.08$$

$$本年年末现金流量债务比 = \frac{2\,461.64}{4\,856.09} = 0.51$$

【资料阅读】

因长江传媒借壳而连续十涨停的＊ST 源发一度风光无限，出版传媒类资产的注入被认为可以改善该上市公司目前的困难局面。2010 年的债务豁免使＊ST 源发曾一度高达 303.9% 的资产负债率降到了 100%。在重组之前，＊ST 源发每况愈下，已经连续两年亏损的＊ST 源发公司 2010 年上半年继续亏损 5.1 亿元，预计第三季度仍将继续亏损，并且公司在 2010 年半年报中称，报告期内继续受到"华源系"财务危机的影响，导致资金短缺，业务进一步萎缩，大部分处于停产或半停产状态，由于出现了较大亏损，巨额逾期债务无法偿还，公司业务已无可持续发展的可能性。

可以说，＊ST 源发就是一个被负债拖垮的活生生的例子，2005 年 9 月起，华源集团由于贷款偿还逾期，短短几天内遭多家银行起诉，涉及金额 12.29 亿元，债权银行冻结了华源集团下属部分公司和上市公司的部分股权，"华源系"债务危机浮出水面。

第三节　营运能力分析

一、营运能力的含义

营运能力从财务的角度看，主要是指企业资本循环的能力，即企业资金的使用效率，它主要通过与企业生产经营性资金周转速度相关的指标进行反映。企业生产经营性资金周转速度越快，则企业资金利用效率越高，企业经营管理能力也越强。

企业营运能力的分析主要包括：流动资产周转情况分析（应收账款周转速度、存货周转速度、流动资产周转速度）、固定资产周转情况分析（固定资产周转率）、总资产周转情况分析（总资产周转率）等。

二、流动资产周转情况分析

流动资产周转情况分析主要包括对应收账款周转速度、存货周转速度以及流动资产周转速度的分析。由于企业的生产经营循环总是处于周而复始的"现金—存货—应收账款—现金"循环之中，因此，在此循环中降低企业的存货资金占用，加快应收账款的收回，提高资金使用效率，对提高企业的盈利水平都起着至关重要的作用。

（一）应收账款周转速度

应收账款周转速度通常以两个指标进行衡量。

应收账款周转率是指一定时期内企业赊销收入净额与应收账款平均余额的比值，该比率表示一定期间内公司应收账款转为现金的平均次数，反映了企业应收账款的周转速度。其计算公式如下：

$$应收账款周转率(次数) = \frac{赊销收入净额}{应收账款平均余额} \tag{10-15}$$

$$赊销收入净额 = 赊销收入 - 销售退回 - 销售折让 - 销售折扣 \tag{10-16}$$

$$应收账款平均余额 = \frac{期初应收账款余额 + 期末应收账款余额}{2} \tag{10-17}$$

一定时期内应收账款周转次数越多，表明应收账款收账速度越快，产生坏账的可能性就越小，应收账款的变现能力也越强，企业短期偿债能力也将得到显著提高。

反映应收账款周转速度的另一个财务指标是应收账款周转天数，用于反映企业自产品销售开始至应收账款收回为止所需经历的天数，也称平均收账期。周转天数越少，应收账款的变现速度就越快，应收账款的资金占用时间也越短。其计算公式如下：

$$应收账款周转天数 = \frac{计算期天数}{应收账款周转率(次数)} \tag{10-18}$$

公式中的计算期天数一般为一个会计年度，通常按360天计算；若是按月计算，则计算期天数应为30天。

在实际分析时，通常会将上述指标与上年同期数、计划数、企业制定的赊销政策、同行业平均水平或先进水平进行比较分析，以衡量应收账款周转速度的变动情况及存在的差距等。

【例10-11】根据2019年TW公司资产负债表（表10-1）和利润表（表10-2）中有关数据，可计算出TW公司2018年和2019年的应收账款周转速度（假定TW公司的主营业务收入全部为赊销收入净额），计算结果见表10-4。

表10-4　应收账款周转速度计算表　　　　　　　　　（单位：万元）

项　目	2018年	2019年	2019年同行业平均值
赊销收入净额	16 985.67	26 286.12	—
应收账款期末余额	160.18	103.28	—
应收账款期初余额	120.76	160.18	—
应收账款平均余额	140.47	131.73	—
应收账款周转率（次数）	121次	200次	28.19次
应收账款周转天数	2.98天	1.80天	12.77天

上述计算结果表明，TW公司连续两年的应收账款周转速度都处于较高的水平，特别是在2019年中，应收账款周转次数达到200次，应收账款周转天数甚至不到2天。由此可以看出，TW公司应收账款管理水平较高，其高效的变现速度增强了公司短期偿债能力。

对应收账款周转速度进行分析时，应注意上述两个指标只适用于销售状况较为稳定的企业，对于一些特殊的销售业务，由于其收账周期起伏较大，该指标的计算将失去比较分析的真实意义，例如，季节性特征较强的企业、以分期收款方式销售的企业、采用委托代销方式的企业，对上述类型的企业可采取分阶段的方式评价应收账款的周转速度，以提高指标计算的可信性与适用性。

（二）存货周转速度

存货周转速度它是衡量和评价企业在"采购原材料—材料投入生产—半成品—产成品—销售收回"等一系列存货周转循环中营运能力的综合性指标。由于在流动资产中，存货所占的比例较大，因此必须重视对存货周转速度的分析，以加强对存货的管理能力。

衡量存货周转速度的指标一般有两个：一个是存货周转率（次数），另一个是存货周转天数。其计算公式分别如下：

$$存货周转率(次数) = \frac{销售成本}{存货平均余额} \qquad (10-19)$$

$$存货平均余额 = \frac{期初存货 + 期末存货}{2} \qquad (10-20)$$

$$存货周转天数 = \frac{计算期天数}{存货周转率(次数)} \qquad (10-21)$$

同样，公式中的计算期天数一般为一个会计年度，通常按360天计算；若是按月计算，则计算期天数应为30天。

存货的管理是财务管理的重要内容之一，当商业周期上升时，企业所需存货将增加，因此会需要更多的贷款；当商业周期下降时，企业的销售收入降低，存货需求量减少，从而对资金的需求也减少，企业会将更多的现金用于其他用途，如清偿贷款等，这在财务管理中被称为"自我清账"。存货周转率越高，存货周转一次所需的时间就越短，周转速度越快，存货所占用的资金就越少，资金利用效率也越高，因此应重视对企业存货管理能力的分析。

在实际分析中，存货周转速度应与销售利润率、短期偿债能力等结合起来分析，当存货周转速度较快时，在成本利润率相同的情况下，销售利润率一般相应也会增加，存货积压风险降低，短期偿债能力得到有效的保证；但同时较快的周转速度也对存货的生产经营管理提出了更高的要求。当存货周转速度较慢时，可能是产品滞销、销售政策变化或销售方法不当引起，对此，应该具体情况具体分析。

一般应将存货周转率与企业的历史水平、计划指标或行业指标进行比较分析，不但要分析存货周转速度减缓的原因，而且对存货周转率偏高或异动也应予以重点关注，甚至要对各阶段的存货周转率进行分析，以了解到底是哪一阶段存货周转速度的变化影响了总周转速度。阶段分析通常包括三个阶段：原材料、在产品和产成品存货分析。

【例 10-12】根据表 10-5 中有关数据，可计算出 TW 公司 2018 年和 2019 年的存货周转速度指标。

表 10-5　存货周转速度计算表　　　　　　　　　　　　　　（单位：万元）

项　　目	2018 年	2019 年	2019 年同行业平均值
销售成本	15 102.08	23 765.81	—
期末存货	2 335.01	2 443.84	—
期初存货	1 425.56	2 335.01	—
存货平均余额	1 880.29	2 389.43	—
存货周转率（次数）	8.03 次	9.95 次	7.32 次
存货周转天数	44.83 天	36.18 天	49.79 天

上述计算结果表明，TW 公司 2019 年存货周转率比 2018 年有所提高，存货周转天数从 2018 年约 45 天降低到 2019 年约 36 天，存货管理效率有了明显的提高，其原因可能与公司提高产品销售量相关，同时也可以看出 TW 公司的存货周转速度均快于同行业平均水平。

（三）流动资产周转速度

流动资产周转速度反映了在某个会计期间，企业流动资产的营运能力、变现速度及管理效率，一般有两个衡量指标：流动资产周转率（次数）和流动资产周转天数，前者从流动资产的营运能力进行分析，后者则从变现性进行补充。其计算公式如下：

$$流动资产周转率（次数）= \frac{销售收入净额}{流动资产平均余额} \qquad (10\text{-}22)$$

$$流动资产周转天数 = \frac{计算期天数}{流动资产周转次数} \qquad (10\text{-}23)$$

$$流动资产平均余额 = \frac{期初流动资产 + 期末流动资产}{2} \qquad (10\text{-}24)$$

在一定时期内，流动资产周转次数越多，表明以相同的流动资产完成的周转额越多，流动资产利用的效果越好。生产经营任何一个环节上的工作得到改善，都会反映到流动资产周转次数的增加和周转天数的缩短上来。

流动资产周转速度分析是反映企业流动资产周转状况的一个综合性指标，这其中既包含了影响流动资产周转率的存货周转，又包含了另一个重要的影响因素——应收账款的周转，同时，还包括了其他影响流动资产周转速度的因素，如其他应收款、预付账款等。流动资产周转快，可以节约流动资金，增强企业盈利能力；反之，若周转速度慢，流动资产利用效率低，则企业为维持正常的生产经营，需要补充更多的流动资金，无形中加重了企业的财务负担，降低企业盈利能力。

【例 10-13】根据表 10-6 中有关数据，可以计算出 TW 公司 2018 年和 2019 年的流动资产周转速度指标。

表 10-6　流动资产周转速度计算表　　　　　　　　　　（单位：万元）

项　　目	2018 年	2019 年	2019 年同行业平均值
产品销售收入	16 985.67	26 286.12	—
流动资产期末余额	5 285.61	7 459.83	—
流动资产期初余额	2 858.48	5 285.61	—
流动资产平均余额	4 072.05	6 372.72	—
流动资产周转率（次数）	4.17 次	4.12 次	2.13 次
流动资产周转天数	86.30 天	87.28 天	169.01 天

上述计算结果表明，TW 公司流动资产周转速度连续两年均处于较稳定的状态，流动资产营运能力较强，与存货周转速度、应收账款周转速度的计算结果基本相吻合，而同行业平均流动资产周转速度显然要慢得多。

三、固定资产周转情况分析

固定资产周转率（次数）是指销售收入净额与固定资产平均占用额的比值，它反映了企业在某段时期内固定资产的周转能力和利用效率。其计算公式如下：

$$固定资产周转率(次数) = \frac{销售收入净额}{固定资产平均占用额} \qquad (10\text{-}25)$$

一般而言，固定资产周转率越高越好，因为这样才表明企业的固定资产得到了充分的利用。然而，如果企业的固定资产处于更新改造期间，显然会影响固定资产的使用效率，这是任何一个企业都无法避免的必然现象，但固定资产的更新改造也可能在未来为企业创造更多的效益。

在评价分析时，通常会将此指标和同行业平均水平、自身的目标或历史水平做比较。如果相对于同行业平均水平来说，此比率偏低，那么可能会影响企业的盈利能力与竞争力，这就需要企业进一步分析查明原因，以提升相应的管理水平。

【例 10-14】根据表 10-7 中有关数据，可计算出 TW 公司 2018 年和 2019 年的固定资产周转率。

表 10-7　固定资产周转率计算表　　　　　　　　　　（单位：万元）

项　　目	2018 年	2019 年	2019 年同行业平均值
产品销售收入	16 985.67	26 286.12	—
固定资产期末余额	3 648.34	3 845.54	—

（续）

项　　目	2018 年	2019 年	2019 年同行业平均值
固定资产期初余额	2 815.35	3 648.34	—
固定资产平均余额	3 231.85	3 746.94	—
固定资产周转率（次数）	5.26 次	7.02 次	2.74 次
固定资产周转天数	68.44 天	51.8 天	131.39 天

通过计算可以看出，TW 公司 2019 年的固定资产周转率比 2018 年显著提高，由 2018 年每年周转约 5 次提高到 2019 年每年周转约 7 次，远高于同行业平均水平，固定资产的快速周转为公司带来更多的获利机会，固定资产的管理效率也得到有效的改进。

四、总资产周转情况分析

总资产周转率（次数）是指企业一定时期的销售收入净额与总资产平均余额的比率。它综合反映了企业全部资产的使用效率，即每 1 元资产所带来的销售收入。一般来说，该比率越高越好，该比率高则说明企业有效地利用了所拥有的全部资产，其营运能力和盈利能力相对较高。如果该比率较低，则应该从提高销售收入或处理不良资产的角度进行相应的改进。总资产周转率的计算公式如下：

$$总资产周转率（次数）= \frac{销售收入净额}{总资产平均余额} \tag{10-26}$$

企业的资产并不是越多越好，但企业应该注重资产周转的快慢。一般企业的资产主要包括流动资产、固定资产及其他资产，通常由于非流动资产的性质所限，它不如流动资产那样可以迅速周转，因此，企业总资产周转率主要受流动资产周转速度及流动资产占全部资产比重的影响。流动资产周转速度越快，其占全部资产比重越大，则总资产的周转速度也越快，最终将导致企业财务业绩的上升。

另外，企业产品的特性、竞争战略等对总资产周转率也有着显著的影响。在资产经营管理方面，高资产周转率意味着低资本密集度，因此，管理者的创新更为重要，如现在比较流行的物流管理，就是通过研究产品的仓储、运输等来加快资产的流转，达到降低成本的目的。

【例 10-15】根据表 10-8 中有关数据，可计算出 TW 公司 2018 年和 2019 年的总资产周转率。

表 10-8　总资产周转率计算表　　　　　　　　　　　　（单位：万元）

项　　目	2018 年	2019 年	2019 年同行业平均值
销售收入净额	16 985.67	26 286.12	—
总资产期末余额	9 027.76	11 453.12	—
总资产期初余额	6 037.23	9 027.76	—
总资产平均余额	7 532.50	10 240.44	—
总资产周转率（次数）	2.25 次	2.57 次	0.76 次
总资产周转天数	160 天	140.08 天	473.68 天

上述计算结果表明 TW 公司 2019 年总资产周转率比 2018 年有所提高，公司资产营运状况良好，明显好于同行业平均水平。

第四节 盈利能力分析

▶▶ 一、盈利能力的含义

盈利能力是指企业赚取利润的能力。它是企业一系列政策和决策的结果，综合反映了企业资产管理、负债管理等经营管理水平对营运结果的影响。盈利能力的大小不仅关系到所有者的利益，同时也关系到企业偿还债务的情况，因此，盈利能力分析成为企业财务分析的一个重要组成部分，通过盈利能力分析，可为决策者提供重要的财务信息。

对企业盈利能力的分析主要是对利润率的分析，主要包含以下几个方面：

第一，销售经营盈利能力分析，主要包括对销售毛利率、销售净利率、销售净现率等指标的分析。

第二，权益资本与资产盈利能力分析，其中权益资本盈利能力分析主要是对资本金利润率指标进行的分析和评价，资产盈利能力分析主要是对资产报酬率指标进行的分析和评价。

第三，上市公司盈利能力分析，即对每股利润、每股现金流量、每股股利、股利发放率、每股净资产、市盈率等指标进行的分析。

▶▶ 二、销售经营盈利能力分析

销售经营盈利能力分析是相对权益资本与资产盈利能力分析而言的，是指对企业利润与收入或与成本之间的比率关系进行的分析。因此，反映销售经营盈利能力的指标主要可分为两类：一类是利润与收入之间的比率，即收入利润率；另一类是利润与成本之间的比率，又称成本利润率。

（一）销售毛利率

销售毛利是指企业销售收入净额与销售成本之间的差额。销售毛利率则反映了每 1 元的销售收入所带来的利润，该比率越高，则说明销售收入中销售成本所占比例越小，企业的获利能力就越强；反之，亦然。销售毛利率的计算公式如下：

$$销售毛利率 = \frac{销售毛利}{销售收入净额} \times 100\% \tag{10-27}$$

【例 10-16】根据 2019 年 TW 公司利润表（表 10-2）中有关数据，可计算出 TW 公司 2018 年和 2019 年销售毛利率如下：

$$2018 \text{ 年销售毛利率} = \frac{16\,985.67 - 15\,102.08}{16\,985.67} \times 100\% = 11.09\%$$

$$2019 \text{ 年销售毛利率} = \frac{26\,286.12 - 23\,765.81}{26\,286.12} \times 100\% = 9.59\%$$

从上述计算可以看出，TW 公司 2019 年的毛利率较 2018 年下降约 1.5 个百分点，究其原因主要是销售收入的增长幅度低于销售成本的增长幅度，更深层次的原因估计与产品原材料的价格上涨相关。但考虑到 2019 年同行业平均销售毛利率为 15.82%，TW 公司销售毛利率较低显然有其自身的原因。

在分析销售毛利率水平时，应注意将销售成本分为固定成本和变动成本两部分，其中，变动成本随销售收入的变化而变化，当销售收入下降时，固定成本较高的企业所受到的影响将远远大于其他企业。

在关注销售毛利率的走向时，应该了解到有些情况下销售毛利率的变动并不一定都是企业自身的原因，例如，行业整体的毛利率下降（如近几年的家电行业），或者与经济趋势相关，或者意味着同类产品在市场上的竞争加剧，又或者表明同类产品的生产和经营活动的进入壁垒较低。在这种情况下，企业如果在毛利率下降的同时又想获得稳定的营业利润增长，那么就必须在扩大市场份额上下功夫。

（二）销售净利率

销售净利率是企业销售净利润与销售收入净额的比率，它反映了企业销售商品所赚取利润的能力。该比率越高，企业通过销售获利的能力就越强；反之，亦然。销售净利率的计算公式如下：

$$销售净利率 = \frac{销售净利润}{销售收入净额} \times 100\% \tag{10-28}$$

【例 10-17】根据 2019 年 TW 公司利润表（表 10-2）中有关数据，可计算出 TW 公司 2018 年和 2019 年销售净利率如下：

$$2018 \ 年销售净利率 = \frac{432.44}{16\,985.67} \times 100\% = 2.55\%$$

$$2019 \ 年销售净利率 = \frac{697.53}{26\,286.12} \times 100\% = 2.65\%$$

从上述计算可以看出，TW 公司 2019 年的销售净利率较 2018 年上升约 0.1 个百分点，公司盈利能力有所提高。但与同行业平均的销售净利率 5.28% 相比仍然偏低。

通常，在评价销售净利率时应注意以下四点：

（1）应将此项指标放在一定的时期内与企业历史标准或同行业标准进行分析比较，以判断企业的定价策略、控制成本的能力及此指标未来的发展趋势。

（2）由于产品特性和公司竞争策略的差别，不同行业的销售净利率存在实质性的差异。

（3）可以通过对企业营业收入进行结构分解，来评价到底是哪部分营业收入为企业带来较多的利润增长。这种结构分解可以包括三个方面：①营业收入的品种构成；②营业收入的地区构成；③与关联方交易的收入在总收入中的比重等。

（4）销售净利率与资产周转率呈反向变动，因此，不能单纯地评价净利率的高低，进行财务分析时应注意将销售净利率与资产周转率相结合。

（三）销售净现率

销售净现率是指企业经营活动所产生的现金净流量与销售收入净额的比率，它反映了每 1 元的销售收入所带来的经营现金净流量的大小。

由于企业的经济活动主要包括经营活动、投资活动和筹资活动，利润表中所反映的利润总额也是这三种活动共同作用的成果。因此，仅用销售净利率来反映企业经营活动的获利能力就存在缺陷，因为企业经营活动所产生的销售收入净额与上述三种活动共同作用产生的净利润存在不可比性。同时，在生产经营的过程中，利润指标很容易受到外在因素或人为因素的影响。因此，可以用现金净流量来替代净利润，以真实地反映企业经营活动的收益水平，即

$$销售净现率 = \frac{经营活动现金净流量}{销售收入净额} \times 100\% \tag{10-29}$$

【例 10-18】根据 2019 年 TW 公司利润表（表 10-2）和现金流量表（表 10-3）中有关数据，可计算出 TW 公司 2018 年和 2019 年销售净现率如下：

$$2018 年销售净现率 = \frac{-508.58}{16\,985.67} \times 100\% = -2.99\%$$

$$2019 年销售净现率 = \frac{2\,461.64}{26\,286.12} \times 100\% = 9.36\%$$

从上述计算可以看出，TW 公司 2019 年的销售净现率较 2018 年显著提高，每百元的销售收入带来了约 9.36 元的经营现金净流入，而 2018 年每百元销售收入所带来的经营现金净流出应成为企业关注的重点，需进行更深层次的分析。尽管 TW 公司从销售毛利率和销售净利率所反映的盈利能力均低于同行业平均水平，但其每百元的销售收入变现的能力高于其竞争企业（2019 年同行业同地区某竞争企业销售净现率为 5.28%）。

三、权益资本与资产盈利能力分析

（一）资本金利润率

权益资本有广义和狭义之分。狭义的权益资本即为资本金，衡量狭义权益资本盈利能力的指标为资本金利润率；广义的权益资本即为所有者权益，衡量广义权益资本盈利能力的指标就是所有者权益利润率。一般情况下，在考核企业盈利能力时，较常用的是资本金利润率。这主要是基于以下两点考虑：第一，企业所有者或股东最关心的是其投入资本的盈利能力，这可以通过资本金利润率直接反映，而在所有者权益利润率指标中，作为计算基数的分母除所有者投入资本外还包含了非资本金性质的公益和公积金等；第二，所有者权益中参与利润分配的只有资本金，而其他项目或者是分配的结果，或者是分配的对象。资本金利润率反映了每 1 元资本金所获得的投资收益水平的高低。其计算公式如下：

$$资本金利润率 = \frac{利润总额}{资本金平均总额} \times 100\% \tag{10-30}$$

【例 10-19】根据 2019 年 TW 公司资产负债表（表 10-1）和利润表（表 10-2）中有关数据，已知该公司 2018 年股本项目期初余额为 918.80 万元，可计算出 TW 公司 2018 年和 2019 年资本金利润率如下：

$$2018 年资本金利润率 = \frac{574.24}{(1\,118.80 + 918.80)/2} \times 100\% = 56.36\%$$

$$2019 年资本金利润率 = \frac{925.16}{(1\,718.80 + 1\,118.80)/2} \times 100\% = 65.21\%$$

从上述计算结果可以看出，TW 公司 2019 年资本金利润率比 2018 年上升了 8.85%，

说明该企业的资本金盈利能力较强。

（二）资产报酬率

资产报酬率又称资产收益率或投资报酬率，是指企业在一定时期内净利润与资产平均总额的比率。资产报酬率是评价企业对资源进行配置和管理成效的基本衡量指标，它反映了企业股东与债权人共同提供的资金所产生的利润率。资产报酬率的计算公式如下：

$$资产报酬率 = \frac{净利润}{资产平均总额} \times 100\%$$

$$= 总资产周转率 \times 销售净利率 \tag{10-31}$$

该比率越高，说明企业资产的获利能力越强，反之则越弱。在市场竞争激烈的情况下，各行业的资产报酬率将趋于平均，因此在分析时，应将此比率与企业历史数据或同行业平均水平或先进水平进行比较。如果企业的资产报酬率高于行业平均水平，则说明该企业对资产的利用效率较高，经营管理水平良好，有较强的竞争力；如果企业的资产报酬率低于行业平均，则说明企业的资产利用效率较低，竞争力较弱。另外，也可以通过对资产周转率、销售净利率等指标进行分析，寻找提高资产报酬率的途径。

【例 10-20】根据 2019 年 TW 公司资产负债表（表 10-1）和利润表（表 10-2）中有关数据，已知该公司 2018 年资产期初余额 6 037.23 万元，可计算出 TW 公司 2018 年和 2019 年资产报酬率如下：

$$2018 年资产报酬率 = \frac{432.44}{(9\ 027.76 + 6\ 037.23)/2} \times 100\% = 5.74\%$$

$$2019 年资产报酬率 = \frac{697.53}{(11\ 453.12 + 9\ 027.76)/2} \times 100\% = 6.81\%$$

▶▶ 四、上市公司盈利能力分析

（一）每股利润

每股利润又称每股收益或每股盈余，是指可用于普通股分配的利润与发行在外的普通股平均股数的比值，主要反映了普通股股东的收益水平和企业的盈利能力。每股利润的计算公式如下：

$$每股利润 = \frac{净利润 - 优先股股利}{发行在外的普通股平均股数} \tag{10-32}$$

若公司在会计年度内发行新股票或分派股票股利，则发行在外的普通股平均股数应按发行时间加权平均计算，计算公式如下：

发行在外的普通股平均股数 = 年初普通股股数 + [新增普通股股数 ×

新增普通股时间(月)/12]

每股利润越高，则每 1 份普通股可分得的净利润越多，股东的投资报酬就越好；反之，则越差。同时，对上市公司而言，每股收益越高，其股票的股价就越有上升的空间。

评价每股利润时，应将报告期的实际数和上期实际数进行对比，以分析影响变动的因素，当然，公司发行新股或按比例配股、资本公积转增股本、发行股票股利等情形也都会稀释每股收益。

【例 10-21】根据 2019 年 TW 公司资产负债表（表 10-1）和利润表（表 10-2）中有关数据，假设该公司两年内未发新股，计算 TW 公司 2018 年和 2019 年每股利润如下：

$$2018 \text{ 年每股利润} = \frac{432.44}{1\,118.80} = 0.39$$

$$2019 \text{ 年每股利润} = \frac{697.53}{1\,718.80} = 0.41$$

（二）每股现金流量

每股现金流量是企业经营活动现金净流量扣除优先股股利后与发行在外的普通股平均股数的比值，它反映了企业支付现金股利的能力。计算这个指标是因为，企业的每股利润再多，若缺乏现金流，则依然无法分配现金股利，普通股股东永远也只能"望梅止渴"。每股现金流量的计算公式如下：

$$每股现金流量 = \frac{经营活动现金净流量 - 优先股股利}{发行在外的普通股平均股数} \qquad (10\text{-}33)$$

【例 10-22】根据 2019 年 TW 公司资产负债表（表 10-1）和现金流量表（表 10-3）中有关数据，假设该公司两年内未发新股，计算 TW 公司 2018 年和 2019 年每股现金流量如下：

$$2018 \text{ 年每股现金流量} = \frac{-508.58}{1\,118.80} = -0.45$$

$$2019 \text{ 年每股现金流量} = \frac{2\,461.64}{1\,718.80} = 1.43$$

（三）每股股利

每股股利是普通股应分配的现金股利总额与发行在外的普通股平均股数的比值，它反映了每 1 元普通股应获得现金股利的多少。每股股利的计算公式如下：

$$每股股利 = \frac{现金股利总额 - 优先股股利}{发行在外的普通股平均股数} \qquad (10\text{-}34)$$

每股股利的多少，一方面取决于企业获利能力的强弱，另一方面还受企业股利发放政策与现金流量大小的影响。如果企业为扩大再生产考虑而多留存利润，则每股股利就少；反之，则多。

（四）股利发放率

股利发放率又称股利支付率，是指每股股利与每股利润之间的比率，它表明了企业的净收益中有多少比例可用于支付现金股利。股利发放率的计算公式如下：

$$股利发放率 = \frac{每股股利}{每股利润} \times 100\% \qquad (10\text{-}35)$$

【例 10-23】假定 2019 年 TW 公司所分配的普通股每股股利为 0.35 元，根据【例 10-21】计算结果可以得到该公司的股利发放率如下：

$$股利发放率 = \frac{0.35}{0.41} \times 100\% = 85.37\%$$

（五）每股净资产

每股净资产是所有者权益总额与发行在外的普通股平均股数的比值，其计算公式如下：

$$每股净资产 = \frac{所有者权益总额}{发行在外的普通股平均股数} \qquad (10\text{-}36)$$

【例 10-24】根据 2019 年 TW 公司资产负债表（表 10-1）中有关数据，可计算出 TW 公司 2018 年和 2019 年每股净资产如下：

$$2018 年每股净资产 = \frac{2\ 689.51}{1\ 118.80} = 2.40$$

$$2019 年每股净资产 = \frac{6\ 394.69}{1\ 718.80} = 3.72$$

（六）市盈率

市盈率，又称价格盈余比率，是普通股每股市场价格与每股利润的比率。它是反映上市公司股票盈利状况的重要指标，同时也是投资者进行投资决策的重要参考指标，即对某种股票每 1 元的利润所愿意投资的金额。市盈率的计算公式如下：

$$市盈率 = \frac{普通股每股市场价格}{每股利润} \qquad (10\text{-}37)$$

一般来说，在一定范围内市盈率越高，则企业的经营能力和盈利能力越强，表明企业具有潜在的成长能力，同时也表明投资者看好企业的发展前景，愿意以较高的价格去获得企业的未来发展收益。但是，投资者对市盈率的选择完全取决于个人的喜好，激进型的投资者倾向于市盈率较高的股票，而保守型的投资者往往会选择市盈率较低的成长股，因为他们认为市盈率较低的股票，其股价与每股收益之间较为接近，下跌空间有限，遭受损失的风险较小。

然而，市盈率并不是越高越好，按照西方的实践经验，在成熟的股票市场上，市盈率通常在 30 倍上下浮动比较正常。

运用市盈率指标衡量公司盈利能力时还应该注意以下两点：

（1）影响市盈率变动的因素之一是股票的市场价格。由于影响股价上升下降的主要原因除了公司自身的经营业绩和发展前景外，还受到整个经济环境、宏观政策、行业发展前景等因素的制约。因此，必须对股票市场的整个形势做出全面分析，才能对市盈率的升降做出正确评价。

（2）影响市盈率变动的另一个因素是每股利润。当企业每股利润趋近于 0 时，即便其股价可能会很低，但市盈率仍可能趋向无穷大。因此，一般不应单纯利用市盈率指标对企业盈利能力做出判断，因为这样就可能错误分析企业的盈利能力及未来发展趋势。

第五节　发展能力分析

▶▶ 一、发展能力的含义

企业发展的内涵是企业价值的增长，是企业通过自身的生产经营，不断扩大积累而形成的发展潜能。企业是一个以营利为目标的组织，其出发点和归宿是营利。企业一旦成立就会面临竞争，并处于发展和萎缩的矛盾之中，企业必须生存下去才可能获利，而企业要获得生存就必须求得不断发展。发展是生存之本，也是获利之源。企业发展不仅仅是规模的扩大，更重要的是企业收益的上升，一般认为是企业净收益的增长。从企业财务管理目标的角度来看，企业发展能力也是直接影响企业财务管理目标实现的一个重要因素。

企业发展能力的分析可以从企业发展的动因与结果两个方面进行，其中，动因方面主要是对企业的竞争能力进行分析，结果方面主要是对财务状况进行分析。同时，由于企业的发展经常出现周期性的特征，因此在分析企业发展能力时还需要明确企业及其产品所处的生命周期，这样才能结合竞争能力与财务状况的分析得出对企业发展能力的正确判断。所以，对企业发展能力的分析，一般从企业竞争能力分析、企业周期分析和财务指标分析三个方面进行。

二、企业竞争能力分析

一个企业的生存和发展归根结底是由企业的竞争能力决定的，因此企业竞争能力分析是企业发展能力分析的一项重要内容。企业竞争能力集中表现为企业产品的市场占有情况和产品的竞争能力，同时在分析企业竞争能力时还应对企业所采取的竞争策略进行分析。

三、企业周期分析

企业的发展过程总是呈现一定的周期性特征，处于不同周期阶段的企业的同一发展能力分析指标计算结果可能不同。就企业所面临的周期现象来说，主要存在经济周期、行业生命周期、企业生命周期及产品生命周期等几种类型，每种周期内大体都可以分为初创期、成长期、成熟期和衰退期四个阶段。经济周期与行业生命周期是从宏观的角度描述企业宏观环境的特征与发展趋势，由专门的政府服务部门或研究机构进行分析；产品生命周期与企业生命周期则针对企业自身的微观环境特征与发展趋势进行描述，由企业进行分析。

四、财务指标分析

衡量企业发展能力的财务指标主要有：营业收入增长率、总资产增长率、营业利润增长率、资本保值增值率和所有者权益增长率等。

（一）营业收入增长率

营业收入增长率反映的是相对化的营业收入情况，是衡量企业经营状况和市场占有能力、预测企业经营业务拓展趋势的重要指标。在实际分析时应考虑企业历年的销售水平、市场占有情况、行业未来发展及其他影响企业发展的潜在因素，或结合企业前三年的营业收入增长率进行趋势性分析判断。营业收入增长率的计算公式如下：

$$营业收入增长率 = \frac{本年营业收入增长额}{上年营业收入} \times 100\% \tag{10-38}$$

$$本年营业收入增长额 = 本年营业收入 - 上年营业收入 \tag{10-39}$$

公式中的营业收入可以使用利润表中的"营业收入"数据。该比率越高，表明企业营业收入的增长速度越快，企业市场前景越好，营业收入增长率大于零，表明企业本年营业收入较上年有所增长。

【例10-25】根据2019年TW公司利润表（表10-2）中有关数据，可计算出TW公司2019年营业收入增长率如下：

$$2019\text{ 年营业收入增长率} = \frac{26\,286.12 - 16\,985.67}{16\,985.67} \times 100\% = 54.75\%$$

根据上述计算结果分析，TW 公司 2019 年营业收入增长率为 54.75%，这里要注意的是，营业收入增长率可能受到销售短期波动的影响，如果上年因特殊原因使销售收入特别少，而本年恢复到正常，就会造成本年的营业收入增长率因异常因素而偏高；如果上年因特殊原因使销售收入特别多，而本年恢复到正常，就会造成本年的营业收入增长率因异常因素而偏低。为消除营业收入短期异常波动对该指标产生的影响，并反映企业较长时期的营业收入增长情况，可以计算三年营业收入平均增长率来体现企业的发展潜力。

（二）总资产增长率

总资产增长率是企业本年资产增长额同年初（即上年末）资产总额的比率，该指标是从企业资产扩张方面衡量企业的发展能力，反映企业规模增长水平对企业发展后劲的影响。总资产增长率的计算公式为

$$\text{总资产增长率} = \frac{\text{本年资产增长额}}{\text{年初资产总额}} \times 100\% \tag{10-40}$$

$$\text{本年资产增长额} = \text{年末资产总额} - \text{年初资产总额} \tag{10-41}$$

总资产增长率越高，表明一定时期内企业资产经营规模扩张的速度越快。但在分析时，还需要关注资产规模扩张中质和量的关系，以及企业后续的发展能力，避免盲目扩张。

【例 10-26】根据 2019 年 TW 公司资产负债表（表 10-1）中有关数据，可计算出 TW 公司 2019 年资产增长率如下：

$$2019\text{ 年资产增长率} = \frac{11\,453.12 - 9\,027.76}{9\,027.76} \times 100\% = 26.87\%$$

（三）营业利润增长率

营业利润增长率是企业本年营业利润增长额与上年营业利润总额的比率，反映了企业营业利润的增减变动情况。营业利润增长率的计算公式为

$$\text{营业利润增长率} = \frac{\text{本年营业利润增长额}}{\text{上年营业利润总额}} \times 100\% \tag{10-42}$$

$$\text{本年营业利润增长额} = \text{本年营业利润总额} - \text{上年营业利润总额} \tag{10-43}$$

营业利润增长率越高，表明企业一定时期内营业利润增长越快，企业发展能力越强。

【例 10-27】根据 2019 年 TW 公司利润表（表 10-2）中有关数据，可计算出 TW 公司 2019 年营业利润增长率如下：

$$2019\text{ 年营业利润增长率} = \frac{939.39 - 580.31}{580.31} \times 100\% = 61.88\%$$

（四）资本保值增值率

资本保值增值率是指扣除客观因素影响后的所有者权益期末总额与期初总额之比，其计算公式为

$$\text{资本保值增值率} = \frac{\text{扣除客观因素影响后的期末所有者权益}}{\text{期初所有者权益}} \times 100\% \tag{10-44}$$

其他因素不变的情况下，如果企业本期净利润大于 0，并且利润留存率大于 0，则必

然会使期末所有者权益大于期初所有者权益，因此，该指标也是衡量企业盈利能力的重要指标。这一指标的高低，除了受企业经营成果的影响外，还受企业利润分配政策的影响。

【例 10-28】根据 2019 年 TW 公司资产负债表（表 10-1）中有关数据，可计算出 TW 公司 2019 年资本保值增值率如下：

$$2019 \text{ 年资本保值增值率} = \frac{6\ 394.69}{2\ 689.51} \times 100\% = 237.76\%$$

（五）所有者权益增长率

所有者权益增长率是企业本年所有者权益增长额与年初所有者权益的比率，反映了企业当年的资本积累能力，其计算公式为

$$\text{所有者权益增长率} = \frac{\text{本年所有者权益增长额}}{\text{年初所有者权益}} \times 100\% \tag{10-45}$$

$$\text{本年所有者权益增长额} = \text{年末所有者权益} - \text{年初所有者权益} \tag{10-46}$$

所有者权益增长率越高，表明企业的资本积累越多，应对风险、持续发展的能力越强。

【例 10-29】根据 2019 年 TW 公司资产负债表（表 10-1）中有关数据，可计算出 TW 公司 2019 年所有者权益增长率如下：

$$2019 \text{ 年所有者权益增长率} = \frac{6\ 394.69 - 2\ 689.51}{2\ 689.51} \times 100\% = 137.76\%$$

第六节　财务综合分析

一、财务综合分析的含义

所谓财务综合分析，就是将各项财务分析指标作为一个整体，系统、全面、综合地对企业财务状况和经营情况进行剖析，并以此对企业经济效益的优劣做出合理的评价。显然，要达到这样一个分析目的，仅仅测算几个简单、孤立的财务比率，或者将一些孤立的财务分析指标堆砌一起，不可能得出合理、正确的综合性结论，有时甚至会得出错误的结论。因此，只有将偿债能力、营运能力、盈利能力以及发展能力等各项分析指标有机联系起来，作为一套完整的体系，相互配合使用，做出系统的综合评价，才能从总体意义上把握企业财务状况和经营情况的优劣。

企业财务综合分析方法有很多，传统方法主要有杜邦分析法和沃尔评分法。

二、杜邦分析法

杜邦分析法又称杜邦财务分析体系，简称杜邦体系，是利用各主要财务比率指标间的内在联系，对企业财务状况及经济效益进行综合、系统的分析评价的方法。杜邦分析以权益净利率为起点，以资产报酬率和权益乘数为基础，重点揭示企业盈利能力及权益乘数对权益净利率的影响，以及各相关指标间的相互影响和作用关系。该方法因最初由美国杜邦企业成功应用而得名。

（一）杜邦分析法的内容

杜邦分析法的内容，可用杜邦分析图来表示，如图 10-1 所示。

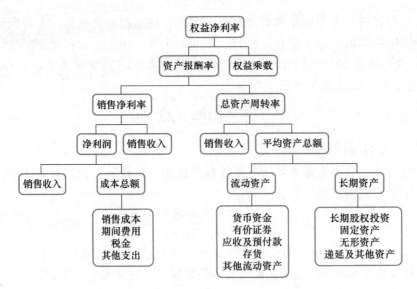

图 10-1　杜邦分析图

图 10-1 中的权益乘数，表示企业的负债程度，权益乘数越大，企业负债程度越高。通常的财务比率都是除数，除数的倒数即为乘数。所有者权益除以资产总额是资产权益率，权益乘数是其倒数，即资产总额除以所有者权益，其计算公式也可以表示为

$$权益乘数 = 1/(1 - 资产负债率) = 平均资产总额 / 平均所有者权益 \qquad (10\text{-}47)$$

权益净利率也就是净资产收益率，是所有财务比率中综合性最强、最具有代表性的一个指标，是企业一定时期内净利润与所有者权益平均总额的比率。它反映了每 1 元的所有者权益所获取的投资收益水平的高低。权益净利率的计算公式为

$$权益净利率 = 资产报酬率 \times 权益乘数 \qquad (10\text{-}48)$$

$$资产报酬率 = 销售净利率 \times 总资产周转率 \qquad (10\text{-}49)$$

$$权益净利率 = 销售净利率 \times 总资产周转率 \times 权益乘数$$

$$= \frac{净利润}{销售收入} \times \frac{销售收入}{平均资产总额} \times \frac{平均资产总额}{平均所有者权益} \qquad (10\text{-}50)$$

从式（10-48）~ 式（10-50）中可以看出，决定权益净利率高低的因素有三个：销售净利率、总资产周转率和权益乘数。这样分解之后，可以把权益净利率这样一项综合性指标发生的升降变化具体化，比只用一项综合性指标更能说明问题。因此，在分析、评价权益净利率时，可以从上述三个因素的角度去探询原因，寻找进一步的解决方法与对策。另外，在对权益乘数进行分析时，应注意对财务杠杆的利用效率，防止因过度使用所带来的财务风险。

【例 10-30】根据 2019 年 TW 公司资产负债表（表 10-1）和利润表（表 10-2）中有关数据，已知 2018 年所有者权益合计项目期初余额为 2 257.07 万元，可计算出 TW 公司2018 年和 2019 年权益净利率如下：

$$2018 年权益净利率 = \frac{432.44}{(2\ 689.51 + 2\ 257.07)/2} \times 100\% = 17.48\%$$

$$2019 年权益净利率 = \frac{697.53}{(6\ 394.69 + 2\ 689.51)/2} \times 100\% = 15.36\%$$

根据上述计算结果分析，TW 公司 2019 年权益净利率率比 2018 年略有下降，表面上看是因为公司销售额的增长速度慢于所有者权益的增长速度所致，但更深层次的原因还须根据销售净利率、总资产周转率、权益乘数这三个因素进行分析。

（二）杜邦分析法的启示

杜邦分析图系统、直观地反映了企业各项指标的关系，从中可以得到以下五个启示。

1. 权益净利率是一个综合性最强的财务指标

权益净利率反映了股东财富最大化这一财务管理目标，反映了所有者投入资金的盈利能力。从杜邦分析图可以看出，要想提高权益净利率，就必须通过提高销售净利率、加速资产的周转速度或是提高权益乘数来实现。

2. 销售净利率是影响权益净利率的主要因素

销售净利率反映了销售收入的收益水平，从杜邦分析图中可以看出，它受销售收入和净利润两方面的影响，其中净利润与销售净利率呈正比关系，销售收入与销售净利率呈反比关系。企业在增加销售收入的同时，必须相应地获得更多的利润，即降低成本费用，才能提高销售净利率，以提高企业的收益水平，而要想降低成本费用，则必须从降低销售成本、期间费用等入手。

3. 总资产周转率反映资产的利用效率

总资产周转率反映了企业运用资产产生销售收入的能力，体现了资产的周转速度。一般来说，周转速度越快，销售能力越强，资产使用效率越高。从杜邦分析图可以看出，总资产周转率受销售收入和资产总额两方面的影响。其中，资产又由长期资产、流动资产等各部分构成，各部分的占用量是否合理，也影响着资产的使用效率。因此，企业要想提高总资产周转率，一方面要扩大销售；另一方面要合理占用资金，加强对各种资产的管理，提高各种资产的利用率。

4. 权益乘数表示企业的负债程度

受资产负债率的影响，负债比例越大，权益乘数就越高，说明企业的负债程度较高，负债给企业带来了较多的杠杆利益，同时也给企业带来了较多的风险，此时就要求企业应保持合理的资本结构。

5. 杜邦分析是一种分解财务比率的方法

从杜邦分析图可以看出，杜邦分析法不是另外建立新的财务指标，而是通过对财务比率的分解，指出变动的原因和变动趋势，为采取措施指明方向。

总的来说，企业的盈利能力涉及企业经营活动的各个方面，权益净利率与企业的筹资结构、销售、成本费用、资产管理等密切相关，这些影响因素构成了一个系统，只有协调好系统内每个因素之间的关系，才能使权益净利率达到最大，从而实现企业财务目标。

三、沃尔评分法

1928 年，亚历山大·沃尔出版的《信用晴雨表研究》和《财务报表比率分析》中提出了信用能力指数的概念，他选择了七个财务比率即流动比率、产权比率、固定资产比率、存货周转率、应收账款周转率、固定资产周转率和净资产周转率作为评价指标，分别给定各指标的比重，然后确定标准比率（以行业平均数为基础），将实际比率与标准比率相比，得出相对比率，再将此相对比率与各指标比重相乘，得出总评分。沃尔提出的综合比率评价体系，把若干个财务比率用线性关系结合起来，以此来评价企业的财务状况。

最基本的沃尔评分法指标体系见表 10-9。

表 10-9　沃尔评分法指标体系

财 务 比 率	权重(1)	标准值(2)	实际值(3)	相对值(4)=(3)÷(2)	评分(5)=(1)×(4)
流动比率	25	2.00			
产权比率	25	1.50			
固定资产比率	15	2.50			
存货周转率	10	9			
应收账款周转率	10	6			
固定资产周转率	10	4			
净资产周转率	5	3			
合计	100	—			

沃尔评分法将很多表面上看缺乏实际联系的财务指标通过一个体系综合起来，形成一个多维度的评价体系的综合得分，并且可以用综合得分做出评价。但是沃尔评分法从理论上讲有两个明显的问题：其一，未能证明为什么要选择这七个指标，而不是更多或更少，或者选择别的财务比率；其二，未能证明每个指标所占比重的合理性。因此，当某一指标严重异常时，会对总评分产生不合逻辑的重大影响。

【课后阅读】

企业通过财务报告向外界传递有关财务状况、经营成果、资金流量等方面的信息，投资者借此进行相应的财务分析并做出投资决策，国家管理与监督部门借此对企业实行宏观管理和监督控制。然而，财务造假仍然层出不穷，直接损害了广大投资者的切身利益，也影响到社会公众对上市公司、中介机构，甚至是对整个资本市场的信心和支持。

獐子岛集团股份有限公司（以下简称獐子岛集团）始创于 1958 年，集团公司注册资本 7.1 亿元，资产总额 45 亿元，2006 年在深圳证券交易所挂牌上市（股票代码 002069）。其经营范围以海珍品育苗、海水增养殖、海洋食品为主业，现已构建起包括育种、育苗、养殖、暂养、加工、仓储、流通、贸易等一体化供应链保障体系。该公司是国家高新技术企业、农业产业化国家重点龙头企业、国家水产良种场，是中国首个 MSC 认证虾夷扇贝渔场、双壳贝类产品获准进入欧盟市场的中国唯一受检企业。曾先后被誉为"黄海深处的一面红旗""海上大寨""黄海明珠""海底银行""海上蓝筹"。

獐子岛集团作为中国农业第一个百元股，上市之初的几年，经营业绩、内部控制有效性均处于业界领先地位。但近几年该公司的主要存货扇贝多次出现异常现象，从 2014 年开始，短短五年时间出现三次"扇贝跑路"事件，导致当年业绩巨亏，之后又短时间内扭亏为盈，一次次闹剧都草草收场，直到 2019 年 7 月被爆出涉嫌财务造假的嫌疑，公司信誉严重受损，目前獐子岛集团在总市值、流通市值、营业收入以及净利润等方面均低于行业平均水平。2020 年受新冠肺炎疫情影响，全球经济受挫，未来獐子岛集团的发展将面临更大的挑战。通过分析研究发现，獐子岛集团近年来发生的一系列事件都与其存货管理密切相关，见表 10-10。

表 10-10　獐子岛事件回顾表

时　间	事　件	影　响
2014 年 10 月 30 日	遭遇"冷水团"虾夷扇贝绝收	亏损额高达约 8 亿元
2016 年 1 月	被举报"冷水团事件"不属实	公司声誉受损
2016 年 5 月 4 日	被实行"退市风险警示"处理	股票简称变更为"＊ST 獐岛"
2017 年 4 月 5 日	撤销退市风险警示	由"＊ST 獐岛"变回"獐子岛"
2017 年 10 月	对秋季底播虾夷扇贝进行抽样检测	虾夷扇贝等存货不存在减值风险
2018 年 1 月 31 日	预告修正公告称"扇贝突然死亡"	2017 年预计亏损 5.3~7.2 亿元
2019 年一季度	公告称"扇贝跑路"	亏损 4 314 万元

　　由獐子岛事件可以看出，企业财务报告造假不仅会给自身带来损失，还会损害投资者、政府、银行等相关信息使用者的利益，所以，企业要做到诚实守信，会计信息必须真实可靠，投资者才能依据可靠的财务数据做出分析，进行正确的投资决策。

【本章小结】

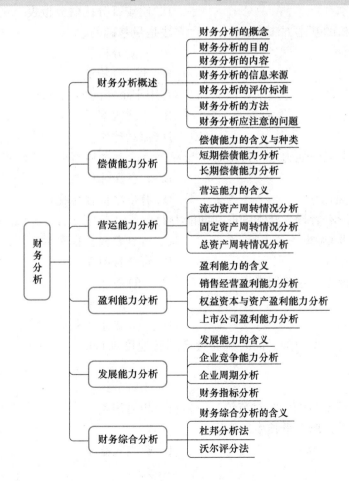

【课后习题】

一、思考题

1. 财务分析的主要方法有哪些？

2. 如何从不同角度评价企业的资产负债率？

3. 为什么说企业的营运能力可以反映其经营管理水平？企业应当如何提高营运能力？

4. 为什么说权益净利率是杜邦分析法的核心？杜邦分析法可以提示企业哪些财务信息？

5. 如果你是一家小公司的唯一股东，你公司目前经营良好且没有负债，最近一年的资产规模为 80 万元，资产报酬率为 12%，企业所得税税率为 25%，如果你要扩大经营规模，是否考虑借债？如果考虑，那么通过举债来扩大经营规模的标准是什么？

二、练习题

（一）单项选择题

1. 财务分析中涉及的财务报告不包括（　　）。

A. 资产负债表 　　　　　　　　B. 财务状况说明书

C. 利润表 　　　　　　　　　　D. 比较百分比财务报表

2. 在财务分析的基本方法中，（　　）方法是最基础的。

A. 趋势分析法 　　　　　　　　B. 因素分析法

C. 比较分析法 　　　　　　　　D. 比率分析法

3. 在短期偿债能力指标当中，（　　）不宜用于企业间的比较。

A. 营运资金 　　　　　　　　　B. 速动比率

C. 现金比率 　　　　　　　　　D. 流动比率

4. 对企业长期偿债能力进行分析时，与资产负债率之和等于 1 的比率是（　　）。

A. 权益乘数 　　　　　　　　　B. 利息保障倍数

C. 所有者权益比率 　　　　　　D. 有形净值债务比率

5. 反映企业所有者投入资本赚取利润能力的财务比率是（　　）。

A. 长期资本报酬率 　　　　　　B. 所有者权益报酬率

C. 资本金报酬率 　　　　　　　D. 资产报酬率

6. 下列各指标中，主要用来说明企业盈利能力的是（　　）。

A. 权益乘数 　　　　　　　　　B. 资产周转率

C. 每股账面价值 　　　　　　　D. 每股盈余

7. 当流动资产占用增加，同时流动资产周转速度加快时，企业一定存在流动资产的（　　）。

A. 绝对浪费 　　　　　　　　　B. 相对节约

C. 同时存在绝对节约和相对节约 　　D. 相对浪费

8. 下列指标中，属于增长率的指标是（　　）。

A. 产权比率 　　　　　　　　　B. 资本收益率

C. 不良资产比率　　　　　　　　　　D. 资本积累率

9. 运用杜邦分析法的核心指标是（　　　）。

A. 权益净利率　　　　　　　　　　　B. 资产周转率

C. 资产净利率　　　　　　　　　　　D. 销售净利率

10. 在下列财务比率中，既能反映企业资产综合利用的效果，又能衡量债权人权益和所有者权益的报酬情况的是（　　　）。

A. 销售净利率　　　　　　　　　　　B. 资产报酬率

C. 产权比率　　　　　　　　　　　　D. 利息保障倍数

（二）计算题

1. 某公司 2021 年度简化资产负债表见表 10-11。

表 10-11　某公司 2021 年简化资产负债表　　　　　　　（单位：万元）

资　　产	金　　额	负债及所有者权益	金　　额
货币资金	50	应付账款	100
应收账款		长期负债	
存货		实收资本	100
固定资产		留存收益	100
资产合计		负债及所有者权益	

该公司其他有关财务指标如下：长期负债与所有者权益之比为 0.5，销售毛利率 10%，存货周转率（存货平均余额按年末数计算）为 9 次，平均收账期（应收账款平均余额按年末数计算，一年按 360 天计算）为 18 天，总资产周转率（总资产平均余额按年末数计算）为 2.5 次。

要求：利用上述资料，填充该公司资产负债表的空白部分。

2. 某公司 2021 年年初存货为 15 万元，年初资产总额为 140 万元。2021 年年末有关财务指标为：流动比率 2.1，速动比率 1.1，现金类资产与流动负债的比率 0.6，存货周转率 6 次，资产负债率 35%，长期负债 42 万元，资产总额 160 万元，流动资产由现金类资产、应收账款、存货组成。该年销售收入 120 万元，发生管理费用 9 万元，利息费用 10 万元。所得税税率 33%。

要求：根据以上资料

（1）计算 2021 年年末流动负债总额、流动资产总额、存货总额、应收账款总额、权益乘数、产权比率、总资产周转率。

（2）计算该年销售成本、利息保障倍数、净利润、销售净利率和权益净利率。

（3）2021 年计划销售净利率 8%，计划总资产周转率 1.2 次，计划权益乘数 1.5，采用连环替代法依次测定各因素对权益净利率计划完成情况的影响。

3. 某公司近三年的主要财务数据和财务比率见表 10-12。

假设该公司没有营业外收支和投资收益，所得税税率不变。

要求：根据以上资料

（1）分析说明该公司资产盈利能力的变化及其原因。

表 10-12 某公司近三年主要财务数据和财务比率

项　目	2019 年	2020 年	2021 年
销售额（万元）	4 000	4 300	3 800
总资产（万元）	1 430	1 560	1 695
普通股（万元）	100	100	100
保留盈余（万元）	500	550	550
所有者权益合计（万元）	600	650	650
流动比率	1.19	1.25	1.20
平均收账期（天）	18	22	27
存货周转率（次）	8.0	7.5	5.5
负债/所有者权益	1.38	1.40	1.61
长期负债/所有者权益	0.5	0.46	0.46
销售毛利率	20.0%	16.3%	13.2%
销售净利率	7.5%	4.7%	2.6%
总资产周转率（次）	2.80	2.76	2.24
总资产净利率	21%	13%	6%

（2）分析说明该公司资产、负债及所有者权益的变化及其原因。

（3）假如你是该公司的财务经理，请说明在 2022 年应从哪些方面改善公司的财务状况和经营业绩。

4. 某公司 2021 年度会计报表主要资料见表 10-13 和表 10-14。

表 10-13 某公司 2021 年度资产负债表　　　　　　　（单位：万元）

资　产	金　额		负债及所有者权益	金　额	
	年　初	年　末		年　初	年　末
现金	764	310	应付账款	516	526
应收账款	1 156	1 344	应付票据	336	506
存货	700	966	其他流动负债	468	938
固定资产净额	1 170	2 620	长期负债	1 026	1 826
资产	3 790	5 240	实收资本	1 444	1 444
合计			负债及所有者权益合计	3 790	5 240

表 10-14 某公司 2021 年度利润表　　　　　　　（单位：万元）

项　目	金　额
销售收入	8 430.0
销货成本	6 570.0
毛利	1 860.0
管理费用	980.0
利息费用	498.0

（续）

项　目	金　额
税前利润	382.0
所得税	152.8
净利润	229.2

要求：根据上述资料

（1）计算并填写表 10-15 中该公司的财务比率指标。

（2）与行业平均水平比较，说明该公司可能存在的问题。

（3）运用杜邦分析法对权益净利率进行分析。

表 10-15　某公司与行业平均财务比率指标

财 务 比 率	某　公　司	行业平均水平
流动比率		2
速动比率		1
资产负债率		50%
存货周转率（次）		6
应收账款周转率（次）		9
销售净利率		8%
销售毛利率		20%
权益净利率		10%
利息保障倍数		4

第十一章

企业并购

【学习目标】

1. 了解并购的形式与类型；掌握并购的动因与动机；熟悉并购的一般程序
2. 掌握评估目标企业价值的方法
3. 掌握企业并购的各种出资方式的特点
4. 熟悉目标企业的反并购措施

【课程思政】

培养学生求同存异、合作共赢的双赢思维：一桩成功的企业并购可以产生"1 + 1 > 2"的协同效应，并购双方都能通过并购创造价值，如获得核心资源、输入先进的管理模式、提高财务信誉、降低资金成本、合理避税等，从而实现双方的共赢。

【导入案例】

中国互联网巨头腾讯公司于 2016 年 6 月出资 86 亿美元从日本软银集团手中收购了芬兰最大的手游开发商 Supercell 公司 84.3%的股份，使 Supercell 的估值高达 102 亿美元，这不仅是当时中国互联网行业涉及金额最大的一笔海外并购，同时也是全球范围内最大的游戏行业并购事件。Supercell 依靠其特色的游戏设计能力和创新理念，开发了多个可玩性较高的游戏，短短几年内就发展成为了全球顶尖的手游开发公司，日活跃用户数在 2016 年已高达 1 亿名。通过此次收购，腾讯公司在全球范围内进一步扩张了游戏业务，使其全球影响力进一步得到提升，无论是手游玩家人数还是获得效益方面均远远领先了国内其他游戏开发公司，并借此机会将更多腾讯研发和代理的游戏产品投放至国外。

（资料来源：李月娥，从一则腾讯收购案例分析互联网行业海外并购的财务风险防范，对外经贸实务，2020 (1)：76-79，有改动）

第一节　企业并购概述

▶▶ 一、企业并购的概念

企业并购是企业兼并或合并（Merger）与企业收购（Acquisition）的合称。在西方，两者惯于被合称为"Merger and Acquisition"，可缩写为"M&A"，简称"并购"或"购并"。

（一）兼并与合并

企业兼并是指具有法人资格的企业以现金、证券或其他形式购买其他企业的产权，使其他企业失去法人资格或改变法人实体的一种行为。例如，A 公司兼并 B 公司，其后 A 公司依然合法存在，B 公司法定地位则消失。用公式来表示就是："A＋B＝A"。兼并的方式可以是现金购买、股票转换或者承担债务等。

企业兼并必须是企业的全部或其大部分资产的产权归属发生变动，实行有偿转移，而个别生产要素的流动，仅构成企业资产的买卖。

根据我国《公司法》的规定，公司合并可以采取吸收合并或者新设合并。吸收合并是指一家公司吸收其他公司，被吸收的公司法人主体资格不复存在，吸收合并即为兼并。新设合并是指两个或两个以上的公司合并新设一家新公司，从而实现生产要素优化组合的一种行为。例如，A 公司与 B 公司合并，其后 A、B 公司均不复存在，而是组成 C 公司。用公式来表示就是："A＋B＝C"。

一般认为，广义的兼并是指企业合并，而本章所涉及的兼并是指狭义的兼并。狭义兼并与广义兼并的主要区别在于：狭义兼并的结果是被兼并企业丧失法人资格，而兼并企业的法人地位继续存在；广义兼并的结果是被兼并企业被控股，其法人地位可能丧失，也可能不丧失，而兼并企业的法人地位也不一定不丧失。

（二）收购

企业收购是指某一企业为了获得其他企业的控制权而购买其他企业资产或股份的行为。收购作为企业资本经营的一种形式，其实质是通过购买被收购企业的股权或资产取得控制权。通俗地讲，就是一企业接管另一企业的行为，被接管企业的法人地位并不消失。

收购可以进一步分为股权收购和资产收购。股权收购与资产收购的主要区别在于：股权收购是购买一家企业的股份，收购方将成为被收购方的股东，有权参与企业的管理，有义务承担该企业的债务；而资产收购则是购买其他企业的全部或部分资产，由于在收购目标公司资产时并未收购其股份，收购方无须承担其债务。

（三）合并与收购的联系与区别

无论是企业合并还是企业收购，企业产权的转让是其基本的特征。在现代企业制度下，企业产权的转让，即企业控制权的转移是通过以下两种方式进行的：一是通过购买企业的资产获得企业的控制权；二是通过购买企业的股权获得企业的控制权。

企业合并与企业收购的基本动因是相似的，如扩大企业的市场占有率、扩大企业经营规模以实现规模经济、拓宽企业经营范围以实现分散经营或综合化经营等。总之，两者都是为了增强企业实力而采取的外部扩张策略和途径，都是企业资本经营的基本方式。

另外，企业合并与企业收购都是以企业产权为交易对象，而且这种产权交易活动是一种有偿的交换，而不是一种无偿的调拨，支付的手段既可以是现金，也可以是股票、债券或其他形式的回报。并且，两者都是在市场机制作用下、具有独立法人资格的企业的经济行为，是企业对市场竞争的一种能动反应，而不是一种政府行为。当然，合并与收购也有许多区别，以 A 公司收购或者合并 B 公司为例，它们的主要区别见表 11-1。

表 11-1　企业收购与合并的区别

收　　购	资 产 收 购	B 公司解散，A 公司存续
	股 权 收 购	B 公司不解散，作为 A 公司的子公司存续；或 B 公司解散，A 公司存续
合　　并	吸 收 合 并	A 公司存续，B 公司解散；或 B 公司存续，A 公司解散
	新 设 合 并	A 公司、B 公司都解散，另设一家新公司

（四）企业并购

并购有狭义与广义之分。狭义的并购即我国《公司法》上所定义的吸收合并或新设合并；广义的并购除这二者外，还包括通过股权或资产的购买（但纯粹以投资为目的而不参与营运的股权购买不包括在内），取得其他企业的控制权。狭义并购与广义并购的区别在于：前者是特定的合并模式，合并后被并购企业原有法人资格不复存在；而后者则涵盖所有企业取得其他企业控制权的模式，被并购企业不一定需要解散，可能仍保持独立的法人资格继续经营。

尽管兼并、合并和收购存在区别，但在实践中，三者往往交织在一起，很难严格区分开，它们的联系远远超过它们的区别，尤其是三者所涉及的财务问题并无差异。因此，本章不再严格区分"合并"和"收购"，一般情况下统称为"并购"，泛指在市场机制作用下企业以支付现金、交换股权或承担债务等方式来取得其他企业的股份或资产所有权，从而获得其他企业的控制权的产权交易活动。本章把并购一方称为买方企业或并购企业，把被并购一方称为卖方企业、目标企业或被并购企业。

▶▶ 二、企业并购的类型

企业并购的形式较多，根据不同的标准，可以划分为不同的类型。不同类型的并购活动，可能导致不同的并购成本，面临不同的法律和政策环境，并购双方所需要完成的工作也不完全相同。因此，企业在实施并购时需要认真分析，选择对自己最有利的并购类型。

（一）按并购双方的行业关系划分

按并购双方的行业关系可将并购划分为横向并购、纵向并购和混合并购。

1. 横向并购

横向并购是指处于同行业，生产或销售相同、相似产品的企业间的并购，横向并购往往是市场上竞争对手间的合并。

2. 纵向并购

纵向并购是指生产和经营过程相互衔接、紧密关联、互为上下游关系的企业之间的并购。

3. 混合并购

混合并购是指既非竞争对手又非现实或潜在的客户或供应商的企业间的并购，并购的企业处于不同行业，产品属于不同市场。

（二）按并购的出资方式划分

按并购的出资方式可将并购划分为现金购买式并购、股权交易式并购、承担债务式并购和综合证券并购。

1. 现金购买式并购

现金购买式并购是指并购企业向目标企业支付一定数量的现金而获得目标企业控制权的一种并购方式。

2. 股权交易式并购

股权交易式并购是指并购企业通过增发股票的方式获得目标企业控制权的并购方式。

其主要特点是：无须支付大量现金，因而不会影响并购企业的现金流，但是增发股票会影响并购企业的股权结构，原有股东的控制权会受到影响。

3. 承担债务式并购

承担债务式并购是指并购企业以承担目标企业的部分或全部债务为条件，取得目标企业控制权的并购方式。采用这种并购方式，可以减少并购企业在并购中的现金支出，但有可能影响并购企业的资本结构。

4. 综合证券并购

综合证券并购是指在并购过程中，并购企业的出资方式不仅仅有现金、股票，还有认股权证、可转换债券等多种方式。这种并购方式具有现金购买或并购和股票交易式并购的特点，并购企业既可以避免支付过多的现金，保持良好的财务状况，又可以防止控制权的转移。

(三) 按是否利用目标企业本身资产作为支付手段划分

按是否利用目标企业本身资产作为支付手段，并购可划分为杠杆并购和非杠杆并购。

1. 杠杆并购

杠杆并购是指并购企业除了利用自有资金外，还通过以目标企业的资产和经营收入为担保借入资本取得目标企业的产权，并且以目标企业的资产和经营收入偿还负债的并购方式。通常，杠杆并购的支付中，自有资金占的比例非常少。

2. 非杠杆并购

非杠杆并购是指并购企业不用目标企业的资产及营运所得来支付或担保支付并购款项的并购方式。但这并不意味着在非杠杆并购中并购企业不用举债即可负担并购所需资金，实践中，几乎所有的并购都是利用贷款完成的，但不同的是借贷数额的多少以及贷款抵押对象。

(四) 按并购企业的动机划分

按并购企业的动机划分，并购可以分为善意并购和敌意并购。

1. 善意并购

善意并购是指并购企业与被并购企业双方通过友好协商确定诸项事宜的并购。西方形象地将善意并购的并购方称之为"白衣骑士"（White Knight），在善意并购下，并购的条件、价格、方式等可以由双方高层管理者协商确定，并经董事会批准。由于双方都有并购的愿望，因此，这种方式的成功率较高。

2. 敌意并购

敌意并购又称恶意并购，是指并购企业在并购目标企业时，虽然遭到目标企业的抗拒，却仍然强行并购，或者不与目标企业进行协商，突然直接提出公开收购要约的并购行为。敌意并购的并购方被形象地称之为"黑衣骑士"（Black Knight），在敌意并购中，并购企业通常会不顾被并购企业的意愿而采取非协商性购买的手段，强行并购对方企业。

(五) 根据企业成长目标策划中的积极性划分

根据企业成长目标策划中的积极性可将企业并购分为积极式并购与机会式并购。

1. 积极式并购

在积极式并购下，并购企业可根据并购的目标，制定明确的并购标准，在此标准下，并购企业可主动寻找、筛选出几家目标企业，并开始进行个别并购洽谈。

2. 机会式并购

机会式并购是指并购企业在其整体性策略规划里，没有具体的并购策划，只是在被动地得知有哪家企业欲出售，或从专业并购中介机构中得到出售企业的消息后，才依目标企业的状况并结合本企业的策略进行评估，以决定是否进行企业并购。

（六）按并购交易是否通过证券交易所划分

按并购交易是否通过证券交易所，并购可划分为要约收购和协议收购。

1. 要约收购

要约收购是指当并购企业持有目标企业的股份达到一定比例时，并购企业必须依法向该目标企业的所有股东发出收购全部或者部分股份的要约。根据我国《证券法》的规定，"通过证券交易所的证券交易，投资者持有或者通过协议、其他安排与他人共同持有一个上市公司已发行的有表决权股份达到30%时，继续进行收购的，应当依法向该上市公司所有股东发出收购上市公司全部或者部分股份的要约。收购要约约定的收购期限不得少于30日，并不得超过60日"。要约收购直接在股票市场上进行，受市场规则的严格限制，风险较大，但自主性强，速战速决。敌意收购多采取要约收购的方式。

2. 协议收购

协议收购是指并购企业不通过证券交易所，直接私下与目标企业取得联系，通过谈判、协商达成协议，据以实现目标企业股权转移的收购方式。协议收购易取得目标企业的理解与合作，有利于降低收购活动的风险与成本，但谈判过程中的契约成本较高。协议收购一般属于善意收购。目前，我国发生的并购活动多数为协议收购。

三、企业并购的动因

并购的动因是指促使并购产生的动力和原因。并购的动因虽然多种多样，涉及的因素方方面面，但归纳起来主要有如下几类：①通过并购同行业企业来扩大生产经营规模，提高市场份额，实现规模经济，提升行业地位；②通过并购取得先进的生产技术、管理经验、经营网络和专业人才等各类资源；③通过并购上游企业来降低原材料成本，增强企业的竞争力；④通过并购其他行业企业跨入新的行业，实施多元化发展战略，分散投资风险；⑤非上市公司通过并购上市公司借壳上市；⑥其他类型，如投机性的转手倒卖、合理避税等。

四、企业并购的一般程序

企业的并购活动涉及许多经济、政策和法律问题，是一个极其复杂的运作过程，因此，企业并购程序通常由相关法律法规做出明确规定，如金融法规、证券法规、公司法、会计法、税法以及不正当竞争法等，在有些国家，还存在反垄断法，用于对并购活动进行制约，但是实行并购程序的细节则要由并购各方具体操作。

企业并购大致可以分为五个阶段：准备阶段、谈判阶段、公告阶段、交接阶段、重整阶段。在大多数情况下，各个阶段并不是依次进行的，而是相互交叉进行的。从财务的角度来看，并购的程序通常包括以下七个步骤。

（一）确定目标企业

并购企业根据并购目的寻找合适的目标企业，这一步主要由高级管理人员来完成，在这个过程中，企业通常需要聘请金融机构作为财务顾问，协助并购的顺利进行。

（二）评价并购战略

由于并购活动具有相当大的风险，通常战略考虑要优先于财务分析。所以企业必须根据自身的战略目标来评价并购活动。其中主要的内容就是对目标企业进行战略分析，研究并购对企业竞争能力和风险的可能影响。

（三）对目标企业进行估价

对目标企业估价就是根据目标企业当前所拥有的资产、负债及其营运状况和市场价值等情况，确定其价值，以此作为出价依据。

（四）制定并购计划

并购计划可以为并购的实际执行过程提供明确的指导和时间表，从而能够和并购的实际完成情况进行比较。并购计划内容一般包括：①确定并购的出资方式是现金、股票还是综合债券等；②根据并购所需的资金数量和形式制订融资规划；③并购实施进度规划。

（五）实施并购

在并购计划获得股东大会和董事会的通过之后，企业就可以正式实施并购计划。并购的实施过程通常不会一帆风顺，企业需要对可能出现的意外情况进行监控，并视情况采取相应的措施。

（六）整合目标企业

并购成功与否，不仅在于企业能否完成并购，更在于并购后能否达到并购的战略目标。因此，并购后的管理，对整个并购活动也有着重要影响，只有当企业根据战略目标和实际情况，有计划地将目标企业与本企业成功整合之后，才表明并购活动取得了真正的成功。

（七）对并购活动的评价

并购活动的事后评价，可以为企业提供反馈信息，同时为未来的并购决策积累经验。

第二节 目标企业的价值评估方法

和所有市场中的交易双方一样，在并购交易中，买方企业希望用较低的价格并购卖方，卖方企业希望用较高的价格卖给买方，因此，需要采用合理的方法去评估出目标企业的价值，为交易双方的价格博弈提供有效的参考。并购企业可以通过对目标企业进行综合分析评估其价值，以确定其愿意支出的并购费用；目标企业也需要明确自身的价值，以决定是否接受并购企业提出的条件。因此，对目标企业的估值是决定并购成功与否的关键环节。在并购过程中，对目标企业价值进行评估的方法主要有以下三种：收益法、市场法和资产基础法。

▶ 一、收益法

（一）基本模型

目标企业的价值在很大程度上取决于其未来持续经营的现金流量，特别是目标企业与并购企业整合以后产生的协同效应，常使得整合后的现金流量总和大于各个部分的现金流量。收益法就是将目标企业的预期收益资本化或折现来确定企业的价值。收益法的基础模型如下：

$$V = \sum_{t=1}^{n} \frac{CF_t}{(1+R)^t} \tag{11-1}$$

式中　V——企业价值；

CF——自由现金流量；

R——贴现率；

t——收益期。

收益法的适用条件是：①能合理预测和量化未来的收益来计算自由现金流量；②能合理预测和量化承担的风险来确定折现率；③能够预测收益持续的时间来确定收益期。

企业的成长性是影响运用收益法评估企业价值的非常重要的因素，成长性差异会造成企业现金流量的大小和期间分布存在差异，从而影响最终的估值。根据成长性差异，我们可以将式（11-1）演化成零成长模型、固定成长模型和多阶段成长模型。

1. 零成长模型

如果企业未来每年自由现金流量保持不变，则估价模型如下：

$$V_1 = \frac{CF}{R} \tag{11-2}$$

式中　V_1——企业价值；

CF、R——释义同式（11-1）。

【例11-1】假定A公司今年的自由现金流量为100万元，预期未来自由现金流量的增长率为0，公司的加权平均资本成本为10%，那么目前公司的价值为多少？

A公司目前的价值 $V = 100/10\% = 1\,000$（万元）

2. 固定成长模型

如果企业未来每年的自由现金流量按一个固定的增长率稳定增长，则估价模型如下：

$$V_2 = \frac{CF_1}{R-g} \tag{11-3}$$

式中　V_2——企业价值；

CF_1——未来第1期的自由现金流量；

R——贴现率；

g——自由现金流量的增长率。

【例 11-2】假定 B 公司下一年度的自由现金流量为 100 万元，预期自由现金流量每年增长 5%，公司的加权平均资本成本为 10%，那么该公司的价值为多少？

B 公司的价值 $V = 100 / (10\% - 5\%) = 500$（万元）

3. 多阶段成长模型

现实中，几乎没有企业的自由现金流量能够保持年年相同，也很少有企业的自由现金流量能按一个固定的增长率持续稳定地增长下去，更符合现实的情况是，在企业不同的发展阶段，现金流量会表现出不同的增长特点。因此，我们可以把企业的未来分成两个以上的不同阶段，分别对每个阶段的自由现金流量进行贴现，然后加总在一起得到企业的价值。由此可以得到估价模型如下：

$$V_3 = V_{31} + V_{32} + \cdots + V_{3n} \tag{11-4}$$

式中　　V_3——企业价值；

　　　　V_{31}——第 1 阶段自由现金流量的现值之和；

　　　　V_{32}——第 2 阶段自由现金流量的现值之和；

　　　　V_{3n}——第 n 阶段自由现金流量的现值之和。

实践中，比较常见的是两阶段或者三阶段模型，各个阶段现值计算的具体公式视各阶段自由现金流量的情况而定。

【例 11-3】假定 C 公司的自由现金流量在今后三年内增长率为 10%，然后增长率稳定保持在 5% 的水平，当前公司自由现金流量为 200 万元，在高速增长期内公司加权平均资本成本为 12%，在稳定增长期内公司加权资本成本率为 10%，请估计该公司当前的价值。

C 公司的价值

$$V = \frac{200(1 + 10\%)}{1 + 12\%} + \frac{200(1 + 10\%)^2}{(1 + 12\%)^2} + \frac{200(1 + 10\%)^3}{(1 + 12\%)^3} + \frac{200(1 + 10\%)^3(1 + 5\%)}{(10\% - 5\%)(1 + 12\%)^3}$$

$$= 196.43 + 192.92 + 189.48 + 3\,978.99$$

$$= 4\,557.82 \text{（万元）}$$

（二）现金流量的预测

收益法常用的具体方法是现金流量折现法，现金流量折现法又可以分为股权自由现金流量折现模型和企业自由现金流量折现模型。股权自由现金流量和企业自由现金流量的计算公式如下：

$$
\begin{gathered}
\text{股权自由现金流量 FCFE} = \text{净利润} + \text{折旧} - \text{资本支出} - \text{净营运资本增加} + \\
\text{新增债务} - \text{本金偿还} - \text{优先股股利} \tag{11-5}
\end{gathered}
$$

$$
\begin{gathered}
\text{企业自由现金流量 FCFF} = \text{息税前利润} \times (1 - \text{所得税税率}) + \text{折旧} - \\
\text{资本支出} - \text{净营运资本增加} \tag{11-6}
\end{gathered}
$$

【例 11-4】假定 ABC 公司的利润表简表见表 11-2。该公司当前的所得税税率为 25%，2021 年固定资产投资为 500 万元，当年偿还债务所支付的现金为 75 万元，新增债务 50 万元，发放优先股股利 10 万元，2020 年和 2021 年营运资本分别为 100 万元和 120 万元。请计算该公司 2021 年度股权自由现金流量 FCFE 和公司自由现金流量 FCFF。

FCFE $= 558 + 550 - 500 - (120 - 100) + 50 - 75 - 10 = 553$（万元）

FCFF $= 850 \times (1 - 25\%) + 550 - 500 - (120 - 100) = 667.5$（万元）

表 11-2　ABC 公司利润表简表　　　　　　　　（单位：万元）

项　　目	2020 年	2021 年
销售收入	4 000	4 500
减：经营费用	2 750	3 100
减：折旧	500	550
息税前利润	750	850
减：利息支出	102	106
利润总额	648	744
减：所得税	162	186
净利润	486	558

在并购决策中，现金流出量是并购企业需要支付的现金，现金流入量是目标企业所创造出的现金净流量。如果目标企业被并购后不再是独立的法人实体，则目标企业创造的现金净流量全部计入并购企业；如果仅仅是控股并购，并购后并购企业只持有目标企业部分股权，则并购企业只能按其持股比例确认相应的现金净流量。如果并购是奔着目标企业控制权去的，且重点关注目标企业的整体价值，则可选择企业自由现金流量折现模型；如果只是取得控制权，主要关注自己作为股东能分得多少收益，则可以选择股权自由现金流量折现模型。企业自由现金流量由债权人和股东共同分享，而股权自由现金流量只属于股东。在我国 A 股的并购实践中，通常先采用企业自由现金流量模型计算企业整体价值，然后扣除有息负债价值，得到股东权益价值。

在任何一个企业的价值评估过程中，确定可靠的可持续净收益是非常重要的。实际上，比较大的公司一般都有自己的预测技术和系统，可以预测五年期甚至更长期的收益变动趋势。但是对于新兴行业的初创企业来说，则很难做出比较准确的预测。

（三）贴现率的计算

贴现率是与并购相关的机会成本，主要取决于并购以后企业的整体资本结构和并购决策本身的风险状况。如果选择股权自由现金流量折现模型，则贴现率应该选择目标企业的股权资本成本；如果选择企业自由现金流量折现模型，则应选择目标企业的加权平均资本成本作为贴现率。资本成本的具体计算方法可以参考第六章的相关内容。

（四）收益期的确定

在运用收益法评估企业价值时，收益期的不同会对结果产生很大影响。收益法的假设前提是企业持续经营，所以企业未来的总收益期是无限期。但是，我们不可能预测出企业未来无限期的现金流，因此，我们需要根据实际情况将企业未来无限期划分为不同阶段，至于应该如何划分，并没有统一的标准，具体方法需要根据企业的实际经营发展情况而定。比较常见的方法是将现金流划分为两个阶段（有些情况下，三个或三个以上阶段更适用），第一个阶段是一段特定时间，在这个阶段我们可以明确预测出企业各期的现金流，这个阶段应该足够长，以便体现公司现金流的所有预期变化，直到企业的现金流保持一个比较稳定的状态，这个阶段通常可以定为三至十年；第二个阶段则是第一个阶段后的所有年份。

（五）收益法中存在的其他问题

收益法是通过预测获取目标企业控制权而带来的预期收益现值。在以收益为基础的分析中，收益的高低直接影响到对目标企业的评价，然而，会计准则、会计政策变更、非常项目等都会影响到企业收益的水平，因此，在分析时，充分考虑这些因素的影响是非常重要的。

二、市场法

（一）市场法的基本思路

市场法是将股票市场上与目标企业经营业务、经营规模相似的公司的价值或者是最近的类似交易的实际交易价格作为估算目标企业价值参照数的一种方法。具体来说，市场法分为可比公司法和可比交易法。可比公司法是以相似公司为参照物进行价值评估；可比交易法是以类似交易的实际价格作为参照物进行估值。市场法的基石是替代原则，即"人们为一个事物所支付的价格，不会超过购买同样理想替代品的花费"。基于替代原则，价值的确定依赖于已经在相关市场上支付给类似标的的价格。

在运用市场法时，首先，需要选择参照物；其次，根据参照物的股价或者财务数据为基础，构造价值乘数；最后，利用价值乘数计算目标企业价值。

（二）市场法运用的前提

市场法是根据证券市场真实反映公司价值的程度来评定公司价值的。因此，并购企业在运用此方法评价目标企业时，首先要认识目标企业所处资本市场的有效状况。

西方财务理论一般将资本市场效率分为三种类型：弱式有效、次强式有效和强式有效。弱式有效是指在股票市场中所有包含过去股价变动的资料和信息，并没有完全反映在股票的现行市价中，因此投资者在选择股票时，就不能从与股价趋势有关的资料信息中得到任何有益的帮助。若市场中股票的现行市价反映出所有已公开的信息，则这种股票市场就具有次强式效率。在一个次强式有效的市场中，外部投资者即使能够彻底分析股票、完全了解年度报告或任何已公开的信息，也无法赚得超常利润；然而公司的内部人士如董事长、总经理等，却能利用他们的地位取得其他投资者所无法得到的资料，买卖自己公司的股票，从而赚得超额利润。强式有效是指股票的现行市价已反映了所有已公开或未公开的信息，任何投资者甚至内部人士都无法利用其特殊地位在股市中赚得超常报酬。

运用市场法的前提，通常是假定资本市场至少达到了次强式有效。基于此假设条件，股价反映了投资人对目标企业未来现金流量与风险的预期，市场价格等于市场价值。市场法用公司股价或目前市场上公司交易的价格来作为比价标准，不但容易计算，且资料可信度较高。

（三）常用的估值指标

1. 市盈率

市盈率（P/E）是股票的每股价格和每股收益的比值。市盈率指标是中国资本市场最流行的估值指标。

2. 市净率

市净率（P/B）是股票的每股价格和企业每股净资产的比值。市净率指标通常用于金融行业和重资产行业的估值。

3. 市销率

市销率（P/S）是股票的每股价格与企业每股主营业务收入的比值。市销率指标比较适合毛利趋同、发展稳定的行业的估值，如公用事业行业和零售行业。

4. 企业价值倍数

企业价值倍数（EV/EBITDA）是公司价值与扣除利息、所得税、折旧和摊销前的利润的比值。目前，这个指标在国内运用较少，但广泛运用于海外证券市场。

在选择估值指标时，除了考虑选择哪些估值指标外，还应该考虑使用这个指标的时间段。合理的做法应该是将类比公司估值指标的时间段和目标公司估值指标的时间段基本保持一致。通常的时间段包括最近一个财务年度、最近 12 个月、未来预期的 12 个月或者过往若干年的平均数。同时，也要注意市场层面的总体起伏，特别要小心波动性强的时期。

（四）可比公司法

运用可比公司法的关键是选出一组与目标企业业务和财务状况类似的企业，通常选取的是同行业中规模和成长性相似的上市公司。

【例 11-5】2021 年年初，A 公司拟并购 B 公司，通过调查获得了三家可比公司的市盈率分别为 8、6、7，B 公司 2020 年净利润为 4 000 万元。请估算 B 公司的价值。

B 公司的价值 = 4 000 × (8 + 6 + 7)/3 = 28 000 （万元）

需要注意的是，可比公司的价值评估是基于公开市场，而目标公司的估值是基于并购交易市场，两个市场的估值逻辑存在差异，因此，为弥补可比公司法的缺点，就出现了可比交易法。

（五）可比交易法

运用可比交易法时首先要注意的就是寻找合适的可比交易。但是在实践中，相比寻找可比公司，选取可比交易的难度更大，更难达到理想中的可比性，适用范围更小。

另外，采用可比交易法还要考虑控制权和流动性的因素。一般来说，并购方在取得控制权后，可以通过实现协同价值来提高收益，因此，在并购相同股份的情况下，并购企业取得目标企业的控制权要比未取得控制权支付更多的溢价。在流动性方面，同等条件下，由于上市公司的股权相比非上市公司的股权更容易变现，并购上市公司的成本要高于并购非上市公司，如果在并购非上市公司时，运用可比交易法选取了上市公司的交易价格作为参照得到非上市公司的估值，则这个估值的准确性就需要打个折扣。

▶▶ 三、资产基础法

（一）资产基础法的评估思路

资产基础法，是指通过对目标企业的所有资产分别进行估价，累计求和后得到总资产的价值，以此作为目标企业的评估值。当并购方并购的动机不是为了目标企业的控制权，而是主要为了获取某些具体的有形资产或无形资产时，或者当目标企业经营失利无法产生无形价值，其价值仅限于具体有形资产总额时，通常使用资产基础法来评估目标企业价值。

（二）运用资产基础法估值的前提

运用资产基础法估值的前提可以是持续经营也可以是清算。在持续经营的前提下，资产价值应按"在使用中"的价值评估；在清算前提下，资产是在强制性的销售环境中估价的，一般低于正常售价。

（三）资产估价标准

要确定目标企业所有资产的价值，关键是要确定合适的资产估价标准。目前国际上通用的资产估价标准有账面价值、市场价值、清算价值、续营价值和公允价值。

1. 账面价值

账面价值是指在会计核算中账面记载的资产价值。这种估价方法不考虑现时资产市场价格的波动，也不考虑资产的收益状况，是一种静态的估价标准。这种估价标准只适用于该资产的市场价格变动不大或不必考虑其市场价格变动的情况。

2. 市场价值

与账面价值不同，市场价值是指把资产作为一种商品在市场上公开竞争，在供求关系平衡状态下市场确定的价值。由于它已将价格波动因素考虑在内，所以适用于单项资产的评估计价。

3. 清算价值

清算价值是指在公司出现财务危机导致破产或歇业清算时，公司中的实物资产被逐个分离后单独出售的资产价值。清算价值是在公司作为一个整体已丧失增值能力的情况下采用的一种资产估价方法。当目标企业的预期收益不令人满意，其清算价值可能超过以收益资本化为基础估算的价值时，目标企业的市场价值已不依赖于它的盈利能力，这时以清算价值为基础来评估目标企业的价值可能更有意义。

4. 续营价值

与清算价值相反，续营价值是指公司资产作为一个整体仍然具有增值能力，在保持其继续经营的条件下，以未来的收益能力为基础来评估公司资产的价值。由于收益能力是众多资产组合运用的情况下产生的，因此续营价值标准更适用于公司整体资产的估价。

5. 公允价值

公允价值是指熟悉市场情况的买卖双方，在公平交易和自愿的情况下所确定的价格。公允价值反映了续营价值和市场价值的基本要求，它把市场环境和公司未来的经营状况同公司资产的当前价值联系起来，因此非常适合于在并购时评估目标企业的价值。

以上五种资产估价标准的侧重点不同，因此也就各有其适用范围。例如，就企业并购而言，如果并购目标企业的目的在于获得其未来收益的潜能，那么公允价值就是一个重要的估价标准；如果并购目标企业的目的在于获得其某项特殊的资产，那么以清算价值作为估价标准可能是一种恰当的选择。

第三节　企业并购的出资方式

任何实施并购的企业都必须在决策时充分考虑采取何种出资方式完成并购。实践中，企业并购的出资方式主要有三种：现金支付、股票支付和综合证券支付。并购方必须充分认识不同出资方式的差别，依据具体的情况做出正确的决策。如果单纯采用一种方式会受到某种条件的限制，则可以考虑采用混合出资方式。

▶ 一、出资方式的种类

（一）现金支付

现金支付是并购活动中最普遍采取的一种出资方式，包括一次性支付和延期支付，延期支付又包括分期付款、开立应付票据等卖方融资行为。现金支付在实际并购重组的操作中也演变为以资产支付、股权支付等形式，如资产置换、以资产换股权等。这里需要说明的是，以拥有的对其他公司的股权作为支付工具（长期投资）仍属于现金支付的范畴，而不属于股票支付的范畴，股票支付特指换股、增发新股等方式。

现金支付是并购活动中最清楚而又最迅速的一种出资方式，在各种出资方式中占很高的比例。这主要是因为：①现金支付的金额简单易懂；②对卖方比较有利，常常是卖方最愿意接受的一种出资方式，因为买方用这种方式出资，卖方所得到的现金额是确定的，不必承担证券风险，亦不会受到并购后目标企业的发展前景、利息率以及通货膨胀率变动的影响；③便于并购交易尽快完成，现金支付的同时就实现了股权的转移，并购方可以立即行使对目标企业的控制。

（二）股票支付

股票支付是指收购方通过换股或增发新股替换目标企业的股票的方式，达到取得目标企业控制权、收购目标企业的一种支付方式。

和现金支付的出资方式相比，股票支付的主要特点是：①并购企业不需要支付大量现金，因而不会影响并购企业的现金状况；②并购完成后，目标企业的股东不会因此失去他们的所有者权益，只是这种所有权由目标企业转移到了并购完成后扩大的新企业，也就是说，当并购交易完成之后，扩大后的企业股东由原有并购企业股东和目标企业的股东共同组成；③对增发新股而言，增发新股改变了原有的股权结构，导致了原有股东权益的淡化，股权淡化的结果甚至可能使原有的股东丧失对公司的控制权。

（三）综合证券支付

综合证券支付，指的是并购企业对目标企业提出收购要约时，其出价方式是现金、股票、普通债券、认股权证、可转换债券等多种形式证券的组合。

1. 公司债券

如果并购企业将公司债券作为一种出资方式，那么债券必须满足许多条件，一般要求它可以在证券交易所或场外交易市场上流通。与普通股相比，公司债券通常是一种更便宜的资金来源，而且向债券持有者支付的利息一般是可以免税的，所以对目标企业的股东也非常有吸引力。以公司债券作为出资方式时，通常是与认股权证或可转换债券结合起来。

2. 认股权证

对并购企业而言，发行认股权证的好处是，可以延期支付股利，从而为公司提供了额外的股本基础。但由于认股权证上的认购权行使，将涉及公司未来控股权的转变，因此，为保障公司现有股东的利益，公司在发行认股权证时，一般要按照控股比例派送给现有股东。股东可用这种证券行使优先低价认购公司新股的权利，也可以在市场上随意将认股权证出售，购入者则成为认股权证的持有人，获得相同的认购权利。

3. 可转换债券

从并购企业的角度来看，采用可转换债券作为支付方式的优点是：①通过发行可转换债券，并购企业能以比普通债券更低的利率和较宽松的合同条件出售债券；②通过发行可转换债券，并购企业未来可以按照比现行价格更高的价格出售股票。

对目标企业的股东而言，采用可转换债券的好处是：①可转换债券具有债券的安全性和作为股票可使本金增值的有利性相结合的双重性质；②在股票价格较低的时期，可以将可转换债券的转换期延迟到预期股票价格上升的时期。

4. 优先股

除了上述的出资方式以外，并购企业还可以发行优先股股票支付并购价款。优先股股东虽在股利方面享有优先权，但不会影响现有的普通股股东对公司的控制权。这是以发行优先股作为出资方式的突出特点。

二、影响出资方式选择的因素

（一）目标企业的要求

并购资金的支付方式并不是单方面决定的，并购企业在选择出资方式时应该考虑目标企业的要求，协商达成一致意见。

（二）并购企业是否是上市公司

如果并购企业是非上市公司，一般只能用现金来支付并购资金，因为非上市公司发行的证券缺乏流动性，不容易被目标企业接受；而如果并购企业是上市公司的话，在并购资金支付方式的选择上就会更具灵活性，因为上市公司在融资方式上的便利性和资产的流动性都比较强，除现金支付方式外，还可以选择股票、债券等证券或者二者结合的方式来支付并购资金。

（三）并购企业现行股价

并购企业如果认为本企业目前的股价被高估，会更倾向于发行股票支付并购资金；并购企业如果认为本企业目前的股价被低估，则会更倾向于以现金支付并购资金。

（四）竞争对手出现的可能性

存在竞争者时，现金支付更容易被目标企业接受，因为这种方式能缩短交易时间，起到阻止竞争对手进入的作用。

（五）其他方面

除上述影响因素外，还有一些其他因素会影响并购企业出资方式的选择，如对控制权的影响、税收因素、企业规模、融资安排、交易成本等。

综上所述，并购企业在收购目标企业时采用综合证券的出资方式，既可以避免支付更多的现金，造成本企业的财务状况恶化；又可以防止控股权的转移。正是基于这两大优点，综合证券支付在各种出资方式中的比例近年来呈现出逐年上升的趋势。

第四节　目标企业的反并购措施

对于并购企业所提出的并购要约，如果目标企业不愿意被并购，通常都会采取一些措施来抵御并购，目标企业的抵抗方法和抵抗程度的强弱，将会极大地影响并购企业的成本和并购本身的成败。因此，并购企业也必须认真了解目标企业可能采取的各种反并购措施，主要包括经济措施和法律措施。

▶▶ 一、目标企业反并购的经济措施

企业反并购的经济措施很多，主要包括提高并购企业的并购成本、降低并购企业的并购收益、反噬防御和修改企业章程等。

（一）提高并购企业的并购成本

1. 资产重估

在现行会计制度下，资产通常采用历史成本计价，资产的历史成本可能低于资产的实际价值，通过资产重估，提高账面价值将会提高并购价格，从而抑制并购。

2. 股份回购

目标企业通过回购本企业股票，既可以减少流通在外的股份数量提高自身持股比例，又可以提高股票价格增加并购企业的并购成本。另外，还可以利用股票回购来消耗现金，甚至通过举债来筹集股票回购所需资金，提高企业的财务风险，降低企业被并购的吸引力。

3. 寻找"白衣骑士"

在"白衣骑士"介入的情况下，企业的股价通常会上升，恶意并购者的并购成本将会提高，如果其不愿意以更高的价格来并购目标企业，并购则会失败。

4. "金色降落伞"

目标企业一旦被并购，其高层管理人员将遭到撤职或降职的危险。"金色降落伞"是一种补偿协议，它规定目标企业在被并购的情况下，高层无论是被迫还是主动离开企业，都可以领到一笔巨额的补偿金，这将增大并购企业的并购成本。但是，在实践中，很多企业的股东反对这种损害股东利益的措施，一方面，他们认为导致企业被并购的原因之一是

管理层管理不善，不该为这些失败者发放高额补偿金；另一方面，这种补偿协议也可能会诱使高层管理人员将企业低价卖出。

（二）降低并购企业的预期收益

1. 出售或抵押"皇冠上的珍珠"

从资产价值、盈利能力和发展前景等方面衡量，企业内部经营最好的子公司被喻为"皇冠上的珍珠"。目标企业为保全其他子公司，可将"皇冠上的珍珠"出售或抵押出去，从而降低并购企业的预期收益和并购兴趣，以达到反并购的目的。

2. "毒丸计划"

"毒丸计划"是指目标企业在面临恶意并购时，可以发行用于降低并购方预期价值的证券，如债券、可转化优先股、赋予投票权的优先股、认股权证或期权等。通过发行债券增加负债和财务风险可以降低企业被并购的吸引力；通过发行可转化为普通股的优先股或赋予投票权的优先股，或者发行赋予以较低价格购买公司股票的权利的认股权证或者期权，都可以稀释并购企业股权，降低其股权收益。

3. "焦土战术"

"焦土战术"是指目标企业在受到并购威胁并无力反击时，将企业中引起并购企业兴趣的优质资产出售，使并购企业的意图难以实现；或是购置大量资产，大大提高企业负债，恶化企业财务状况，使并购企业因考虑并购后严峻的负债问题而放弃并购的战术。

不论是出售或抵押"皇冠上的珍珠"还是"毒丸计划"，抑或是"焦土战术"，都是"杀敌一千自损八百"的两败俱伤的反并购策略，在降低并购企业预期收益和并购兴趣的同时，也会削弱自身实力，都是面临恶意收购、自身能力又有限时的无奈之举，属于反并购策略中不得已而为之的下策。

（三）反噬防御

反噬防御是指目标企业以攻为守，反过来开始购买并购方的股票，以达到保卫自己的目的。这种策略使目标企业变得更加主动，处于可攻可守的位置，进可以反向并购并购方，退可以使目标企业拥有并购方的股票，即便被并购，也能分享收益。但是，这种方式对目标企业的资金实力和融资能力要求较高，同时还需要并购企业也满足被并购的条件，在实际中成功运用此策略的案例较少。

（四）修改企业章程

为了降低企业被收购的可能性，企业还可以通过修改企业章程，设置一些可以增加并购企业并购难度和成本，降低并购企业预期收益和并购意愿的条款，例如董事会轮换制、超级多数条款和公平价格条款等。

1. 董事会轮换制

在董事会轮换制中可以规定每年只能改选很少比例的董事，比如1/4或者1/3等。这样，即使并购企业已经取得了控股权，也难以在短时间内改组被并购企业董事会、委任管理层，实现对被并购企业董事会的控制，这样就可能延误并购整合的有效时机，降低并购方的并购意愿。

2. 超级多数条款

在企业章程中可以规定对于企业被并购等重大事项，在股东投票程序中必须取得超级多数比例的赞成票，比如 2/3 或 80% 甚至更高。同时，还可以规定对这一条款的修改也需要绝对多数股东同意。这样，就会大大增加并购方的并购成本和难度。

3. 公平价格条款

在公司章程中还可以设置公平价格条款，规定并购企业必须向少数股东支付目标企业股票的"公平价格"。所谓公平价格，通常是以目标企业股票的市盈率作为标准，而市盈率的确定是以企业的历史数据并结合行业标准为基础。这样就增加了并购企业的并购成本。

▶ 二、目标企业反并购的法律措施

诉讼策略是目标企业在并购防御中经常使用的法律措施。诉讼的目的通常包括：逼迫并购企业提高价格以免被起诉；延缓并购的时间，以便另寻"白衣骑士"；在心理上重振目标企业管理层的士气。

诉讼策略的第一步往往是目标企业请求法院停止并购行为，其理由通常是反垄断、信息披露不合规不合法等。不论诉讼结果如何，提起诉讼都可以拖延并购交易的时间，这时目标企业就有机会采取有效措施进一步抵制并购。

【课后阅读】

白云山医药拟股权收购广州医药所涉及的广州医药股东权益估值案例

一、评估事项

国众联资产评估土地房地产估价有限公司接受广州白云山医药集团股份有限公司（以下简称"白云山医药"）、Alliance BMP Limited 的委托，采用市场法及收益法对白云山医药拟股权收购涉及的广州医药股份有限公司（以下简称"广州医药"）股东全部权益在 2021 年 12 月 31 日的市场价值进行了评估。

具体评估范围为广州医药于评估基准日的全部资产及负债，其中：广州医药单体报表口径资产总额账面值 1 972 573.42 万元，负债总额账面值 1 525 343.53 万元，所有者权益账面值 447 229.88 万元；合并报表口径资产总额账面值 2 720 611.23 万元，负债总额账面值 2 175 449.42 万元，归属于母公司的所有者权益合计 540 556.12 万元，所有者权益合计 545 161.81 万元。

二、评估方法选择

企业价值评估的方法主要有市场法、收益法和资产基础法。

（一）对市场法的应用分析

由于在资本市场上存在较多与被评估单位处于同一或类似行业的上市公司，其经营和财务数据可以通过公开渠道获取，可以建立相应的评价体系，并通过计算获得适当的价值比率或经济指标与被评估单位进行比较分析，故可以使用市场法评估。

（二）对收益法的应用分析

目前国内资本市场已经有了长足的发展，医药流通行业类上市公司也比较多，相关贝塔系数、无风险报酬率、市场风险报酬等资料能够较为方便地取得，采用收益法评估的外部条件较成熟，同时采用收益法评估也符合国际惯例。

（三）对资产基础法的应用分析

由于被评估单位从事医药流通行业，其业务经营运作主要依靠公司的销售渠道、采购渠道、招标主体等，对企业经营产生重大影响的经营资质、团队能力、市场渠道、客户资源、商誉等无形资产难以逐一合理量化，采用资产基础法评估难以体现企业无形资产价值和反映企业整体价值。与资产基础法相比，市场法和收益法更能完整反映企业整体价值，因此，本项目不采用资产基础法。

三、收益法和市场法评估结果

采用收益法对广州医药的股东全部权益评估值为 579 813.74 万元，评估值较合并口径归属于母公司的所有者权益账面值（540 556.12 万元）增值 39 257.62 万元，增值率 7.26%，评估值较单体口径账面净资产（447 229.88 万元）增值 132 583.86 万元，增值率为 29.65%。

市场法评估采用上市公司比较法。采用上市公司比较法对广州医药的股东全部权益评估值为 551 705.89 万元，评估值较合并口径归属于母公司的所有者权益账面值（540 556.12 万元），增值 11 149.78 万元，增值率为 2.06%；评估值较单体口径账面净资产（447 229.88 万元），增值 104 476.01 万元，增值率为 23.36%。

收益法与市场法评估结论差异额为 28 107.85 万元，差异率为 5.09%，差异的主要原因包括：被评估单位从事医药流通行业，其业务经营运作主要依靠公司的销售渠道、采购渠道、招标主体等。

收益法评估是以资产的预期收益为价值评估标准，反映的是资产的经营能力的大小，这种获利能力通常将受到宏观经济、政府控制、企业经营管理以及资产的有效使用等多种条件的影响。市场法则是将评估对象置于一个完整、现实的市场环境中，获取并分析可比上市公司的经营和财务数据，计算适当的价值比率，综合各对比因素评价资产。市场法是从企业经营情况及整体市场的表现来评定企业的价值，而收益法是立足于企业本身的获利能力来预测企业的价值，两者是相辅相成的。由于收益法是依托未来收益的预测，受宏观环境、货币政策等不确定因素的影响，预测数据与实际情况可能存在偏差，而市场法基于评估对象于基准日时点在资本市场价格表现，客观性相对更强，本次评估认为市场法结果更能充分体现评估对象在产权交易市场上的市场价值。

综上所述，本次评估采用市场法的评估结果作为最终评估结论。于评估基准日 2021 年 12 月 31 日广州医药股份有限公司股东全部权益市场价值评估值为 551 705.89 万元，人民币大写金额为：伍拾伍亿壹仟柒佰零伍万捌仟玖佰元整。

（资料来源：国众联资产评估土地房地产估价有限公司，广州白云山医药集团股份有限公司拟股权收购涉及广州医药股份有限公司股东全部权益价值资产评估报告，巨潮资讯网，http://static.cninfo.com.cn/finalpage/2022-08-08/1214240734.PDF，有改动）

【本章小结】

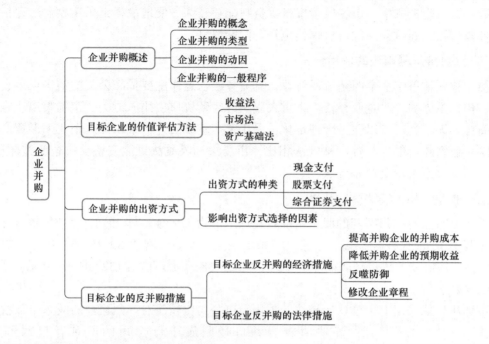

【课后习题】

一、思考题

1. 企业兼并与合并的区别是什么？企业合并与企业收购的区别是什么？

2. 企业并购有哪些类型？企业并购的动因有哪些？

3. 目标企业价值评估方法中的收益法、市场法和资产基础法分别适用于哪些情况？

4. 影响并购企业出资方式的因素有哪些？

5. 有哪些措施可以用于目标企业反并购？

二、练习题

（一）单项选择题

1. 下列不属于按出资方式划分的企业并购方式是（　　）。

A. 现金购买式并购　　　　　　　　　　　B. 股权交易式并购

C. 承担债务式并购　　　　　　　　　　　D. 杠杆并购

2. 下列企业自由现金流量的计算公式正确的是（　　）。

A. FCFF = 息税前利润 × （1 − 所得税税率） + 折旧 − 资本支出 − 净营运资本增加

B. FCFF = 息税前利润 × （1 − 所得税税率） − 折旧 + 资本支出

C. FCFF = 息税前利润 × （1 − 所得税税率） + 折旧 − 资本支出

D. FCFF = 息税前利润 × （1 − 所得税税率） + 折旧 − 资本支出 + 净营运资本增加

3. 在运用市场法评估目标企业价值时，中国资本市场最流行的估值指标是（　　）。

A. 市盈率（P/E）　　　　　　　　　B. 市净率（P/B）

C. 市销率（P/S）　　　　　　　　　D. 企业价值倍数（EV/EBITDA）

4. 目标企业价值评估中市场法的应用前提是，资本市场的效率属于（　　）。

A. 强式有效　　　　B. 半强式有效　　　　C. 弱式有效　　　　D. 无效

5. 目标企业遭遇恶意并购时，主动找来的愿意善意并购本企业的并购方被称为（　　）。

A. "白衣骑士"　　B. "金色降落伞"　　C. "毒丸计划"　　D. "焦土战术"

（二）多项选择题

1. 按并购企业的动机划分，并购可以分为（　　）。

A. 善意并购　　　　B. 敌意并购　　　　C. 积极式并购　　　　D. 机会式并购

2. 并购的动因包括（　　）。

A. 扩大生产经营规模，提高市场份额，实现规模经济，提升行业地位

B. 取得先进的生产技术、管理经验、经营网络和专业人才等各类资源

C. 降低原材料成本，增强企业的竞争力

D. 实施多元化发展战略，分散投资风险

3. 下列关于目标企业价值评估方法中的收益法说法正确的是（　　）。

A. 如果目标企业被并购后不再是独立的法人实体，则目标企业创造的现金净流量全部计入并购企业

B. 如果仅仅是控股并购，并购后并购企业只持有目标企业部分股权，则并购企业只能按其持股比例确认相应的现金净流量

C. 如果并购是奔着目标企业控制权去的，且重点关注目标企业的整体价值，则可选择股权自由现金流量折现模型

D. 如果只是取得控制权，主要关注自己作为股东能分得多少收益，则可以选择企业自由现金流量折现模型

4. 目标企业价值评估方法中的市场法中常用的估值指标包括（　　）。

A. 市盈率（P/E）　　　　　　　　　B. 市净率（P/B）

C. 市销率（P/S）　　　　　　　　　D. 企业价值倍数（EV/EBITDA）

5. 下面属于"杀敌一千自损八百"的两败俱伤的反并购策略有（　　）。

A. 出售或抵押"皇冠上的珍珠"　　　　B. "毒丸计划"

C. "焦土战术"　　　　　　　　　　　D. 寻找"白衣骑士"

（三）计算题

1. 假定 A 公司的利润表简表见表 11-3。公司当前的所得税税率为 25%，2021 年固定资产投资为 100 万元，当年偿还债务所支付的现金为 50 万元，新增债务 40 万元，发放优先股股利 10 万元，营运资本 2020 年和 2021 年分别为 60 万元和 70 万元。

表 11-3　A 公司利润表简表　　　　　　　　　　（单位：万元）

项　　目	2020 年	2021 年
销售收入	3 800	4 000
减：经营费用	2 050	2 100

（续）

项　目	2020 年	2021 年
减：折旧	500	550
息税前利润	1 250	1 350
减：利息支出	110	118
利润总额	1 140	1 232
减：所得税	285	308
净利润	855	924

　　要求：请计算该公司 2021 年度股权自由现金流量 FCFE 和公司自由现金流量 FCFF。

　　2. 2021 年年初，A 公司拟并购 B 公司，通过调查获得了四家可比公司的市盈率分别为 8、6、7、5，B 公司 2020 年净利润为 1 000 万元。要求：请估算 B 公司的价值。

第十二章

基于大数据与区块链技术的财务管理创新

【学习目标】

1. 了解大数据技术的内涵，掌握大数据的特征
2. 了解财务共享、财务云的概念
3. 理解大数据技术下的财务管理创新方式
4. 了解区块链技术的内涵，掌握区块链的特征
5. 理解区块链技术下的财务管理创新途径

【课程思政】

从"实施国家大数据战略，加快建设数字中国"的国家战略，和习近平总书记强调的"把区块链作为核心技术自主创新的重要突破口""加快推动区块链技术和产业创新发展"的重要精神出发，引领学生关注社会发展，做新时代大学生。以财务共享、财务云的典型案例以及区块链的具体运用等一系列财务、金融创新活动为切入点，引领学生关注行业发展，把握时代脉搏。

【导入案例】

九州通医药集团股份有限公司（以下简称"九州通"或"公司"）作为中国医药流通行业最大的民营企业，公司通过建立标准化、智能化财务共享服务云平台和建设数字化供应链平台等方式，推进企业的数字化转型，全力提升管理能力和服务水平。

九州通财务管理数字化转型，是通过在武汉建立标准化、智能化的财务云平台，将分散于各分子机构，重复性高、易于标准化的财务业务进行流程再造与标准化，再集中到财务共享服务中心进行统一处理，为集团下属各公司、事业部提供财务数据服务。其具体做法为：首先，公司强化财务核算基础，从单据到流程、从科目到报表全部实施标准化，建立整个集团的标准化财务管理制度，支撑企业扩展，制定统一的会计政策、标准化核算流程及标准化财务数据体系；其次，公司在业财流程标准化的基础上，基于财务云服务、高效集成税务系统、ERP系统、仓储物流系统、报账系统、资金系统及财务系统，实现数据无须搬运、自动高效的财务核算与管控自动化；最后，公司通过对基础业务与业财分离，运用先进技术对财务处理进行高集中化、高自动化及智能化处理，将财务管理中财务流程事务、财务专家事务及业务伙伴事务进行科学分离，释放业务、财务效能，完成数字化转型。

九州通财务共享平台全面支撑公司财务系统向管理型、决策型，以及自动化、智能化方向转变。其技术架构主要包含三个部分（如图12-1所示），分别为前端业务系统、财务数据中台及后端经营决策系统。

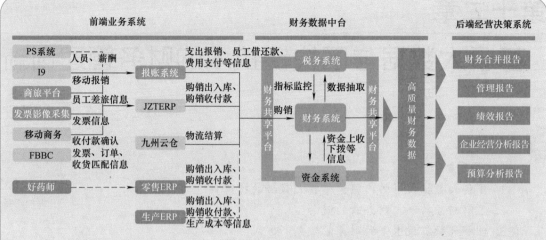

图 12-1 九州通财务共享平台示意图

前端业务系统主要包含 PS 系统、移动报销系统、发票影像采集系统、移动商务系统、九州云仓物流平台、ERP 系统等，通过技术手段与财务共享平台实现无缝衔接，使业务与财务核算流程畅通、高效流转；财务数据中台主要搭建以财务共享平台为中心的财务数据生态链平台，与税务系统、财务系统和资金系统等进行数据交互，实现互联互通，从业务购销结算、财务指标监控、数据抽取到资金的上收下拨等，均能实时操作；后端经营决策系统主要通过金蝶财务系统、合并系统等核心系统，实现财务处理自动化，快速输出财务合并报告、管理报告、绩效报告、企业经营分析报告、预算分析报告等，为公司经营管理层提供高质量财务数据，提升财务对经营管理决策的支撑力度。

九州通财务共享平台为公司带来的管理提升具体包括以下三个方面：

（1）共享全覆盖，使集团管控更强。财务共享平台已覆盖 332 家下属公司，并实现批发、物流、生产及电商等多业务板块全覆盖；形成集团统一规范的业务财务一体化流程和统一规范的会计科目表等财务相关主数据；实现预算与业务实时联动管控；将制度前置至系统中，实现服务与管控相结合；将 90% 记账内容及格式标准化，可以支撑最详细的数据对比。

（2）系统高协同，使集团效能有提升。财务共享平台通过互联财务周边系统，并预设财务逻辑，进一步提升自动化水平，公司批发业务板块凭证综合自动化率达 93%；实现从申请到付款到记账平均周期仅 3 天，这一效率处于行业领先地位；实现增值税发票 100% 自动化识别，60% 的业务能够完成自动化三单稽核；实现下属 400 多家公司月结关账均提前 1 天，集团出具合并财务报表大幅提前至每月 8 号。

（3）业财大融合，使集团战略强落地。财务系统全面共享后，公司下属分、子公司和事业部的财务核算与财务数据服务工作转移至集团财务共享中心，业务、财务能将更多精力放在风险管控、决策分析及业务支撑工作中，聚焦于公司业务增长的挖掘。

这一数字化转型项目对其他同行业、非医药行业及产品实施商都起到引领作用，九州通陆续接待了国药、华润三九、重庆医药、中化集团、烽火通讯等各行业企业交流学习。通过财务共享推进财务数字变革，九州通加速了医药行业财务数字化转型进程，加快了整个行业智能化、信息化发展步伐。

（资料来源：中国上市公司协会网站，https://www.capco.org.cn/hyzl/szhzxal/202208/2022812/j_20220812174
10400016770784303813739.html，有改动）

第一节　大数据技术与财务管理创新

一、大数据技术简介

（一）大数据的概念

大数据（Big Data），信息技术行业术语，是指无法在一定时间范围内用常规软件工具进行捕捉、管理和处理的数据集合，是需要新处理模式才能具有更强的决策力、洞察发现力和流程优化能力的海量、高增长率和多样化的信息资产。大数据的概念最早由著名咨询公司麦肯锡提出，麦肯锡认为数据已经渗透到当今每一个行业和业务职能领域，成为重要的生产因素，人们对于海量数据的挖掘和运用，预示着新一波生产率增长和消费者盈余浪潮的到来。现在的社会是一个高速发展的社会，科技发达、信息流通、人们之间的交流越来越密切，生活也越来越方便，随着互联网和信息行业的发展，大数据引起了人们越来越多的关注。

大数据虽然孕育于信息通信技术的日渐普遍和成熟，但它对社会经济生活产生的影响绝不限于技术层面，更本质上，它为我们提供了一种看待世界的全新方法，即决策行为将日益基于数据分析做出，而不是像过去更多凭借经验和直觉做出。企业或组织利用相关数据和分析可以帮助它们降低成本、提高效率、开发新产品、做出更明智的业务决策等。例如，企业可以利用大数据实现精准营销，以及从大量客户中快速识别出金牌客户；可以根据求职网站的岗位数量，推断就业率；可以搜集并分析上市企业声明，从中寻找破产的蛛丝马迹；还可以依据购物网站的顾客评论，分析企业产品销售状况。在现今社会，大数据的应用越来越彰显它的优势，它占领的领域也越来越大，电子商务、O2O、物流配送等，各种利用大数据进行发展的领域正在协助企业不断地发展新业务，创新运营模式，大数据已经对企业的竞争环境产生了深刻的影响。

大数据技术的战略意义不在于掌握庞大的数据信息，而在于对这些含有意义的数据进行专业化处理。换而言之，如果把大数据比作一种产业，那么这种产业实现盈利的关键，在于提高对数据的"加工能力"，通过"加工"实现数据的"增值"。价值含量、挖掘成本比数量更为重要，对于很多行业而言，如何利用这些大规模数据是赢得竞争的关键。

适用于大数据的技术，包括大规模并行处理（MPP）数据库、数据挖掘、分布式文件系统、分布式数据库、云计算平台、互联网和可扩展的存储系统，其中，大数据与云计算的关系就像一枚硬币的正反面一样密不可分。大数据必然无法用单台的计算机进行处理，

必须采用分布式架构，大数据的特色在于对海量数据进行分布式数据挖掘，但它必须依托云计算的分布式处理、分布式数据库和云存储、虚拟化技术。大数据时代对人类的数据驾驭能力提出了新的挑战，也为人们获得更为深刻、全面的洞察能力提供了前所未有的空间与潜力。

（二）大数据的特征

（1）数据量大（Volume）。大数据的数据规模非常庞大，它的起始计量单位至少是拍字节（PB）、艾字节（EB）或泽字节（ZB），因此需要庞大的数据存储空间。据国际数据公司（IDC）的调查报告显示：企业中80%的数据都是非结构化数据，这些数据每年都按指数增长。

（2）类型繁多（Variety）。大数据来源多样，不仅可以从普通的数据库中调取资源，也能从其他途径获取信息资源，如社交软件、互联网交易平台等。大数据结构多样，不仅包括结构化的数据，例如报表、统计表等，还包括大量半结构化和非结构化数据，例如网络日志、音频、视频、图片、地理位置信息等，而非结构化数据越来越成为数据的主要部分。

（3）价值密度低（Value）。大数据规模庞大，类型繁多，大量的信息中包含的有用信息却是有限的，大数据表现出价值密度较低的特征。随着物联网的广泛应用，信息感知无处不在，信息海量，但价值密度较低，如何通过强大的机器算法更迅速地完成数据的价值"提纯"，是大数据时代亟待解决的难题。

（4）时效性高（Velocity）。相比较于传统的数据库系统，大数据在存储与处理数据上产生了较大的变化，云计算的分布式处理、分布式数据库和云存储、虚拟化技术等技术的运用，大大提高了数据处理能力，可以在极短的时间内完成数据形态的转化，同时能够对海量的数据信息进行实时的分析与处理，为管理决策提供必要的支持。这是大数据区分于传统数据挖掘最显著的特征。

（三）大数据分析与传统数据分析的区别

与传统数据相比，大数据使人们对数据分析有了颠覆性的观念转变。

大数据分析不再局限于随机样本，而是可以对全体数据进行挖掘和分析。传统的数据分析，受到数字技术和数据处理能力的限制，只能以随机采样的方式来进行分析，而随机采样会损失大量信息。在大数据时代，人们可以分析更多的数据，有时候甚至可以处理和某个特别现象相关的所有数据，而不再依赖于随机采样，大数据分析包含了所有样本，有助于发掘更多有用的信息。

大数据分析不再一味追求精确性。研究数据如此之多，以至于人们不再热衷于追求精确度，之前需要分析的数据很少，所以必须尽可能精确地量化分析的结果，而随着数据规模的扩大，人们对精确度的痴迷将减弱，拥有大数据使人们不再需要对一个现象刨根问底，只要掌握了大体的发展方向即可，适当忽略微观层面上的精确度则可以在宏观层面拥有更好的洞察力。

大数据分析不再执着于寻找因果关系，而是更关注相关关系。寻找因果关系是人类长久以来的习惯，在大数据时代，人们无须再紧盯事物之间的因果关系，而应该寻找事物之间的相关关系，相关关系也许不能准确地揭示某件事情为何会发生，但是它会提醒人们这件事情正在发生。身处信息瞬息万变的社会，机会往往转瞬即逝，能够准确把握正在发生的事情，可以使人们不至于错过新的机遇。

（四）大数据的发展趋势

1. 数据的资源化

所谓资源化，是指大数据成为企业和社会关注的重要战略资源，并已成为大家争相抢夺的新焦点。因此，企业必须要提前制订大数据营销计划，抢占市场先机。

2. 与云计算的深度结合

大数据离不开云计算，云计算为大数据提供了弹性可拓展的基础设备，是产生大数据的平台之一。自 2013 年开始，大数据技术已开始和云计算技术紧密结合，预计未来两者关系将更为密切。除此之外，物联网、移动互联网等新兴计算形态，也将一起助力大数据革命，让大数据营销发挥出更大的影响力。

3. 科学理论的突破

随着大数据的快速发展，就像计算机和互联网一样，大数据很有可能是新一轮的技术革命。随之兴起的数据挖掘、机器学习和人工智能等相关技术，可能会改变数据世界里的很多算法和基础理论，实现科学技术上的突破。

4. 数据科学和数据联盟的成立

未来，数据科学将成为一门专门的学科，被越来越多的人所认识。各大高校将设立专门的数据科学类专业，从而催生一批与之相关的新的就业岗位。与此同时，基于数据这个基础平台，也将建立起跨领域的数据共享平台，数据共享随之将扩展到企业层面，并且成为未来产业的核心一环。

5. 数据泄露泛滥

未来几年数据泄露事件的增长率也许会达到 100%，除非数据在其源头就能够得到安全的保障。可以说，在未来，每个"财富 500 强"企业都会面临数据攻击，无论他们是否已经做好安全防范，而所有企业，无论规模大小，都需要重新审视安全的定义。在"财富500 强"企业中，超过 50% 将会设置首席信息安全官这一职位。企业需要从新的角度来确保自身以及客户数据在内的所有数据在创建之初而并非在数据保存的最后一个环节，便获得安全保障，仅仅加强后者的安全措施已被证明于事无补。

6. 数据管理成为核心竞争力

数据管理将成为核心竞争力，直接影响企业的财务表现。当"数据资产是企业核心资产"的概念深入人心之后，企业对于数据管理便有了更清晰的界定，将数据管理作为企业的核心竞争力持续发展，战略性规划与运用数据资产成为企业数据管理的核心。数据资产管理效率与主营业务收入增长率、销售收入增长率呈显著正相关关系；此外，对于具有互联网思维的企业而言，数据资产在企业竞争力中所占比重为 36.8%，数据资产的管理效果将直接影响企业的财务表现。

7. 数据质量是商业智能成功的关键

采用自助式商业智能工具进行大数据处理的企业要面临的一个挑战是，很多数据源会带来大量低质量数据，想要成功，企业就需要理解原始数据与数据分析之间的差距，消除低质量数据并通过商业智能获得更佳决策。

8. 数据生态系统复合化程度加强

大数据的世界不只是一个单一的、巨大的计算机网络，而是一个由大量活动构件与多元参与者所构成的生态系统，包含终端设备提供商、基础设施提供商、网络服务提供商、网络接入服务提供商、数据服务使用者、数据服务提供商、触点服务零售商、数据服务零售商等一系列的参与者。而今，这样一套数据生态系统的基本雏形已然形成，接下来的发展将趋向于系统内部角色的细分，也就是市场的细分；系统机制的调整，也就是商业模式的创新；系统结构的调整，也就是竞争环境的调整等，从而使得数据生态系统复合化程度逐渐增强。

大数据时代的到来，给各行各业带来了深远的影响，不断冲击着传统经济运行方式，迫使现代社会必须要对原有的经济管理体制进行改革与创新，加快社会经济的转型，大数据自身所拥有的科学、经济以及社会等方面的价值，为社会创新提供了较大的支持。2015年8月，国务院印发《促进大数据发展行动纲要》（以下简称《纲要》），系统部署大数据发展工作。《纲要》明确，要推动大数据发展和应用，在未来五至十年打造精准治理、多方协作的社会治理新模式，建立运行平稳、安全高效的经济运行新机制，构建以人为本、惠及全民的民生服务新体系，开启"大众创业、万众创新"的创新驱动、新格局，培育高端智能、新兴繁荣的产业发展新生态。2016年3月，《中华人民共和国国民经济和社会发展第十三个五年规划纲要》发布，其中"实施国家大数据战略"提出：把大数据作为基础性战略资源，全面实施促进大数据发展行动，加快推动数据资源共享开放和开发应用，助力产业转型升级和社会治理创新。我国工业和信息化部于2021年11月30日发布《"十四五"大数据产业发展规划》，提出"十四五"时期的总体目标，到2025年我国大数据产业测算规模突破3万亿元，年均复合增长率保持25%左右，创新力强、附加值高、自主可控的现代化大数据产业体系基本形成。由此可见，大数据将推动社会、经济各方面发生重要变革，使企业形成新的创新模式，并最终改变竞争格局。

▶▶ 二、财务共享与财务云简介

（一）财务共享的概念

财务共享是近年来出现并流行起来的会计和报告业务管理方式。它依托信息技术，以财务业务流程处理为基础，将不同国家、地点的实体会计业务拿到一个共享服务中心来记账和报告，以市场视角为内外部客户提供专业化生产服务的分布式管理模式，其目的是优化组织结构、规范流程、提升流程效率、降低运营成本及创造价值。实施财务共享可以保证会计记录和报告的规范、统一，而且由于不需要在集团的每个公司和办事处都设会计，大大节省了人工成本。

财务共享服务中心的优势在于其规模效应下的成本降低、财务管理水平及效率提高和企业核心竞争力上升。财务共享服务的实施有助于推动财务会计与管理会计的分离，而这是现代市场经济条件下企业财务管理的必然趋势。从职能上看，财务会计工作主要是账务处理，企业对其要求是能够真实客观地反映企业经营状况，并符合各项规章制度的要求；

管理会计主要涉及企业理财，即为资金的筹措和运用提供决策依据。在财务共享模式下，与决策成功相关性较低、重复度高、工作量大的会计核算工作被集中起来统一处理，使财务会计与管理会计的分离成为可能。

另外，在财务共享模式下，企业对财务人员的要求不再像从前那样全面。在企业建立共享服务中心之前，各地、各分公司都设有自己的财务部门，在控制成本的前提下，要求每个财务人员都需要熟悉整套财务系统，并能独立完成所有的账目处理。但在企业建立了共享服务中心后，每个财务人员只需完成整个账目处理中的一个或某几个环节，例如在处理应收账款时，中国、日本、韩国的分公司都是同样的业务内容，一名财务人员就不需要做一个国家的全套账目处理，只需要处理这几个国家的应收账款项目即可。这就如同工业化的流水线，降低了对每个流水线上员工的要求，即使是刚毕业的大学生也能胜任。在大量节省人力资源及人力成本的同时，还保证了操作的准确性和可靠性，明确了各岗位的责任，有助于企业对员工的绩效进行考核。

作为一种新型的管理模式，共享服务的本质是由信息网络技术推动的运营管理模式的变革与创新。在财务领域，财务共享是基于统一的系统平台、统一的会计核算方法和操作流程等来实现的。建立共享服务既是机遇也是挑战，任何新生事物的发展都面临巨大的挑战，财务共享服务也不例外。财务共享是基于提高工作效率及成本效益两方面考虑而实施的，要成功地实施共享服务，企业需要转变管理思维、创新管理活动，不仅如此，还需要为财务共享服务搭建统一的系统和业务标准，如统一的 ERP 系统、统一的 IT 标准和流程标准等。任何先进的管理方法都要和自己公司的实际情况结合起来，变成适合自己的方法，才能发挥其最大效用。

（二）财务云的概念

财务云既是基于财务共享服务的管理模式，也是新兴技术在财务领域的应用。财务云是将集团企业财务共享管理模式与云计算、移动互联网、大数据等计算机技术有效融合，实现财务共享服务、财务管理、资金管理三中心合一，建立集中、统一的企业财务云中心，支持多终端接入模式，实现"核算、报账、资金、决策"在全集团内的协同应用。财务云提升了财务服务的用户体验，实现了财务能力的集中与共享，促进了企业的财务转型。

财务云首先是一种基于财务共享服务的管理模式，将分散、重复、大量的财务交易处理业务全面纳入共享服务中心进行集中处理，实现财务的标准化、专业化和流程化，完成财务的"工业化革命"，让分支机构的财务人员从财务基础业务中释放出来，将更多的时间和精力投入经营决策支持等更有价值的工作中去。

财务云能够将财务共享融入新的技术，依托于云计算，实现财务信息系统的云化部署，借助 OCR 智能识别、智能审核、机器学习等技术来完成财务业务处理的智能化。财务云能够实现连通、高效、智能的目标，通过应用大数据挖掘、大数据分析、知识图谱等技术，使财务部门成为企业的大数据中心，成为企业的"数字神经网络"，帮助企业在海量数据中挖掘有效信息，有效识别机会、预判风险。

财务云可以帮助企业建立财务与业务的广泛连接，使财务部门拥有大量数据的采集能力，实现大规模地采集包括企业自身、客户、供应商、员工等利益相关者的交互数据，帮助企业发现潜在的发展机会和竞争机会，还能为企业提供国家经济环境和政策及国际经济趋势等相关数据信息。这些数据合在一起，就是财务的大数据，企业用大数据协助经营，实现企业价值的提升。在数据驱动下，财务云将成为企业的大数据中心，企业通过建立数据中台，对内外部大量结构化与非结构化的、多类型的数据，进行采集、处理与挖掘，释放数据价值，推动企业融入数字化时代。

▶ 三、大数据时代的财务管理创新

财务管理主要涉及财务信息的确认和计量、财务报表的制定及通过财务分析为企业提供战略指导。传统的财务管理工作主要围绕数据编制和信息计量等工作开展，这些工作占用了财务管理人员大部分的工作时间，并且给财务管理人员带来了较大的工作负担，从而弱化了财务的战略管理职能。在大数据技术下，企业可以收集到的数据量和数据种类正在快速增长，形成了一个潜在的信息宝库。财务职能部门不再仅限于提供年度报告，而是可以运用其分析技能，为高级管理层提供更多变量的实时动态，这将使财务职能部门跃居企业战略的核心位置。随着大数据技术的发展，财务管理创新面临着极佳的发展机遇。

（一）转变财务管理思维，推动大数据技术在财务管理中的运用

大数据背景下的信息量十分巨大，大数据技术的使用有助于企业更好地进行管理体系与经营方式的改革，促使企业不断朝向信息化与科学化方向发展。在大数据时代，企业需要转变传统的思维方式，明确大数据技术在企业发展中的重要作用，确保财务管理工作能够深入融合大数据技术。第一，要建立大数据工作意识，将大数据技术与财务管理工作联系起来，利用大数据技术对各项财务数据进行分析与归纳，使得企业财务管理工作更加的智能化与精确化。第二，要正确认识大数据技术，确保大数据能够在企业财务管理中建立积极的影响力，利用大数据不断挖掘商业信息，增加企业在市场中的容错率与竞争力，改善企业财务管理工作的效率，确保财务工作能够跟上瞬息万变的市场环境。

（二）建立财务共享服务中心，推动财务转型

在大数据时代背景下，企业想要进行良好的发展，就需要创新财务管理模式，推动财务转型。引入财务共享服务是财务转型的第一步，共享服务促进了财务组织与财务职能的再造，在共享服务的基础上，企业能够建立"三分天下"的财务管理体系：战略财务在集团层面发挥控制和管理职能，负责公司计划和政策的制定，为企业经营管理提供决策支持；业务财务深入业务单位，成为一支深入价值链的财务团队，为业务单位提供业务管理支持；共享服务中心处理企业的基础核算业务，为战略财务和业务财务提供支持。财务共享服务中心对现代企业的财务管理流程有着极大的简化作用，能够帮助企业很好地解决信息交流问题，并且能够强化财务的战略管理职能，有效地提升企业的市场竞争实力。

（三）在财务共享的基础上实施财务云建设，促进业财融合

财务云可以帮助企业打通与各利益相关者之间的信息流通渠道，实现信息共享。一方面，在财务云平台融入财务、业务以及管理等功能，使得财务数据拥有良好的共享性与公开性，财务共享可以帮助财务人员更全面的掌握企业经营业务的实时发展状态，提高财务战略管理效率；另一方面，业务人员能够在确定的财务框架下开展业务，也能根据财务信息进行相应的业务调整，大大提高了工作效率，同时确保了会计信息的质量。企业在进行

财务共享、业财融合的过程中，要利用先进的计算机技术、软件技术进行数据处理，改变传统的财务管理模式，促进企业长效发展。

（四）提高风险防范意识，建立并完善信息交流及保管机制

大数据时代给企业带来了巨大的信息泄露风险，在充分利用大数据给企业带来好处的同时，企业还应该提高风险防范意识，从数据产生的源头建立信息安全传递机制。例如，企业客户资料、企业研发信息、研发人员资料、产品开发信息等敏感、重要的信息往往会成为网络攻击的对象，企业应该针对信息的重要性程度设置相应的信息保密级别，避免大数据技术的应用导致的信息泄露，降低企业经营风险。

（五）加强财务人员培训，提高技术水平

传统的财务管理只需要财务人员具备专业的财务管理知识就可以胜任，在大数据时代，财务管理者从烦琐、传统的事务性工作中解放出来，有更多的时间和精力给企业提供有价值的前瞻性数据信息，其工作重心已经转向了财务战略管理，因此，企业要加强财务人员专业能力与综合技能的培养，增加对高端复合型财务管理人员的储备。对于财务管理者而言，则应该加强对财务管理以及大数据领域出现的新知识、新技能的学习，不断提高自身的综合素质，保持职业竞争优势。

大数据是不可阻挡的时代潮流，它正在深刻地改变着这个世界。在大数据时代背景下，企业财务必须要紧跟时代发展步伐，随着市场环境的变化不断优化自身的财务管理体系，改变传统财务观念，创新财务管理模式，提高财务管理的战略管理职能，保障企业能够在大数据的浪潮下获得持久的竞争优势。

第二节 区块链技术与财务管理创新

一、区块链技术简介

（一）区块链的概念

区块链（Blockchain）是一个信息技术领域的术语，是分布式数据存储、点对点传输、共识机制、加密算法等计算机技术的新型应用模式。从本质上讲，区块链是一个共享数据库，存储于其中的数据或信息，公开透明、不可伪造、难以篡改，具有非常高的可信度。因此，区块链技术奠定了坚实的信任基础，创造了可靠的合作机制，具有广阔的应用前景。

区块链起源于比特币，是比特币的一个重要概念。2008 年 11 月 1 日，一位自称中本聪（Satoshi Nakamoto）的人发表了《比特币：一种点对点的电子现金系统》一文，阐述了基于 P2P 网络技术、加密技术、时间戳技术、区块链技术等电子现金系统的构架理念，这标志着比特币的诞生。在比特币的形成过程中，区块是一个一个的存储单元，记录了一定时间内各个区块节点全部的交流信息，各个区块之间通过随机散列（也称哈希算法）实现链接，后一个区块包含前一个区块的哈希值，随着信息交流的扩大，一个区块与一个区块相继接续，形成的结果就叫区块链。2009 年 1 月 3 日第一个序号为 0 的创世区块诞生，2009 年 1 月 9 日出现序号为 1 的区块，并与序号为 0 的创世区块相连接形成了链，标志着

区块链的诞生。

从科技层面来看，区块链涉及数学、密码学、互联网和计算机编程等很多科学技术问题。从应用视角来看，区块链是一个分布式的共享账本和数据库，具有去中心化、开放性、独立性、安全性和匿名性等特点。这些特点保证了区块链的"诚实"与"透明"，为区块链创造信任奠定基础。而区块链丰富的应用场景，基本上都基于区块链创造的信任基础，能够解决信息不对称问题，实现多个主体之间的协作信任与一致行动。

2019年1月10日，国家互联网信息办公室发布《区块链信息服务管理规定》。2019年10月24日，在中央政治局第十八次集体学习时，习近平总书记强调要把区块链作为核心技术自主创新的重要突破口，加快推动区块链技术和产业创新发展。区块链已走进大众视野，成为社会关注的焦点。

（二）区块链的特征

1. 去中心化

区块链技术不依赖额外的第三方管理机构或硬件设施，没有中心管制，除了自成一体的区块链本身，通过分布式核算和存储，各个节点均实现了信息的自我验证、传递和管理。去中心化是区块链最突出、最本质的特征。

2. 开放性

区块链技术是开源的，除了交易各方的私有信息被加密外，区块链的数据对所有人开放，任何人都可以通过公开的接口查询区块链数据和开发相关应用，整个系统信息高度透明。

3. 独立性

基于协商一致的规范和协议（类似比特币采用的哈希算法等各种数学算法），整个区块链系统不依赖其他第三方，所有节点能够在系统内自动、安全地验证、交换数据，不需要任何人为干预。

4. 安全性

只要掌控的数据节点少于51%，就无法肆意操控修改网络数据，这使区块链本身变得相对安全，避免了主观人为的数据变更。

5. 匿名性

除非有法律规范要求，单从技术上来讲，各区块节点的身份信息不需要公开或验证，信息传递可以匿名进行。

（三）区块链的类型

根据参与者的不同，区块链可以分为公有区块链、联合区块链和私有区块链。

1. 公有区块链

公有区块链（Public Block Chains）又叫公有链，是指世界上任何个体或者团体都可以发送交易，且交易能够获得有效确认，也可以参与其共识过程的区块链。公有链是最早的区块链，也是应用最广泛的区块链，各大系列的虚拟数字货币均基于公有区块链，世界上有且仅有一条该币种对应的区块链。

2. 私有区块链

私有区块链（Private Block Chains）又叫私有链，是指仅仅使用区块链的总账技术进行记账，公司或个人可以独享写入权限的区块链，本链与其他的分布式存储方案没有太大区别。传统金融都想尝试使用私有区块链，公有链的应用如比特币已经工业化，而私有链的应用产品还在摸索当中。

3. 联合区块链

联合区块链（Consortium Block Chains）又叫联盟链，是介于公有链和私有链之间的一种形式，由某个群体内部指定多个预选的节点为记账人，每个块的生成由所有的预选节点共同决定，它引入了权限管理机制，该链的使用必须是带有权限的限制访问，相关信息会得到保护。

（四）区块链的核心技术

1. 分布式账本

分布式账本指的是由分布在不同地方的多个节点共同完成交易记账，而且每一个节点记录的是完整账目的账务处理技术，每个交易节点都可以参与监督交易的合法性，同时也可以共同为交易的合法性作证。

假设分布式账本中有 A、B、C、D、E 五个节点，每个节点都有路径可到达其余四个节点，各节点所形成的网状结构如图 12-2 所示。每次发生记账事件，都由 A 到 E 中的任意一个节点记录下来，假设其中一次记账由 A 记录下来，则 A 将用非对称加密技术将记录内容进行加密，然后将加密内容同时分发到 B、C、D、E 节点，由 B、C、D、E 将加密内容解密后再将内容分别记录在自己的账本中。区块链中每个节点的存储都是独立、地位等同的，各节点依靠共识机制保证了存储的一致性，没有任何一个节点可以单独记录账本数据，

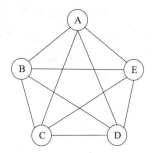

图 12-2　分布式记账示意图

从而避免了单一记账人被控制或者被贿赂而记假账的可能性。由于记账节点足够多，理论上讲，除非所有的节点均被破坏，否则账目就不会丢失，从而保证了账目数据的安全性。

2. 非对称加密

存储在区块链上的交易信息是公开的，但是账户身份信息是高度加密的，只有在数据拥有者授权的情况下才能访问，从而保证了数据的安全和个人的隐私。

3. 共识机制

共识机制就是所有记账节点之间达成共识，去认定一个记录有效性的手段，这既是认定的手段，也是防止篡改的手段。例如在图 12-2 中，保证 A 节点分发给 B、C、D、E 节点的内容是一致的，以及防止 B、C、D、E 节点合谋更改记账的机制就是共识机制。

区块链的共识机制具备"少数服从多数"以及"人人平等"的特点，其中"少数服从多数"并不完全指节点个数，也可以是计算能力、股权数或者其他的计算机可以比较的特征量。"人人平等"是当节点满足条件时，所有节点都有权优先提出共识结果，被其他节点认同就有可能成为最终共识结果。以比特币为例，采用的是工作量证明，只有在控制

了全网超过 51% 的记账节点的情况下，才有可能伪造出一条不存在的记录。因此，当加入区块链的节点足够多的时候，要想与 51% 的节点达成合谋伪造记账，这基本上是不可能的，从而杜绝了造假。

4. 智能合约

智能合约是基于区块链中可信的、不可篡改的数据，可以自动化地执行一些预先定义好的规则和条款。以保险为例，如果个人信息（包括医疗信息和风险发生信息）都是真实可信的，通过智能合约就可以在一些标准化的保险产品中进行自动化的理赔。保险公司的日常业务虽然不像银行和证券行业那样交易频繁，但是对可信数据的依赖是有增无减的。因此，区块链技术从数据管理的角度切入，能够有效地帮助保险公司提高风险管理能力。

（五）区块链的应用

区块链的分布式账本、共识机制、智能合约等技术，使其存储的数据或信息具有非常高的可信度和安全性。正因如此，区块链技术可以广泛运用于金融、物联网和物流、保险、数字版权、公益等众多领域。

1. 金融领域

区块链在国际汇兑、信用证、股权登记和证券交易所等金融领域有着巨大的潜在应用价值。将区块链技术应用在金融行业中，能够省去第三方中介环节，实现点对点的直接对接，在大大降低成本的同时，快速完成交易支付。

例如，信用卡公司维萨（VISA，以下称 VISA）推出基于区块链技术的全球跨境支付网络"VISA B2B Connect"，能为机构提供一种费用更低、更快速、更安全的跨境支付方式来处理全球范围的企业对企业的交易。VISA 还联合美国比特币公司 Coinbase 推出了首张比特币借记卡，花旗银行则在区块链上测试运行加密货币"花旗币"。

2. 物联网和物流领域

区块链与物联网和物流领域也可以天然结合。区块链技术可以降低物流成本，追溯物品的生产和运送过程，并且提高供应链管理的效率。区块链通过节点连接的散状网络分层结构，能够在整个网络中实现信息的全面传递，同时检验信息的准确程度。这种特性一定程度上提高了物联网交易的便利性和智能化。

3. 保险领域

保险机构负责资金归集、投资、理赔，往往管理和运营成本较高。通过区块链中智能合约技术在保险理赔方面的应用，既可以省去投保人申请的步骤，也可以简化保险公司批准的流程，只要触发理赔条件，就能实现保单自动理赔，降低保险机构成本。

4. 数字版权领域

区块链技术可以对作品进行鉴权，证明文字、视频、音频等作品的存在，保证权属的真实、唯一性。一旦作品在区块链上被确权，后续交易都会进行实时记录，实现数字版权的全生命周期管理，同时，区块链技术在数字版权领域也可作为司法取证中的技术性保障。

5. 公益领域

区块链上存储的数据具有可靠性高且不可篡改的特点，天然适合用在社会公益场景。公益流程中的相关信息，如捐赠项目、募集明细、资金流向、受助人反馈等，均可以存放于区块链上，并且有条件地进行透明公开公示，便于社会监督。

二、区块链技术对财务管理的影响

财务管理是企业对资金运动过程进行的管理，是企业重要的职能活动。财务管理活动围绕资金筹措、资金应用、资金分配开展，包括资产购置（投资）、资本融通（筹资）和经营中现金流量（营运资金）以及利润分配等资金管理活动。随着互联网技术的发展，财务管理也出现很多新的技术，例如大数据、财务共享等，这些技术极大地提高了财务管理效率，但并没有改变财务管理中心化控制的传统特点，例如企业资金的运动过程始终需要银行提供相应的服务，因此，在"互联网+"时代背景下，财务管理仍然面临着成本高、交易时间长、信息不透明等传统问题。区块链技术以其分布式记账、非对称加密、共识机制、智能合约等技术，为解决这些财务管理的传统问题带来了新的机遇。

（一）应用区块链技术可提高企业财务运作效率

区块链是一种分布式账本，在区块链技术的应用下，交易发生以后，交易内容会通过网络传播，通过验证以后备份到每一个节点上，达到全民记账的目的。对企业财务活动而言，复式记账实现了交易的横向记录和试算平衡，引入了区块链技术的企业财务就实现了数据的历史可追溯和未来的延伸。

在复式记账情况下，当交易双方、银行、审计员都各有一套账簿时，该种记账形式属于单独记账，具有数据不透明、低效率、高成本的弊端。但基于区块链的记账形式是共同记账，各方参与者都只有一套一致的账簿，电子签名的可验证性和加密算法保证了交易的安全性，信息透明度高，不容易产生经济纠纷。区块链依托分布式账本的记账形式，可保障财务活动记账的及时性、高效性及低成本，实现企业财务活动的创新。

（二）应用区块链技术可提高企业对风险的感知度，提高资金安全性

在区块链技术下，交易双方不再签订纸质合约，而是通过签订智能合约达成交易。智能合约一旦签订便会自动将合约条款转化为程序代码上传到区块链数据上，然后经区块链系统自动检测再由 P2P 网络传送到对应的特定区块链中。在智能合约的监督下，合约中所有条款都会进入自动运行模式，一旦双方在交易过程中被区块链检测到存在违约行为，系统便会发出提示，甚至终止交易。财务运作中的筹资、投资等业务将会通过智能合约进行，代替传统管理者对相关利益关系进行处理，因此，智能合约在企业财务管理中的应用可以有效降低企业的筹资风险、投资风险、营运资金管理风险和审计风险。

另外，利用智能合约对会计以及业务规则进行编码，可以对会计业务流程进行有效监控，提高真实性，使企业财务业务运作公开透明，任何企业曾进行的任何虚假行为都将被记录到中央数据库中。由于智能合约具有高级访问控制机制，只允许被授权的单位或个人创建交易，在区块链技术下，其精确的控制系统会将每一个对应的区块进行链接，自动创建交易。同时，与交易相关的业务标准可以利用智能合约编码，以保证在交易过程中所有的流程都是符合标准的。智能合约还可以利用大数据使会计流程更加智能化，通过整合数

据信息，检测市场以及行业发展动态，及时预测风险，提高企业对风险的感知度。

（三）应用区块链技术有助于降低交易成本

企业之间的交易大部分需要银行提供的中介服务；企业的融资活动，不论是债权融资还是股权融资，都离不开第三方中介的参与；企业在寻找供应商或合作伙伴时往往也会寻求咨询公司提供信息中介服务，企业为应对诸如此类信息不对称风险或可能的信用风险，都需要支付高额的费用，增加了企业成本。

区块链去中心化的运行机制，极大地解决了信息不对称的问题，有利于双方实现信用交易。去中心化的核心是互信和共享，区块链通过共识机制和智能合约来实现无须中介的信用交易。在区块链技术的应用下，一切信息公开透明，网络上的每一个节点都可以自主运行。企业在加入区块链网络后，不再需要通过第三方咨询机构，就可以通过联盟链和行业链进行信息搜索，查询到与交易对象相关的信用数据、财务数据甚至过往的交易状况，从而降低企业的交易成本和信任成本。企业还能够通过智能合约与完全不熟悉的供应商和合作伙伴签订智能的、自我执行的合约，改变了以往交易需经由第三方认证方可达成的交易模式，节省了交易成本，提高了工作效率。此外，区块链技术也能够筛选出企业需要用到的信息，通过数据区块将信息发送给企业，大大降低企业的信息搜索成本。

总之，区块链技术有助于解决企业财务活动中的一些传统问题，其分布式账本、智能合约技术以及去中心化的特征可与财务领域完美融合，为财务管理带来实时、高效、安全、低成本运营的益处，简化财务工作流程，大大提高财务人员的工作效率，节省人力和物力，将财务人员从琐碎的基础工作中解放出来，使财务会计向管理会计发展，使财务人员能够更多地从事具有战略决策、规划、预算等能为企业实现价值创造的管理会计工作。

▶▶ 三、区块链技术推动财务管理创新

区块链技术的发展为财务管理创新带来了新的契机，为解决现有财务活动所面临的资金运作成本高、财务运作流程复杂、信息不透明等问题，提供了一些新的改进方法。

（一）利用区块链技术降低企业的融资成本

传统的筹资模式下，由于投资方很难掌握筹资方的真正信息，缺乏对筹资方的信任，因此大多需要通过第三方认证来完成交易，然而不管是通过证券公司发行股票，还是通过信托公司进行贷款等，都需要一笔不菲的手续费。由于分布式账本技术具有信息开放的特点，当其应用于企业的筹资活动时，企业的信誉、资产负债率、经营情况、盈利能力等信息都会在全网公示，从而使企业可以实现去中心化的筹资行为，即企业可绕过银行和金融机构，直接向资本市场融资。在这种情况之下，企业与投资方就可以在不需要第三方机构提供帮助的基础上，直接的进行融资交易，企业也就不需要缴纳相关的中介费用，从而降低融资费用。

在传统的筹资模式下，投资方为了确保资金收回的可能性，通常会设置较高的门槛，很多中小企业就因为达不到门槛而被拒之门外，中小企业融资难成为制约其进一步发展的关键因素。在区块链技术下，企业在通过分布式账本技术进行筹资时，向全网公布筹资所需金额及筹资目的，不论企业规模、地位，只要企业的信誉表现良好、负债水平较低、经营状况良好、有较强的盈利能力，投资者就会选择直接为该企业提供资金，而不需要经过

第三方机构的认可和批准，从而极大地解决了中小企业融资难的问题，也最大限度地利用社会闲散资金，提高资源配置效率，降低了企业的融资成本。

（二）利用区块链技术降低企业的投资风险

直接投资是将资金投入到企业的生产、运营、管理等方面，主要目的是扩大企业自身的生产经营以及获得利润；间接投资主要是将资金投入到金融领域，通过购买股票获取股息、红利或投资期货对冲风险等。直接投资的风险主要来自投资项目选择风险、交易对象的诚信风险、交易过程控制风险等，间接投资风险主要来自投资组合选择风险。由于分布式账本技术具有信息开放的特点，企业可以借助区块链的数据查询功能，对投资项目的现状展开调查，避免重复投资，降低投资风险。企业也可以利用数据查询功能对投资组合的经营状况进行查询，降低信息不对称风险，降低投资风险，提高投资回报率。区块链的智能合约技术可以帮助企业降低交易对象的诚信风险以及交易过程的控制风险，所有交易在区块链中以智能合约的方式进行，一旦对方出现违约迹象，智能合约会自动及时提示，使企业尽早采取措施，降低违约的可能。

（三）利用区块链技术降低企业的支付成本

现有的资金支付有线上交易和线下交易两种方式，其中，线上交易往往通过在线转账来实现，而在线转账的安全性无法保障，且银行等金融机构会对在线转账收取服务费，时效性也无法保证；线下交易可以现金或票据的形式完成，现金交易需约定交易地点，耗费时间成本，而票据又无法立即变现，去银行贴现仍要收取手续费。在区块链平台上，企业可实现资金直接收付，降低企业的交易成本，不受金融机构、时间和地点的局限，可在多种移动设备上实现交易，保证资金收付的安全性，提高了经济活动的效率。

跨境支付由于涉及外汇兑换，支付流程更为复杂，同时跨境支付还受到汇率波动、国家外汇管制等诸多因素影响，有可能面临较高的支付成本。利用区块链技术，企业在进行跨境支付的过程中，可以绕过中间代理直接和对方进行交易，从而有效地节省了中间产生的费用，降低企业的跨境支付成本。在此过程中，一方面，交易需要在建立起联盟链的基础上，利用共识机制和智能合约来建立一种具有通用特征的虚拟货币；另一方面，交易双方需要利用智能合约来确立双方的权利与义务，并利用虚拟货币来进行交易。在这种情况之下，无论是付款方还是收款方都是区块链系统的独立节点，在双方交易的过程中，既不存在中间费用，还能够提升交易的安全性。

（四）利用区块链技术提高会计信息的可靠性

"结绳记事"是会计记账的萌芽，从单式记账到复式记账，会计的记账形式和核算方式一直在与时俱进。在现有的会计核算体系中，会计报表的编制须经过确认、计量、记录、报告四个流程，每一个流程均需要财务人员的参与，工作量大，流程复杂。在区块链技术的支持下，每个节点会保留包括交易、记录、清算在内的所有数据信息，这些信息分属交易的不同时点，按链式排列，为现行会计准则的计量属性如公允价值、历史成本、可变现净值和现值等提供全面、准确、客观的基础信息，财务流程的标准化和数据的可信度为会计信息的质量要求打下了坚实基础。区块链使得信息一经确认就不能修改，永久有效，确保了会计记录的准确性、及时性和可靠性，满足了会计核算的要求，简化了财务工作流程，降低了道德风险。

（五）利用区块链技术完善企业内控制度

首先，企业可以利用区块链技术来优化审批流程。区块链系统采用的是分布式记账模式，在这种模式之下，各个节点的财务信息都是能够相互共享的，各个记账节点之间的记账权限与管理权限都能够体现出平等的特征，因此，企业在开展财务活动的过程中，不需要再经历层层的审批授权。另外，在区块链系统中，企业可以有效地追溯与交易相关的收款凭证、付款凭证以及购销合同等，从而简化以往复杂的审批流程。

其次，企业利用区块链技术能够有效地提升企业的审计效率。对于区块链系统而言，交易数据的确认过程就是审计的过程。在区块链上完成的每项交易，其内容和资金流向都会被各个节点获取，经传递和双方确认后自动生成一条不可篡改的交易记录。由于区块链对历史交易记录具有可追溯性，参与各方的交易信用便会如实地登记在册，若出现不合法、不合理的行为势必会影响企业的经营管理，因此区块链的可追溯性使得违法的经济业务无处遁形。审计单位可通过对历史数据的追溯实现全面审计，监督经济业务的真实性、合法性和合理性，极大地提高了审计效率。

区块链技术的特点符合财务管理活动变革趋势，它是程序化的，保证了数据的真实可靠；它是分布式的，实现了点对点、去中心的组织结构；它是数字化的，构造了无中介又可自动履行的业务模式。虽然大多数区块链技术的应用案例都还处于测试阶段，区块链本身也面临诸多挑战，其在财务管理领域的具体应用也还需要在实践中不断探讨、优化，但相信区块链技术在未来可以释放更多智慧，革新行业格局。

【课后阅读】

2021年5月17日，国家外汇管理局跨境金融区块链服务平台"出口信保保单融资"应用场景在全国十二个省市开展首批试点。试点首日，在外汇局广东省分局指导下，中国工商银行广州南方支行为广州某出口企业办理了一笔36万美元的非买断型短期出口信用保险融资业务，并在跨境金融区块链服务平台完成了受理、审核和放款，标志着该项试点业务在粤港澳大湾区成功落地。

跨境金融区块链服务平台推出的"出口信保保单融资"应用场景试点，通过外汇局、中国出口信用保险公司、中国海关等多部门的信息共享，向银行提供出口信保融资保险单证信息查询服务，实现贸易单证真实性核验的自动化和便利化，能有效提高信保保单融资业务的办理效率，防范业务风险。该应用场景充分发挥了政府政策引导、信保分险增信、银行融资支持的三方合力，为出口企业提供优质、优惠、便利的融资服务，进一步缓解中小外贸企业跨境融资难的问题，帮助外贸企业，尤其是中小外贸企业稳市场、保订单、防风险。

自跨境金融区块链服务平台试点推广以来，外汇局广东省分局积极试点和推广"出口应收账款融资""企业跨境信用信息授权查证""资本项目收入支付便利化真实性审核""服务贸易对外支付税务备案信息网上核验"等多个应用场景，取得了显著成效。截至2021年4月底，广东省分局辖内银行通过跨境金融区块链服务平台为884家企业发放出口贸易融资贷款210亿美元，试点业务规模居全国首位；对683笔资本项目收入支付便利化业务进行了真实性审核，金额 25.60 亿元人民币，涉及企业 166 家；通过服务贸易对外支付税务备案信息网上核验功能办理业务核验 10 825 笔，付汇金额共计 129.22 亿美元。

下一步，外汇局广东省分局将稳健有序做好"出口信保保单融资"应用场景试点工作，进一步拓宽企业融资渠道，积极发挥稳外贸的作用；同时，将继续探索通过区块链技术强化金融科技赋能，研究更多跨境金融区块链服务平台应用场景，提升外汇监管和服务水平，推动粤港澳大湾区高水平对外开放。

（资料来源：中国人民银行广州分行，跨境金融区块链服务平台"出口信保保单融资"应用场景在粤港澳大湾区成功落地，http://guangzhou.pbc.gov.cn/guangzhou/129136/4256631/index.html，有改动）

【本章小结】

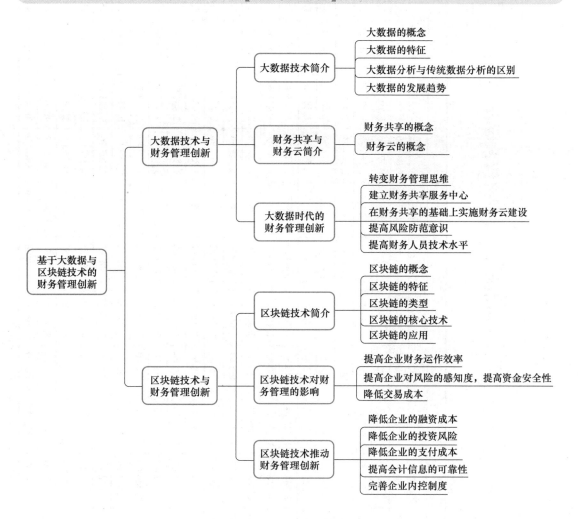

附录 A 复利终值系数表

$$(F/P, i, n) = (1+i)^n$$

i \ n	1	2	3	4	5	6	7	8	9	10	11	12	13	14
1%	1.010 00	1.020 10	1.030 30	1.040 60	1.051 01	1.061 52	1.072 14	1.082 86	1.093 69	1.104 62	1.115 67	1.126 83	1.138 09	1.149 47
2%	1.020 00	1.040 40	1.061 21	1.082 43	1.104 08	1.126 16	1.148 69	1.171 66	1.195 09	1.218 99	1.243 37	1.268 24	1.293 61	1.319 48
3%	1.030 00	1.060 90	1.092 73	1.125 51	1.159 27	1.194 05	1.229 7	1.266 77	1.304 77	1.343 92	1.384 23	1.425 76	1.468 53	1.512 59
4%	1.040 00	1.081 60	1.124 86	1.169 86	1.216 65	1.265 32	1.315 93	1.368 57	1.423 31	1.480 24	1.539 45	1.601 03	1.665 07	1.731 68
5%	1.050 00	1.102 50	1.157 63	1.215 51	1.276 28	1.340 10	1.407 10	1.477 46	1.551 33	1.628 89	1.710 34	1.795 86	1.885 65	1.979 93
6%	1.060 00	1.123 60	1.191 02	1.262 48	1.338 23	1.418 52	1.503 63	1.593 85	1.689 48	1.790 85	1.898 30	2.012 20	2.132 93	2.260 90
7%	1.070 00	1.144 90	1.225 04	1.310 80	1.402 55	1.500 73	1.605 78	1.718 19	1.838 46	1.967 15	2.104 85	2.252 19	2.409 85	2.578 53
8%	1.080 00	1.166 40	1.259 71	1.360 49	1.469 33	1.586 87	1.713 82	1.850 93	1.999 00	2.158 92	2.331 64	2.518 17	2.719 62	2.937 19
9%	1.090 00	1.188 10	1.295 03	1.411 58	1.538 62	1.677 10	1.828 04	1.992 56	2.171 89	2.367 36	2.580 43	2.812 66	3.065 80	3.341 73
10%	1.100 00	1.210 00	1.331 00	1.464 10	1.610 51	1.771 56	1.948 72	2.143 59	2.357 95	2.593 74	2.853 12	3.138 43	3.452 27	3.797 50
12%	1.120 00	1.254 40	1.404 93	1.573 52	1.762 34	1.973 82	2.210 68	2.475 96	2.773 08	3.105 85	3.478 55	3.895 98	4.363 49	4.887 11
14%	1.140 00	1.299 60	1.481 54	1.688 96	1.925 41	2.194 97	2.502 27	2.852 59	3.251 95	3.707 22	4.226 23	4.817 90	5.492 41	6.261 35
16%	1.160 00	1.345 60	1.560 90	1.810 64	2.100 34	2.436 40	2.826 22	3.278 41	3.802 96	4.411 44	5.117 26	5.936 03	6.885 79	7.987 52
18%	1.180 00	1.392 40	1.643 03	1.938 78	2.287 76	2.699 55	3.185 47	3.758 86	4.435 45	5.233 84	6.175 93	7.287 59	8.599 36	10.147 2
20%	1.200 00	1.440 00	1.728 00	2.073 60	2.488 32	2.985 98	3.583 18	4.299 82	5.159 78	6.191 74	7.430 08	8.916 10	10.699 3	12.839 2
24%	1.240 00	1.537 60	1.906 62	2.364 21	2.931 63	3.635 22	4.507 67	5.589 51	6.930 99	8.594 43	10.657 1	13.214 8	16.386 3	20.319 1
28%	1.280 00	1.638 40	2.097 15	2.684 35	3.435 97	4.398 05	5.629 50	7.205 76	9.223 37	11.805 9	15.111 6	19.342 8	24.758 8	31.691 3
32%	1.320 00	1.742 40	2.299 97	3.035 96	4.007 46	5.289 85	6.982 61	9.217 04	12.166 5	16.059 8	21.198 9	27.982 5	36.937 0	48.756 8
36%	1.360 00	1.849 60	2.515 46	3.421 02	4.652 59	6.327 52	8.605 43	11.703 4	15.916 6	21.646 6	29.439 3	40.037 5	54.451 0	74.053 4
40%	1.400 00	1.960 00	2.744 00	3.841 60	5.378 24	7.529 54	10.541 4	14.757 9	20.661 0	28.925 5	40.495 7	56.693 9	79.371 5	111.120
50%	1.500 00	2.250 00	3.375 00	5.062 50	7.593 75	11.390 6	17.085 9	25.628 9	38.443 4	57.665 0	86.497 6	129.746	194.620	291.929

（续）

i \ n	15	16	17	18	19	20	21	22	23	24	25	26	27	28
1%	1.160 97	1.172 58	1.184 30	1.196 15	1.208 11	1.220 19	1.232 39	1.244 72	1.257 16	1.269 73	1.282 43	1.295 26	1.308 21	1.321 29
2%	1.345 87	1.372 79	1.400 24	1.428 25	1.456 81	1.485 95	1.515 67	1.545 98	1.576 90	1.608 44	1.640 61	1.673 42	1.706 89	1.741 02
3%	1.557 97	1.604 71	1.652 85	1.702 43	1.753 51	1.806 11	1.860 29	1.916 10	1.973 59	2.032 79	2.093 78	2.156 59	2.221 29	2.287 93
4%	1.800 94	1.872 98	1.947 90	2.025 82	2.106 85	2.191 12	2.278 77	2.369 92	2.464 72	2.563 30	2.665 84	2.772 47	2.883 37	2.998 70
5%	2.078 93	2.182 87	2.292 02	2.406 62	2.526 95	2.653 30	2.785 96	2.925 26	3.071 52	3.225 10	3.386 35	3.555 67	3.733 46	3.920 13
6%	2.396 56	2.540 35	2.692 77	2.854 34	3.025 60	3.207 14	3.399 56	3.603 54	3.819 75	4.048 93	4.291 87	4.549 38	4.822 35	5.111 69
7%	2.759 03	2.952 16	3.158 82	3.379 93	3.616 53	3.869 68	4.140 56	4.430 40	4.740 53	5.072 37	5.427 43	5.807 35	6.213 87	6.648 84
8%	3.172 17	3.425 94	3.700 02	3.996 02	4.315 70	4.660 96	5.033 83	5.436 54	5.871 46	6.341 18	6.848 48	7.396 35	7.988 06	8.627 11
9%	3.642 48	3.970 31	4.327 63	4.717 12	5.141 66	5.604 41	6.108 81	6.658 60	7.257 87	7.911 08	8.623 08	9.399 16	10.245 1	11.167 1
10%	4.177 25	4.594 97	5.054 47	5.559 92	6.115 91	6.727 50	7.402 5	8.140 27	8.954 30	9.849 73	10.834 7	11.918 2	13.110 0	14.421 0
12%	5.473 57	6.130 39	6.866 04	7.689 97	8.612 76	9.646 29	10.803 8	12.100 3	13.552 3	15.178 6	17.000 1	19.040 1	21.324 9	23.883 9
14%	7.137 94	8.137 25	9.276 46	10.575 2	12.055 7	13.743 5	15.667 6	17.861 0	20.361 6	23.212 2	26.461 9	30.166 6	34.389 9	39.204 5
16%	9.265 52	10.748 0	12.467 7	14.462 5	16.776 5	19.460 8	22.574 5	26.186 4	30.376 2	35.236 4	40.874 2	47.414 1	55.000 4	63.800 4
18%	11.973 7	14.129 0	16.672 2	19.673 3	23.214 4	27.393 0	32.323 8	38.142 1	45.007 5	53.109 0	62.668 6	73.949 0	87.259 8	102.967
20%	15.407 0	18.488 4	22.186 1	26.623 3	31.948 0	38.337 6	46.005 1	55.206 1	66.247 4	79.496 8	95.396 2	114.475	137.371	164.845
24%	25.195 6	31.242 6	38.740 8	48.038 6	59.567 9	73.864 1	91.591 5	113.574	140.831	174.631	216.542	268.512	332.955	412.864
28%	40.564 8	51.923 0	66.461 4	85.070 6	108.890	139.380	178.406	228.360	292.300	374.144	478.905	612.998	784.638	1 004.34
32%	64.359 0	84.953 8	112.139	148.024	195.391	257.916	340.449	449.393	593.199	783.023	1 033.59	1 364.34	1 800.93	2 377.22
36%	100.713	136.969	186.278	253.338	344.540	468.574	637.261	866.674	1 178.68	1 603.00	2 180.08	2 964.91	4 032.28	5 483.90
40%	155.568	217.795	304.913	426.879	597.630	836.683	1 171.36	1 639.90	2 295.86	3 214.20	4 499.88	6 299.83	8 819.76	12 347.5
50%	437.894	656.841	985.261	1 477.89	2 216.84	3 325.26	4 987.89	7 481.83	11 222.7	16 834.1	25 251.2	37 876.8	56 815.1	85 222.7

附录 B　复利现值系数表

$$(P/F, i, n) = (1+i)^{-n}$$

i \ n	1	2	3	4	5	6	7	8	9	10	11	12	13	14
1%	0.990 10	0.980 30	0.970 59	0.960 98	0.951 47	0.942 05	0.932 72	0.923 48	0.914 34	0.905 29	0.896 32	0.887 45	0.878 66	0.869 96
2%	0.980 39	0.961 17	0.942 32	0.923 85	0.905 73	0.887 97	0.870 56	0.853 49	0.836 76	0.820 35	0.804 26	0.788 49	0.773 03	0.757 88
3%	0.970 87	0.942 60	0.915 14	0.888 49	0.862 61	0.837 48	0.813 09	0.789 41	0.766 42	0.744 09	0.722 42	0.701 38	0.680 95	0.661 12
4%	0.961 54	0.924 56	0.889 00	0.854 80	0.821 93	0.790 31	0.759 92	0.730 69	0.702 59	0.675 56	0.649 58	0.624 60	0.600 57	0.577 48
5%	0.952 38	0.907 03	0.863 84	0.822 70	0.783 53	0.746 22	0.710 68	0.676 84	0.644 61	0.613 91	0.584 68	0.556 84	0.530 32	0.505 07
6%	0.943 40	0.890 00	0.839 62	0.792 09	0.747 26	0.704 96	0.665 06	0.627 41	0.591 90	0.558 39	0.526 79	0.496 97	0.468 84	0.442 30
7%	0.934 58	0.873 44	0.816 30	0.762 90	0.712 99	0.666 34	0.622 75	0.582 01	0.543 93	0.508 35	0.475 09	0.444 01	0.414 96	0.387 82
8%	0.925 93	0.857 34	0.793 83	0.735 03	0.680 58	0.630 17	0.583 49	0.540 27	0.500 25	0.463 19	0.428 88	0.397 11	0.367 70	0.340 46
9%	0.917 43	0.841 68	0.772 18	0.708 43	0.649 93	0.596 27	0.547 03	0.501 87	0.460 43	0.422 41	0.387 53	0.355 53	0.326 18	0.299 25
10%	0.909 09	0.826 45	0.751 31	0.683 01	0.620 92	0.564 47	0.513 16	0.466 51	0.424 10	0.385 54	0.350 49	0.318 63	0.289 66	0.263 33
12%	0.892 86	0.797 19	0.711 78	0.635 52	0.567 43	0.506 63	0.452 35	0.403 88	0.360 61	0.332 197	0.287 48	0.256 68	0.229 17	0.204 62
14%	0.877 19	0.769 47	0.674 97	0.592 08	0.519 37	0.455 59	0.399 64	0.350 56	0.307 51	0.269 74	0.236 62	0.207 56	0.182 07	0.159 71
16%	0.862 07	0.743 16	0.640 66	0.552 29	0.476 11	0.410 44	0.353 83	0.305 03	0.262 95	0.226 68	0.195 42	0.168 46	0.145 23	0.125 20
18%	0.847 46	0.718 18	0.608 63	0.515 79	0.437 11	0.370 43	0.313 93	0.266 04	0.225 46	0.191 06	0.161 92	0.137 22	0.116 29	0.098 55
20%	0.833 33	0.694 44	0.578 70	0.482 25	0.401 88	0.334 90	0.279 08	0.232 57	0.193 81	0.161 51	0.134 59	0.112 16	0.093 46	0.077 89
22%	0.819 67	0.671 86	0.550 71	0.451 40	0.370 00	0.303 28	0.248 59	0.203 76	0.167 02	0.136 90	0.112 21	0.091 98	0.075 39	0.061 80
24%	0.806 45	0.650 36	0.524 49	0.422 97	0.341 11	0.275 09	0.221 84	0.178 91	0.144 28	0.116 35	0.093 83	0.075 67	0.061 03	0.049 21
26%	0.793 65	0.629 88	0.499 91	0.396 75	0.314 88	0.249 91	0.198 34	0.157 41	0.124 93	0.099 15	0.078 69	0.062 45	0.049 57	0.039 34
28%	0.781 25	0.610 35	0.476 84	0.372 53	0.291 04	0.227 37	0.177 64	0.138 78	0.108 42	0.084 70	0.066 17	0.051 70	0.040 39	0.031 55
30%	0.769 23	0.591 72	0.455 17	0.350 13	0.269 33	0.207 18	0.159 37	0.125 9	0.094 30	0.072 54	0.055 80	0.042 92	0.033 02	0.025 40
35%	0.740 74	0.548 70	0.406 44	0.301 07	0.223 01	0.165 20	0.122 37	0.090 64	0.067 14	0.049 74	0.036 84	0.027 29	0.020 21	0.014 97

（续）

i	15	16	17	18	19	20	21	22	23	24	25	26	27	28
1%	0.861 35	0.852 82	0.844 38	0.836 02	0.827 74	0.819 54	0.811 43	0.803 40	0.795 44	0.787 57	0.779 77	0.772 05	0.764 40	0.756 84
2%	0.743 01	0.728 45	0.714 16	0.700 16	0.686 43	0.672 97	0.659 78	0.646 84	0.634 16	0.621 72	0.609 5	0.597 58	0.585 86	0.574 37
3%	0.641 86	0.623 17	0.605 02	0.587 39	0.570 29	0.553 68	0.537 55	0.521 89	0.506 69	0.491 93	0.477 61	0.463 69	0.450 19	0.437 08
4%	0.555 26	0.533 91	0.513 37	0.493 63	0.474 64	0.456 39	0.438 83	0.421 96	0.405 73	0.390 12	0.375 12	0.360 69	0.346 82	0.333 48
5%	0.481 02	0.458 11	0.436 30	0.415 52	0.395 73	0.376 89	0.358 94	0.341 85	0.325 57	0.310 07	0.295 30	0.281 24	0.267 85	0.255 09
6%	0.417 27	0.393 65	0.371 36	0.350 34	0.330 51	0.311 80	0.294 16	0.277 51	0.261 80	0.246 98	0.233 00	0.219 81	0.207 37	0.195 63
7%	0.362 45	0.338 73	0.316 57	0.295 86	0.276 51	0.258 42	0.241 51	0.225 71	0.210 95	0.197 15	0.184 25	0.172 20	0.160 93	0.150 40
8%	0.315 24	0.291 89	0.270 27	0.250 25	0.231 71	0.214 55	0.198 66	0.183 94	0.170 32	0.157 70	0.146 02	0.135 20	0.125 19	0.115 91
9%	0.274 54	0.251 87	0.231 07	0.211 99	0.194 49	0.178 43	0.163 70	0.150 18	0.137 78	0.126 40	0.115 97	0.106 39	0.097 61	0.089 55
10%	0.239 39	0.217 63	0.197 84	0.179 86	0.163 51	0.148 64	0.135 13	0.122 85	0.111 68	0.101 53	0.092 30	0.083 91	0.076 28	0.069 34
12%	0.182 70	0.163 12	0.145 64	0.130 04	0.116 11	0.103 67	0.092 56	0.082 64	0.073 79	0.065 88	0.058 82	0.052 52	0.046 89	0.041 87
14%	0.140 10	0.122 89	0.107 80	0.094 56	0.082 95	0.072 76	0.063 83	0.055 99	0.049 11	0.043 08	0.037 79	0.033 15	0.029 08	0.025 51
16%	0.107 93	0.093 04	0.080 21	0.069 14	0.059 61	0.051 39	0.044 30	0.038 19	0.032 92	0.028 38	0.024 47	0.021 09	0.018 18	0.015 67
18%	0.083 52	0.070 78	0.059 98	0.050 83	0.043 08	0.036 51	0.030 94	0.022 62	0.022 22	0.018 83	0.015 96	0.013 52	0.011 46	0.009 71
20%	0.064 91	0.054 09	0.045 07	0.037 56	0.031 30	0.026 08	0.021 74	0.018 11	0.015 09	0.012 58	0.010 48	0.008 74	0.007 28	0.006 07
22%	0.050 65	0.041 52	0.034 03	0.027 89	0.022 86	0.018 74	0.015 36	0.012 59	0.010 32	0.008 46	0.006 93	0.005 68	0.004 66	0.003 82
24%	0.039 69	0.032 01	0.025 81	0.020 82	0.016 79	0.013 54	0.010 92	0.008 80	0.007 10	0.005 73	0.004 62	0.003 72	0.003 00	0.002 42
26%	0.031 22	0.024 78	0.019 67	0.015 61	0.012 39	0.009 83	0.007 80	0.006 19	0.004 91	0.003 90	0.003 10	0.002 46	0.001 95	0.001 55
28%	0.024 65	0.019 26	0.015 05	0.011 75	0.009 18	0.007 17	0.005 61	0.004 38	0.003 42	0.002 67	0.002 09	0.001 63	0.001 27	0.001 00
30%	0.019 54	0.015 03	0.011 56	0.008 89	0.006 84	0.005 26	0.004 05	0.003 11	0.002 39	0.001 84	0.001 42	0.001 09	0.000 84	0.000 65
35%	0.011 09	0.008 22	0.006 09	0.004 51	0.003 34	0.002 47	0.001 83	0.001 36	0.001 01	0.000 74	0.000 55	0.000 41	0.000 30	0.000 22

n

附录 C　年金终值系数表

$$(F/A, i, n) = [(1+i)^n - 1]/i$$

i	1	2	3	4	5	6	7	8	9	10	11	12	13	14
1%	1.000 00	2.010 00	3.030 10	4.060 40	5.101 01	6.152 02	7.213 54	8.285 67	9.368 53	10.462 2	11.566 8	12.682 5	13.809 3	14.947 4
2%	1.000 00	2.020 00	3.060 40	4.121 61	5.204 04	6.308 12	7.434 28	8.582 97	9.754 63	10.949 7	12.168 7	13.412 1	14.680 3	15.973 9
3%	1.000 00	2.030 00	3.090 90	4.183 63	5.309 14	6.468 41	7.662 46	8.892 34	10.159 1	11.463 9	12.807 8	14.192 0	15.617 8	17.086 3
4%	1.000 00	2.040 00	3.121 60	4.246 46	5.416 32	6.632 98	7.898 29	9.214 23	10.582 8	12.006 1	13.486 4	15.025 8	16.626 8	18.291 9
5%	1.000 00	2.050 00	3.152 50	4.310 12	5.525 63	6.801 91	8.142 01	9.549 11	11.026 6	12.577 9	14.206 8	15.917 1	17.713 0	19.598 6
6%	1.000 00	2.060 00	3.183 60	4.374 62	5.637 09	6.975 32	8.393 84	9.897 47	11.491 3	13.180 8	14.971 6	16.869 9	18.882 1	21.015 1
7%	1.000 00	2.070 00	3.214 90	4.439 94	5.750 74	7.153 29	8.654 02	10.259 8	11.978 0	13.816 4	15.783 6	17.888 5	20.140 6	22.550 5
8%	1.000 00	2.080 00	3.246 40	4.506 11	5.866 60	7.335 93	8.922 80	10.636 6	12.487 6	14.486 6	16.645 5	18.977 1	21.495 3	24.214 9
9%	1.000 00	2.090 00	3.278 10	4.573 13	5.984 71	7.523 33	9.200 43	11.028 5	13.021 0	15.192 9	17.560 3	20.140 7	22.953 4	26.019 2
10%	1.000 00	2.100 00	3.310 00	4.641 00	6.105 10	7.715 61	9.487 17	11.435 9	13.579 5	15.937 4	18.531 2	21.384 3	24.522 7	27.975 0
12%	1.000 00	2.120 00	3.374 40	4.779 33	6.352 85	8.115 19	10.089 0	12.299 7	14.775 7	17.548 7	20.654 6	24.133 1	28.029 1	32.392 6
14%	1.000 00	2.140 00	3.439 60	4.921 14	6.610 10	8.535 52	10.730 5	13.232 8	16.085 3	19.337 3	23.044 5	27.270 7	32.088 7	37.581 1
16%	1.000 00	2.160 00	3.505 60	5.066 50	6.877 14	8.977 48	11.413 9	14.240 1	17.518 5	21.321 5	25.732 9	30.850 2	36.786 2	43.672 0
18%	1.000 00	2.180 00	3.572 40	5.215 43	7.154 21	9.441 97	12.141 5	15.327 0	19.085 9	23.521 3	28.755 1	34.931 1	42.218 7	50.818 0
20%	1.000 00	2.200 00	3.640 00	5.368 00	7.441 60	9.929 92	12.915 9	16.499 1	20.798 9	25.958 7	32.150 4	39.580 5	48.496 6	59.195 9
22%	1.000 00	2.220 00	3.708 40	5.524 25	7.739 58	10.442 3	13.739 6	17.762 3	22.670 0	28.657 4	35.962 0	44.873 7	55.745 9	69.010 0
24%	1.000 00	2.240 00	3.777 60	5.684 22	8.048 44	10.980 1	14.615 3	19.122 9	24.712 5	31.643 4	40.237 9	50.895 0	64.109 7	80.496 1
26%	1.000 00	2.260 00	3.847 60	5.847 98	8.368 45	11.544 2	15.545 8	20.587 6	26.940 4	34.944 9	45.030 6	57.738 6	73.750 6	93.925 8
28%	1.000 00	2.280 00	3.918 40	6.015 55	8.699 91	12.135 9	16.533 9	22.163 4	29.369 2	38.592 6	50.398 5	65.510 0	84.852 9	109.612
30%	1.000 00	2.300 00	3.990 00	6.187 00	9.043 10	12.756 0	17.582 8	23.857 7	32.015 0	42.619 5	56.405 3	74.327 0	97.625 0	127.913
35%	1.000 00	2.350 00	4.172 50	6.632 88	9.954 38	14.438 4	20.491 9	28.664 0	39.696 4	54.590 2	74.696 7	101.841	138.485	187.954

（续）

i	15	16	17	18	19	20	21	22	23	24	25	26	27	28
1%	16.096 9	17.257 9	18.430 4	19.614 7	20.810 9	22.019 0	23.239 2	24.471 6	25.716 3	26.973 5	28.243 2	29.525 6	30.820 9	32.129 1
2%	17.293 4	18.639 3	20.012 1	21.412 3	22.840 6	24.297 4	25.783 3	27.299 0	28.845 0	30.421 9	32.030 3	33.670 9	35.344 3	37.051 2
3%	18.598 9	20.156 9	21.761 6	23.414 4	25.116 9	26.870 4	28.676 5	30.536 8	32.452 9	34.426 5	36.459 3	38.553 0	40.709 6	42.930 9
4%	20.023 6	21.824 5	23.697 5	25.645 4	27.671 2	29.778 1	31.969 2	34.248 0	36.617 9	39.082 6	41.645 9	44.311 7	47.084 2	49.967 6
5%	21.578 6	23.675 5	25.840 4	28.132 4	30.539 0	33.066 0	35.719 3	38.505 2	41.430 5	44.502 0	47.727 1	51.113 5	54.669 1	58.402 6
6%	23.276 0	25.672 5	28.212 9	30.905 7	33.760 0	36.785 6	39.992 7	43.392 3	46.995 8	50.815 6	54.864 5	59.156 4	63.705 8	68.528 1
7%	25.129 0	27.888 0	30.840 2	33.999 0	37.379 0	40.995 5	44.865 2	49.005 7	53.436 1	58.176 7	63.249 0	68.676 5	74.483 8	80.697 7
8%	27.152 1	30.324 3	33.750 2	37.450 2	41.446 3	45.762 0	50.422 9	55.456 8	60.893 3	66.764 8	73.105 9	79.954 4	87.350 8	95.338 8
9%	29.360 9	33.003 4	36.973 7	41.301 3	46.018 5	51.160 1	56.764 5	62.873 3	69.531 9	76.789 8	84.700 9	93.324 0	102.723	112.968
10%	31.772 5	35.949 7	40.544 7	45.599 2	51.159 1	57.275 0	64.002 5	71.402 7	79.543 0	88.497 3	98.347 1	109.182	121.100	134.210
12%	37.279 7	42.753 3	48.883 7	55.749 7	63.439 7	72.052 4	81.698 7	92.502 6	104.603	118.155	133.334	150.334	169.374	190.699
14%	43.842 4	50.980 4	59.117 6	68.394 1	78.969 2	91.024 9	104.768	120.436	138.297	158.659	181.871	208.333	238.499	272.889
16%	51.659 5	60.925 0	71.673 0	84.140 7	98.603 2	115.380	134.841	157.415	183.601	213.978	249.214	290.088	337.502	392.503
18%	60.965 3	72.939 0	87.068 0	103.740	123.414	146.628	174.021	206.345	244.487	289.494	342.603	405.272	479.221	566.481
20%	72.035 1	87.442 1	105.931	128.117	154.740	186.688	225.026	271.031	326.237	392.484	471.981	567.377	681.853	819.223
22%	85.192 2	104.935	129.020	158.404	194.254	237.989	291.347	356.443	435.861	532.750	650.955	795.165	971.102	1 185.74
24%	100.815	126.011	157.253	195.994	244.033	303.601	377.465	469.056	582.630	723.461	898.092	1 114.63	1 383.15	1 716.10
26%	119.347	151.377	191.735	242.585	306.658	387.389	489.110	617.278	778.771	982.251	1 238.64	1 561.68	1 968.72	2 481.59
28%	141.303	181.868	233.791	300.252	385.323	494.213	633.593	811.999	1 040.36	1 332.66	1 706.80	2 185.71	2 798.71	3 583.34
30%	167.286	218.472	285.014	371.518	483.973	630.165	820.215	1 067.28	1 388.46	1 806.00	2 348.80	3 054.44	3 971.78	5 164.31
35%	254.738	344.897	466.611	630.925	852.748	1 152.21	1 556.48	2 102.25	2 839.04	3 833.71	5 176.50	6 989.28	9 436.53	12 740.3

附录D 年金现值系数表

$$(P/A,i,n) = [1-(1+i)^{-n}]/i$$

i	1	2	3	4	5	6	7	8	9	10	11	12	13	14
1%	0.990 10	1.970 40	2.940 99	3.901 97	4.853 43	5.795 48	6.728 19	7.651 68	8.566 02	9.471 30	10.367 6	11.255 1	12.133 7	13.003 7
2%	0.980 39	1.941 56	2.883 88	3.807 73	4.713 46	5.601 43	6.471 99	7.325 48	8.162 24	8.982 59	9.786 85	10.575 3	11.348 4	12.106 2
3%	0.970 87	1.913 47	2.828 61	3.717 10	4.579 71	5.417 19	6.230 28	7.019 69	7.786 11	8.530 20	9.252 62	9.954 00	10.635 0	11.296 1
4%	0.961 54	1.886 10	2.775 09	3.629 90	4.451 82	5.242 14	6.002 06	6.732 75	7.435 33	8.110 90	8.760 48	9.385 07	9.985 65	10.563 1
5%	0.952 38	1.859 41	2.723 25	3.545 95	4.329 48	5.075 69	5.786 37	6.463 21	7.107 82	7.721 73	8.306 41	8.863 25	9.393 57	9.898 64
6%	0.943 40	1.833 39	2.673 01	3.465 11	4.212 36	4.917 32	5.582 38	6.209 79	6.801 69	7.360 09	7.886 87	8.383 84	8.852 68	9.294 98
7%	0.934 58	1.808 02	2.624 32	3.387 21	4.100 20	4.766 54	5.389 29	5.971 30	6.515 23	7.023 58	7.498 67	7.942 69	8.357 65	8.745 47
8%	0.925 93	1.783 26	2.577 10	3.312 13	3.992 71	4.622 88	5.206 37	5.746 64	6.246 89	6.710 08	7.138 96	7.536 08	7.903 78	8.244 24
9%	0.917 43	1.759 11	2.531 30	3.239 72	3.889 65	4.485 92	5.032 95	5.534 82	5.995 25	6.417 66	6.805 19	7.160 73	7.486 90	7.786 15
10%	0.909 09	1.735 54	2.486 85	3.169 87	3.790 79	4.355 26	4.868 42	5.334 93	5.759 02	6.144 57	6.495 06	6.813 69	7.103 36	7.366 69
12%	0.892 86	1.690 05	2.401 83	3.037 35	3.604 78	4.111 41	4.563 76	4.967 64	5.328 25	5.650 22	5.937 70	6.194 37	6.423 55	6.628 17
14%	0.877 19	1.646 66	2.321 63	2.913 71	3.433 08	3.888 67	4.288 30	4.638 86	4.946 37	5.216 12	5.452 73	5.660 29	5.842 36	6.002 07
16%	0.862 07	1.605 23	2.245 89	2.798 18	3.274 29	3.684 74	4.038 57	4.343 59	4.606 54	4.833 23	5.028 64	5.197 11	5.342 33	5.467 53
18%	0.847 46	1.565 64	2.174 27	2.690 06	3.127 17	3.497 60	3.811 53	4.077 57	4.303 02	4.494 09	4.656 01	4.793 22	4.909 51	5.008 06
20%	0.833 33	1.527 78	2.106 48	2.588 73	2.990 61	3.325 51	3.604 59	3.837 16	4.030 97	4.192 47	4.327 06	4.439 22	4.532 68	4.610 57
22%	0.819 67	1.491 54	2.042 24	2.493 64	2.863 64	3.166 92	3.415 51	3.619 27	3.786 28	3.923 18	4.035 40	4.127 37	4.202 77	4.264 56
24%	0.806 45	1.456 82	1.981 30	2.404 28	2.745 38	3.020 47	3.242 32	3.421 22	3.565 50	3.681 86	3.775 69	3.851 36	3.912 39	3.961 60
26%	0.793 65	1.423 53	1.923 44	2.320 19	2.635 07	2.884 98	3.083 31	3.240 73	3.365 66	3.464 81	3.543 50	3.605 92	3.655 52	3.694 85
28%	0.781 25	1.391 60	1.868 44	2.240 97	2.532 01	2.759 38	2.937 02	3.075 79	3.184 21	3.268 92	3.335 09	3.386 79	3.427 18	3.458 73
30%	0.769 23	1.360 95	1.816 11	2.166 24	2.435 57	2.642 75	2.802 11	2.924 70	3.019 00	3.091 54	3.147 34	3.190 26	3.223 28	3.248 67
35%	0.740 74	1.289 44	1.695 88	1.996 95	2.219 96	2.385 16	2.507 52	2.598 17	2.665 31	2.715 04	2.751 88	2.779 47	2.799 39	2.814 36

（续）

i	n 15	16	17	18	19	20	21	22	23	24	25	26	27	28
1%	13.865 1	14.717 9	15.562 3	16.398 3	17.226 0	18.045 6	18.857 0	19.660 4	20.455 8	21.243 4	22.023 2	22.795 2	23.559 6	24.316 4
2%	12.849 3	13.577 8	14.291 9	14.992 0	15.678 5	16.351 4	17.011 2	17.658 0	18.292 2	18.913 9	19.523 5	20.121 0	20.706 9	21.281 3
3%	11.937 9	12.561 1	13.166 1	13.753 5	14.323 8	14.877 5	15.415 0	15.936 9	16.443 6	16.935 5	17.413 1	17.876 8	18.327 0	18.764 1
4%	11.118 4	11.652 3	12.165 7	12.659 3	13.133 9	13.590 3	14.029 2	14.451 1	14.856 8	15.242 0	15.622 1	15.982 8	16.329 6	16.663 1
5%	10.379 7	10.837 8	11.274 1	11.689 6	12.085 3	12.462 2	12.821 2	13.163 0	13.488 6	13.798 6	14.093 9	14.375 2	14.643 0	14.898 1
6%	9.712 25	10.105 9	10.477 3	10.827 6	11.158 1	11.469 9	11.764 1	12.041 6	12.303 4	12.550 4	12.783 4	13.003 2	13.210 5	13.406 2
7%	9.107 91	9.446 65	9.763 22	10.059 1	10.335 6	10.594 0	10.835 5	11.061 2	11.272 2	11.469 3	11.653 6	11.825 8	11.986 7	12.137 1
8%	8.559 48	8.851 37	9.121 64	9.371 89	9.603 60	9.818 15	10.016 8	10.200 7	10.371 1	10.528 8	10.674 8	10.810 0	10.935 2	11.051 1
9%	8.060 69	8.312 56	8.543 63	8.755 63	8.950 11	9.128 55	9.292 24	9.442 43	9.580 21	9.706 61	9.822 58	9.928 97	10.026 6	10.116 1
10%	7.606 08	7.823 71	8.021 55	8.201 41	8.364 69	8.513 56	8.648 69	8.771 54	8.883 22	8.984 74	9.077 04	9.160 95	9.237 22	9.306 57
12%	6.810 86	6.973 99	7.119 63	7.249 67	7.365 78	7.469 44	7.562 00	7.644 65	7.718 43	7.784 32	7.843 14	7.895 66	7.942 55	7.984 42
14%	6.142 17	6.265 06	6.372 86	6.467 42	6.550 37	6.623 13	6.686 96	6.742 94	6.792 06	6.835 14	6.872 93	6.906 08	6.935 15	6.960 66
16%	5.575 46	5.668 50	5.748 70	5.817 85	5.877 46	5.928 84	5.973 14	6.011 33	6.044 25	6.072 63	6.097 09	6.118 18	6.136 36	6.152 04
18%	5.091 58	5.162 35	5.222 33	5.273 16	5.316 24	5.352 75	5.383 68	5.409 90	5.432 12	5.450 95	5.466 91	5.480 43	5.491 89	5.501 60
20%	4.675 47	4.729 56	4.774 63	4.812 19	4.843 50	4.869 58	4.891 32	4.909 43	4.924 53	4.937 10	4.947 59	4.956 32	4.963 60	4.969 67
22%	4.315 52	4.356 73	4.390 77	4.418 66	4.441 52	4.460 27	4.475 63	4.488 22	4.498 54	4.507 00	4.513 93	4.519 62	4.524 28	4.528 10
24%	4.001 29	4.033 30	4.059 11	4.079 93	4.096 72	4.110 26	4.121 17	4.129 98	4.137 08	4.142 81	4.147 43	4.151 15	4.154 15	4.156 57
26%	3.726 07	3.750 85	3.770 52	3.786 13	3.798 51	3.808 34	3.816 15	3.822 34	3.827 25	3.831 15	3.834 25	3.836 70	3.838 65	3.840 20
28%	3.483 39	3.502 65	3.517 69	3.529 45	3.538 63	3.545 80	3.551 41	3.555 79	3.559 21	3.561 18	3.563 97	3.565 60	3.566 88	3.567 87
30%	3.268 21	3.283 24	3.294 80	3.303 69	3.310 53	3.315 79	3.319 84	3.322 96	3.325 35	3.327 19	3.328 61	3.329 70	3.330 54	3.331 18
35%	2.825 45	2.833 67	2.839 75	2.844 26	2.847 60	2.850 08	2.851 91	2.853 26	2.854 27	2.855 02	2.855 57	2.855 98	2.856 28	2.856 50

参考文献

［1］中国注册会计师协会．财务成本管理［M］．北京：中国财政经济出版社，2022．

［2］王化成，刘俊彦，荆新．财务管理学［M］．9版．北京：中国人民大学出版社，2021．

［3］罗斯，威斯特菲尔德，杰富，等．公司理财：原书第11版［M］．吴世农，沈艺峰，王志强，译．北京：机械工业出版社，2017．

［4］王斌．财务管理［M］．北京：清华大学出版社，2019．

［5］荆新，王化成，刘俊彦．财务管理学［M］．8版．北京：中国人民大学出版社，2018．

［6］梯若尔．公司金融理论［M］．北京：中国人民大学出版社，2015．

［7］王瑞贺．中华人民共和国证券法释义［M］．北京：法律出版社，2020．

［8］MILLER M H，MODIGLIANI F．The cost of capital，corporation finance，and the theory of investment：reply［J］．American economic review，1959，49（4）：655-669．

［9］MILLER M H，MODIGLIANI F．Corporate income taxes and the cost of capital：a correction［J］．American economic review，1963，53（3）：433-443．

［10］GRAHAM J R．How big are the tax benefits of debt？［j］．The journal of finance，1999，55（5）：1901-1941．

［11］MYERS S C．The capital structure puzzle［J］．The journal of finance，1984，39（3）：574-592．

［12］中国注册会计师协会．公司战略与风险管理［M］．北京：中国财政经济出版社，2020．

［13］徐大勇．企业战略管理［M］．2版．北京：清华大学出版社，2019．

［14］朱永明．财务管理学［M］．北京：机械工业出版社，2012．

［15］财政部会计资格评价中心．财务管理［M］．北京：经济科学出版社，2022．

［16］罗斯，威斯特菲尔德，乔丹．公司理财精要版：英文原书第9版［M］．方红星，译．北京：机械工业出版社，2010．

［17］汤谷良，韩慧博，祝继高．财务管理案例［M］．2版．北京：北京大学出版社，2012．

［18］孔德兰．企业财务管理［M］．北京：中国财政经济出版社，2010．

［19］刘斌，何任．财务管理［M］．大连：东北财经大学出版社，2018．

［20］张志宏．财务管理［M］．北京：中国财政经济出版社，2018．

［21］吉特曼．财务管理原理：第11版［M］．杨子江，邓兴平，王东春，等译．北京：中国人民大学出版社，2009．

［22］范霍恩，瓦霍维奇．财务管理基础：第13版［M］．刘曙光，译．北京：清华大学出版社，2009．

［23］李立新．财务管理学［M］．北京：机械工业出版社，2009．

［24］汤谷良．公司财务管理案例评析［M］．北京：北京大学出版社，2008．

［25］姚海鑫．财务管理［M］．北京：清华大学出版社，2007．

［26］刘力．公司财务［M］．北京：北京大学出版社，2007．

［27］朱清贞，颜晓燕，肖小玮．财务管理案例教程［M］．北京：清华大学出版社，2006．

［28］吕洪雁，杨金凤．企业战略与风险管理［M］．北京：清华大学出版社，2016．

［29］布雷利，迈尔斯，艾伦．公司财务原理：英文原书第9版［M］．方曙红，赵银德，译．北京：机械工业出版社，2010．

[30] 希金斯，科斯基，米顿．财务管理分析：第 12 版 ［M］．沈艺峰，肖珉，薛胜昔，等译．北京：北京大学出版社，2022.

[31] 布里格姆，休斯敦．财务管理精要：英文原书第 3 版 ［M］．北京：机械工业出版社，2017.

[32] 伯克，德马佐．公司理财：第 3 版 ［M］．姜英兵，译．北京：中国人民大学出版社，2014.

[33] 陆正飞，岳衡，祝继高．公司财务实证研究：重点文献导读 ［M］．北京：中国人民大学出版社，2011.